普通高等学校体育教材

阳光体育教程

编审委会员名单

主　审：刘仁民　刘文春　周　晶　陈厚荣

主　编：杨松涛　陈　阳　陈建萍

副主编：陈世华　谢小进　刘苾川　聂　琦
应　俊　徐　岩

编　委：徐雅莉　刘　琨　余忠舜　喻治达
易　燕　陈　伟　陈　静　邓云兵
岳天翔　谢　薇　刘　娜　苏利强
邹业兵　熊文颖　徐　伟　李　云
邵　哲

江西科学技术出版社

阳光体育教程

前　言

体育课是高等学校的必修课程，是高等学校体育教学的基本组织形式和实现高等学校体育目的与任务的重要途径。近些年来，随着我国社会长期稳定，经济持续增长，教育改革不断深化，素质教育全面推进，高等学校体育工作取得了令人瞩目的成绩。学校体育管理工作更加科学、规范，体育场馆、设施建设速度加快，体育课程改革全面推进，群众性体育活动日益活跃，运动训练水平大幅度提高，体育师资队伍建设得到加强，科研水平不断提高。但是，我们必须清醒地看到，高等学校体育工作仍然是高等教育最为薄弱的环节之一。为认真贯彻落实《中共中央国务院关于加强青少年体育增强青少年体质意见》和《国家中长期教育改革和发展规划纲要（2010－2020）》精神，以全面提高高等学校教育质量，促进大学生身心健康发展为出发点，倡导理论联系实际，加大体育教学改革的力度，探索实现教学目标的科学方法和途径。高等学校要积极创造条件，努力实现以学生为本的自主选择教师、自主选择项目、自主选择上课时间的自主教学形式，营造生动、活泼、主动的氛围；要进一步完善体育课程评价体系，使学生通过体育课的学习，至少掌握两项运动技能，养成良好的体育锻炼习惯，有效增强体质，增进健康。为此，我们组织了省内部分体育专家、教授编写了高等学校体育教材《阳光体育教程》一书。

本书共计十三章，包括高等学校体育目的和任务、体育与健康、学生体质健康标准评价、运动损伤与疲劳的预防和康复、运动营养与健康、国内外大型体育竞赛、田径、球类、游泳、健美操、啦啦操、跆拳道、中国民族传统体育。

本书是以大学生身体锻炼为主要手段，融入了健康教育的内容，突出了健康第一的永恒主题。教材内容丰富、形式多样、涵盖面广、通俗易懂、图文并茂，充分发挥了《学生体质健康标准》的教育功能、指导功能和反馈功能，成为激发学生自觉锻炼，提高大学生健康水平的重要手段。普通高等学校体育教材《阳光体育教程》是大学公共体育课的必修教材；也是作为普通高等学校体育课程教学评估的重要内容之一，也可供高、中等职业学校体育课程教学使用。

本书插图由陈静绘制。

本书由南昌大学刘文春教授、江西师范大学周晶教授、江西中医药大学体育部主任刘仁民、陈厚荣教授审定。

江西中医药大学教授杨松涛、陈建萍、江西师范大学讲师陈阳任主编，江西中医药大学副教授陈世华、谢小进、刘苾川、聂琦，江西中医药大学科技学院应俊老师，南昌大学教师徐岩任副主编，并对全书进行了统稿、定稿。

参加本书编写的还有江西中医药大学徐雅莉、刘琨、余忠舜、喻治达、易燕、陈玮、陈静、邓云兵、岳天翔、谢薇、刘娜、苏利强、邹业兵、熊文颖、徐伟、李云老师，江西中医药大学科技学院邵哲老师。

我们衷心地希望广大师生对本教材提出宝贵意见，请同行专家批评指正。

《阳光体育教程》编委会

二〇一四年五月

目 录

第一章　高等学校体育的目的和任务

第一节　体育与健康概述

健康是生命的象征,幸福的保证。人人需要健康,向往长寿,因为健康有利于你我他。人的健康受到多种因素的影响,但体育锻炼对健康的影响最大,法国思想家伏尔泰有句名言:“生命在于运动”,我国也有许多有关的谚语,如“强身之道,锻炼为妙”“长流的水不腐,常练的人健康”“每天锻炼一小时,健康工作五十年,幸福生活一辈子”等等。现代医学和体育科学的研究也表明,体育锻炼是增进健康之法宝。

过去,由于受传统观念和世俗文化的影响,往往将健康单纯理解为“无病、无残、无伤”。早在古希腊时代,医生就相信健康是身体的完全平衡。我国《辞海》中, 将健康定义为:人体各器官系统发育良好,功能正常,体质健壮,精力充沛,并且具有劳动效能的状态。通常用人体测量、体格检查和各种生理指标来测定。

然而,随着社会的发展和科学技术的进步,人们完全突破了原先的思维方式,对健康的概念有了新的认识。世界卫生组织对健康提出了一个明确的定义:“健康是指在身体、心理和社会各方面都保持完美的状态而不仅仅是没有疾病和虚弱”。从而使健康的评价不仅基于生物学的范畴,而是扩大到心理和社会的领域。由此可见,一个人只有在身体和心理上保持健康的状态,并且有良好的社会适应能力,才算得上真正健康。

真正健康包括身体健康、情绪健康、智力健康、精神健康、社会健康五个要素。

身体健康不仅指无病,而且包括体能,后者是一种满足生活需要和有足够的能量完成各种活动任务能力。具备这种能力,就可以预防疾病,增进健康,提高生活质量。

情绪涉及每个人对自己的感受和对他人的感受。情绪健康的主要标志是情绪的稳定性,所谓情绪稳定性是指个体应对日常生活中人际关系和环境压力的能力。当然,生活中偶尔情绪高涨或情绪低落均属正常,关键是在生活的大部分时间里要保持稳定情绪。

智力健康指在长期的学习和生活中,人的大脑始终保持活跃状态。有许多方法可以使人的大脑活跃敏捷,如听课,与同学讨论问题和阅读报刊书籍等等。努力学习和勤于思考还能使人有一种成就感和满足感。

精神健康对于不同宗教、文化和国籍的人意味着不同的内容,主要包括理解生活基本概念的能力以及关心和尊重所有生命体的能力。

社会健康指个体与他人及社会环境相互作用,具有和谐的人际关系和实现社会角色的能力。此能力将使每个人在社会交往中有自信感和安全感,少生烦恼,心情舒畅。健康五要素相互联系、相互影响,在人的生命长河的不同时期,健康的某一要素可能会比另一些要素起更重要作用,但持久地忽视而不见某一要素就可能存在健康的潜在危险。只有每一健康要素平衡地发展,人才称得上处于完美状态,才能真正健康和幸福地生活,并享受美好人生。

第二节　高等学校体育的地位、目的和任务

一、高等学校体育的地位

高等学校体育是我们培养身心健康发展的高级专门人才的需要,是发展我国体育事业的需要,是高校丰富课余文化生活,建设社会主义精神文明的需要。因此,高校体育是我国高等教育的重要组成部分,也是我国社会主义建设中的一项重要事业。

(一)高等学校体育是我国培养身心健康发展的高级专门人才的需要

《中华人民共和国高等教育法》指出:“高等教育必须贯彻国家的教育方针,为社会主义现代化建设服务,与生产劳动相结合,使受教育者成为德、智、体等方面全面发展的社会主义事业的建设者和接班人。”

学校的根本任务是培养身心全面发展的人才,以适应社会发展的需要。在我国,党和政府要求学校应面向现代化、面向世界、面向未来,认真贯彻德、智、体全面发展的方针,使学生身心健康发展,成为社会主义现代化事业的建设者和接班人。

无论是培养高级专门人才,还是发展科学技术文化,都集中反映在对人才规格的要求,必须是德、智、体全面发展,而不是片面发展,才能担负这个重大使命。因此,高校应在中小学教育的基础上,正确认识并处理德、智、体三方面的辩证关系,确立体育在高校教育中的地位,纠正忽视体育的种种倾向,把高校体育与培养合格的高级专门人才的目标紧紧相连,采取有力措施全面完成高校体育与健康的各项工作。

当代社会,科学技术突飞猛进,社会生产力高度发展。随着社会的进步,对人的素质(包括身体素质)以及人的全面发展的社会需要,已日益成为人类共同关注的问题。不断发展的社会,对人们的健康与体质提出了新的更高的要求,以适应在高速度、高强度、高度紧张的情况下工作。我国正在实现社会主义现代化建设的宏伟目标,为了适应我国经济腾飞和社会发展的需要,必须大规模地培养新的能够坚持社会主义方向的各级各类合格人才。这一大批人才,都应是有理想、有道德、有文化、守纪律、身体健康的、为建设有中国特色的社会主义事业而献身的合格人才。高等教育担负着艰巨而光荣的任务,作为高等教育重要组成部分的高校体育,必须与德育、智育紧密配合,在培养新世纪合格人才中作出积极的贡献。

(二)高等学校体育是国民体育的基础,是发展我国体育事业的需要

学校体育是国民体育的基础,搞好学校体育不仅是学校教育的需要,也是我国体育事业发展的需要。大学生的年龄特征与中小学学生相比,身心发展已日趋成熟,但从生长发育看发展全过程来讲,大学生身心仍处在不断发展与不断完善之中。因此,高校体育对大学生身心自我完善,乃至提高全民族身体素质都有深远的意义。新中国成立以来,我国大学生的体质与健康水平都有了很大的提高,但由于种种原因,目前我国大学生的体质与健康水平与世界一些发达国家相比尚存在一些差距。如我国大学生各年龄组的身高、体重、胸围、肺活量

等各项指标与发达国家相比，除22岁年龄组女生的身高略高于发达国家外，其余指标均低于发达国家。又如身体素质，我国大学生除男生立定跳远（爆发力）的水平略高外，其他所有的指标均低于美国和加拿大。此外，我国大学生中的常见病，如视力不良、神经衰弱症、心血管疾病等也占有相当大的比例，有的已严重影响大学生身心健康。为此，在加强中小学体育与健康，打好基础的同时，必须十分重视高校体育与健康。努力改善高校体育条件，进一步搞好高校体育工作，促使高校体育的各项任务的全面完成，是我们高校一项十分紧迫的任务。

高等学校体育是培养我国体育后备人才，提高竞技水平的重要源泉。尤其是当代竞技体育发展，要求贯彻科学训练与比赛的原则，运动员必须具有良好的体力和智力，才能不断提高运动技术水平。大学生在体能与智能上都有较大的适应性和优势，有条件有可能为我国竞技体育的发展作出贡献。因此，《学校体育工作条例》规定："学校应当在体育课教学和课外活动的基础上，开展各种形式的课余体育训练，提高学生的运动技术水平。普通高等学校经国家教育部批准，可以开展培养优秀体育后备人才的训练。"

大学生形成良好的体育习惯，掌握体育的知识与技能，提高运动能力，不仅是自身完善和推动高校群众性体育活动的需要，也是毕业后走向社会，坚持终身体育，成为社会体育的骨干，有利于推动我国体育事业的发展。

（三）高等学校体育是丰富大学生课余文化生活，建设校园社会主义精神文明的需要

大学生在紧张的学习生活中，需要健康、文明、娱乐、和谐的课余文化生活，以适应大学生身心健康发展的要求。体育活动能使大学校园充满活力与生机，并以其丰富多彩的内容，吸引广大学生参与和观赏。它不仅可以丰富大学生的课余文化生活，而且可以促进校园社会主义精神文明建设。

体育作为社会主义精神文明建设的重要手段，它既是文化建设的一项重要内容，也是思想建设的重要手段。通过大学生对体育活动的参与和观赏，可以发展大学生体能，促进智能发展；可以培养大学生勇敢、顽强、坚毅等思想品质以及团结战斗的集体主义精神和进取精神；可以培养大学生爱国主义思想，树立正确的审美观。因此，开展大学校园的体育活动，是占领课余思想阵地，引导大学生健康、文明生活，防止和纠正不良行为的重要手段。对此，我们必须明确认识，并予以足够的重视。

上述可见，体育在高等教育中的地位十分重要，它关系到大学生的身体健康、体能和智能的发展，关系到大学生在校学习和终身生活，关系到学校与社会，关系到我国社会主义物质文明和精神文明建设。

二、我国高等学校体育的目的和任务

根据我国社会主义现代化建设事业对当代大学生身心健康发展的要求和大学生的生理、心理特征、体育的功能以及我国的国情，我国高校体育的目的是：以身体练习为基本手段，培养学生的体育意识，促进学生积极参加体育锻炼，养成经常锻炼身体的习惯，提高自我保健能力和健康水平，使之成为体魄强健的社会主义现代化事业的建设者和接班人。

为了达到高校体育的目的，应努力完成下列基本任务：

（一）增强体质，增进健康

增强体质、增进健康是我国高校体育的首要任务。这充分体现了我国社会主义现代化

建设事业对当代大学生身心发展的基本要求，也是我国体育本质功能的正确反映。

大学生正处在青春期，同化作用和异化作用基本平衡，生长发育日趋完善和稳定，生理机能和适应能力均发展到较高水平；是性发育成熟、生命活动最旺盛、身心发展的关键时期。在这个时期，通过体育教育，促使学生遵守合理的作息制度，参与丰富的校园文化活动，重视营养卫生，积极参加体育活动，科学地进行体育锻炼，有效地促进大学生身心正常发育，提高身体素质和基本活动能力，提高健康水平和对环境的适应能力，增强对疾病的抵抗能力，从而以强健的体魄和充沛的精力保证当前的学习和迎接未来的工作。

（二）掌握体育和卫生保健的基本知识、基本技术和基本技能，养成自觉锻炼身体的习惯

为了培养大学生的体育意识，掌握体育的基本规律，充分调动他们参加体育锻炼的积极性和自觉性，提高增强体质，增进健康的实效性，必须学习、掌握体育和卫生保健的基本知识，各项运动的基本技术以获得日常生活、生产劳动和国防建设中所必需的基本活动能力，逐步养成自觉锻炼身体的习惯。这些知识、技术和技能，既是高校体育的基本内涵，也是大学生身心全面发展的个体需要。对当前的学习和未来的工作都是不可缺少的。

（三）培养良好的思想品德和提高道德素养

高校体育，不仅要育“体”，而且要育“心”。

我国教育实践证明，要培养德、智、体、美等全面发展的社会主义现代化事业的建设者和接班人，在各级教育中都必须坚持把德育放在首位，并把它贯穿于学校教育的全过程中。作为高等教育的重要组成部分的高校体育，也必须根据体育自身的固有特点，通过高校体育的具体过程，面向全体大学生，加强思想品德教育，提高他们的道德素养。

为了实现这一任务，大学生们应该在体育活动的参与和观赏过程中，主动培养体育意识，自觉树立为我国社会主义现代化建设事业而锻炼身体的信念，培养吃苦耐劳、艰苦奋斗、团结友爱、勇于奉献、朝气蓬勃、拼搏进取的优良品质；形成文明的行为方式和良好的体育作风；培养自信心、自制力和开拓创新精神；提高热爱美、鉴赏美、表现美的情感与能力，以使自己在知、情、意、行诸方面都有更高层次的追求，从而自觉确立文明、科学、健康的生活方式，促使自己在德、智、体、美等方面都得到发展。

（四）发展大学生的体育才能

发展大学生的体育才能，提高运动技术水平，促进体育进一步普及高等学校应在广泛开展群众性体育活动的基础上，对部分体育基础较好，并有一定专项运动才能的大学生进行有计划的课余运动训练。按照教育和体育的应有规律，充分利用高等学校的有利条件和大学生在体能和智能上的优势，重视大学生的生理、心理特征，坚持系统的科学训练，不断提高运动技术水平。这样，既可为高校培养体育骨干，又能进一步推动高校体育活动的开展；既能丰富校园文化生活，又能为国家培养竞技运动的后备人才。

在明确增强体质、增进健康是高校体育的首要任务的前提下，采取切实可行的措施，全面完成高校体育的各项任务，才能确保高校体育目的的实现。

三、实现高等学校体育目的的基本要求

我国高校体育在培养德、智、体、美等全面发展的社会主义现代化事业的建设者和接班

人的工作中已做出了巨大贡献。在改革开放的新的历史时期,为了使高校体育更好地为经济建设服务,深化高校体育改革已势在必行。1999年《中共中央国务院关于深化教育改革全面推进素质教育的决定》中明确指出:“健康体魄是青少年为祖国和人民服务的基本前提,是中华民族旺盛生命力的体现。学校教育要树立健康第一的指导思想,切实加强体育工作,使学生掌握基本的运动技能,养成坚持锻炼身体的良好习惯。确保学生体育课程和课外体育活动时间,不准挤占体育活动时间和场所。举办多种多样的群众性体育活动,培养学生的竞争意识、合作精神和坚强毅力。”这标志着我国学校体育工作已经进入新的时期,并促使高校体育更加规范化、制度化。为了全面完成高校体育的各项任务实现高校体育的目的,高校应该结合本校实际,认真贯彻,不断深化高校体育改革,努力达到以下几点基本要求。

(一)全面贯彻党的教育方针,摆正高校体育的位置

体育是党的教育方针的重要组成部分,也是高等教育的重要方面之一。必须给予足够的重视,摆正它应有的位置。实践证明:只要高校体育工作指导思想端正,位置摆对,体育活动就能广泛开展,校园就能生机勃勃,大学生就能身心健康地学习和生活。否则应相反。由于陈旧落后的传统观念等因素的影响,还存在忽视体育的种种倾向,致使目前有的高校还未把体育与健康摆在应有的位置,措施不力,效果不好,严重地影响了高校教育的质量。为此,必须转变观念,进一步端正办学思想,加强领导,采取得力的措施,保证全面贯彻党的教育方针,切实开展和做好高校体育与健康工作,促进大学生德、智、体、美等全面发展。

(二)面向全体大学生,全面开展高校体育工作

为了实现高校体育的目的,高校应面向全体大学生,动员和组织大学生自觉地参加体育课及各种体育活动,并建立相应的规章制度,借以提供各种保证。体育与健康课教学是基本组织形式,必须按规定开课,改革教材教法,努力提高教学质量。由于高校体育工作的复杂性,必须课内课外结合,普及与提高结合,训练与竞赛结合,开展多种多样的体育活动,以保证大学生每天一小时的体育活动时间。

影响学生身心健康发展的因素是多方面的,为此,高校体育与健康课要与大学生正当的社会活动、合理的作息制度、适宜的学习负担和营养、卫生条件等方面有机地结合,使高校体育与健康工作与其他工作协调地发展。

要加强体育与健康宣传以及在体育实践中传播体育与保健知识,使大学生不断增强体育意识,把身体好与学习好、工作好统一起来,以自觉积极的行动参加体育活动。

(三)加强科学研究,不断改革高校体育

高校体育必须坚持改革,在改革中发展和提高质量。要重视体育科学研究,充分利用高校自身的优势与条件,有目的、有计划、有组织地开展体育科学研究。目前要特别重视研究改革中的新动向、新问题,使科研的成果直接与改革中的问题相联系,并为深化改革高校体育服务。在内容上,要与高校教育改革挂钩,加强体育过程中教育思想、教育内容、教育方法的研究,不断探索我国高校体育与健康规律,按照我国社会主义特色来发展高校体育工作,使之为培养更多更好的高级专门人才服务。

(四)加强教师队伍建设,不断提高教师素质

体育教师是高校体育工作的组织者和执行者,体育教师队伍的健全与否,教师素质的好与差,直接关系到高校体育工作的开展与质量的提高。为了适应高校教育改革的发展,高校体育与

健康教师在充实数量的同时,必须着重提高质量,要在新形势下,对体育教师的师德、知识、能力等方面提出全面提高要求。有关部门应在政治上、业务上、工作上、生活上全面关心体育教师,帮助他们解决各种实际困难,为他们的政治思想和业务进修提高以及开展工作创造条件。体育教师要热爱本职工作,教书育人,洁身自爱,艰苦奋斗,坚持改革,勇于创新,发扬献身精神,从而形成一支团结战斗、奋发向上、生机勃勃的体育教师集体,使高校体育与健康工作更上一层楼。

(五)加强领导,实施科学管理

高校体育是高校整体工作的一部分,必须健全组织领导机构,形成自上而下的组织管理指挥系统,实施科学管理。在校内,必须在主管体育校长的领导下,体育部(室)积极参与,各级行政部门、群众团体密切配合,统一认识,统一步调,才能做好高校体育工作。在具体管理工作中,要对高校体育加强计划,及时检查和总结,不断改进;要从实际出发,建立高校体育的规章制度和体育工作的评价标准,包括对大学生体质、健康测试和评估等规定;要统筹安排,创造条件,保证体育经费、场地、器材设施等物质条件,以满足高校体育工作的实际需要。

第三节　高等学校体育的组织形式

《学校体育工作条例》规定:"学校体育工作是指体育课教学、课外体育活动、课余体育训练和体育竞赛。"这是学校体育工作的组织形式,它构成了学校体育工作整体,为实现学校体育目的而服务。我国高校体育,应根据这一规定,结合高校实际,充分利用各种组织形式,开展高校体育与健康活动。

一、体育课程

(一)体育课程

(1)体育课程是大学生以身体练习为主要手段,通过合理的体育教育和科学的体育锻炼过程,达到增强体质、增进健康和提高体育素养为主要目标的公共必修课程;体育课程是学校课程体系的重要组成部分;体育课程是高等学校体育工作的中心环节。

(2)体育课程是促进身心和谐发展、思想品德教育、文化科学教育、生活与体育技能教育及身体活动并有机结合的教育过程;体育课程是实施素质教育和培养全面发展的人才的重要途径。

(二)课程目标

1.基本目标

基本目标是根据大多数学生的基本要求而确定的,分为五个领域目标:

(1)运动参与目标:积极参与各种体育活动并基本形成自觉锻炼的习惯,基本形成终身体育的意识,能够编制可行的个人锻炼计划,具有一定的体育文化欣赏能力。

(2)运动技能目标:熟练掌握两项以上健身运动的基本方法和技能;能科学地进行体育锻炼,提高自己的运动能力;掌握常见运动创伤的处置方法。

(3)身体健康目标:能测试和评价体质健康状况,掌握有效提高身体素质、全面发展体能的知识与方法;能合理选择人体需要的健康营养食品;养成良好的行为习惯,形成健康的生活方式;具有健康的体魄。

(4)心理健康目标:根据自己的能力设置体育学习目标;自觉通过体育活动改善心理状态、克服心理障碍,养成积极乐观的生活态度;运用适宜的方法调节自己的情绪;在运动中体验运动的乐趣和成功的感觉。

(5)社会适应目标:表现出良好的体育道德和合作精神;正确处理竞争与合作的关系。

2. 发展目标

发展目标是针对部分学有所长和有余力的学生确定的,也可作为大多数学生的努力目标,分为五个领域目标。

(1)运动参与目标:形成良好的体育锻炼习惯;能独立制订适用于自身需要的健身运动处方;具有较高的体育文化素养和观赏水平。

(2)运动技能目标:积极提高运动技术水平,发展自己的运动才能,在某个运动项目上达到或相当于国家等级运动员水平;能参加有挑战性的野外活动和运动竞赛。

(3)身体健康目标:能选择良好的运动环境,全面发展体能,提高自身科学锻炼的能力,练就强健的体魄。

(4)心理健康目标:在具有挑战性的运动环境中表现出勇敢顽强的意志品质。

(5)社会适应目标:形成良好的行为习惯,主动关心、积极参加社区体育事务。

(三)课程设置

(1)普通高等学校的一、二年级本科学生体育必修课不少于是 144 学时(专科学生不少于 108 学时)。修满规定学分、达到基本要求是学生毕业、获得学位的必要条件之一。

(2)三年级专科生、本科生以及研究生开设体育选修课,选修课成绩计入学生学分。根据体育项目合理安排体育课学生人数,原则上不超过 30 人。

(四)课程结构

(1)为实现体育课程目标,应使课堂教学与课外、校外的体育活动有机结合,学校与社会紧密联系。要把有目的、有计划、有组织的课外体育锻炼、校外(社会、野外)活动、运动训练等纳入体育课程,形成课内外、校内外有机联系的课程结构。

(2)根据学校教育的总体要求和体育课程的自身规律,应面向全体学生开设多种类型的体育课程,可以打破原有的系别、班级建制,重新组合上课,以满足不同层次、不同水平、不同兴趣学生的需要。重视理论与实践相结合,在运动实践教学中注意渗透相关理论知识,并运用多种形式和现代教学手段,安排约 10% 的理论教学内容(每学期约 4 学时),扩大体育的知识面,提高学生的认知能力。

(3)要充分发挥学生的主体作用和教师的主导作用,努力倡导开放式、探究式教学,努力拓展体育课程的时间和空间。在教师的指导下,学生应具有自主选择课程内容、自主选择任课教师、自主选择上课时间的自由度,营造生动、活泼、主动的学习氛围。

(4)应把校运动队及部分确有运动特长学生的专项运动训练纳入体育课程之中。对部分身体异常和病、残、弱及个别高龄等特殊群体的学生,开设以康复、保健为主的体育课程。

(五)课程内容与教学方法

1. 确定体育课程内容的主要原则

(1)健身性与文化性相结合。紧扣课程的主要目标,把“健康第一”的指导思想作为确定课程内容的基本出发点，同时重视课程内容的体育文化含量。

(2)选择性与实效性相结合。学校应根据学生的特点以及地域、气候、场馆设施等不同情况确定课程内容，课程内容应力求丰富多彩，为学生提供较大的选择空间。要注意课程内容对促进学生健康发展的实效性，并注意与中学体育课程内容的衔接。

(3)科学性和可接受性相结合。教学内容应与学科发展相适应，反映本学科的新进展、新成果。要以人为本，遵循大学生的身心发展规律和兴趣爱好，既要考虑主动适应学生个性发展的需要，也要考虑主动适应社会发展的需要，为学生所用，便于学生课外自学、自练。

(4)民族性与世界性相结合。弘扬我国民族传统体育，汲取世界优秀体育文化，体现时代性、发展性、民族性和中国特色。

(5)充分反映和体现教育部、国家体育总局制定的《学生体质健康标准(试行方案)》的内容和要求。

(6)教学方法要讲究个性化和多样化，提倡师生之间、学生与学生之间的多边互助活动，努力提高学生参与的积极性，最大限度地发挥学生的创造性。不仅要注重教法的研究，更要加强对学生学习方法和练习方法的指导，提高学生自学、自练的能力。

(六)课程建设与课程资源的开发

(1)体育教师是课程教学的具体执行者和组织者。学校应当在上级行政部门核定的教师总编制内，按照体育课程教学计划授课、开展课外体育活动以及完成培养优秀体育人才训练的任务，配备相应数量合格的体育教师。

(2)体育教师要与时俱进，努力提高自身的政治、业务素养。学校应当有目的、有计划地安排体育教师定期接受教育培训，不断完善他们的知识结构、能力结构，逐步提高学历水平，从而提高体育师资队伍的整体水平，以适应现代教育的需要。

(3)体育教师在强化培养人才职能的基础上，逐步加强学校体育科学研究的职能和社会服务(含社区体育)的职能，开展经常性的科学研究和教育教学的研究，不断推广优秀教学成果。

(4)学校应当按照教育部发布的“普通高等学校体育场馆设施、器材配备目录”及有关规定进行规划和建设，创造条件满足体育课程的实际需要，采取措施延长体育场馆、设施的开放时间，提高对各项体育设施的利用率。

(5)要建立、健全体育课程的各项规章制度和教师培养聘任制度；各类教学文件和教师、学生考核资料须归档立案；建立《学生体质健康标准》测试管理系统；建立体育场馆设施、器材的管理系统；逐步实现体育课程管理的科学化、系统化和计算机网络化。

(6)各校应根据本纲要和学校的实际情况制订教学大纲，自主选择教学内容，有的放矢地进行教学改革和试验，加强教学过程控制，防止以改革之名行无政府主义之实的不良现象发生。根据体育课程的实际情况，为确保教学质量，课堂教学班人数一般以30人左右为宜。

(7)体育课程教材的审定工作由教育部“全国高校体育教学指导委员会”统一规划与组织。本着“一纲多本”的原则，博采众长编写高质量的教材。未经“全国高校体育课程教学指导委员会”审定通过的体育课程教材，各地、各高校均不得选用，以杜绝质量低劣的教材进入课堂。

(8)因时因地制宜开发利用各种课程资源是课程建设的重要途径，如：

①充分利用校内外有体育特长的教师、班主任、校医、家长、学生骨干等，开发人力资源。

②充分利用校内外的体育场馆设施,合理布局、合理使用有限的物力和财力,开发体育设施资源。

③做好现有运动项目的改造和对新兴、传统体育项目的利用,开发运动项目资源。

④充分利用各种媒体(广播、电视、网络等)获取信息,不断充实、更新课程内容。

⑤充分利用课外时间和节假日,开展家庭体育、社区体育、体育夏(冬)令营、体育节、郊游等各种体育活动,开发课外和校外体育资源。

⑥充分利用空气、阳光、水、江、河、湖、海、沙滩、田野、森林、山地、草原、雪原、荒原等条件,开展野外生存、生活方面的教学与训练,开发自然环境资源。

(七)课程评价

体育课程评价包括对学生的学习、教师的教学和课程建设等三个方面。学生的学习评价应是对学习效果和过程的评价,主要包括体能与运动技能、认知、学习态度与行为、交往与合作精神、情意表现等,通过学生自评、互评和教师评定等方式进行。评价中应淡化甄别、选拔功能,强化激励、发展功能,把学生的进步幅度纳入评价内容。教师的教学评价内容主要包括教师业务素养(专业素质、教学能力、科研能力、教学工作量)和课堂教学两个方面,可通过教师自评、学生评价、同行专家评议等方式进行。课程建设评价的内容主要包括课程结构体系、课程内容、教材建设、课程管理、师资配备与培训、体育经费、场馆设施以及课程目标的达成程度等,采用多元综合评价的方式进行。评价过程中,应重视学生的学习效果和反应,重视社会有关方面的评价意见。

二、课外体育活动

课外体育活动是高校体育与健康课程的延续和补充,是实现高校体育目的的重要组织形式。《学校体育工作条例》规定:“中等专业学校、普通高等学校除安排有体育课、劳动课的当天外,每天应当组织学生开展各种课外体育活动。”开发课外体育活动应当从实际情况出发,因地制宜、生动活泼。根据本校实际情况和传统特点,因人、因时、因地制宜,开展多种多样的课外体育活动,这对巩固和提高体育课程的教学效果、增强大学生体质、提高文化学习质量、丰富校园生活、增强集体凝聚力,促进精神文明建设等方面都会起到良好的作用。课外体育活动主要有以下一些形式:

(一)早操

早操即清晨运动,是大学生合理的作息制度中的重要组成部分,是每天起床后坚持的体育活动。早操要坚持经常,一般以 15 ~ 20 分钟为宜。早操应根据大学生个体的兴趣与需要,根据地区地理与气候条件,选择多种多样的内容,可以开展健身跑、广播体操、健身气功、武术、太极拳、散步、健美操以及各种身体素质锻炼等基本内容。早操的组织可以集体与个人活动相结合,一般是分班(组)召集、个人活动为主,体育教师或体育骨干可定期组织与辅导。大学生坚持做早操,不仅是保持合理的生活作息制度、锻炼意志、养成良好的卫生习惯、促进身体健康的良好措施,而且也是为每天从事脑力劳动的准备活动,它可以消除抑制,兴奋神经过程,活跃生理机能,促进有机体以良好的状态进入一天的学习生活。此外,开展早操对于校风、学风建设,促进校园精神文明也有重要意义。

(二)课间活动

课间活动或课间操,是文化课下课后,在教室周围进行几分钟的轻微活动,或第二节课下课后(大休息)集中时间进行体育活动。课间活动时间一般是3~10分钟为宜,运动负荷不宜过大,以散步、广播体操、太极拳等轻柔的内容为主。一般以个人活动为主,也可以以班、组为单位进行。课间活动主要意义在于活动躯体,进行积极性休息,消除上课时静坐的体力疲劳,适时地转移大脑的优势兴奋中枢,为下一堂课学习注入更充沛的精力。

(三)课外体育锻炼

课外体育锻炼是大学生结束一天课程学习之后,进行有目的、有计划、有组织的体育锻炼应当以《学生体质健康标准》的达标活动为主要内容和其他内容,如等级运动员制度的有关项目,健美操、武术、太极拳、健身气功、登山、游泳、滑冰等,并与组织体育观赏等活动结合起来,从各校实际情况出发,因人、因地、因时制宜。班级体育锻炼的组织方法,一般可以以教学班为单位,分组、分项、定点组织活动,也可以用小型多样的比赛形式进行活动,要方法多样,生动活泼。具体安排应在系领导下,以年级或班级为单位,由大学生体育骨干组织,或下系的体育教师协助,开展体育锻炼,也可由俱乐部组织进行。由于班级体育锻炼是利用大学生课余时间进行,组织工作比较复杂,因此,在组织活动过程中,要充分调动大学生参加锻炼的主动性和积极性;要充分发挥体育骨干在开展体育锻炼过程的组织作用;要重视体育锻炼安排,防止运动外伤事故的发生;要制订切实可行的体育锻炼计划,建立各项规章制度,合理安排和使用体育场地器材等。实践证明,搞好高校班级体育锻炼,可以使大学生增强体质、增进健康、锻炼意志、陶冶情操、丰富知识、拓展视野,达到身心完善,精神饱满。因此,班级体育锻炼是大学生课余生活的重要内容,它不仅是高校体育与健康过程的重要方面,也是高校占领课外思想阵地,丰富校园文化生活,建设精神文明重要手段之一。

三、课外体育训练

课外体育训练是指高校利用课余时间,对部分身体素质较好,并有体育专长的大学生进行系统训练的一种专门教育过程,它是实现高校体育与健康目的的重要组织形式。

高校开展课外体育训练是贯彻普及和提高相结合的重要措施。它一方面可以把有体育才能的大学生组织起来,在实施全面训练,进一步增强体质的基础上,进行专项训练,提高运动技术水平,创造优异成绩,在参加校际和国际交往中,为校为国争光,并可为优秀运动队伍培养后备人才;另一方面培养体育骨干,指导普及,推动高校体育活动的蓬勃开展,并在训练和比赛过程中,扩大体育传播,丰富课余文化生活,促进校园精神文明建设。因此,《学校体育工作条例》规定:“学校应当在体育课教学和课外体育活动的基础上,开展多种形式的课余体育训练,提高学生的运动技术水平。”并强调:“普通高等学校经国家教育部委员会批准,可以开展培养优秀体育后备人才的训练。”

为了搞好高校课外体育训练,在工作中应当切实做好以下几点:

(一)要从本地区、本校实际情况出发,设项、组队

高校设立什么项目,建立多少运动队,既要考虑全国、本省、本地区的体育运动水平与需要,更重要的是应考虑本校实际,使之建立在群众性体育活动较为广泛,或者已形成传统体育项目的基础上。同时要注意本校人、财、物和其他条件的可能,以此来设项、组队,要防止追求多而全。

(二)要把体育体制与教育体制相结合,并纳入教育体制的轨道

这就要求,高校开展课外体育训练要从身心健康的人才出发,努力做到:坚持课余,正确

处理文化学习与体育训练的关系,科学地安排训练时间;坚持基础,正确处理训练与比赛的关系,科学地安排训练计划,进行系统训练;坚持教育,处理好思想教育与日常各项工作的关系,把思想教育贯穿到体育训练的全过程。

(三)要充分利用高校的有利条件

要充分利用高校的有利条件,发挥大学生在智能和体能方面的优势,坚持科学训练,开展科学研究,总结适应高校课外体育训练的规律。

(四)要加强科学管理

健全各项规章制度,合理安排人力、物力,充分调动师生参加课余体育训练的积极性。

四、体育竞赛

体育竞赛是高校课外体育的组成部分,是实现高校体育目的的重要组织形式。高校开展体育竞赛,对于检验体育教学和训练效果,交流经验,互相学习,促进运动技术水平的提高;对于广泛吸引大学生参加体育活动,推动高校群众性体育活动的开展,增强体质,增进才智;对于丰富大学生课外文化生活,开展宣传教育,增强体育意识,培养勇敢顽强、奋发向上、团结友爱、遵纪守法等优良品质和集体主义精神,建设校园精神文明等方面都有重要的作用。

《学校体育工作条例》规定:“学校体育竞赛贯彻小型多样、单项分散、基层为主、勤俭节约的原则。学校每学年至少举行一次以田径项目为主的全校性运动会。”

全校性运动会,或形式体育节,项目多,人数广,声势大,不仅可以检阅学校体育工作,而且可以宣传体育,用以推动群众性体育活动的开展。

高校体育竞赛有校内竞赛和校外竞赛,应以校内体育竞赛为主。要经常开展校内群众性体育比赛,如组织各种球类、定向运动、越野跑、“达标”等群众喜闻乐见的体育比赛。在工作上可由校、系、年级、班级等分级组织,或俱乐部等社会团体组织,安排各种体育比赛。

为了开展体育宣传,扩大体育视野,丰富文化娱乐生活,推动高校体育活动的开展,各校可以从实际出发,采用表演赛、友谊赛、邀请赛等形式,组织校内、外较高水平的运动队进行比赛。开展体育宣传,扩大体育视野,丰富学校文化娱乐生活。

第二章 体育与健康

第一节 体育锻炼与身体健康

大学阶段是人生重要阶段，是焕发青春光彩的阶段，然而，青春的光彩是和身体健康紧密联系的。俄国文豪车尔尼雪夫斯基说过这样一句话："生命是美丽的，对人来说，美丽不可能与人体的健康分开。"在人体健康的众多因素中，决定人体氧供应能力的心肺功能是健康的重要因素，同时对人体运动能力也有重要影响。

一、体育锻炼使心肺更健康

你想让心肺更健康吗？参加科学的体育锻炼吧，让健身锻炼成为你大学生活乃至一生中生活的一部分。国外一位学者曾把步行锻炼和健身跑等锻炼称为"心脏健康之路"，你愿意踏上这条让你心肺更健康之路吗？

（一）心肺功能对健康的重要性

人的生命活动离不开氧，而氧气从体外进入体内直至为人体生命活动所利用，都必须由心肺功能来完成。人体的呼吸系统、血液与心血管系统组成了人体的氧运输系统。它把氧气从体外吸入人体并运送到各器官组织，供人体生命活动的需要。呼吸系统把氧气从体外吸入体内，氧气进入血液与血液中的血红蛋白结合，由心脏这个血液循环的"动力站"不停地推动，使血液流遍全身，将氧气送到各组织器官（图2－1－1）。

肺的呼吸运动，实现了肺与外界环境的气体交换及肺泡与肺毛细血管血液的气体交换。前者称肺通气，后者称肺换气。我们在体格检查时，常用肺活量指标来衡量肺通气功能。肺活量是指尽最大可能深吸气后再尽最大可能深呼气。健康成年男性肺活量值大约为3500～4000毫升，女性约为2 500～3 500毫升。

氧气进入血液后由血液运至全身，而血液之所以能在血管中流动，运送氧气，是由于心脏这个推动血液不断流动的动力站的作用。心脏在整个氧运输系统中是至关重要的，心脏的健康与人体健康关系至为密切，联合国"世界卫生日"曾经用"你的心脏就是你的健康"的口号来提醒人们注意保护好心脏的健康。心脏通过舒缩活动将血液不停地射入血管，使血管内的血液不停地流动，以保证全身各组织器官代谢的需要。健康成年人每分钟心跳约75次左右，心脏每搏动一次大约向血管射血70毫升（称每搏输出量），每分钟心脏大约向血管射血5升左右（称每分输出量）。心脏射出的血液在血管内流动时对血管壁有一定侧压力，这就是血压。在心脏一舒一缩的一个心动周期中，血压随心室的收缩与舒张而有所升降。心室收缩时，血液大量射入血管，主动脉压力急

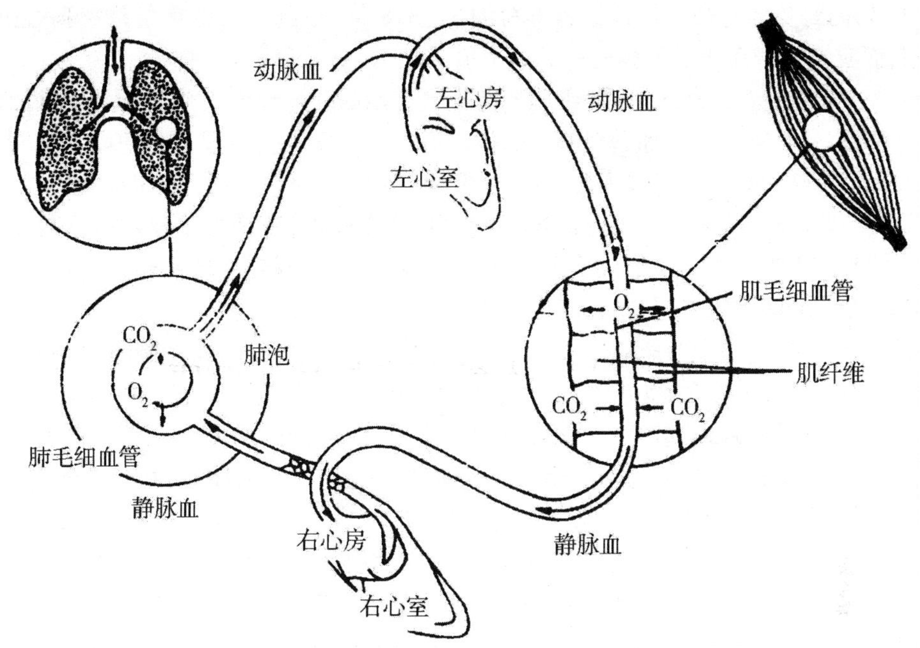

图 2-1-1 人体氧运输系统示意图

剧升高,这时的压力称收缩压;心室舒张时压力降低,称舒张压;收缩压与舒张压之差称脉压。我国健康成年人安静时收缩压约为 13.3~16.0 千帕,舒张压为 8.0~10.7 千帕,脉压为 4.0~5.3 千帕。血压可随年龄、性别和体内生理状况的变化而有所变动。

正是上述的心肺功能保证了人体生命活动对氧的需要,而在运动时人体对氧的需要将大大增加,就更需要心肺功能的保证。因此,人体心肺功能的强弱,既是人体健康水平的标志,也是人体运动能力的重要基础。

(二)体育锻炼对心肺功能的影响

1899 年,瑞典医生汉森(Henschen)诊断到滑雪运动员的心脏较常人的大,但又不同于高血压、心瓣膜病患者的病理性心脏肥大,运动员这种肥大的心脏功能良好,他将这种心脏称为运动心脏或运动员心脏。生理学研究表明,经常进行体育锻炼的人,心脏的重量、直径、容积均比一般人的大,心脏具有更强的工作能力。

生理学家曾对活动少的动物和经常活动的动物、未经过运动训练的人和经过运动训练的人的心脏进行比较,结果发现经常活动者心脏的重量要重得多(见下表)。

表 2-1 运动强度与心脏相对重量

研究对象	家兔	野兔	家鸭	野鸭	普通马	跑马	家狗	猎狗	家狼狗	公用狼狗	未经训练的人	经训练的人
心脏重量 ($g.kg^{-1}$)	2.4	7.7	6.9	11.0	6.0	11.5	5.0	11.0	7.0	9.2	4.8	8.0

比较动物心脏的轻重与寿命的长短,发现这两者关系十分密切。野兔心脏重量为家兔

的3.2倍,而野兔的寿命正好是家兔寿命的3~3.8倍,猎狗的心脏重量是家狗心脏重量的2.2倍,而猎狗的寿命正是家狗寿命的2.1倍。

经常参加体育锻炼的人,心肌细胞能获得更充足的氧气及营养供应,因而心肌细胞产生营养性肥大,使心脏重量增加,容积增大,搏动有力。一般人心脏重量约300克左右,而运动员可增重至400~500克;一般人心容积约为750毫升,而运动员可达1 000毫升以上。生理学者曾对一些40~80岁坚持长跑锻炼的人的心脏作检查,发现由于长跑锻炼的良好作用,这些人的心脏无论大小和功能均类似于不从事锻炼的20岁左右的年轻人心脏。一些专家认为,坚持运动起码可使心脏推迟衰老10~15年。

经常锻炼的人,由于心肌收缩强而有力,每搏输出血量多,因而安静时心跳次数比一般人慢。一般人每分钟心跳75次左右,而经常运动的人可减慢至每分钟50~60次,有训练的运动员更慢。安静时心跳的减慢,使心肌获得更多休息时间,从而使心脏有更大的贮备力。譬如,一般人每分钟心血输出量约5升,运动时比安静时大大增加,经常锻炼的人可增至30~35升,甚至达40~45升以上,说明心脏有很大的贮备力。

锻炼还对预防心血管系统疾病有良好作用。锻炼不仅使心脏功能增强,同时还改善体内物质代谢等过程,减少脂质在血管壁的沉积,保持与增进血管壁的良好弹性;经常锻炼还可促进体内脂肪的消耗,并能使具有保护性的高密度脂蛋白增加,这些都对心血管疾病起到积极预防作用。可见,科学的体育锻炼确是“心脏健康之路”。

体育锻炼还能大大增强肺功能。进行体育锻炼时,由于肌肉活动需要更多氧气,因而呼吸次数增加,深度加深,肺通气量大大增加。譬如,安静时一般人每分钟呼吸12~16次,每次呼吸吸入新鲜空气约500毫升,每分钟肺通气量约为6~8升,而剧烈运动时呼吸次数可增至每分钟40~50次,每次吸入空气达2 500毫升,为安静时的5倍,每分钟肺通气量可高达70~120升,因而,在体育锻炼中,呼吸器官可得到很大锻炼与增强。

经常进行体育锻炼还有助于呼吸肌力量增大,胸廓活动性增强,肺泡具有更好的弹性。譬如,一般人在安静时,由于需氧量不多,只需要大约1/20的肺泡张开就足以满足需要,因此肺泡活动不足。而体育锻炼时,由于需氧量增加,促使大部分肺泡充分张开,对肺泡弹性的保持及改善十分有益,有助于预防肺气肿等疾病的发生。

(三)有氧能力及其锻炼

进行体育锻炼时,由于项目的差异、运动强度大小及持续时间长短的不同,对氧气的供应及利用上也各具特点。

在进行步行、健身慢跑、健美操、太极拳及一些不太激烈的球类锻炼时,人体是在氧供应充分的条件下进行运动,能源来自于体内糖和脂肪的有氧代谢。而有氧代谢供能能力主要和人体心肺功能有关,这一能力也是人体耐力素质的基础。在这类运动中,由于强度不大而持续时间较长,补充体内能量消耗的途径主要由糖和脂肪的有氧代谢,特别是持续时间长的运动,脂肪氧化供能的比例会逐渐增加。因此肥胖者想消耗体内多余的脂肪,就应进行一些强度不大但持续时间长些的运动,如较长时间的步行、慢跑、健美操等均属此类。

当进行短跑、短距离游泳及强度大而持续时间短的运动时,由于人体吸氧能力赶不上运动强度的增加,因此很多时候是在氧供应不充分的情况下进行运动,也称无氧代谢供能。这类无氧代谢供能又可分两种类型:第一类无氧供能主要由磷酸肌酸(CP)的分解释放出能量补充,称磷酸原系统,与人体的绝对速度能力关系密切;第二类无氧供能是由糖原进行无氧酵解供能,同时产生乳酸积累,称乳酸能供能系统,与人体运动时速度耐力能力有关。

对心肺功能锻炼的健身价值而言,学者们一致推崇有氧代谢供能的锻炼。习惯上将主要由有氧代谢供能进行运动的能力称为有氧能力。一些强度不大、不太激烈、持续时间可以较长的锻炼,使人体心肺功能在良好的条件下工作,达到较充分的锻炼,因此学者们将步行锻炼、健身慢跑、健身游泳、健身健美操(有氧韵律操)、太极拳、球类健身锻炼等称为有氧运动,主要提高人体有氧能力,增强心肺功能。可见,人体有氧能力的优劣和心肺功能强弱密切有关。增强心肺功能锻炼的选择首推有氧运动。

(四)增强心肺功能的途径与方法

当你把健身锻炼当做生活中不可缺少的一部分,踏上经常科学健身锻炼之路时,那么可以说,你已走上心肺健康之路。你可有计划地每周数次进行健身步行锻炼、健身跑锻炼、游泳锻炼、跳绳锻炼,或约上三五个好友打网球、羽毛球、乒乓球,女同学更喜爱健身健美操(有氧韵律操),在音乐伴奏下,练太极拳等可在美的享受中使心肺功能得到锻炼。

但是使锻炼收到预期效果,必须坚持经常,同时还应在运动强度的掌握、持续时间及锻炼频度上加以注意。

1. 运动强度的掌握

锻炼时强度要适宜。过大的强度会使无氧代谢成分增加,而对增进心肺功能效果不一定明显;强度过小对机体影响又太轻微。多大的强度为合适呢?这里介绍用心率来掌握和控制运动强度的卡氏公式法。

芬兰学者卡沃宁(Karvonen)提出了一个发展量大吸氧量锻炼强度阈的计算公式,只要将自己的年龄及安静时心率代入卡氏公式,所得数字就是锻炼中的强度阈值(适宜的心率)。

有氧锻炼强度阈(每分钟心率次数)= 安静心率 + [(220 - 年龄) - 安静心率] × 60%

譬如,一个安静心率为每分钟 70 次的 20 岁大学生,发展有氧能力锻炼的强度阈应是:

$70 + [(220 - 20) - 70] \times 0.6 = 70 + 78 = 148$ 次/分钟

就是说,这位大学生在从事发展有氧能力的锻炼时,心率达每分钟 148 次左右是合适的。

2. 一次锻炼持续时间

作为增强人体有氧能力的锻炼,一次锻炼时间应稍长,譬如,打乒乓球 30 ~ 60 分钟,做健美操 30 分钟等,而即使跑步或步行也至少持续运动 5 ~ 10 分钟以上,并可根据健康状况及锻炼基础延长至持续 15 ~ 20 分钟甚至 30 分钟以上。一些研究报告表明,每天运动持续 30 分钟,几星期后就可见到有氧能力明显增强的效果。

3. 锻炼频度

指每星期锻炼多少次。一般人的健身锻炼,可以每星期锻炼 3 次(隔天一次)。研究认为,如每周锻炼少于 3 次,效果就不显著。当然有可能的话,一周可锻炼 4 ~ 5 次甚至每天锻炼。这可视个人锻炼习惯、体质基础及锻炼目的等而定。

二、体格强壮需要锻炼

让自己具有健美的体形与强壮的体魄是不少大学生的愿望。俄国著名诗人马雅可夫斯基曾经写下著名的诗句:“世界上没有任何一件衣裳能比健康的皮肤和发达的肌肉更美丽。”

健壮的体格是健康的标志之一,同时又是取得优秀运动成绩的基础。

(一)体育锻炼在你获得强壮体格中的作用

人体的运动是由运动系统实现的。运动系统由206块骨和400多块肌肉以及关节等组成。骨骼构成人体的支架,关节使各部位骨骼联系起来,而最终要由肌肉的收缩放松来实现人体的各种运动。可见肌肉的重要功能是收缩,它是人体实现各种运动和身体活动的动力。人体全身肌肉的重量约占体重的40%(女性约为35%),人们的坐立行走、谈话、写字、喜怒哀乐的表情,乃至进行各种各样的工作、劳动、运动等等,无一不是肌肉活动的结果。

锻炼肌肉,增强肌肉力量,促进体格的健壮,对人体健康有良好作用。两个体重相等的人不一定都同样健壮,体内脂肪的增加也可以使体重增加。强壮体格需要的是体内适中的脂肪和较发达的肌肉,锻炼后体重的增加应该主要是肌肉的发达。

肌肉的发达健壮,绝不是靠饮食和休息就能达到的,肌肉发达的主要途径是体育锻炼。每一块肌肉都是由肌纤维和结缔组织分别构成肌肉的收缩成分和弹性成分(图2-1-2)。肌纤维是肌肉的收缩成分(Contractile Component,CC),通过肌纤维的主动收缩放松实现人体的各种运动;肌腱和肌肉中的结缔组织组成肌肉的弹性成分,它与肌肉中的收缩成分成并联或串联存在,如肌肉两端的肌腱属串联弹性成分(Serise Elastic Component,SEC),而包绕肌纤维束的肌膜等称并联弹性成分(Paral-lel Eladtic Component,PEC)。当人体进行各种运动时,肌肉的收缩成分主动缩短,弹性成分被拉长而将收缩成分释放的部分能量吸收贮存起来,其后即以弹性反作用力的形式发挥出来,促使肌肉产生更大的力量和更快的运动速度。

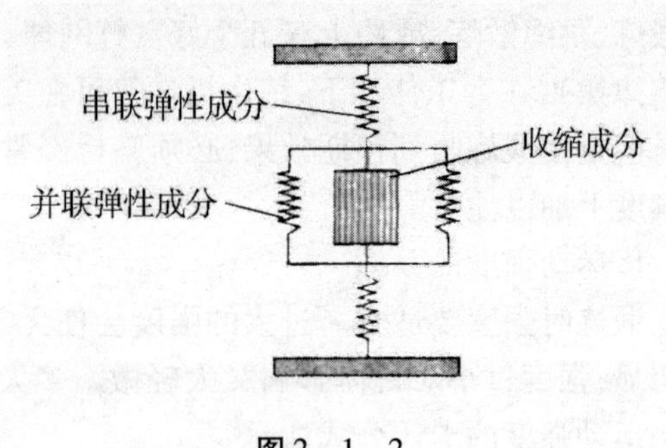

图2-1-2

进行各种肌肉力量的练习时,由于肌纤维的主动收缩与放松,大大促进肌肉中的血液供应和代谢过程,肌肉中有着丰富的毛细血管,在一平方毫米肌肉中,就有数千根毛细血管。但是当肌肉处于安静状态时,肌肉中的毛细血管仅开放很少一部分。只有在进行体育锻炼或体力活动时,肌肉内毛细血管才大量开放,这就使肌肉获得更多血液供应,带来更多氧和氧料,使肌肉内代谢过程大大加强。其结果使肌纤维内的蛋白质增加,肌纤维就逐渐粗壮,肌肉内供能物质含量也增加,储氧的肌红蛋白、毛细血管网等均有增加,肌肉的结缔组织弹性改善,使肌腱弹性、韧性加强。这不仅使体格健壮,还大有益于健康。

因此,如果你想获得健壮的体格,你就应该积极从事肌肉力量的锻炼。

(二)肌肉力量锻炼的手段与方法

在完成各种身体练习时,根据肌肉的长度和张力的不同变化,可将肌肉收缩区分为多种形式,最常见的可有下列三种形式:

1. 向心肌肉收缩

同学们平常利用哑铃、沙袋、杠铃、拉力器和组合健身器等进行肢体的伸缩锻炼肌肉力量练习均属此类,向心肌肉收缩是肌肉长度发生缩短的收缩形式,是力量练习中最常见的工作形式。

2. 等长肌肉收缩

当手持哑铃两臂侧平举保持不动时，这时双臂肌肉就在做等长收缩，也称静力工作。这是当肌肉收缩产生的张力等于外力时，或是肌肉紧张用力维持肢体保持某一种姿势时，此时肌纤维虽然积极收缩，但肌肉的总长度并没有改变，称等长肌肉收缩。这时从肌肉整体外观看，肌肉长度没有改变，但实际上肌肉的收缩成分（肌纤维）是处在收缩中而使弹性成分拉长，从而整块肌肉长度保持不变。

3. 超等长肌肉收缩

超等长肌肉收缩是肌肉先进行离心收缩后，紧接着进行向心收缩的形式。譬如跳起落地（或从高处跳下着地）紧接着再向上跳，此时股四头肌先在落地时离心收缩（被动拉长），紧接着又立刻作猛烈向心收缩，实现向上跳起。在各种练习中，如跳远、连续双足或单足跳、多级跳等均属此类工作形式。这类练习对肌肉锻炼价值颇大，又称离心向心收缩或弹性离心练习。

进行肌肉力量锻炼，可选择徒手或各种器械练习手段进行上述任一形式的锻炼。徒手力量练习如俯卧撑练臂部及胸背肌力，向上纵跳或单双足连续练习腿部肌力，仰卧起坐练腹部肌肉等等。而哑铃、沙袋、杠铃、各种力量练习器械、橡胶带、肋木等均可作为器械进行肌肉力量练习，而最简单的单杠引体向上、双杠双臂屈伸、肋木悬垂举腿等练习也是肌肉力量练习的好手段。

无论采用何种手段锻炼，为了达到预期效果，都应制定一个计划，譬如重复练习多少次，每次用多大重量等等。不要盲目练习，以免练习太少了效果不佳，重量过大或次数太多又易发生肌肉拉伤。大学生在练习时可参考 PIRTS 因素，结合自己个人状况合理安排。

三、充分利用阳光、空气、水等自然力增进健康

阳光、空气和水是生命活动必需的自然条件，人们习惯上把利用阳光、空气、水促进身体健康称为自然力锻炼。自然力锻炼在增强在增强人体各器官功能、提高人体对各种不良因素的适应能力和抵抗力等方面有良好作用。科学利用自然力锻炼有助于增进身体健康。

（一）日光浴

日光浴对人体有良好的影响。第一，日光中的红外线对身体的作用主要是温热皮肤和肌肉组织，加速血液循环，增强新陈代谢，使人温暖舒适；第二，可见光线能调节人体的新陈代谢，改善人体的各种生理功能；第三，紫外线一方面能促进钙磷代谢，儿童和青少年正在生长发育时期，对钙磷的需要量较多，胎儿生长骨骼的钙磷需要母体供给，多晒太阳能促进新陈代谢和生长，另外对骨折及骨病手术后的人有助于加快骨质愈合。另一方面，紫外线能促进组织胺的形成，这种物质能使毛细血管扩张，血流加快，胃酸分泌增多，增强食欲和身体的抵抗力。此外，紫外线还能消毒杀菌，起到预防疖疮、毛囊炎等皮肤病的作用。

进行日光浴锻炼采取卧位或坐位姿势均可，但不宜照射头部，应当用浴巾、草帽或伞遮挡头面，戴上墨镜更好。

由于一天中阳光强弱在不同时间有差异，因此日光浴的时间一般选择在一天中光热合适的时候。开始时，持续时间应短些，如果身体反应良好，可逐渐增加，但不宜过长，具体可依地区、季节、寒暑不同情况灵活掌握。

日光浴注意事项：

(1)日光浴宜从天气转暖时开始，并在夏天坚持下去。

夏季阳光强烈，做日光浴时，要特别谨慎掌握时间和日照强度，避免过量的紫外线照射人体产生不良影响，防止皮肤灼伤和中暑。近年来研究发现，紫外线中的UVA和UVB物质对人体十分有害，因而涂抹一种含有防晒因子的防晒霜，可以避免人体被伤害。

(2)日光浴禁忌证有：发高烧等急症、有出血倾向的疾病、皮肤炎症、日光过敏等。

(3)在空腹、饱腹、身体过度疲劳、情绪不佳时，不宜进行日光浴。

(4)妇女在月经期和分娩后1个月内，不宜进行日光浴。

(二)空气浴

坚持进行空气浴锻炼，能提高人体体温调节中枢的能力，适应外界多变的气候，使体温保持平衡，减少疾病的发生。空气浴还能改善内分泌的功能，使血液中的17－酮固醇增多，这种肾上腺皮质激素能使身体和抵抗力增强，抵御多种疾病，并有助于贫血、肝炎、慢性气管炎、肺结核、心脏病等患者早日康复。此外，新鲜的空气里有很多负离子，能增加人体氧含量，降低血清素5－羟色胺，使人精神愉快；负离子还能调节中枢神经系统的兴奋和抑制，刺激造血系统功能，并有助于机体的新陈代谢，增强身体免疫力，提高工作效率和学习效果。

空气浴是让人体皮肤接触新鲜空气来锻炼身体的方法。空气浴的作用不但取决于气温，还必须同时考虑空气的流速、湿度、气压以及空气中负离子的含量。空气浴的方法极为简便，如早晨起床时晚穿一会儿衣服，晚上睡觉时早脱一会儿衣服，让身体多接触一些新鲜空气；在日常生活、劳动及运动时，适当少穿衣服；养成夜间开窗睡觉的习惯，如果不是刮大风或气温过低时，都要留一个小窗口，让新鲜的冷空气进来。空气浴应从温暖季节开始，逐步向寒冷季节过渡。天气越冷，每次锻炼的时间越短，以不出现寒战为度。在一天中空气浴最好的时间是旭日东升的清晨，而年老体弱者，则宜在上午9～10时，或下午3～4时进行。空气浴时，最好与体育活动结合起来进行。

空气浴注意事项：

(1)空气浴最好在树木繁茂、长满庄稼的地方或江河湖边海滨进行，人口稠密的公共场所不适合空气浴。

(2)遇大风、大雾或大雨天气时，最好不要进行空气浴。

(3)饭后一小时内不要进行空气浴。

(4)大汗或身体过度疲劳时，不要进行空气浴。

(三)冷水浴

冷水浴锻炼对人体的好处很多，首先有助于增强中枢神经系统的功能。人体接触冷水后，能使大脑皮质和体温调节中枢立即兴奋起来，调动全身各器官系统的活动，抵御寒冷的刺激。长期锻炼下去，有助于预防或减少脑细胞的衰老和死亡，对神经衰弱和头痛失眠也有一定的治疗作用。其次，增强心血管系统的功能。冷水浴时能动员贮存在肝脾等血库的血量参与循环，不仅锻炼了心肌功能，还随着血管的自然收缩和扩张运动，起到“血管体操”的作用，从而增强了血管的弹性和韧性，防止胆固醇在血管壁沉积，预防高血压、动脉硬化和冠心病的发生。第三，有助于增强呼吸系统的功能。主要通过加大呼吸深度和加快呼吸频率，使呼吸肌和膈肌得到锻炼，增强肺和气管的弹性，提高御寒能力，减少感冒的发生。此外，冷水浴还能使身体的热量消耗增多，防止过多的脂肪积聚在皮下组织而形成肥胖。同时还能通过更多的机械性摩擦，使皮肤弹性增强。

冷水浴锻炼的方法有：冷水擦身、冷水淋浴、冷水浸浴等。

1. 冷水擦身

冷水擦身在冷水浴的初级阶段采用。先从上肢开始，依次用冷水擦颈部、胸部、腹部、背部和下肢，然后用毛巾擦干，并按血液回心方向摩擦皮肤到发红。冷水擦身的时间一般不超过 2～5 分钟。

2. 冷水淋浴

冷水淋浴是很有效的水浴。淋浴锻炼的开始阶段，水温以 30～35℃为宜，淋浴时间不超过 1 分钟。以后水温逐渐降低到 15℃或更低些，淋浴时间可增到 2 分钟。淋浴后一定要用干毛巾擦摩身体。

3. 冷水浸浴

冷水浸浴是最有效的锻炼方法。浸浴时，宜于充分利用空气、水、日光对机体的综合作用，最好从夏季和秋季开始。应该牢记，水浴的主要因素是水温，而不是时间的长短。每次持续的时间，要因人而异，以不出现寒战和口唇青紫为度。浸浴后擦干身体，穿好衣服使身体保暖。

另外，除了全身水浴，还可采用局部水浴的方法。其中最常见的是每天睡前坚持冷水洗脚，早晨和晚上坚持用冷水含漱咽喉、洗脸，这些方法能使对寒冷最敏感的部位得到较好的锻炼。

用雪擦身和冬泳是非常剧烈的自然力锻炼。这种方法对机体的要求特别高，只有身体非常健康和多年进行系统冷水锻炼，并经医生允许的人才可采用。应当指出，这种冷水浴方法不是非用不可的，因为每天坚持一般性的自然力锻炼，同样可以达到良好的锻炼效果。

冷水浴注意事项：

（1）冷水浴前，要做好准备活动，使身体发热后再进行冷水浴锻炼，但不要在满身大汗时进行。冷水浴结束后，要擦干身体，穿好衣服注意保暖。

（2）患有严重高血压、冠心病、急性肝炎、空洞性肺结核、活动性风湿病及高烧的病人不宜进行冷水浴。

第二节　体育锻炼与心理健康

健康是人寿天年的保证，是幸福人生的标志。随着科学知识的普及和日常生活经验的积累，人们逐渐意识到身体锻炼有利于增强体质和体能，使我们的身体更健康，精力更旺盛。然而，当一个人在生活、学习或工作中面对压力、遭受挫折而出现心理障碍时，很少想到通过体育锻炼可以改善情绪、消除心理障碍。人们更不知道坚持有规律的体育锻炼是预防一些心理疾病，保证心理健康的最佳方法。实际上，体育锻炼既是身体活动，又是心理活动和社会活动，因此人们要达到身体、心理和社会适应的完美状态，追求高品质的生活，有规律的体育锻炼是必不可少的一种健康的生活方式。

一、心理健康与身体锻炼

(一)身心健康的关系

健康是人类追求的目标,也是社会发展的要求。健康的定义由不同的历史发展阶段所决定,随着人类文明程度的不断提高,"躯体无疾病即健康"的生物学健康观已不再适合社会和个体的发展需要,1948 年世界卫生组织对健康提出了一个全面而理想化的定义:"健康是在身体、心理和社会适应都处于完美的状态,而不仅是躯体上没有疾病和虚弱。"美利坚大学的国家健康中心提出了一个与之相似的健康六要素,即"健康是人对环境适应后所达到的一种生命质量,包括躯体的、情绪的、智力的、心灵的、社交的和环境的完美状态"。对健康的新认识是我们追求高质量生活过程中新迈出的重要一步。

健康诸要素之间的关系实际上是身心之间的关系。它们关系密切,相互作用,相互依存。身体健康有助于心理健康。古代哲学家范缜提出:"形存则神存,形谢则神灭",强调了躯体是心理之载体。近 30 年来生理学及生物学研究证实了生理机能对心理健康的影响作用。例如,甲状腺的主要功能是控制人体的新陈代谢,甲状腺素分泌过多,使得人体的新陈代谢速度加快,个体便会产生紧张反应,表现为肢体颤动、情绪激动、注意力难以集中、焦虑不安和失眠等等。心理健康也同样影响着身体健康,古人云:"怒伤肝,喜伤心,忧伤肺,恐伤肾,思伤脾"。一些生理疾病(包括冠心病、哮喘、头痛和溃疡等)和心理状况有关。例如,抑郁会增加肾上腺激素和肾上腺皮质激素的分泌量,还会降低免疫系统的功能,从而使个体更容易患病。因而,保持身体与心理之间的平衡与和谐对人的健康是至关重要的。

现代人无时无刻不在享受现代科技文明的发展和进步所带来的方便。如今,人们可以坐在家里通过网上购物、炒股、成交生意;还可以到网络咖啡室聊天,缔造现代爱情故事。然而,激烈的社会竞争和强烈的生存危机,也使人类进入了情绪负重的时代。一些不良的生活方式,如缺少锻炼、过量饮食、吸烟、酗酒、过量服用药物和危险性行为等等都会打破人们的身心平衡状态,引发疾病,危害健康。据美国某综合医院门诊部对前来就诊的病人进行的调查发现,65%病人的疾病与社会逆境引起的压抑有关。比如人们长期处于压力情景下,情绪高度紧张,这会导致生理水平和免疫能力的下降,从而引发心血管系统、消化系统、呼吸系统、内分泌系统或皮肤等的心身疾病。因而,对大学生来说,保持身体和心理的和谐统一、协调发展,才能使其具备缓解压力、适应环境的能力。

(二)心理健康及其标准

与身体健康的标准不同,心理健康的标准难以数量化。心理健康主要是定性的观察,是从优秀的心理品质中总结出来的有代表性的特征。对优秀的心理品质有不同的看法,就对心理健康的定义说法不一。心理学家英格里斯认为:"心理健康是一种持续的心理状况,当事者在那种情况下能作良好的适应,具有生命的活力,而且能充分发挥身心的潜能,这是一种积极的丰富的情况,不仅是免于心理疾病而已。"日本心理学家松田岩男指出:"心理健康是指人对内部环境具有安定感受,对外部环境能以社会认为的形式适应这样一种心理状态。"1946 年,国际心理卫生联合会也曾经给心理健康作了如下定义:"心理健康是指在身体、智能及情感上保持同他人的心理不矛盾,并将个人心理发展为最佳状态。"

人们对心理健康的理解存在一定的差异,并且他们对心理健康的评价规范也受社会风俗习惯的影响，因此，心理健康标准也迥然不一。著名的美国心理学家马斯洛等人提出了十条心理健康标准：

(1)有充分的安全感。

(2)充分了解自己，并能对自己的能力做出恰当的估计。

(3)生活目标、理想的确定切合实际。

(4)与现实环境保持接触。

(5)能保持个性的完整和谐。

(6)具有从经验中学习的能力。

(7)能保持良好的人际关系。

(8)适度的情绪控制和表达。

(9)在不违背集体利益的前提下，有限度地发展个性。

(10)在不违背道德规范的情况下，适当满足个人的基本需要。

我国心理学工作者刘协和(1993)提出的五条心理健康的标准是：

(1) 没有心理异常。

(2) 正常发育的智力。

(3)健全的人格。

(4)充沛的精力。

(5)丰富的情感生活。

综合国内外专家的观点，我们认为大学生心理健康的标准主要包括下面几个方面：

1. 智力正常

智力是人的各种能力的总和，包括观察能力、记忆能力、思维能力、想象能力和实际操作能力，它是人进行生活、学习和工作的最基本的心理条件，也是一个人与周围环境取得动态平衡最重要的心理保证。智力正常的人才能有望取得成绩，并从中得到满足和快乐。同时，智力正常者才有可能挖掘潜能。充分实现自我。智力正常与否可通过智力测验来判定，若智商在60以下即属于智力低下了。

2. 适当的情绪控制能力

人们的情绪是所有心理活动的背景条件和伴随其他心理过程的体验。正如体温可作为生理健康与否的标志之一，情绪也是反映人的心理健康与否的晴雨表。心理健康的大学生能经常保持愉快、开朗、乐观、满足的心境，对生活和未来充满希望。虽然也有悲伤、哀愁等消极体验，但能主动调节，同时能适度地表达和控制情绪。

3. 对自己能作出恰当的评价

正确认识和客观评价自己，是对自我目前所处状态和环境、自我未来的发展方向有一个清醒的认识，摆正自我的位置，自信、自觉地发展自我。如果一个人没有发展目标，整天浑浑噩噩，或妄自尊大、好高骛远，或自轻自贱、悲观厌世，自然是不能算心理健康的。

4. 能保持良好的人际关系

人际关系最能体现和反映人的心理健康状况。心理健康的学生乐于与他人交往，能用尊重、信任、友爱、宽容、理解的态度与人相处，能接受、给予爱和友谊，与集体保持协调节的关系，能与他人同心协力，合作共事，乐于助人。

5. 心理行为符合年龄特征

在人的生命发展的不同年龄阶段，都有相应的心理行为表现。心理健康的人，其认识、情感、言行、举止都符合他所处的年龄段。心理健康的大学生应该是精力充沛、勤学好问、反应敏捷、喜欢探索的。过于老成、过于幼稚、过于依赖都是心理不健康的表现。

（三）体育锻炼对大学生心理健康的影响

由于青年大学生心理发展正处于迅速走向成熟而尚未成熟的阶段，他们常出现一些自我矛盾，主要表现为孤独感与强烈的交往需要的矛盾；防立性与依赖性的矛盾；强烈的求知欲与识别力低的矛盾；情绪与理智之间的矛盾；愿望与当前现实的矛盾等。如果大学生处理不好这些心理内部矛盾，就会引发各种心理不健康的问题，如最常见的强迫症、人际关系敏感、抑郁、焦虑和敌对等。

大量研究表明，体育锻炼是一种低经济支出、低风险和低副作用的有效改善心理健康的手段。体育锻炼对心理健康的积极影响主要表现在以下几个方面：

1. 改善情绪状态

不良情绪是导致生理和心理不健康的重要因素之一，而体育锻炼能直接给人带来愉快和喜悦，并能降低紧张和不安，从而调控人的情绪，改善心理健康状况。体育锻炼的情绪效应有短期效应和长期效应两种。温伯格（Weinberg，1988）等人研究报道，一次 30 分钟的跑步可以显著地改善紧张、困惑、焦虑、愤怒和抑郁等不良情绪状态。同时，伯格（Berger，1993）研究认为，长期有规律的中等强度的体育锻炼有助于情绪的改善。大学生常因学习的压力、同学间的竞争、人际关系的复杂以及未来前程的担忧而持续产生紧张、焦虑和不安，经常参加体育锻炼可以使这些不良情绪得到改善，心理承受能力增强。

2. 提高智能

长时间地进行脑力劳动后，通过体育锻炼有益于呼吸、血液循环和神经细胞兴奋与抑制的交替，更有助于学生的注意力、记忆力、想象力、思维分析等心智能力的健康发展，并使其情绪稳定、性格开朗、疲劳感下降等，这些非智力锻炼对人的智能的发展具有促进作用。

3. 强化自我概念和自尊

自我概念是个体主观上对自己的特长、能力、身体和社会接受性等各方面的看法和感觉的总和，如“我的学业成绩非常优秀”，“我的身材不是很有吸引力”等等。而自尊是在自我概念的基础上，对自己各方面的自我评价和情感反应，如“我对自己优异的学业成绩感到自豪”，“我对自己富有吸引力的身体感到非常满意”等等。由于自我概念和自尊都是由许多方面的自我认识所组成，通常我们认为自我概念和自尊是同义词，它们在适应社会和人格形成方面都起着很大的作用。自我概念与自尊关系见图 2－2－1。

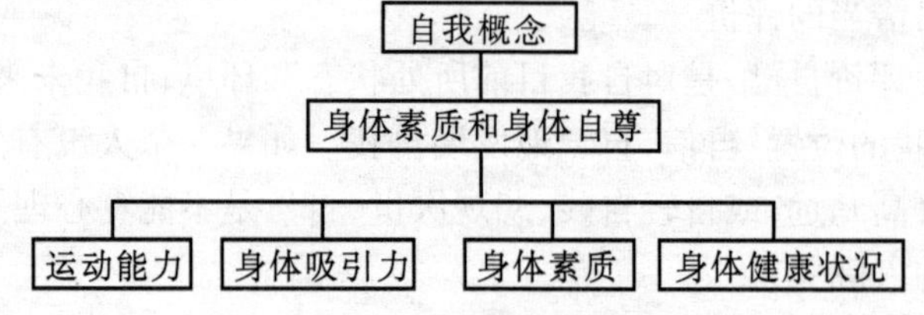

图 2－2－1　自我概念与自尊关系

研究表明，青年人对自我身体方面的关注达到了最高点。同时，据有关报告显示，54% 的大学生对他们的体重不甚满意。与男性相比，女性倾向于高估她们的身高和低估她们的体重。而且,身体肥胖的个体更可能有身体自尊方面的障碍。身体自尊主要包括一个人对自己运动能力、身体吸引力、健康状况以及对自己身体的抵抗力等各方面的评价。当个体对身体形象不满意时会使其整体自尊降低,并产生不安全感和抑郁症状。通过体育锻炼可以对参加者有关身体方面的自尊产生巨大的影响,从而最终影响自尊。例如,一项降低体重的训练可以明显影响参加者的身体外表知觉和身体想象(如果体育锻炼达到足够强度和足够时间,它就会影响自尊,再如,当一名大学生在他的首次网球比赛中获胜了,这将对他的网球运动能力是一次肯定,相应地就会提高他对自己这一能力的知觉。如果他能够继续成功,则有可能提高其身体自尊,到最后可能会是整体自尊的提高)。

4. 培养坚强的意志品质

意志品质是指一个人的果断性、坚韧性、自制力以及勇敢顽强和主动独立等精神。意志品质既是在克服困难的过程中表现出来的,又是在克服困难的过程中培养起来的。在体育锻炼中要不断克服客观困难(如气候环境条件的变化、身体素质与能力的限制或意外等)和主观困难(如紧张、畏惧心理、失意、疲劳等),锻炼者越能努力克服困难,也就越能培养良好的意志品质。从锻炼中培养起来的坚强意志品质能够迁移到日常的学习、生活和工作中去。

5. 协调人际关系

我国著名医学心理学教授丁瓒指出:人类的心理适应最主要的就是对于人际关系的适应,人际关系是影响一个人的心理是否健康的重要因素之一。在生活中,我们常常可以发现,那些人际关系好的人总是心情愉快、精神饱满,对什么事情都充满兴趣,这些人生活得很愉快、很舒畅;人际关系不好的人常常无精打采、抑郁寡欢,缺乏生活的乐趣。而体育锻炼可改变这一现象,因为体育锻炼总是在一定的社会环境中进行,它总是与人群发生着交往和联系,人们在运动中能够较好地克服孤僻,忘却烦恼和痛苦,协调人际关系,扩大社会交往,提高社会适应能力。著名学者麦亦尼认为:游戏和运动具有启发独创、消除紧张和保持友谊等心理保健价值。马赛等人调查发现,外向性格比内向性格者的社会需要更强烈,这种需要可通过集体性的体育活动得到满足。

6. 治疗心理疾病

自20世纪80年代中期以来,我国大学生患心理疾病的比率明显上升。到1997年底,全国大学生患心理疾病率已达到24%以上,而且还在呈上升趋势。这说明激烈的社会竞争正在逼进学校,使学生的压力不断增大。在中国,因患心理疾病被迫退学的人数占因病退学总人数的64.4%,位于病退率之首。

大量研究表明,体育锻炼能预防和治疗心理疾病。美国的一项调查显示,1~750名心理医生中有80%的人认为体育锻炼是治疗抑郁症的有效手段之一,60%的人认为应将体育锻炼作为一种消除焦虑症的治疗方法。美国的一位心理学家对大学生在考试期间的焦虑情绪,且发现适当的步行(达到最大吸氧量的35%~65%)亦能降低焦虑状态和血压。

二、怎样使体育锻炼产生良好的心理效应

(一)影响坚持体育锻炼的因素

体育锻炼同其他健康生活方式,如合理的膳食、戒烟和安全的性生活等等一样,它经历着被人们接纳采取和坚持的一个连续过程。人们对体育行为的启动和坚持直接地影响着它

所产生的积极心理效应。那么,哪些因素影响着参加体育锻炼者坚持体育活动呢?

1. 锻炼的目的

据报道,大多数成人参加体育锻炼的最主要目的是为了获得健康。也就是说,要改变久坐不动人群的不健康生活方式,启动锻炼行为就要对他们进行体育锻炼与健康知识的教育。这些健康知识包括通过体育锻炼可获得日常生活所需的体能,预防心血管疾病,减轻体重,塑造形体,以及消除日益激烈的竞争压力所带来的紧张应激等方面内容。人们只有增强了体育锻炼能促进健康的意识,才会更多地投入到这项投资少、风险小、收益大的活动当中。

2. 运动愉快感

运动愉快感是在运动中瞬间体验到的一种欣快感,通常是不可预料地突然出现。通常在跑步时,人们很容易出现这种愉快感,因此国外称之为"跑步者高潮"。当高潮出现时,锻炼者感到一种良好的身心状态,整个人与周围情境融为一体,身心轻松,忘却自我,充满活力,超越时空障碍。

愉快是任何休闲活动的主要特点。人们自懂事之日就主动要求参与活动与身体锻炼,就是因为觉得乐在其中。萨尼思(Sallis,1995)报告,尽管对于刚参加体育活动的人来说,健康是最重要的目的,但愉快感是锻炼者长期参加体育活动的主要原因。调查表明,由于缺乏运动愉快感,多于50%的人在获得理想的健康效果之前就放弃了运动。因此大学生要坚持体育锻炼,使其形成一种健康的生活方式,就要根据自己的兴趣和爱好,选择体育活动项目。

3. 自我效能

自我效能是人们对自己是否具有在从事和完成某项活动过程中达到指定操作表现目的能力的判断。在体育锻炼中,自我效能影响着人们的行为选择。为什么有些人喜欢去跑步或做健身操,而不是去打网球或羽毛球,个人之间的偏爱不尽相同?这里,选择适合自己能力的项目是重要的原因之一。自我效能还能影响人们对锻炼行为的坚持性和人们在运动时的努力程度。例如,两个在身体能力方面没有明显差异的网球初学者,由于他们对自己运动能力的判断是不同的,因此他们在网球运动中会有不一样的表现。高自我效能者在练习中保持充沛的精力和活力,碰到挫折并不灰心,始终相信自己能够坚持网球技能,并且最终真的在网球场上挥拍自如了,而低自我效能者在运动一开始就落后了,因为他认为自己难以应付困难,低估自己的能力,很容易产生恐惧感,常常灰心丧气,失去解决问题的动力,最终很快就放弃了网球运动。

因此,对大学生来说,最好制定符合个人能力的活动目标,它将有助于个体获得成功感和控制感,提高自我效能,坚持锻炼行为。

4. 环境

环境影响着体育锻炼的心理效应,同时也影响着运动愉快感的产生。体育活动时的社会环境包括体育锻炼的指导者、同伴、家长和观众等。研究表明,来自同伴的社会支持是个体参加和坚持体育活动的主要因素之一。体育活动时的自然环境包括阳光、空气和水。阳光、空气和水对运动的人们非常重要。例如,恶劣的空气状况令人感到压抑、沉闷、昏昏欲睡;而清新的空气令人心旷神怡,神清气爽。如果运动环境的空气不处于流通状态,会使空气中二氧化碳的浓度上升,对人的健康造成极大伤害。运动环境中的温度对人们的心理状况也有一定的影响,虽然有资料显示寒冷并不会显著地影响人们的心理状况,但高温对人们的生理、心理有较大的影响。热环境下运动体内大量出汗可使电解质丢失,会引起中枢神经系统功能不全(如易受刺激、判断力下降,甚至行为异常、精神错乱、昏迷等)。因而,在热环境中运动时除了衣服要轻、松、透气外,还可以在运动前、中、后少量多次地补充含糖和钠盐的饮料。

(二)体育活动特征和心理健康的关系

要使体育锻炼达到改善身心的效应,我们应该如何进行锻炼?

1. 锻炼的准备

锻炼的准备活动和锻炼本身一样重要,每项锻炼活动都分为三个阶段:热身活动、锻炼和整理活动。

在正式活动之前安排 10～20 分钟的热身活动,做一些伸展运动,其目的是慢慢提高体温并使肌肉做好进行高强度活动的准备。如果是跑步,在开始先做些柔韧练习,不要以全速开始。如果是踢球,先活动一下踝关节,慢跑一会儿再做激烈的争抢动作。

当结束锻炼后,留 10～20 分钟使体温降低。锻炼的时间越长,强度越大,整理活动的时间应延长。轻松地走走,或做些不费力的柔软操都有益于身体恢复。如果不充分地放松,肌肉也许会充满血流,或有毒物质存在血液中以至产生疼痛和不适,如痉挛等。

锻炼是一个发展过程。开始阶段,最好在短时间内只做轻度的锻炼。当健康状况有了进步之后,逐步增加锻炼的强度和时间。像有人指出的那样,健康不是比赛中赢得的奖章,它是你一生的旅途,因而,锻炼是一个持续的过程。

2. 体育活动特征与心理健康

通过锻炼达到身心健康的改善,与体育活动的四个特征有关,它们是活动的类型、强度、持续时间和频率。锻炼有多大的身心效果依赖于这四个因素的相互作用。这项理论与生理学的研究结果是一致的。

(1)体育活动的类型。由于对竞技和“没有疼痛,就没有收获”这一观点的过于强调,一般人也会像运动员一样认为通过锻炼一定要达到胜利的顶峰。因而,喜欢运动的人常常锻炼得太过分、太用力,不考虑生理能力所能承受的范围,最终也许就伤害了身体。应该澄清的一点是,不论是哪种形式的运动,如疾走、游泳或骑自行车,只要是中等强度的有氧运动(中低强度、长时间、需要氧气的运动)都会对心血管健康有益。同时,伯杰等大量研究者发现有氧运动可以降低焦虑和抑郁。所以,大学生也应改变过去形成的“奥林匹克综合征”,多选择一些有氧健康的运动,如跑步、骑自行车、游泳、跳绳、爬楼梯或有氧健身操等等。同时,要将体育锻炼作为一种长期的健康的生活方式。大学生选择的运动类型应该是适合自己的生活方式以及符合个人的喜爱程度并能从中取得乐趣的项目。

(2)体育活动的强度。活动强度是指单位时间内所做的功,人们常常用 10 秒钟的心跳频率作为评价强度的方法。体育活动的大、中、小强度与耗氧量密切相关,人体是一个有机整体,人体的最大吸氧量与心率之间存在着对应关系。为了便于实际操作的可行性,人们一般用心率指标来衡量活动强度。运动医学一般规定:活动的大强度相当于最大吸氧量的 70%～80%,即相当于最高心率的 80%～90%;中等强度相当于最大吸氧量的 50%～60%,即相当于最高心率的 65%～75%;小强度相当于最大吸氧量的 40%左右,即相当于最高心率的 60%。人体的心脏最大能力(最高心率)可以通过用 220 减去自己的年龄求出。一般要使锻炼达到积极的身心效应,锻炼者的心率应在最高心率的 60%～80%之间。在此范围内的锻炼既有效果,又是安全可靠的。

(3)体育活动的持续时间。体育活动的持续时间是指每次活动的时间长短和活动方案的时间长短。每次活动的持续时间与活动的强度有关,并且两者之间呈反比。活动的强度大,持续时间相应缩短;活动的强度小,持续时间可延长。你可以通过逐渐增加锻炼强度、增加锻炼时间或同时增加强度和时间来获得有氧健康。十分强烈的锻炼可能是危险的,尤其是在季节变化时。真正对心血管有益处的是锻炼中间心跳加快的那20~30分钟。因此,你可以通过中等强度的有氧锻炼获得健康。对于每次体育活动的持续时间究竟多长才会产生良好的心理效果,大多数研究结果表明,每次活动时间在20~60分钟之间对改善情绪状态的效果最为理想。并一致认为持续时间过长或强度过高的竞赛活动不会产生良好的心理效果。同时,活动方案的持续时间越长,体育活动的心理效果越好,尤其是对低自尊、患焦虑症和抑郁症的大学生来说,治疗效果最好。

(4)体育活动的频率。活动频率是指每周的活动次数。有规律的体育活动能有效地保持人体的运动机能水平和降低个体的紧张应激和抑郁。对大学生来说,一般的标准是每周3~5次。如果太少,那么在不锻炼的日子就会消磨掉锻炼的成果。而过分锻炼,会消耗你的身体,使身心过度疲劳,最终也许会失去动力。

三、体育锻炼与应激

应激已成为当今社会人们比较熟悉的一个话题。严重污染的环境问题、阻塞不畅的交通状况、高度紧张的人际关系以及竞争激烈的生存环境,这些日常的不良生活事件都会引起人们的应激反应。我们应该有效地控制应激,因为它直接影响着人们学习和工作的效率及生活的质量。当应激被有效地控制时,它可令人兴奋,并激励人们充分表现自我,达到身心的完善状态。然而,当人们无法驾驭应激时,它会使人产生矛盾和冲突,甚至可以引发严重的心身疾病。作为一名大学生,都会面临学期末的大考、经济拮据、毕业后找工作,或失去心爱的人等等,这些生活变故都会使人产生应激反应。对大学生来说,有效地控制应激,及时调整不良的态度和行为,保持身心平衡,对一生的健康发展都有着至关重要的意义。

(一)应激

心理学家薛利曾说:“应激就像相对论一样,是一个广为人知,但却很少有人彻底了解的概念。”目前,人们普通遍认为应激(stress)是指个体对应激源或刺激所做出的反应。应激源是指那些唤起机体适应反应的环境事件与情境。例如,一场交通事故作为应激源可能会引起旁观者血压升高、心跳加快、情绪紧张、不安等应激反应。同样,朋友的婚礼作为一种应激源也会引起参加者的血压升高、心跳加快、心情高兴和情绪激动等应激反应。应激源包括一个人日常生活遇到的各种会引起应激反应的有关躯体的、情绪的、心灵的、社交的、智力的、环境的刺激。躯体的应激源有热、冷、病痛、锻炼、睡眠不足、性唤醒等;情绪的应激源有日常从交通堵塞到经济盘算引起的烦恼及不安,从与人争辩到天气不好引起的振奋及沮丧等;心灵的应激源有信仰的困惑、伦理道德的冲突、死亡的危机等;社交的应激源有家人的期望、朋友的遗弃等;智力的应激源有考试无法得到满意的成绩、怀疑自己的能力等;环境的应激源有恶劣的气候、拥挤的人群、噪音、狭小的空间等。一种类型的应激源会激起另一种类型的应激源,如对期末考试的担忧(智力的)一直萦绕着个体,会使他产生失眠症状(躯体的)。

应激反应是一种包含应激源、个体对应激源的评价及个体的典型反应等因素相互作用的过程。根据个体对应激的不同认知,应激反应也有积极的和消极的之分。薛利将人类对消极应激源所做出的反应称之为缺乏刺激(hypostress)和苦恼(distress);对积极应激源的反应称之为好的或适度的应激。消极应激源包括刺激过少和刺激过量。刺激过少不是件好事,它会使人产生倦怠和孤独感,严重的甚至会使人产生自杀念头。因此,有人说,“完全脱离应激等于死亡。”但如果刺激过量,如学期大考、住宿环境的拥挤嘈杂、就业机会的激烈竞争或社会适应的矛盾等等,会打破人们身心的动态平衡,使人体免疫系统发生紊乱,引发一些身心疾病如头痛、消化不良、高血压、冠心病和癌症等等。应激过量还会造成内心的混乱,使人焦虑不安、压抑忧郁等等。反之,适度的体育锻炼、获得奖学金、满意的人际关系或周游世界等都是积极的应激源,它们可以使人心情愉快,克服懒惰,超越自我,增强自尊水平,达到身心的平衡和完善状态(见图2－2－2)。

(二)应激的征兆

处于消极应激状态下的人倾向于显示某些征兆和症状,但不同个体的症状表现有所不同。通常认为,有下列几种比较典型的应激征兆。

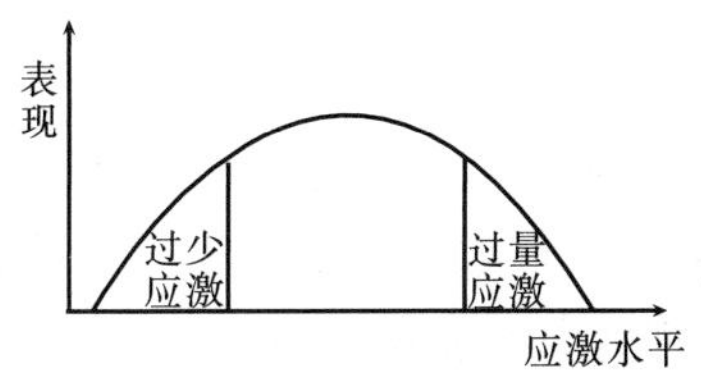

图2－2－2　应激水平与行为反应的关系

1. 生理征兆

应激的生理征兆主要表现为引起一定的身体器官系统的变化。例如,心跳反映了心肌的变化,呕吐反映了消化系统的变化,呼吸困难反映了呼吸系统的变化,经常性的头痛、疲劳、手颤抖反映了肌肉的紧张性变化等等。

2. 焦虑和抑郁

除了上述的征兆以外,还有一些征兆反映了应激的心理特征,例如,害怕、定向错误等。焦虑和抑郁是两种最常见的应激情绪表现形式。焦虑是一种伴随着某种不祥之事而产生的模糊的、令人不快的情绪,其中有紧张、不安、惧怕、愤怒、忧虑、烦躁和压抑等情绪体验。焦虑的产生通常没有显而易见的原因,它对于未来的不愉快的关注更甚于对当前情景的担忧。例如,当人们来到一个新单位,对将会遇到的事情以及由此而产生烦恼的原因可能并不清楚,然而,正是这些不可名状的原因,使人处于不安情绪的控制之下,被焦虑所困扰。抑郁是“常见的心理感冒”,它折磨着成千上万的人。在美国每15个人中就有一个要忍受中度或严重的抑郁痛苦。其特点是对一般的活动失去兴趣、悲哀、缺乏活力、注意力不集中,甚至出现思维混乱,包括自杀念头,受迫害幻觉,患癌症等严重疾病的幻觉。这些情绪活动是由个体对事物的消极评价所引起的。

3. 睡眠障碍

失眠是应激的一种普通征兆,它会使个体的精力耗尽。失眠产生的原因可能是对将要发生的事情感到焦虑或过于激动而引起的。例如,对将要逼近的考试过于关注和忧虑会产生失眠。虽然对某些人来说,一两个晚上睡不着觉是常有的事,但是,对另一些人来说,这可能是一种应激表现。

4. 性障碍

性障碍是一种应激征兆,由忧虑引起的性障碍会进一步加重应激反应。国外有的心理学家认为,性释放是减少紧张的一种方法,没有性活动可能会导致一系列心理问题的产生。另外,怕怀孕、怕通过性途径染上疾病也会导致应激。

5. 低自尊

当处于好的应激时,个体倾向呈现高自尊水平,坚信对情境有控制能力,并努力达到成功。而当处于消极应激时,个体最明显的反应便是自尊水平大大下降,并以消极的方式看待外部环境,在遇到困难时,更容易打退堂鼓。由于不能找到解决问题的有效方法,他们更易形成抑郁的情绪。

(三)应激反应的过程

应激有急性与慢性之分,是一个动力发展的过程。日常生活中的小应激源,如弄丢钥匙,不断被打扰,没有足够的闲暇时间,在最匆忙的时候鞋带却断了等等,它们会逐渐堆积起来,形成影响关键躯体系统的生理功能和生活质量的慢性应激。应激反应从急性到慢性一般要经历如下几个阶段:

1. 警戒阶段

当大脑感知到应激源之后,人的整个身体和心理随时会准备做出应答动作。此时,人的生理、心理活动会发生一系列的变化,如心跳加快、手心发汗、血压升高、肌肉紧张、呼吸频率加快、肠胃失调以及内心发慌等等,这种应激的警戒状态意味着身心平衡的打破。在这个时候,如果人们能够有效地应用应激控制手段,身心的平衡状态也很容易恢复。这种短时应激也可以称为急性应激反应。

2. 抵抗阶段

人体抵抗短期应激源只需动用超水平的能量即可。但一旦个体面临长期或高强度的应激源时,为应付这些应激源,个体必须动用更深水平的能量贮存来赢得这场战争。更深水平能量的利用会延续身心不平衡的状态。因此,会增加染上身心疾病如溃疡、动脉粥样硬化等等的冒险性。

3. 耗竭阶段

应激反应的最后阶段并不容易出现。通常,个体在警觉和抵抗阶段就会成功地控制应激源。然而,如果个体不能消除或有效控制好长期应激源时,耗竭仍然会产生。如果应激源过于严重或仍有不断影响健康的应激源出现,个体有可能会面临死亡。防止耗竭产生的关键是在应激反应早期就要充分利用控制技术对其加以干预。

(四)应激模式

通过图2-2-3能较好地理解应激。应激模式认为应激与两个因素有关,第一个因素是应激源,第二个因素指个体对情景的反应,包括认知反应、生理反应和行为反应。不同的个体面临同样的情景所产生的应激反应差异很大。

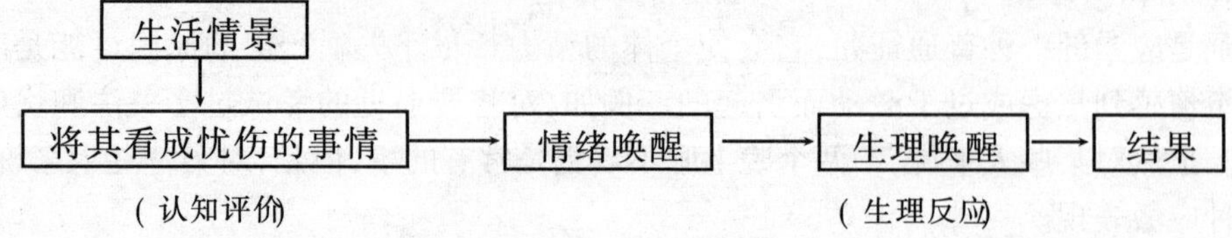

图2-2-3 应激模式

让我们来看看在应激情景下,这个模式是如何工作的。假设你是大学生,将在这个学期毕业,还没有拿到体育锻炼合格证(生活情景),你可能对自己说:“这是可怕的,我将不能毕业,我一定是太笨了,亲戚朋友将怎么看待我?”这将产生恐惧和对未来的不安全感、焦虑以及对体育教师的愤怒(情绪唤醒)等情绪。这些不良情绪会导致心率增加、肌肉紧张和其他反应(生理唤醒)。最后,你可能形成紧张性头疼和肠胃不适(结果)。

如果对这个模式的任何一个阶段进行认知的干预,将会使下一个阶段的反应不能出现。例如,假设你在毕业前没拿到体育锻炼合格证,你的评价是这样的:“现在没拿到合格证没关系,实际上,我的健康状况不错,在他们的帮助下,我一定能拿到合格证。”在这种情况下,生活情景没有被看成忧伤的,消极的情绪反应不会出现,伴随其后的生理唤醒也不会发生,最终,不良的结果更不会产生。另外,暂时没有通过体育锻炼标准,可能会促使你更努力地锻炼,你的身体将变得更加健康、更加适应。

(五)体育锻炼与应激控制

除了通过改变人们对事物的认识观念来控制应激以外,大量研究表明,有规律的、低中等强度的有氧锻炼也是有效消除消极应激的缓冲器。

1. 体育锻炼对应激源的控制

(1)适度的体育锻炼与积极应激。由于应激引起机体的本能反应是“搏斗或逃跑”,这时体内动员能量的交感—肾上腺机制,血液中儿茶酚胺水平升高,如果进行搏斗或逃跑,则所动员的能量得以释放。在史前时代,我们的穴居祖先们在面临危及生命的情境时常常就是以“搏斗或逃跑”的方式做出反应。但在现代社会中的应激反应中,很少有可能进行这种类型的能量释放,这种能量被动员而无法释放的状况就会扰乱身心平衡的状态,从而损害机体。因此,释放能量就成为对抗应激的一种手段。体育锻炼不论是散步、慢跑、跳舞到各种形式的有氧运动,既可以锻炼肌肉,提高心肺能力,促使内啡肽释放,又可以降低焦虑,改善心境,提高自尊水平,保持身心平衡。

(2)过度的体育锻炼与心理耗竭。心理耗竭一词出现在20世纪70年代,最初用于描述服务行业工作者由于情绪和精神压力而形成的一种心理现象。80年代该词也开始用于那些由于应激和需要竭尽全力工作的领域,如竞技体育和商业。如果长期运动强度过大,体育锻炼不仅会损害身体,而且会给心理健康带来负效应。这种负效应主要表现在心理耗竭上。心理耗竭的生理症状主要有安静时心率增加,长期肌肉疲劳、失眠、体重减轻、感冒和呼吸道疾病增加等。而心理症状有精神上精疲力竭感增加、自尊心下降、对日常应激的反应延长并消极堆积等。最终,体育锻炼这一健康生活方式会被人们所忽视。因此,对大学生来说,选择适度的锻炼对保持身心平衡是至关重要的。研究表明,当人们处于高应激时,应避免参加竞技性强的运动,因为该类运动会增加更多的应激源,容易使人受伤。

2. 个性的行为模式与应激及锻炼的关系

在现代社会中,人们经常面临各种生活事件与日常困扰,但各人应付应激的能力不同。这与各人的个性类型有关。个性是一个如何看待自身及所处环境的思想、态度、价值观信念、知觉和行为的集合体。个性对应激源有的易感,有的对抗,例如,面对同样的网球比赛,有的人情绪高涨,兴奋不已;而有的人却无动于衷,精神怠倦;还有的人紧张失措,发挥失常。根据对应激易感程度可将人分为图2-2-4中的三种个性。

A型行为类型(Type A Behavioral Pattern),又称为TABP,这类人群的特征是具有竞争性,好胜、好攻击,易激怒,有时间紧迫感,言谈举止粗放,对工作提出过度保证,精力旺盛,无端的敌意。由于长期处于快节奏和高压紧张的状态下,A型者的身心平衡被打乱,为了维持

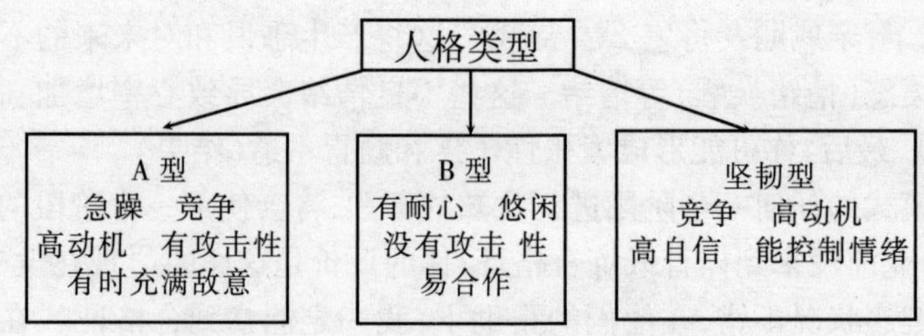

图 2-2-4 三种人格类型者的行为模式

体内的平衡状态,A 型者需要对外部刺激做出强烈的应激反应,从而容易引起有关的心身疾病。同时,A 型者更容易以不良的生活方式如吸烟、酗酒、过量服药或暴饮暴食来应付应激。根据美国西部协作组研究(WCES)8 年长期的前瞻性心血管病流行病学调查的资料表明,TABP 者冠心病死亡率为 0.01%,为 B 型行为者冠心病死亡率的 2 倍。

在体育锻炼中,A 型者可能有下列表现:

(1) 高攻击性。当他们打网球时,没有达到预期目的,常常以狠狠击球或有力摔拍表现出他们的愤怒和攻击;

(2)富有敌意。他们可能谴责对手的欺骗行为;

(3) 富有竞争性。他们不能忍受失败;

(4) 数目定向。他们评价自己是根据自己赢的场次,而不是根据他们的球打得有多好,或他们对这项活动是否感兴趣。

B 型行为者的特点与 TABP 者相反,缺乏上述特征。例如,在打网球时,他们所要表现的是他们喜欢网球运动,而不是他们能击倒所有的人。B 型者对应激源没有很强的反应,他们患心脏病的概率比较低。

第三种人格类型我们称之为坚韧个性者(hardy personality)。他们是在压力下成长起来的,因此具有非常强的抗应激能力。坚韧个性者有以下特征:吃苦耐劳,勇敢果断,自信乐观,积极进取。此类人由于心情愉快,很少烦恼,因此患心脏病的概率也比较低。在锻炼情景中,坚韧个性者的特点是:① 奉献。他们意识到生活和人际关系的任何一方面都具有一定意义和目的。因此有足够的时间进行锻炼是保持精力充沛和富有生机的生命的保护;② 控制。他们认为自己是生活的主宰者,应该对自己的生活负责,因此要采取措施保证自己的健康;③ 将察觉到的应激转变为挑战。他们认为变化是正常生活中的一种挑战,因此他们能适应锻炼给生活带来的变化。

个性是个体在生长及生活经历中形成和完善的。对于在大学期间就有 TABP 型倾向的学生,如果不改变应付应激的策略,在将来竞争更为激烈的生存环境中,很容易产生心理耗竭,严重的还可能英年早逝。为了获得对高应激的抵抗能力,达到身心的平衡发展,TABP 者需要不断调整生活方式和心态,改变态度、价值观及行为方式,向理想的坚韧个性者发展。同时,有规律地适度的体育锻炼也是减少 TABP 者高应激反应的一种明智的选择。

(六)应激的放松方法

慢性应激所造成的心身紧张,易造成精神崩溃,导致疾病。因此,在实践中人们使用了各种方法。放松训练也是应激策略中行之有效的一种方法。放松方法是以一定的暗示语来集中注意力,调节呼吸,使肌肉得到充分放松,从而调节中枢神经系统兴奋性的方法。放松的方法有多种,其共同点是:注意力高度集中于自我暗示语或他人暗示语、深沉的腹式呼吸、全身肌肉的完全放松、四肢微热或松软、心境平静。

1. 渐进放松法

大脑与骨骼肌具有双向联系。心理紧张时，骨骼肌也会不由自主地紧张，而当心理放松时，骨骼肌则自然放松，反之亦然。渐进放松法是通过肌肉紧张与松弛的交替变化，降低心理的紧张度。

放松训练一般可分为三个步骤：① 准备阶段。坐在沙发上，头后靠，双手放在扶手上，两腿自然分开与肩宽、腰背处于最舒适的位置；② 体会肌肉紧张和松弛的不同感觉。如握紧双拳然后松开，皱眉、咬牙，然后放松面部有关肌肉；③ 自我训练复习巩固阶段。按放松反应的指令依次放松，每天训练 1 ~ 2 次，要求在 2 ~ 3 分钟内达到全身肌肉放松，并维持在松弛状态 10 ~ 15 分钟。

常用的三线放松功，即将身体分为两侧、前面和后面三条线，自上而下依次放松：

（1）第一条线（两侧）。头部两侧——颈部两侧——肩部两侧——上臂——肘关节——前臂——腕关节——双手——10 个手指；

（2）第二条线（前面）。面部——颈部——胸部——腹部——双大腿——膝关节——双小腿——双脚——10 个脚趾；

（3）第三条线（后面）。后脑部——后颈部——背部——腰部——双大腿后面——双膝窝——双小腿——双脚底。

三线放松主要是有意识地默念“松”字，同时按次序调整各个部位，使整个机体逐步放松、心境平和。先注意一个部位，然后默念“松”，再注意下一个部位，再默念“松”。从第一条线开始放松，再放松第二条线，然后放松第三条线。功法熟练后，可以做整体放松，即依照放松的三条线，从头到足，笼统地、流水般地、不停顿地依次向下放松。

放松训练可以治疗多种心身疾病和心理精神障碍，如高血压病、慢性疼痛、哮喘、失眠、焦虑等并能改善攻击性行为和 A 型行为。

2. 深呼吸

在任何时间和地点都可以使用深呼吸放松身体。深呼吸时可以配合舒缓的音乐。练习步骤如下：

（1）取一个舒适的位置，坐或躺下来，闭上眼睛。

（2）开始慢慢地呼吸，每次呼气与吸气时数数，从一数到三，以维持慢而有规律的呼吸方法。

（3）伸展四肢与呼吸相结合，可以获得更好的放松和减少应激。例如，吸气的时候，手臂向上伸；呼气的时候，手臂向下放。在安静的室内进行这种锻炼 5 ~ 15 分钟。虽然呼吸锻炼不能减少所有的应激，但研究表明，这是减少应激的一种有效手段。

3. 想象训练

想象训练是指有意识地、积极地利用所有感觉在脑中对过去经历过的事进行重现或再创造的过程。使用这种技术能够降低个体的应激水平，在身体得到放松后，想象一下起镇静作用的情景（在沙滩上的某一天；在绿树成荫的公园里；在夏日平静的湖面上）或是想象一下身体各部位逐渐膨胀然后至最大，最后突然泄下气来，以此放松头脑。其具体方法如下：

（1）想象转移。这一方法是将个体从应激或失败的想象情景中转移至积极的情景想象中。具体实施时，可采用“思维中止法”，即当你头脑中浮现应激情景并产生焦虑体验时，应大喝一声“停止”,随后,想象愉快的情景。你应经常练习这一疗法。

(2)回想成功的情景或经历。当一个人体验到焦虑时,他可以想象以前成功的经历或结果。克拉蒂曾报道:一位大学生长跑运动员在面临比赛应激情景时,回忆过去在中学比赛时的辉煌经历,结果发现这个运动员已降低了体验到的焦虑情绪。

(3)技能的想象训练。技能的想象训练有助于降低应激反应,尤其是在体育考试前,个体应进行想象技能训练,可使自己将对成绩的担忧转移至对活动的注意上。例如,投篮考试前,可以首先想象自己正在一个无人的体育馆投篮,然后,想象自己在有同伴的情况下投篮,接下去想象所有的同学正注视着自己的情况下投篮,最后,可想像在同学发出对自己伤害性言语的情况下投篮。实施了这一方法后,在考试中即使面临各种应激情景时,也会面不改色,手不软。

4. 休息和睡眠

减少应激与紧张的一种最有效方法是充分的休息与睡眠。休息好是抗击应激与疲劳的最好方法,最好是每晚睡 7 ~9 小时,并且,由于身体自然荷尔蒙节律,建议每晚在接近相同的时间上床休息。除了晚上很好地睡眠外,白天的打盹也是减少应激的一种有效方法。

总之,如同一粒种子,假如它不经历成长,是无法开花结果一样,成长中的大学生也要经历人生各个阶段应激的磨砺,才可能真正走向成熟。运动有助于控制应激,选择运动,生活会因此而精彩,人生会因此而完美。

第三节　体育锻炼与社会适应

人既是一个生物的心理的人,又是一个社会的人,每个人都在社会中扮演着各种各样不同的社会角色。每个人总是在社会中生活,生活是与人相处。在形形色色的社会交往中表现出不同的社会适应性,人与人相处得好,就意味着他的社会适应性强,因而也必然生活得好。社会适应不良,对人的身心健康会产生消极的影响,社会适应能力差的人常常因人际关系的矛盾而产生心理上的烦恼,并持续地出现焦虑、压抑、愤怒等不良情绪反应,而不良的情绪反应可使人的免疫能力下降,进而使生理疾病的发病率大大增加。有研究显示,70% 的高血压患者人际关系不好,经常处于紧张状态之中。交际越广泛、寿命越长。英国哲学家弗兰西斯·培根有句名言:如果你把快乐告诉一个朋友,你将得到两个快乐;而你如果把忧愁向一个朋友倾吐,你将被分掉一半忧愁。这是哲学家对朋友和社会交往作用的深刻概括。

体育锻炼能增加人与人之间接触和交往的机会。通过与他人的交往,可以使个体忘却烦恼和痛苦,消除孤独感。通过参与在学校、家庭、社会中的各种群众性体育活动,可以得到社会强化和群体认同,从而在安全、友谊、爱情、亲情、支持、理解、尊重等方面得到应有的满足。

一、体育锻炼的社会价值

(一)实现和平相处的愿望

最早的体育活动是随物质与生存条件改变而逐渐开展起来的,就人的社会属性而言,它又是在语言、意识、情感、理性等各种文化行为产生之后，享受精神文化生活的必然产物。原始社会后期，随着人类生活领域的不断扩大，原始人为表达对神灵的崇敬，通过祭祀而开展的舞蹈、角力等身体练习，为表达狩猎成功后的喜悦心情，通过集体游戏方式开展的身体娱乐活动等，都已不再单纯以求生为目的，而是集中反映了他们对参与社会生活所持的一种平和心态，即通过这些既不属于生存竞争需要，又高于一般生活技能的身体活动，达到在余暇与亲朋好友和同伴沟通情感、建立友谊、和平相处的目的。尽管社会在不断发展与更新，但无论是供统治阶级在宫廷、内院消遣的娱乐体育，乃至封建士大夫阶层为修身养性而从事的养生体育等身心修炼文化，不仅大都以平和方式表现出来，主张身心、形神与内外的高度统一，而且还特别强调人际间不要相互冲突，从而体现了东方体育"中、圆、静、和"的价值取向。自欧洲文化复兴之后兴起的户外运动，本着想与更多人和谐相处的愿望，使这种极具外向型特点的中西方体育，从此改变了人们深居简出的孤寂生活方式。

现代社会由高科技开创的文明与繁荣，为人类享受生活奠定了丰富的物质基础。但近十几年间，人们在经历经济高度繁荣之后，为了进一步提高生活质量，世界各国都希望本着和平相处的愿望，以营造良好的人文社会环境、大力提倡用健康、和谐与极富人文精神的观念从事体育锻炼，把"人人享有体育与健康"作为新生活方式的奋斗目标，在全球范围内掀起了大众体育锻炼的热潮。实践证明，正是强调了体育与文化的结合，才使人们得以通过体育锻炼，寻求友谊、合作、公平与和谐；从表现身体与健康观念相融合的生活方式中，体察心态平衡与乐观欢愉的人生价值，并由此为营造和谐与稳定的社会环境发挥它特有的作用。

（二）建立和谐的人际关系

在现实生活中，人们需要通过各种交往方式相互表达情感和传递信息。社会学的研究表明，影响人际关系的主要因素有沟通能力、对身体语言的理解和使用能力、自我抑制水平和迁移能力等。根据体育锻炼活动性质的动态性，追求目标的共同性，以及表现方式的群聚性等特点，体育在把握好影响人际关系的因素，促成良好人际关系的形成等方面，都具有十分重要的价值。实践证明，体育锻炼的最佳方式是置个体于社会群体之中。这种由共同运动欲望和追求目标维系的交往方式，既有利于身体运动的非语言接触和语言激励间的互动，也完全符合现代交往的基本要求，使之成为改善不同个性人群相互关系的纽带。在人际交往方面，大多数的体育锻炼者，都希望与志同道合的同伴一起合作，通过身体练习，或一起交流健身经验，或进行一场体育友谊比赛，使同伴之间或对手之间进行的这种感情沟通，都可以达到相互了解和增进友谊的目的。

（三）寻求社会支持的能力

在社会中，任何人都会遇到困难，是否具有为解决困难而寻求社会支持的能力，同样是社会适应性强弱的表现。体育锻炼作为一种个体行为，要想使它达到规范化要求，在寻求社会支持的努力中，除了需要加强与同伴之间的合作，还必须提高主动获取体育与健康知识，以及自我评价体育锻炼效果的能力。比如，在体育锻炼的实施过程中，我们无法事事依赖于课堂体育教育，只要设法求助于报刊、书籍、电视或互联网等大众传媒，通过查阅与检索资料，或从多媒体虚拟技术中直接获取信息，同样能够从中受益，学会用科学的方法指导自己的体育实践，从而加强了体育锻炼与社会生活之间的联系。

这种社会求助能力一旦在体育锻炼中得到提高，还可以通过迁移作用，间接影响人们的其他日常生活与工作。任何个体行为,如不能打破自我封闭的生存、生活与教育环境,设法提高寻求社会支持的能力,那就无法改变孤立无援的处境,难以使个体从汲取社会的知识与经验中,获得解决问题与适应社会的能力。相反,如果重视体育锻炼在主动获取知识方面的价值取向,就可以设法在指导自我体育锻炼的行为中,更广泛了解社会传媒为之提供的信息资源,学会制定和改进体育锻炼计划等。总之,当你有了这种求助社会支持的能力之后,就可以突破传统教育模式的限制,很自然地把传播体育知识与体育健身、娱乐结合起来,不仅可以加强体育锻炼的社会适应性,还会加速个体的社会化进程。

(四)陶冶良好的道德情操

21世纪已进入人类精神发展的新纪元,为了适应更富人文精神的大科学时代对人格教育的要求,体育锻炼尽管以强身健体为目标,但仍必须重视它在陶冶道德情操方面所起的重要作用,按现代生活所追求的"走向繁荣和文化"的总目标,使之直接为完善"人的发展"服务。为此,不仅要重视知识获取与促进健康实效,还应关注人的个性发展与健康人格培养等非智力因素,并按照陶冶道德情操的要求,体验集体活动与个人活动的区别,强调合作精神、友谊关爱、尊重同伴,以及表现意志等方面的价值,这样才能更有效地协调、促进健康与品德修养之间的关系,使体育锻炼既影响人的生长和发育,又影响个性发展、行为规范和道德修养。显而易见,正是由于上述价值的充分肯定,故而要求每个体育锻炼者,要把自己的视野扩大到社会领域,通过积极参与社区体育,了解国家的体育与健康政策,提高为公众服务的意识与信念;还应提高社会责任感,把自己的体育锻炼行为作为置身社会环境的一种集体活动,通过主动接受社会行为规范的约束,不断提高道德思想水平,不会因为运动场上发生的区区小事,如双方抢占场地、相约时间延误、无意识的冲撞、同伴的偶尔失误等原因而斤斤计较;懂得自己在群体中扮演什么角色,以何种态度处理活动中的纠纷,学会去如何尊重对手,关爱自己的合作伙伴们……

二、体育锻炼的社会适应性培养

按最通俗的说法,适应就是个体采取各种调整措施,为改变自我去顺应环境的过程。为了保证这一过程的不间断性,个体必须对社会现实,随时调整自己的心态,及时纠正那些不合时宜的思想观念与行为方式。其中包括寻求社会支持系统的帮助,通过主动培养与锻炼,树立正确的生活态度与人生价值观,力求将自己的思想情感融入社会、学会按个人理想与社会不相冲突的处世方式,增强对社会真、善、美的认识,以达到建立新生活方式和适应社会环境变迁的目的。

(一)培养适应社会的参与意识

在现实生活中,任何人的某种行为,都必然指向明确的目标,并受自我意识支配。体育锻炼中的参与意识,即指在实施该行为前对自身状态的确认。鉴于这种确认是在满足内在需要与外在刺激前提下,对什么是正当、合理与有益行为的一种判断,在正确动机产生的同时,使参与体育锻炼的主动意识得到不断提高。体育锻炼的形式多样,内容丰富多彩,且不受更多条件的限制,加之它强身健体、娱乐消遣的特殊功能,不仅是人类提高生活质量的需要,也完全符合现代社会的生活理念。所以,不分肤色、贫富、贵贱、种族、信仰、年龄和性别,几乎人人都有权拥有并乐于接受。这表明,体育锻炼以它鲜明的公众效益和自由运动原则,为每个人都提供了平等参与的机会。应该指出的是，尽管体育锻炼的开放性与包容性，可以很容易吸引大多数人，但若仅凭一时兴趣，而无适应社会需要的主动参与愿望，那即便是从事跑步、做操、打拳这样简单的体育锻炼，也会因缺乏明确的参与动机，使参与者难以忍受锻炼中的艰苦、乏味，不能体察成功后的喜悦和领悟它对适应社会的真正价值。

实践证明，经常积极地参与社区体育活动，使自己逐渐成为社会体育组织的一员，不仅有义务为他人提供帮助，还要通过相互间的经验交流接受公众的指导，乃至从精神上得到必要的鼓励。唯有培养这样的参与意识，才能使体育锻炼产生积极的社会效益，使参与者利用各种社会交往方式，扩大自己的生活领域，并达到促进个体社会化的目的。

（二）培养适应社会的个性特征

个性是个体在其生理和心理先天素质的基础上受一定社会环境条件影响，通过实践锻炼和陶冶，逐步形成的观念、态度、习惯和行为。通常认为，个性又以个体在生活空间的人性或行为方式为基本特征，除具有相当稳定的统一性外，也是个体能否适应社会或被社会接受的关键因素。人们的个性心理特性包括人的能力、气质和性格等内容，其中尤以性格产生的影响最为重要。人的性格多种多样，有的人热情、坚定、果断，有的人冷漠、动摇、懦弱，有的人固执、自信、骄傲，也有的人优柔、谦和、自卑，但不管哪一种性格，都有很强的遗传性倾向，且依它和环境因素的相互作用而形成和改变。至于它和体育锻炼之间的联系，主要表现在对参与体育锻炼的兴趣、态度、动机与完成运动的能力等方面。研究表明，具有外向、活泼性格特征的人，通常易激发自己的运动兴趣；凡自卑感重、攻击性少、不活泼、不稳定，具有温顺、内向等消极性格特点的人，则较少有主动从事体育锻炼的欲望。不同的性格，对运动态度的影响更为明显，像求胜欲望过高的人，往往在人与人之间的关系方面处于不适应状态，且具有以自我为中心、控制能力差、易出现冲动行为，对别人的需要和感情很少关心等特点。

诚然，有遗传倾向的个性特征，在一定程度上影响参与体育锻炼的兴趣、态度与动机，但通过实践它又是可以改变的。奥尔波特（Allpoare G. W.）就这样认为："所谓个性，是精神、身体组织所具有的个人内在的一种可变的体制，是根据它的环境而独自确定其反应的。"因此，每一位锻炼者都会有许多机会发现自己个性中的优秀部分，找到自己的不足，并决定采用何种方式去巩固提高自己的长处，克服改进自己的短处，达到完善自我认识、自我意识、自我发现和自我改造，以及发展个性和实现个体社会化的目的。尤其是参加集体的体育锻炼，每一位参与者都不同程度地接受团队活动的约束、限制、督促与激励，这将促使个体必须适应群体的需要，其中不仅有个性的展现和发挥，更重要的是体现团队精神。在任何集体活动中，凡合作者都将得到赞扬和激励，反之则会受到贬斥和批评。基于这种约定俗成的道德规范，多数人受自尊、自强与自信等自我意识的正面影响，为了与群体保持一致，总是愿意接受来自群体的监督与帮助，希望通过调整与约束自己不合时宜的个性特征，按有利于集体利益的行为方式，期望在群体中取得别人的认可。

实践中，若将个体锻炼与集体从事体育锻炼相比，通常个体行为易表现控制性、冒险性、感受性、内向性、急进性和自我满足性等性格特征；而集体锻炼则更具有社会的外向性，参与者大都能表现比较开朗的性格，但想要取得主导地位的人也相对较多，致使他们经常会处于矛盾与冲突中。因此，为了培养适应社会需要的个性特征，在参加集体运动项目的锻炼中，强调相互协调与配合，加强个性的自我约束机制，不断提高公众意识、集体荣誉感、道德责任感等等，如此才能在复杂情感的体验中，按照集体利益的行为准则，使自己的个性获得理性上的转移,最终在行动上达到与同伴合作的目的。

(三)培养适应社会的角色观念

在复杂的社会结构中,需要有多种特定权利、义务和行为规范的人员组成。每个人若要在社会中生活,就必须凭借自己的知识与能力,在工作岗位上充当一名角色,各司其职地为社会公众服务。体育锻炼的社会性功能,就在于它恰能为培养适应社会的角色观念创造优越的环境与适宜的条件:其中有许多特定的锻炼方式与组合,又为参与者提供了尝试充当各种角色的机会。假如,你采取的锻炼方式属于个体行为,那就需要有独立"扮演"角色的能力,学会按科学规律制定锻炼计划、掌握运动负荷与评价锻炼的效果,在遇到困难时,如何去寻求社会支持系统的帮助。但即使是独立的个体角色扮演,同样也会给你提供一种以自愿的方式与别人进行练习交流的机会。比如,你独自在篮球场练习投篮,一旦得到"三缺一"的信息,你就会非常乐意接受别人的邀请,加入到群体活动的行列。这表明,体育锻炼的任何个体行为不可能完全脱离社会环境的制约,特别在以群团组合的社会关系中,每个人都必须尽其所长为自己选择一个角色,并竭尽全力按其所处地位体现其权利、义务和相应的行为,设法尽力显示自己的才华与能力,在竞争中巩固自己的角色地位。

必须指出,凡属群团组合的体育锻炼,无论个体想要扮演什么角色,他们都必须分工明确且又互为关联。至于其组合是否合理,也不完全取决于个人对承担角色的认可,而是要以被群团其他成员接受为前提,并以能否实现群团目标作为检验每个成员是否胜任角色的标准。这表明,在与同伴合作的体育锻炼中,唯有使个体的角色行为被同伴信赖,或能够产生良好的综合效应,才算这种角色分工具有真正的社会价值,比如,无论是组织锻炼小组、开展游戏活动,或相约同伴举行一场友谊比赛,究竟应由谁承担组织领导者,由谁充当追随支持者,都要根据每个人的特长与能力,在事前有个明确的分工。如果各自的角色一旦确定,那每个成员就有在该位置上发挥作用的权利,同时也要对角色要求承担相应的义务,这样才能通过不同角色行为的协调,产生有利于互动的社会关系。其实,我们通常强调的协作意识和团队精神,就是通过体育锻炼对培养角色观念的一种具体要求。

在当前各学科明显呈现既高度分化,又互相渗透,既纵横交错,又向高度综合化方向发展的新态势下,由于体育锻炼本身蕴含的协作因素,可以促使锻炼者按协调配合与角色互补原则,妥善处理同伴与同伴之间,同伴与对手之间的相互关系;通过培养适应社会需要的角色观念,潜移默化地去承担社会中自己相应的权利、义务与责任。

(四)培养适应社会的生活方式

人类进入21世纪,随着生产方式的根本转变,由高科技开创的文明与繁荣,使人们的生活水平有了极大的提高。此时,尽管空闲时间不断增多,但由于劳动性质改变、生活节奏加快与人际关系复杂等因素,却导致现代文明病多有发生。基于这种现状,为了防止体力衰退,重新学会生存,提高生活质量,人们极需选择文明、和谐,健康、活泼的活动方式去善度余暇。人们在对各种活动方式进行认真比较之后,更寄希望于丰富多彩的体育锻炼,把它作为现代生活方式的一种重要手段,成了未来社会发展中人类最明智的选择。体育锻炼表现的动态性、趣味性、娱乐性、保健性与休闲性.不仅可以通过人的肢体活动,使高度疲劳的神经系统得以休息,而且还有缓释精神紧张、调节身心平衡、提高健康水平的功能。

面对现代生活节奏加快的不可逆转性,为了解决身体对社会的不适应性,人们通过体育锻炼掌握运动技能，并以这种快速、敏捷的活动方式，提高人体对快节奏生产、生活的应变与忍受能力；为了消除精神对社会的不适应性，人们通过户外运动拓宽生活领域，并以这种回归自然本原的活动方式，克服对快节奏生活的抵触、恐惧、抱怨和焦虑等心理障碍。正是由于体育锻炼的这种特性，才使它在现代化生产劳动中，能够预防和消除许多精神和肉体的不适应症。实践证明，体育锻炼所具有的自我肯定和激励情感，以及对抑制焦虑、缓释消极情绪所起的积极作用，体育锻炼在培养团结协作、改善人际关系方面所具有的功能，体育锻炼在转移受压抑、挫折心境时所起的良好作用，体育锻炼在改善血液循环和中枢神经系统功能等方面，都为建立"体育生活方式"、增进身心健康、适应生存竞争和享受生活乐趣提供了科学依据。

思考题：

阐述体育与健康的辩证关系。

第三章 《学生体质健康标准》评价

第一节 学生体质测定与评价概述

一、体质的基本概念

体质,是人体的质量,它是在遗传性和获得性的基础上表现出来的人体形态结构、生理功能和心理因素的综合性的、相对稳定的特征。

体质是人们从事一切生命活动的基础,它在形成和发展的过程中,具有明显的个体差异和阶段性。在人的生命活动的各个阶段,从儿童、青少年到中老年,体质状况不但具有某些共同的特征,而且是不断变化的。

二、体质的范畴

体质的范畴包括人体形态结构、生理功能和心理因素等方面。

(1)身体形态发育水平,即体格、体型、姿势、营养状况及身体组成成分等。

(2)生理功能水平,即机体新陈代谢水平以及各器官、系统的效能。

(3)身体素质和运动能力发展水平,即速度、力量、耐力、灵敏、柔韧等素质及走、跑、跳、投、攀爬等身体活动能力。

(4)心理发育(或发展)水平,即本体感知能力、个性、意志等。

(5)适应能力,即对内外环境条件的适应能力、应急能力和对疾病的抵抗力等。

以上五个方面的情况,决定着人们的不同体质水平。在进行体质的测量和评价、检查增强体质的实际效果时,必须看到体质的综合性的特点以及测定和评价的多指标性质。

三、体质测定与评价的目的意义

进行体质测定与评价的目的是为了掌握测定对象体质的状况及其发展变化,检查、评定体育教学和体育锻炼对增强体质的效果,分析研究影响体质强弱的各种因素,并从加强科学的体育教学和锻炼以及改善营养、卫生条件等方面,及时采取适宜的措施,从而更有效地增强体质。体质测定与评价的主要意义如下:

第一,可使学校有关部门了解和掌握学生体质的现状;通过测定和评价获得的数据,经过分析研究,了解学生体质变化的客观规律,并可检查、衡量体育教学和身体锻炼对增强体质的效果。

第二,为制定切合实际的体育教学大纲、计划,确定适宜的教学内容和方法提供了科学依据;同样,也为制定科学的体育锻炼计划提供了客观的依据。

第三,使学生了解自己的发育程度、机能水平、身体素质和运动能力以及各个时期体质的发展和变化。引导学生关注自己的体质状况,激发和培养他们科学锻炼身体的自觉性和积极性。

第四,体质测定和评价过程中收集和积累了大量数据资料,能促进学校体育卫生工作的科学研究。

第五,能更有效地改善学校体育、卫生、营养、生活制度和学习负担等工作的管理,从而进一步增强学生的体质,提高健康水平。

第二节 《学生体质健康标准》的结构与内容

一、《学生体质健康标准》的结构

(一)设置《学生体质健康标准》测试项目和评价指标的原则

1. 可靠性原则

可靠性是指在同等条件下,对同一批受试者重复测量时,测量结果的一致程度。《学生体质健康标准》(以下简称《标准》)所采用的均是受技术因素和主观因素影响较小,重复测量结果一致程度较高的测试项目。从理论上讲,在相同条件下(受试者本身不发生变化),对同一受试者进行两次测量,应该得到相同的测量结果。然而,即使最严格地保证标准化的测量条件,使用最精密的仪器,测量结果总会存在一定误差。这种误差的大小在很大程度上决定了测量的可靠性的高低。如果测试者没有熟练掌握测量方法的技巧和要领、使用不合格的仪器、受试者不配合、测试项目本身的技术要求高等,都会降低测量的可靠性。为了保证测量的可靠性,《标准》里没有设置受技术因素影响较大的测试项目。

2. 有效性原则

有效性指某一测试在测量某一种特性(质量、能力、特征等)时所具有的准确程度。也就是说我们想测量的和所测量到的是否一致。例如我们想测量学生跑的速度,一般用 50 米跑,它的有效性是很高的;如果用 50 米跑测量学生的耐力时有效性就低,甚至可以说是无效的。《标准》所采用的评价指标均有很强的针对性,是针对身体形态、身体机能或身体素质中的某一方面的有效评价,能够有效地测出学生在该方面的特性。

3. 客观性原则

客观性指不同的测试人员,按照统一的测试方法对同一批受试者实施测试时,测量和评价结果的一致程度。我国地域辽阔,各地的发展水平不同,为了保证测试准确,不同测试者只要按照统一的要求进行测量,都能够得到可靠的数据,《标准》所设置的测试项目都是规范化的项目,只要依照规定的测量程序和方法,测量结果就能准确定量。

4. 一致性和个别性原则

《标准》所采用的测试项目均适合受试者的能力,采用的评价指标既能适应年龄、性别特征,又使之尽可能一致,以便进行纵向和横向研究;测量数据能反映个体差异,不同阶段测量结果能较准确反映出被测者体质健康水平的动态变化。

5. 标准化原则

《标准》采用的测试项目和评价指标,尽可能选用国际上通用的指标,以利于研究和比较。

6. 可代表性和操作性原则

《标准》采用的测试项目简便易行,测试项目虽少,但具有代表性,基本上能反映学生的体质健康状况。我国有近2亿多学生,如果《标准》中的测试项目和评价指标过多,会导致测试和评价的工作量十分繁重,不利于《标准》的实施。因此,研制组精选了具有代表性,同时又便于操作的项目作为《标准》的测试项目,做到少而精。

(二)测试对象分组、评价指标及各项指标在综合评分中的权重

教育部体卫艺司和国家体育总局群体司组织了有经验的专家学者和第一线的体育教师组成课题组,通过座谈、填写调查表等方式,从不同的角度对制定《标准》进行了多方面的科学论证,并在一定范围内进行了预试验和较大规模的实地试验,最终确定了评价指标及各项指标在综合评分中的权重。见表3-1所示。

表3-1 《学生体质健康标准》的评价指标

测试对象分组	评价指标	权重系数
初中	身高标准体重	0.15
	台阶试验、1 000米跑(男)、800米跑(女)	0.20
高中	肺活量体重指数	0.15
	50米跑、立定跳远	0.30
大学	50米跑、立定跳远	0.30
	坐位体前屈、仰卧起坐(女)、握力体重指数	0.20

(三)测试项目和评价指标的解说

《标准》中反映身体素质和运动能力的评价指标和测试项目继承了《国家体育锻炼标准》测试项目的基本精神,并对评价指标和测试项目进行了精选。现在的《标准》仍以运动项目为主,其目的在于通过测试和评价促进学生积极参与体育活动,提高体质健康水平。另外,为适应当前时代发展的要求,根据目前学生体质健康的实际状况增加了形态、机能的项目和指标。

1. 身高标准体重

根据2000年全国学生体质健康调研结果,预计在今后相当长的一段时间内,我国学生的体重还有进一步增加的趋势。针对这一状况,《标准》规定从小学到大学都要进行身高、体重的测试,采用身高标准体重评价学生身体的匀称度,间接反映学生的身体成分肥胖状况,引导学生关注自己的身体形态和肥胖状况。

身高标准体重是将身高和体重综合起来,以每厘米身高的体重分布,确定学生的体形匀称度,可反映学生是营养不良还是正常体重,或是超重和肥胖。它以大规模调查的统计数据为依据,采用了以学生的每厘米身高为单位,利用标准差,增减间距为1厘米,以Z(读rui)离差法方式,制定了对身高、体重进行综合评价的评分表。

评价该指标时,身高的单位为厘米,测试时保留1位小数;体重的单位为公斤,测试时保留1位小数,然后用测试值直接查表评分。这种方法的好处是直接查表就可以判断学生体

形的匀称度，而且可以知道学生体重是否超重，超了多少公斤；是否体重过轻或营养不良，轻了多少公斤。该指标对于学生形成正确的身体形态观具有非常直观的教育作用。

2. 台阶试验

台阶试验是一项定量负荷机能试验，主要用以测定心血管系统的功能，也可以间接推断机体的耐力。由于台阶的高度和频度是固定的，因此相对于每个受试者来说，台阶试验是在固定时间(180 秒)内完成固定的负荷，根据恢复期心跳频率的恢复的快慢计算指数来反映心脏对运动负荷的承受能力，在运动负荷相对等同的情况下来比较心功能的优劣。在完成同样运动负荷时，运动用心输出量潜力越多，心跳频率(脉搏频率)越快，指数越低，心功能水平也越低，反之越高。《标准》所使用的评分表中台阶试验是整数，因此计算台阶试验指数时只保留整数进行评分。

3. 50 米×8 往返跑、1 000 米跑(男)、800 米跑(女)

由于耐力是衡量人的体质健康状况和劳动工作能力的基本因素之一，是从事各项运动必不可少的一种运动素质，因此测试耐力水平对于评价学生体质健康状况有着非常重要的意义。2000 年全国学生体质与健康调研结果表明：与 1995 年相比我国学生的速度素质、耐力素质、柔韧性素质、爆发力素质、力量素质等均出现全面下降，除反应速度素质的 50 米跑成绩下降幅度较小外，其余素质均呈明显下降。特别值得关注的是耐力素质、柔韧性素质是在 1995 年比 1985 年下降的基础上，又继续进一步大幅度下降；而速度素质、爆发力素质和力量素质则是在 1995 年比 1985 年提高的基础上，重新开始的下降。有的专家指出：要想阻止住学生的运动素质下降的趋势，首先要阻止住耐力素质的进一步下降。我们相信，通过《标准》的引导，教师正确地指导，科学地安排教学方法，学生不愿意跑长跑的现状是可以改变的，耐力水平持续下降的趋势是可以得到扭转的。《标准》中 50 米×8 往返跑、1 000 米跑(男)、800 米跑(女)的测试和评价以分、秒为单位记录成绩，不计小数，然后进行查表评分。例如 5 分 30 秒 8，按 5 分 30 秒查表评分。

4. 肺活量、肺活量体重指数

肺活量是指在不限时间的情况下，一次最大吸气后再尽最大力量所呼出的气体量。是反映人体生长发育水平的重要机能指标之一。肺活量因性别和年龄不同而异，男性明显高于女性。肺活量的大小与身高、体重、胸围的关系密切，故在评价时应充分考虑这些因素对肺活量大小产生的影响，因此，在对学生进行评分时采用了肺活量体重指数来进行评价。

肺活量体重指数 = 肺活量 ÷ 体重

《标准》规定计算肺活量体重指数时，肺活量的单位为毫升，测试时保留整数；体重的单位为公斤，测试时保留 1 位小数，计算出指数后，舍去小数，用整数查表评分。例如肺活量指数为 58.6 按 58 查表评分。

5. 50 米跑

50 米跑是国际上通用的测试项目，通过较短距离的高强度跑测试速度素质。速度素质的测试可以反映人体中枢神经系统的机能状态和神经与肌肉的调节机能，也可以综合地反映人体的爆发力、灵敏、反应、柔韧等素质。《标准》中 50 米跑的测试和评价以秒为单位，保留 1 位小数，小数点后第二位数非“0”时则进 1，例如 9.01 秒，按 9.1 秒查表评分。

6. 立定跳远

立定跳远是测试爆发力的项目，爆发力要求在最短时间内发挥最大的力量。爆发力的大小不仅取决于力量,而且取决于力量和速度的结合。在《标准》中立定跳远和50米跑的权重比其他评价指标大,一方面体现了它们对于体质健康的重要性,另一方面是由于体育锻炼对于提高这两个指标得分的效果明显,有利于促进学生体育锻炼。《标准》中立定跳远的测试和评价以厘米为单位,保留整数,小数点后四舍五入。例如158.5厘米,按159厘米查表评分。

7. 坐位体前屈

坐位体前屈是用于反映人体柔韧性的测试项目。柔韧性是指人体完成动作时,关节、肌肉、肌腱和韧带的伸展能力。柔韧素质的好坏,取决于关节的解剖结构和关节周围软组织的体积大小及韧带、肌腱、肌肉及皮肤的伸展性。柔韧素质与健康的关系极为密切,柔韧性的提高,对增强身体的协调能力,更好地发挥力量、速度等素质,提高技能和技术,防止运动创伤等都有积极的作用。《标准》中坐位体前屈的测试和评价以厘米为单位,保留1位小数,当手指伸过0点时记录为"+"值,即手指伸过脚尖;到不了0点时记录为"-"值,即伸不到脚尖,然后根据测试值查表评分。

8. 握力、握力体重指数

这是一个新设置的测试项目,用于反映被测者的力量素质。有研究表明握力能够间接反映一个人的健康状况,握力增长或维持在较高水平时,健康状况就好,握力下降时健康状况就不好。握力与体重的大小有关,一个身材魁梧的学生与瘦小的学生相比,握力有着很大的差异,为了公平起见,采用了握力体重指数进行评分。

$$握力体重指数 = 握力 \div 体重 \times 100$$

《标准》规定计算握力体重指数时,握力的单位为公斤,测试时保留1位小数,体重的单位为公斤,测试时保留1位小数。计算出指数后,舍去小数,用整数查表评分,例如计算得指数为58.6,按58查表评分。

9. 仰卧起坐(女)

仰卧起坐是测试腹肌力量和耐力的一个项目,测试方法简单易行,多年来在学校体育的锻炼和测验中一直受到重视,尤其是女生的腰腹肌力量对她们将来在生育等方面有着十分重要的作用。通过仰卧起坐的测试,促使她们在青少年时期积极地发展腰腹肌力量。因此,《标准》设置了仰卧起坐为女生的可选测试项目。《标准》中规定仰卧起坐的测试和评价以次为单位,测试值直接查表评分。

(四)《学生体质健康标准》评分表

评分表的制定是在对各项指标进行了大样本测试的基础上,采用百分位数区分学生的体质健康水平等级(优秀、良好、及格、不及格);用与百分位数相应的百分值(F)乘以权重系数(W_i)分值 Z_i 作为学生在各评分指标上的评分值。在具体评分时,为了减少体育教师的计算,评分表里已经将权重系数折算在内,使用评分表时不必再进行计算。使用评分表可以减少使用中的计算工作量,简单方便。具体使用时,将测得的成绩直接或计算指数后查出单项的分值,然后,将各单项的分值相加求出总分,按总分进行等级评价。

二、《学生体质健康标准》的项目、指标及运用

(一)各年级的测试项目

《标准》里设置了符合我国学校实际情况、简便易行的测试项目,它们的可靠性、有效性、

客观性、可操作性等在多年来的学校体育实践中得到了证明，这些测试项目涵盖了人体形态、机能、身体素质的各个方面。

初中及以上各年级（含大学）必测三个项目，选测三个项目，合计需要测试六个项目。身高、体重、肺活量为必测项目。男生从台阶试验、1 000 米跑中选测一项，女生从台阶试验、800 米跑中选测一项；男女生从 50 米跑、立定跳远中选测一项；男生从坐位体前屈、握力中选测一项，女生从坐位体前屈、仰卧起坐和握力中选测一项，见表 3－2。

表 3－2　各年级测试项目分类表

年级	必测项目	选测项目	备　注
初中	身高	台阶试验 1000 米跑 800 米跑（女）	选测一项
高中	体重	50 米跑 立定跳远	选测一项
大学	肺活量	坐位体前屈 握力 仰卧起坐（女）	选测一项

（二）各年级的评价指标

《标准》中从小学到大学都分别规定了相应的评价指标，见表 3－3，这些指标都是根据由《标准》中所规定的测试项目的测试值来进行评价的。有的是直接利用测试值进行查表评分，如立定跳远；有的需要进行计算，如肺活量体重指数和握力体重指数；此外，身高标准体重是根据所测得的身高和体重查表进行评分。因此当测试项目已经确定了以后，评价指标也就相应地被确定了。

表 3－3　各年级评分指标分类表

年级	必评指标	选评指标	备　注
初中	身高标准体重 肺活量体重系数	台阶试验 1000 米跑 800 米跑（女）	选测一项
高中		50 米跑 立定跳远	选测一项
大学		坐位体前屈 握力体重指数 仰卧起坐（女）	选测一项

初中、高中、大学的评价指标有五项：身高标准体重、肺活量体重指数两项为必评指标；选评指标有三项，分别是从台阶试验、1 000 米跑（男）、800 米跑（女）中选评一项，50 米跑、立定跳远中选评一项，从坐位体前屈、握力体重指数、仰卧起坐（女）中选评一项。

（三）评分表的使用方法

使用评分表对学生的测试结果进行评价可分为两个部分，首先是对各项测试结果分别评分,得出相应评价指标的等级和得分;第二部分是对每一个学生给出一个总的得分和等 级。

(1)按年级、性别找到对应的评分表,使用该表查出相应指标所处的档次及其得分。如果想要对学生进行总体的评价,就需要用查出的分数进行下一步的计算。

(2)等级评价是将各单项的得分相加,用总分进行等级评价,共分为四个等级。优 秀:总分86分以上;良好:总分76分~85分;及格:总分60分~75分;不及格:总分59分以下。

(四)身高标准体重查表补充说明

如果个别学生的身高(太高或太低)在表中查不到时,可按下列方法折算后再查表。

当学生身高低于表中所列出的最低身高段的下限值时,实测身高需要加上与下限值之差,并且身高每低1厘米,实测体重需加上0.5公斤,再查表确定分值。

当学生身高高于表中所列出的最高身高段的上限值时,实测身高需减去与上限值的差值,并且身高每高1厘米,实测体重需减去0.9公斤,再查表确定分值。

第三节 《学生体质健康标准》测试的操作方法

在实施《标准》的过程中,掌握各项目正确的测试方法是非常重要的。测试工作必 然和所使用的测试仪器有一定的关系,现在测试器材多种多样,有全手工操作的,也有电 子仪器。手工操作与电子仪器的操作流程不全相同。如使用带有比卡的测试仪器就可以 减少测试人员的记录和计算工作。但无论使用何种仪器,对测试人员的基本的操作要求是 一致的。

一、身高

1. 测试目的

主要是测试学生的身高,与体重测试相配合,评定学生的身体匀称度,评价学生生长发育及营养状况的水平。

2. 场地器材

身高测量计。使用前应校对0点,以钢尺测量基准板平面至立柱前面红色刻线的高度是否为10.0厘米,误差不得大于0.1厘米。同时应检查立柱是否垂直,连接处是否紧密,有无晃动,零件有无松脱等情况,并及时加以纠正。

3. 测试方法

受测者赤足,立正姿势站在身高计的底板上(上肢自然下垂,足跟并拢,足尖分开约成60°角)。足跟、骶骨部及两肩胛区与立柱相接触,躯干自然挺直,头部正直,耳屏上缘与眼眶下缘呈水平位。测试人员站在受试者右侧,将水平压板轻轻沿立柱下滑,轻压 于受测者头顶。测试人员读数时双眼应与压板水平面等高进行读数。记录员复述后进行记 录。以厘米为单位,精确到小数点后一位;测试误差不得超过0.5厘米。

4. 注意事项

(1)身高计应选择平坦靠墙的地方放置,立柱的刻度尺应面向光源。

（2）严格掌握“三点靠立柱”、“两点呈水平”的测量姿势要求，测试人员读数时两眼一定与压板等高，两眼高于压板时要下蹲，低于压板时应垫高。

（3）水平压板与头部接触时，松紧要适度，头发蓬松者要压实，头顶的发辫、发结要放开，饰物要取下。

（4）读数完毕，立即将水 平压板轻轻推向安全高度，以防碰坏。

（5）测量身高前，受测者不应进行体育活动和体力劳动。

二、体重

1. 测试目的

主要是测试学生的体重，与身高测试相配合，评定学生的身体匀称度，评价学生生长 发育的水平及营养状况。

2. 场地器材

杠杆秤或电子体重计。使用前需检验其准确度和灵敏度。准确度要求误差不超过 0.1%，即每百千克误差小于 0.1 千克。检验方法是：以备用的 10 千克、20 千克、30 千 克标准砝码（或用等重标定重物代替）分别进行称量，检查指标读数与标准砝码误差是 否在允许范围。灵敏度的检验方法是：置 100 克重砝码，观察刻度尺的变化，如果刻度抬 高了 3 毫米或游标向远移动 0.1 千克而刻度尺维持水平位时，则达到要求。

3. 测试方法

测试时，杠杆秤应放在平坦地面上，调整。点至刻度尺水平位。受测者赤足，男性受 测者身着短裤；女性受测者身着短裤、短袖衫，站在秤台中央。测试人员放置适当砝码，并移动游标至刻度尺平衡。读数以千克为单位，精确到小数点后一位。记录员复述后将读 数记录。测试误差不超过 0.1 千克。

4. 注意事项

（1）测量体重前受试者不得进行剧烈体育活动和体力劳动。

（2）受测者站在秤平台中央，上下杠杆秤动作要轻。

（3）每次使用杠杆秤时均需校正。测试人员每次读数前都应校对砝码重量避免差错。

三、台阶试验

1. 测试目的

主要是测试学生的心血管机能。

2. 场地器材

台阶或凳子、节拍器（或录音机及磁带）、秒表、台阶实验仪。

3. 测试方法

初中以上男生用高 40 厘米台阶（或凳子）；女生及小学四年级以上男女生用高 35 厘 米的台阶（或凳子）做踏台上、下运动。测验前测定安静时的脉搏，然后受试者做轻度的准备活动，主要是活动下肢关节。上、下台阶（或凳子）的频率是 30 次/分，因而节拍器的节律为 120 拍/分（每上、下一次是 4 拍）。受试者按节拍器的节律完成试验。

被测试者从预备姿势开始：

(1)被测试者一只脚踏在台阶上;

(2)踏台腿伸直成台上站立;

(3)先踏台的脚下先下地;

(4)还原成预备姿势。用2秒上、下一次的速度(按节拍器的节律来做)连续做3分钟。做完后,立刻坐在椅子上测量运动结束后的1分钟至1分半钟、2分钟至2分半钟、3分钟至3分半钟的3次脉搏数。并用下列公式求得评定指数,计算结果包含有小数的,对小数点的1位进行四舍五入取整进行评分。

$$\text{评定指数} = \frac{\text{踏台上、下运动的持续时间(秒)} \times 100}{2 \times \text{(3 次测定脉搏的和)}}$$

4. 注意事项

(1)心脏有病的不能测试。

(2)按2秒上、下一次的节奏进行。当受试者跟不上节奏时应及时提醒,如果三次跟不上节奏应停止测试,以免发生伤害事故。

(3)上、下台阶时,膝、髋关节都应伸直。

(4)被测试者不能自己测量脉搏。

(5)如果受试者不能完成3分钟的负荷运动,以实际上、下台阶的持续时间进行计算,计算公式和方法同上。

四、肺活量

1. 测试目的

主要是测试学生的肺通气功能。

2. 场地器材

电子肺活量计。

3. 测试方法

房间通风良好,使用干燥的一次性口嘴(非一次性口嘴则每换测试对象需消毒一次。每测一人将口嘴朝下倒出唾液,并注意消毒后必须使其干燥)。肺活量计主机放置平稳桌面上,检查电源线及接口是否牢固,按工作键液晶屏显示“0”即表示机器进入工作状态,预热5分钟后测试为佳。

首先告知被测试者不必紧张,并且要尽全力:以中等速度和力度吹气效果最好。令被测试者面对仪器站立、手持吹气口嘴,面对肺活量计站立试吹1~2次,首先看仪表有无反应,还要试口嘴或鼻处是否漏气,调整口嘴和用鼻夹(或自己捏鼻孔);学会深吸气(避免耸肩提气,应该像闻花式的慢吸气);深吸气后屏住气再对准口嘴尽力深呼气,直到不能呼气为止,防止此时从口嘴处吸气,测试中不得中途二次吸气。

被测试者进行一两次较平日深一些的呼吸动作后,更深的吸一口气,向口嘴处慢慢呼出至不能再呼出为止,吹气完毕后,液晶屏上最终显示的数字即为肺活量毫升值。每位受测者测三次,每次间隔15秒,记录三次数值,选取最大值作为测试结果。以毫升为单位,不保留小数。

4. 注意事项

(1)电子肺活量计的计量部位的通畅和干燥是仪器准确的关键,吹气筒的导管必须在上方，以免口水或杂物堵住气道。

（2）每测试10人及测试完毕后用干棉球及时清理和擦干气筒内部。严禁用水、酒精等任何液体冲洗气筒内部。

（3）导气管存放时不能打折。

（4）定期校对仪器。

五、50米跑

1. 测试目的

主要是测试学生的速度、灵敏素质及神经系统灵活性的发展水平。

2. 场地器材

50米直线跑道若干条，地面平坦，地质不限，跑道线要清晰。发令旗一面，口哨一个，秒表若干块（一道一表）。秒表使用前应用标准秒表校正，每分钟误差不得，超过0.2秒。标准秒表的选定，以北京时间为准，每小时误差不超过0.3秒。

3. 测试方法

受测者至少两人一组测试。站立起跑，受试者听到“跑”的口令后开始起跑。发令员在发出口令的同时要摆动发令旗，计时员视旗动开表计时。受试者躯干部到达终点线的垂直面停表。记录以秒为单位，如10.11秒读成10.2秒，并记录之。

4. 注意事项

（1）受试者测试最好穿运动鞋或平底布鞋，赤足亦可。但不得穿钉鞋、皮鞋；塑料凉鞋。

（2）发现有抢跑者，要当即召回重跑。

（3）如遇风时一律顺风跑。

六、立定跳远

1. 测试目的

主要是测试学生的下肢肌肉爆发力及身体协调能力的发展水平。

2. 场地器材

沙坑、丈量尺。沙面应与地面平齐，如无沙坑，可在土质松软的平地上进行。起跳线至沙坑近端不得少于30厘米。起跳地面要平坦，不得有坑洼。

3. 测试方法

受测者两脚自然分开站立，站在起跳线后，脚尖不得踩线（最好用线绳做起跳线）。两脚原地同时起跳，不得有垫步或连跳动作。丈量起跳线后缘至最近着地点后缘的垂直距离。每人试跳三次，记录其中成绩最好的一次。以厘米为单位，不计小数。

4. 注意事项

（1）发现犯规时，此次成绩无效。三次试跳均无成绩者，再跳至取得成绩为止。（2）可以赤足，但不得穿钉鞋、皮鞋、塑料凉鞋测试。

七、坐位体前屈

1. 测试目的

主要是测试学生在静止状态下的躯干、腰、髋等关节可能达到的活动幅度，主要反映这些部位关节、韧带和肌肉的伸展性和弹性及学生身体柔韧素质的发展水平。

2. 场地器材

坐位体前屈测试计。

3. 测试方法

受测者两腿伸直，两脚平蹬测试纵板坐在平地上，两脚分开约 10 ~ 15 厘米，上体前屈，两臂伸直向前，用两手中指尖逐渐向前推动游标，直到不能前推为止。测试计的脚蹬纵板内沿平面为。点，向内为负值，向前为正值。记录以厘米为单位，保留一位小数。测度两次，取最好成绩。

4. 注意事项

身体前屈两臂向前推游标时两腿不能弯曲。

八、握力

1. 测试目的

主要是测试学生上肢肌肉力量的发展水平。

2. 场地器材

电子握力计或合格的弹簧式握力计。

3. 测试方法

被测试者两脚自然分开成直立姿势，两臂自然下垂。一手持握力计全力紧握（此时握力计不能接触衣服和身体），记下握力计指针的刻度（或握力器所显示的数字）。用力手握两次。取最大值，以公斤为单位，测试时保留 1 位小数。

4. 注意事项

保持手臂自然下垂姿势，手心向内，不能触及衣服和身体。

九、50 米 ×8 往返跑

1. 测试目的

主要是测试学生的速度、灵敏度及耐力的发展水平。

2. 场地器材

50 米跑道若干条，道宽 2 米 ~2.5 米，地面平坦，地质不限。在起（终）点线前 0.5 米和 49.5 米处各立一标杆，杆高 1.2 米以上，立于跑道正中。秒表若干块，使用前校正，要求同 50 米跑。

3. 测试方法

受测者至少两人一组进行测试。用站立式起跑。当听到“跑”口令后开始起跑，往返回次，往返跑时就逆时针方向绕过标杆，不得碰扶标杆，不得串道。测试人员发出“跑”口令的同时开表计时。当受测者躯干部到达终点线的垂直面时停表，以分、秒为单位记录成绩，不计小数。

4. 注意事项

（1）测试人员应向受测者报告剩余往返圈数，以免跑错距离。

（2）测试人员应告诉受测者在跑完后应继续走动，不要立刻停下，以免发生意外。

(3)受测者不得穿皮鞋、塑料凉鞋、钉鞋参加测试。

(4)对分、秒进行换算时要细心,防止差错。

十、800 米跑(女)或 1 000 米跑(男)

1. 测试目的

主要是测试学生耐力素质的发展水平,特别是心血管呼吸系统的机能及肌肉耐力。

2. 场地器材

400 米、300 米、200 米田径场跑道,地质不限。也可使用其他不规则场地,但必须丈量准确,地面平坦。发令旗一面,秒表若干块,使用前需要校正,要求同 50 米跑。

3. 测试方法

受测者至少两人一组进行测试,站立式起跑。当听到“跑”的口令后开始起跑。计时员看到旗动开表计时,当受测者的躯干部到达终点线垂直面时停表。

注意事项和成绩记录方法同 50 米 ×8 往返跑。

十一、仰卧起坐

1. 测试目的

主要是测试学生的腹肌耐力。

2. 场地器材

垫子若干块(或代用品),并铺放平坦。

3. 测试方法

受测者全身仰卧于垫上,两腿稍分开,屈膝呈 90‘ 角左右,两手指交叉贴于脑后。另一同伴压住其踝关节,以便固定下肢。受试者起坐时两肘触及或超过双膝为完成一次。仰卧时两肩胛必须触垫。测试人员发出“开始”口令的同时开表计时,记录 1 分钟内完成次数。1 分钟到时,受测者虽已坐起但肘关节未达到双膝者不计该次数,精确到个位。

4. 注意事项

(1)如发现受测者借用肘部撑垫或臂部起落的力量起坐时,该次不计数。(2)测试过程中,观测人员应向受测者报数。(3)受测者双脚必须放于垫子上。

十二、学生体质健康评分标准

规定的学生体质健康评分标准,(见表 3 -4,表 3 -5,表 3 -6,表 3 -7):

表 3 -4 大学男生评分标准

	优秀				良好				及格				不及格	
	成绩	分值	成绩	分值	成绩	分值	成绩	分值	成绩	分值	成绩	分值	成绩	分值
台阶试验	59 以上	20	58 ~ 54	17	53 ~ 50	16	49 ~ 46	15	45 ~ 43	13	42 ~ 40	12	39 以下	10
1 000 米跑	3′39″以下	20	3′40″ ~ 4′40″	17	3′37″ ~ 4′40″	16	4′01″ ~ 4′18″	15	4′19″ ~ 4′29″	13	4′30″ ~ 5′04″	12	5′05″以上	10
肺活体重指数	75 以上	15	74 ~ 10	13	69 ~ 64	12	63 ~ 57	11	56 ~ 54	10	53 ~ 44	9	43 以上	8

续表

	优秀				良好				及格				不及格	
	成绩	分值	成绩	分值	成绩	分值	成绩	分值	成绩	分值	成绩	分值	成绩	分值
50 米跑（秒）	6.8 以下	30	6.9 ~ 7.0	26	7.1 ~ 7.3	25	7.4 ~ 7.7	23	7.8 ~ 8.0	20	8.1 ~ 8.4	18	8.5 以上	15
立定跳远（厘米）	255 以上	30	254 ~ 250	26	249 ~ 239	25	238 ~ 227	23	226 ~ 220	20	219 ~ 195	18	194 以下	15
坐位体前屈（厘米）	18.1 以上	20	18.0 ~ 16.0	17	15.9 ~ 12.3	16	12.2 ~ 8.9	15	8.8 ~ 6.7	13	6.6 ~ 0.1	12	0.0 以下	10
握力体重指数	75 以上	20	74 ~ 70	17	69 ~ 63	16	62 ~ 56	15	55 ~ 51	13	50 ~ 41	12	40 以下	10

表 3 – 5　大学女生评分标准

	优秀				良好				及格				不及格	
	成绩	分值	成绩	分值	成绩	分值	成绩	分值	成绩	分值	成绩	分值	成绩	分值
台阶试验	56 以上	20	55 ~ 52	17	51 ~ 48	16	47 ~ 44	15	43 ~ 42	13	41 ~ 25	12	24 以下	10
800 米跑	3′37″以下	20	3′38″ ~ 3′45″	17	3′46″ ~ 4′00″	16	4′04″ ~ 4′19″	15	4′20″ ~ 4′30″	13	4′31″ ~ 5′03″	12	5′04″以上	10
肺活量体重指数	61 以上	15	60 ~ 57	13	56 ~ 51	12	50 ~ 46	11	45 ~ 42	10	41 ~ 32	9	31 以下	8
50 米跑（秒）	8.3 以下	30	8.4 ~ 8.7	26	8.8 ~ 9.1	25	9.2 ~ 9.6	23	9.7 ~ 9.8	20	9.9 ~ 11.0	18	11.1 以上	15
立定跳远（厘米）	196 以上	30	195 ~ 187	26	186 ~ 178	25	177 ~ 166	23	165 ~ 161	20	160 ~ 139	18	138 以下	15
坐位体前屈（厘米）	18.1 以上	20	18.0 ~ 16.2	17	16.1 ~ 13.0	16	12.9 ~ 9.0	15	8.9 ~ 7.8	13	7.7 ~ 3.0	12	2.9 以下	10
握力体重指数	57 以上	20	56 ~ 62	17	51 ~ 6	16	45 ~ 40	15	39 ~ 36	13	35 ~ 29	12	28 以下	10
仰卧起坐（次/分钟）	44 以上	20	43 ~ 41	17	40 ~ 35	16	34 ~ 28	15	27 ~ 24	13	23 ~ 20	12	19 以下	10

表 3 – 6　大学女生身高标准体重(体重单位:公斤)

身高段(厘米)	营养不良	较低体重	正常体重	超 重	肥 胖
	7 分	9 分	15 分	9 分	7 分
150.0 ~ 150.9	<39.9	39.9 ~ 46.6	46.7 ~ 56.2	56.3 ~ 59.3	≥59.4
151.0 ~ 151.9	<40.3	40.3 ~ 47.1	47.2 ~ 56.7	56.8 ~ 59.8	≥59.9
152.0 ~ 152.9	<40.8	40.8 ~ 47.6	47.7 ~ 57.4	57.5 ~ 60.5	≥60.6
153.0 ~ 153.9	<41.4	41.4 ~ 48.2	48.3 ~ 57.9	58.0 ~ 61.1	≥61.2
154.0 ~ 154.9	<1.9	41.9 ~ 48.8	48.9 ~ 58.6	58.7 ~ 61.9	≥62.0
155.0 ~ 155.9	<42.3	42.3 ~ 49.1	49.2 ~ 59.1	59.2 ~ 62.4	≥62.5

续表

身高段(厘米)	营养不良	较低体重	正常体重	超 重	肥 胖
	7 分	9 分	15 分	9 分	7 分
156.0~156.9	<42.9	42.9~49.7	49.8~59.7	59.8~63.0	≥63.1
157.0~157.9	<43.5	43.5~50.3	50.4~60.4	60.5~63.6	≥63.7
158.0~158.9	<44.0	44.0~50.8	50.9~61.2	61.3~64.5	≥64.6
159.0~159.9	<44.5	44.5~51.4	51.5~61.7	61.8~65.1	≥65.2
160.0~160.9	<45.0	45.0~52.1	52.2~62.3	62.4~65.6	≥65.7
161.0~161.9	<45.4	45.4~52.5	52.6~62.8	62.9~66.2	≥66.3
162.0~162.9	<45.9	45.9~53.1	53.2~63.4	63.5~66.8	≥66.9
163.0~163.9	<46.4	46.4~53.6	53.7~63.9	64.0~67.3	≥67.4
164.0~164.9	<46.8	46.8~54.2	54.3~64.5	64.6~67.9	≥68.0
165.0~165.9	<47.4	47.4~54.8	54.9~65.0	65.1~68.3	≥68.4
166.0~166.9	<48.0	48.0~55.4	55.5~65.5	65.6~68.9	≥69.0
167.0~167.9	<48.5	48.5~56.0	56.1~66.2	66.3~69.5	≥69.6
169.0~169.9	<49.4	49.4~56.8	56.9~67.3	67.4~70.7	≥70.8
170.0~170.9	<49.9	49.9~57.3	57.4~67.9	68.0~71.4	≥71.5
171.0~171.9	<50.2	50.2~57.8	57.9~68.5	68.6~72.1	≥72.2
172.0~172.9	<50.7	50.7~58.4	58.5~69.1	69.2~72.7	≥72.8
173.0~173.9	<51.0	51.0~58.8	58.9~69.6	69.7~73.1	≥73.2
174.0~174.9	<51.3	51.3~59.3	59.4~70.2	70.3~73.6	≥73.7
175.0~175.9	<51.9	51.9~59.9	60.0~70.8	70.9~74.4	≥74.5
176.0~176.9	<52.4	52.4~60.4	60.5~71.5	71.6~75.1	≥75.2
177.0~177.9	<52.8	52.8~61.0	61.1~72.1	72.2~75.7	≥75.8
178.0~178.9	<53.2	53.2~61.5	61.6~72.6	72.7~76.2	≥76.3
179.0~179.9	<53.6	53.6~62.0	62.1~73.2	73.3~76.7	≥76.8
180.0~180.9	<54.1	54.1~62.5	62.6~73.7	73.8~77.0	≥77.1
181.0~181.9	<54.5	54.5~63.1	63.2~74.3	74.4~77.8	≥77.9
182.0~182.9	<55.1	55.1~63.8	63.9~75.0	75.1~79.4	≥79.5
183.0~183.9	<55.6	55.6~64.5	64.6~75.7	75.8~80.4	≥80.5
184.0~184.9	<56.1	56.1~65.3	65.4~76.6	76.7~81.2	≥81.3
185.0~185.9	<56.8	56.8~66.1	66.2~77.5	77.6~82.4	≥82.5
186.0~186.9	<57.3	57.3~66.9	67.0~78.6	78.7~83.3	≥83.4

注:①身高低于表中所列出的最低身高段的下限值时,身高每低 1 厘米,实测体重需加上 0.5 公斤,实测身

高需加上1厘米,再查表确定分值。

②身高高于表中所列出的最高身高段时,身高每高1厘米,其实测体重需减去0.9公斤,实测身高需减去1厘米,再查表确定分值。

表3-7 大学男生身高标准体重(体重单位:公斤)

身高段(厘米)	营养不良	较低体重	正常体重	超重	肥胖
	7分	9分	15分	9分	7分
160.0~160.9	<43.1	43.1~52.5	52.6~60.0	60.1~62.5	≥62.6
161.0~161.9	<43.8	43.8~53.3	53.4~60.8	60.9~63.3	≥63.4
162.0~162.9	<44.5	44.5~54.0	54.1~61.5	61.6~64.0	≥64.1
163.0~163.9	<45.3	45.3~54.8	54.9~62.5	62.6~65.0	≥65.1
164.0~164.9	<45.9	45.9~55.5	55.6~63.2	63.3~65.7	≥65.8
165.0~165.9	<46.5	46.5~56.3	56.4~64.0	64.1~66.5	≥66.6
166.0~166.9	<47.1	47.1~57.0	57.1~64.7	64.8~67.2	≥67.3
167.0~167.9	<48.0	48.0~57.8	57.9~65.6	65.7~68.2	≥68.3
168.0~168.9	<48.7	48.7~58.5	58.6~66.3	66.4~68.9	≥69.0
169.0~169.9	<49.3	49.3~59.2	59.3~67.0	67.1~69.6	≥69.7
170.0~170.9	<50.1	50.1~60.0	60.1~67.8	67.9~70.4	≥70.5
171.0~171.9	<50.7	50.7~60.6	60.7~68.8	68.9~71.2	≥71.3
172.0~172.9 W	<51.4	51.4~61.5	61.6~69.5	69.6~72.1	≥72.2
173.0~173.9	<52.1	52.1~62.2	62.3~70.3	70.4~73.0	≥73.1
174.0~174.9	<52.9	52.9~63.0	63.1~71.3	71.4~74.0	≥74.1
175.0~175.9	<53.7	53.7~63.8	63.9~72.2	72.3~75.0	≥75.1
176.0~176.9	<54.4	54.4~64.5	64.6~73.1	73.2~75.9	≥76.0
177.0~177.9	<55.2	55.2~65.2	65.3~73.9	74.0~76.8	≥76.9
178.0~178.9	<55.7	55.7~66.0	66.1~74.9	75.0~77.8	≥77.9
179.0~179.9	<56.4	56.4~66.7	66.8~75.7	75.8~78.7	≥78.8
180.0~180.9	<57.1	57.1~67.4	67.5~76.4	76.5~79.4	≥79.5
181.0~181.9	<57.7	57.7~68.1	68.2~77.4	77.5~80.6	≥80.7
182.0~182.9	<58.5	58.5~68.9	69.0~78.5	78.6~81.7	≥81.8
183.0~183.9	<59.2	59.2~69.6	69.7~79.4	79.5~82.6	≥82.7
184.0~184.9	<60.0	60.0~70.4	70.5~80.3	80.4~83.6	≥83.7
185.0~185.9	<60.8	60.8~71.2	71.3~81.3	81.4~84.6	≥84.7
186.0~186.9	<61.5	61.5~72.0	72.1~82.2	82.3~85.6	≥85.7
187.0~187.9	<62.3	62.3~72.9	73.0~83.3	83.4~86.7	≥86.8

续表

身高段(厘米)	营养不良	较低体重	正常体重	超 重	肥 胖
	7分	9分	15分	9分	7分
188.0~188.9	<63.0	63.0~73.7	73.8~84.2	84.3~87.7	≥87.8
189.0~189.9	<63.9	63.9~74.5	74.6-85.0	85.1~88.5	≥88.6
190.0~190.9	<64.6	64.6~75.4	75.5~86.2	86.3~89.8	≥89.9

注:①身高低于表中所列出的最低身高段的下限值时,身高每低1厘米,实测体重需加上0.5公斤,实测身高需加上1厘米,再查表确定分值。

②身高高于表中所列出的最高身高段时,身高每高1厘米,其实测体重需减去0.9公斤,实测身高需减去1厘米,再查表确定分值。

第四节 心理健康的测量与评价

这里重点介绍大学生心理健康的测量与评价。

(一)学生心理健康量表

表3-8是有关您近10天内心理状态的一些题目。请仔细阅读每一个题目,然后根据自己的实际情况认真填写。每个题目没有对错之分,请您尽快回答,不要在每道题上过多思索。

每个题目后都有五个等级供您选择,分别按照程度的高低用1、2、3、4、5来表示;1为无,2为偶尔,3为时有,4为经常,5为总是。

注意:(1)每个题目后只能选择一个等级,在相应的数字上画圈。(2)每个题目都要回答。

表3-8 学生心理健康量表

测 试 题 目	无	偶尔	时有	经常	总是
1.我情绪忽高忽低	1	2	3	4	5
2.做什么事我都感觉很困难	1	2	3	4	5
3.我喜欢与人争论、抬杠	1	2	3	4	5
4.我对许多事情心烦	1	2	3	4	5
5.遇到紧急的事我手发抖	1	2	3	4	5
6.我怕应付麻烦的事	1	2	3	4	5
7.我情绪低落	1	2	3	4	5
8.我感到人们对我不公平	1	2	3	4	5
9.我觉得大多数人都不可信任	1	2	3	4	5
10.感到别人对我不友好	1	2	3	4	5
11.我不能控制自己而发脾气	1	2	3	4	5

续表

测 试 题 目	无	偶尔	时有	经常	总是
12. 我感到前途没有希望	1	2	3	4	5
13. 我喜怒无常	1	2	3	4	5
14. 我要求别人十全十美	1	2	3	4	5
15. 我抱怨自已为什么比不上别人	1	2	3	4	5
16. 我觉得别人想占我的便宜	1	2	3	4	5
17. 我觉得活得很累	1	2	3	4	5
18. 看见房间杂乱无章,我就安不下心来	1	2	3	4	5
19. 我着急时,嘴里有味	1	2	3	4	5
20. 我感到我坏事发生	1	2	3	4	5
21. 我觉得疲劳	1	2	3	4	5
22. 我常为一些小事而心情不好	1	2	3	4	5
23. 我不能容忍别人	1	2	3	4	5
24. 别人有成绩我生气	1	2	3	4	5
25. 我的想法与别人不一样	1	2	3	4	5
26. 遇到挫折,我便灰心	1	2	3	4	5
27. 我经常责备自己	1	2	3	4	5
28. 害怕别人注意我的短处	1	2	3	4	5
29. 我一紧张就头痛	1	2	3	4	5
30. 我有想打人或骂人的冲动	1	2	3	4	5
31. 感到别人不理解我,不同情我	1	2	3	4	5
32. 我固执已见	1	2	3	4	5
33. 我对什么事情都无兴趣	1	2	3	4	5
34. 我心里焦躁	1	2	3	4	5
35. 我过人多、车多的十字路口心里发慌	1	2	3	4	5
36. 遇到紧急的事我尿多	1	2	3	4	5
37. 我心情时好时坏	1	2	3	4	5
38. 我对新事物不习惯	1	2	3	4	5
39. 我感到别人亏待我	1	2	3	4	5
40. 我感到很难与人相处	1	2	3	4	5
41. 我有想摔东西的冲动	1	2	3	4	5
42. 我觉得我出力不讨好	1	2	3	4	5

续表

测试题目	无	偶尔	时有	经常	总是
43. 总觉得别人在背后议论我	1	2	3	4	5
44. 我爱揭别人短处	1	2	3	4	5
45. 我喜怒都表现在脸上	1	2	3	4	5
46. 我紧张时睡不好觉	1	2	3	4	5
47. 我无缘无故感到紧张	1	2	3	4	5
48. 遇到应采取果断行动时,我就犹豫不决	1	2	3	4	5
49. 我与人相处,关系紧张	1	2	3	4	5
50. 该做的事做不完我放不下心	1	2	3	4	5
51. 我不分场合发泄我的不满	1	2	3	4	5
52. 我控制不住自己的情绪	1	2	3	4	5
53. 当别人看我或议论我的,感到不自在	1	2	3	4	5
54. 别人对我成绩的评价不恰当	1	2	3	4	5
55. 我感到自己没有什么价值	1	2	3	4	5
56. 我总觉得别人在跟我作对	1	2	3	4	5
57. 我情绪波动性大	1	2	3	4	5
58. 我担心别人看不起我	1	2	3	4	5
59. 我感到忧愁	1	2	3	4	5
60. 我心情紧张,胃就不舒服	1	2	3	4	5
61. 在变化的情况下,我不能灵活处事	1	2	3	4	5
62. 我觉得我的学习或工作的负担重	1	2	3	4	5
63. 我对比我强的人并不服气	1	2	3	4	5
64. 我不能接受别人意见	1	2	3	4	5
65. 我对亲朋好友忽冷忽热	1	2	3	4	5
66. 我觉得生活没意思	1	2	3	4	5
67. 我担心自己有病	1	2	3	4	5
68. 遇到紧急情况,我心跳厉害	1	2	3	4	5
69. 我与陌生人打交道感到为难	1	2	3	4	5
70. 我心里总觉得有事	1	2	3	4	5
71. 我在公共场合吃东西感觉不舒服	1	2	3	4	5
72. 我的朋友有钱,吃好穿好我感到不舒服	1	2	3	4	5
73. 我做事想怎么做就怎么做	1	2	3	4	5
74. 我难以完成工作任务或学习任务	1	2	3	4	5

续表

测试题目	无	偶尔	时有	经常	总是
75. 紧张时我手出汗	1	2	3	4	5
76. 我常用刻薄的话刺激别人	1	2	3	4	5
77. 我遇到杂、乱、脏环境,强烈噪声,不能承受	1	2	3	4	5
78. 我容易激动	1	2	3	4	5
79. 我的感情容易受到别人伤害	1	2	3	4	5
80. 到一个新环境,我不能很快适应	1	2	3	4	5

(二)评分方法

《学生心理健康量表》,共包括10个分量表,每个分量表都包括8项。

各因子(分量表)的因子分的计算方法,是将8个项目的分数加在一起之和除以因子项目数,即除以8,为该因子(分量表)的因子分。

《学生心理健康量表》,每一项目采用5级评分法即无为1分,偶尔为2分,时有为3分,经常为4分,总是为5分。每个因子的8项按此标准计分除以8,即为该因子的因子分。

读者判断自己心理健康状况,在自己填完心理健康量表后,10个因子均以2分为简单判断标准分数线。

根据10个因子的因子分,以2分为简单判断标准分数线,就可以简便、初步地判断哪些因子存在问题和症状。即因子分数线超过2分以上的因子。

我们初步确定心理问题和症状严重度的评定分数值。2~2.99分为该因子轻度存在问题。3~3.99分,表示该因子中度症状。4~4.99分为该因子在较重的症状。如果是5分,表示该因子存在严重的心理症状。

学生心理健康量表某因子存在轻度问题,可以通过自我心理调节予以改善和解决,某因子分超过3分,但不超过4分,也可以通过自己心理调适,逐步得到减轻和缓释。如果自己心理调适,已经超过一个月尚没有缓解,最好找心理医生咨询。如果某因子分超过4分,也可自己先心理调适。一周后用《大学生心理健康量表》测一次,如果该因子分仍为4分以上,请找心理医生咨询。

以上谈的是《学生心理健康量表》10个因子各自包括的项目及计分方法、判断有无问题的标准等。

《学生心理健康量表》,测试人的心理健康状况,除用10个分量表即10个因子的分数来判断外,还用总均分来进行总体评定与判断。

总均分的计算是把该量表的80项的分数之和被80除,得出的分数便是受试者心理健康的总均分。

用总均分判定心理健康的状况:

2~2.99分为轻度的心理健康问题;3~3.99分为中等程度的心理健康问题;4~4.99分为较严重的心理健康问题。如果是5分则是非常严重的心理健康问题。受试者的心理健康总均分在2分以上,建议找心理医生咨询。

学生心理健康的标准在于基本内容，而不是从学生的认知、情感、意志等心理角度考察，同时还必须从学生的人际关系、自我评价、社会适应等社会学、文化人类学等视角评价。只要学生整体的、经常性的心理行为与群体相一致，就应视为心理健康。

思考题：

1. 请将自己的身体状态与国家颁布的《学生体质标准》进行对照，看哪些能达到，哪些达不到。

第四章　运动损伤与疲劳的预防和康复

第一节　运动损伤的处置与预防

随着物质文明和精神文明的发展,人们越来越认识到体育锻炼对增进健康、防治疾病、延年益寿的重要作用。但是如果运动不当也常会发生运动损伤,以及其他运动性疾病,甚至运动性猝死。因此,大学生要认真学习体育保健卫生和营养知识,掌握科学锻炼身体的方法,预防运动损伤的发生,不断增进身心健康。

一、运动损伤的原因

运动损伤的原因是多方面的,即与锻炼者的活动基础,体质水平有关,也与运动项目的特点,技术难度以及运动环境等因素有关。

其主要原因有:

(1)思想麻痹大意是所有运动损伤因素中最主要的因素。其中包括运动前不检查器械,预防措施不得力,好胜好奇,常在盲目和冒失行动中受伤。

(2)运动前准备活动不充分,特别是缺乏针对性准备活动,运动器官、内脏器官机能没有达到运动状态易造成损伤。

(3)运动成绩低下,或在畏难、恐惧、害羞、犹豫以及过分紧张时易发生伤害事故。有时因缺乏运动经验,缺乏自我保护能力致伤。如摔倒时用肘部或直臂撑地,造成肘关节或尺、桡骨损伤。

(4)内容组织不科学,方法不合理,纪律松散以及技术上的错误等,都可造成损伤。如投掷标枪时上臂外展,屈肘小于90°,肘部低于肩部时,容易造成肌肉拉伤,甚至肱骨骨折。

(5)运动场地狭窄,场地不平坦,器械安置不当或不牢固,锻炼者拥挤或多种项目一起活动,容易相互冲撞致伤。

(6)空气污浊,噪音,光线暗淡,气温过高或过低,以及运动服装不符合要求等原因,都可直接或间接造成伤害事故。

二、运动损伤的预防

(1)加强运动安全教育,克服麻痹大意思想,提高预防损伤意识。

(2)认真做好准备活动,对可能发生运动损伤的环节和易伤部位,要及时做好预防措施。

(3)加强保护与帮助,特别要提高自我保护能力。如摔倒时,立即低头屈肘,用身滚动,切不可直臂或肘部撑地。由高处跳下时,要用前脚掌着地,注意屈膝、弯腰,两臂自然张开,以利于缓冲和保持身体平衡。

三、运动损伤的处置

(一)软组织损伤

这类运动损伤可分为开放性损伤和闭合性损伤两类。前者有擦伤、撕裂伤、刺伤等;后者有挫伤、肌肉拉伤、肌腱腱鞘炎等。

1. 擦伤

(1)原因与症状:因运动时皮肤受挫致伤。如跑步时摔倒,体操运动时,身体摩擦器械受伤。擦伤后皮肤出血或组织液渗出。

(2)处置:小面积擦伤,可用红药水涂抹伤口即可。大面积擦伤,先用生理盐水洗净,后涂抹红药水,再用消毒布覆盖,最后用纱布包扎。

2. 撕裂伤

(1)原因与症状:在激烈紧张运动时,受到强烈撞击,造成肌肉撕裂。其中包括开放伤和闭合伤两种。常见有眉际撕裂,跟腱撕裂等。开放伤顿时出血,周围肿胀。闭合伤触及时有凹陷感和剧烈疼痛。

(2)处置:轻度开放伤,用红药水涂抹伤口即可;裂口大时,则需止血和缝合伤口,必要时注射破伤风抗毒血清,以防破伤风症。如肌腱断裂,则需手术缝合。

3. 挫伤

(1)原因与症状:因撞击器械或练习者间相互碰撞而造成挫伤。单纯挫伤在损伤处出现红肿,皮下出血,并有疼痛。内脏器官损伤时,则出现头晕,脸色苍白,心慌气短,出虚汗,四肢发凉,烦躁不安,甚至休克。

(2)处置:在24小时内冷敷或加压包扎,抬高患肢或患处敷中药。24小时后,可按摩或理疗。进入恢复期可进行一些功能性锻炼。如果怀疑内脏损伤,则作临时性处理后,送医院检查和治疗。

4. 肌肉拉伤

(1)原因与症状:通常在外力直接或间接作用下,使肌肉过度主动收缩或被动拉长时引起肌肉拉伤,特别是由于准备活动不充分,运动不协调以及肌肉弹性、伸展性、肌力差者更容易拉伤。损伤后伤处肿胀,压痛、肌肉痉挛,触诊时可摸到硬块。严重的肌肉拉伤是肌肉撕裂。

(2)处置:轻者可即刻冷敷,局部加压包扎,抬高患肢。24小时后可施行按摩或理疗。如果对肌肉大部分或完全撕裂者,在加压包扎急救后,立即送医院手术治疗。

(二)主要关节韧带扭伤

1. 肩关节扭伤

(1)原因与症状:一般因肩关节用力过猛以及反复劳损所致,也有的因技术错误,违反解剖学原则而造成损伤。如投掷、排球扣球,大力发球时常出现这类损伤。其症状有压痛、疼痛、急性期有肿胀,慢性期三角肌可能出现萎缩,肩关节活动受限。

(2)处置:单纯韧带扭伤,可采用冷敷,加压包扎。24小时后可以采用理疗、按摩和针灸治疗。出现韧带断裂时,应立即送医院缝合和固定处理。当肩关节肿胀和疼痛减轻后,可适当施行功能性锻炼,但不宜过早活动,以防转入慢性。

2. 髌骨损伤

(1)原因与症状:膝关节局部长期负担过度,反复的细微损伤积累或一次直接外伤,如髌骨部受冲撞或牵扯,均可造成髌骨劳损。其症状表现出膝软、膝痛、半蹲,尤其是单膝半蹲时症状明显。较为积极的措施是治练结合。

(2)处置:采用中药外敷、针灸、按摩等。平时加强膝关节肌群力量练习,如采用高位静力半蹲,每次保持3~5分钟即可。病情好转时,可逐渐增加时间,每日进行1~2次。

3. 踝关节扭伤

(1)原因与症状:运动中由于场地不平,碰撞或跳起落地后失去平衡,使踝关节过度内翻或外翻;身体疲劳,动作不协调或准备活动不充分都可能发生踝关节扭伤。其症状表现为伤处疼痛,肿胀,韧带损伤处有明显压痛,皮下淤血。

(2)处理:受伤后,应立即冷敷,用绷带固定包扎,并抬高伤肢。24小时后,根据伤情采取综合治疗,如外敷伤药、理疗、按摩等,必要时作封闭治疗法。等病情好转后,施行功能性练习。对严重患者,可用石膏固定。

4. 急性腰伤

(1)原因与症状:运动时,身体重心不稳定或肌肉收缩不协调,引起腰扭伤。多数因腰部受力过重,或脊柱运动时超过了正常生理范围。例如:挺身式跳远中,展体过大;举重上挺时,过分挺胸塌腰;跳水时,下肢后摆过大,都有可能造成腰部扭伤。损伤后,当场疼痛,有时听到瞬间"格格"响声,有时出现腰部肌肉痉挛和运动受限。

(2)处置:腰部急性扭伤后,让患者平卧,一般不立即扶动。如果剧烈疼痛,则用担架送医院诊治。处理后,应卧硬板床或腰后垫一枕头,使肌肉韧带处于放松状态,也可针灸、外敷伤药或按摩。

(三)关节脱位

1. 原因与症状

因受外力作用,使关节面失去正常的连接关系,叫关节脱位,又称脱臼。关节脱位可为完全脱位和半脱位两种。严重的关节脱位,伴有关节囊撕裂,甚至损伤神经。运动中发生的关节脱位,大都是因外力撞击所致。如摔倒时用手撑地,引起肘关节或肩关节脱位。

关节脱位后,常出现畸形,与健肢对比不对称,因软组织损伤而出现炎症反应,局部疼痛、压痛和关节肿胀,并失去正常活动功能,甚至发生肌肉痉挛等现象。

2. 处置

用长度和宽度相称的夹板固定伤肢。如果没有夹板,可将伤肢固定在自己的躯干或健肢上,防止震动,随后及时送医院治疗。必须指出,如果没有把握做整复处置时,切不可随意做整复手术,以免再度增加伤害。

(四)脑震荡

1. 原因与症状

脑震荡是脑部损伤中最轻的而又多见的一种,系指头部受到外力打击神经细胞和神经纤维受到震荡后所引起的意识和机能的一时性障碍。在体育锻炼时,两人头部相撞或撞击硬物,都可造成"脑震荡"。致伤者神志昏迷,意识丧失,一般在数分钟到半小时后方才清醒并有不同程度的头昏、头痛、恶心、呕吐等症状。

2. 处置

立即让患者平卧,绝对保持安静。头部冷敷;若有昏迷,即指压人中等;若呼吸发生障碍,立即进行人工呼吸。上述处理后,出现反复昏迷或耳鼻口出血,两瞳孔放大,又不对称时,表明病情严重,应立即护送医院治疗。在途中,要让患者平卧,头部固定,避免抖动。

脑震荡一般可自愈,无须住院治疗,但要注意休息和必要的药物治疗,保持情绪安定,减少脑力劳动。

(五)骨折

1. 原因与症状

由于外力的作用,破坏了骨的完整性和连接性称为骨折。骨折分为闭合性骨折和开放性骨折。

骨折发生后,患处立即出现肿胀,皮下淤血,有剧烈疼痛,导致功能障碍或丧失活动能力。严重骨折时,伴有出血和神经损伤,发烧,口渴,直到休克等全身症状。

2. 处置

若伴有出现休克时,应进行处理,即点按人中穴,并进行人工呼吸或心脏胸外按摩,若伴有伤口出血,应同时实施止血和包扎。骨折后暂勿移动患肢,应用夹板或其他代用品固定伤肢,及时护送医院检查和治疗。

四、急救

(一)急救的意义和原则

运动损伤的急救处理很重要。处理不当,轻者加重损伤,导致感染,增加病人的痛苦,重者致残甚至危及生命。因而,要及时进行合理而有效的急救,分秒必争地采取急救措施。然后机智准确地把伤者安全迅速送到医院。

(二)急救的方法

1. 止血

(1)冷处理法:冷敷可以使血管收缩,减少局部出血,降低组织温度,抑制神经感觉,从而有止血、止痛和减轻局部肿胀的作用。

冷敷止血法,常用于急性闭合性软组织损伤。最简便的方法是,用冷水冲洗或用冷毛巾敷于伤处,有条件地使用氯乙烷喷射。

(2)抬高伤肢法:将伤肢抬高,使出血部位高于心脏,从而使出血部位的血压降低,减少出血,此法用于四肢毛细血管及小静脉出血。

2. 搬送法

伤员经过现场急救处理后,应迅速和安全地送到宿舍或医院治疗。若搬运方法不对,会使伤情加重或造成不良后果。其搬运方法很多,归纳起来有以下几种:

(1)扶持法:急救者让伤员的一臂扶在自己的颈肩上,并拉握其手部,另一手扶挽住伤员腰部。此法适用于神志清醒,伤势较轻,自己基本能步行的伤员。

(2)抱托法:急救者一手抱托住伤员的背部,另一手托住其大腿及膝窝处,将伤员抱起,伤员的一臂在急救者肩上。此法用于神志清醒,但身体虚弱的伤员。

(3)椅托法:两名急救者相对,用同侧的手相互握住对方的前臂,另一手相互搭在对方的肩上,像一把椅子,让伤员坐在“椅架”上,伤员的两臂分别搭在急救者的肩上。

(4)担架法:可用特制的担架或门板、宽凳子代用。

(5)车辆运送法:运送途中防止震动。

3. 人工呼吸法

人工呼吸法有举臂压胸法、仰卧心脏胸外挤压法、俯卧压背法、口对口呼吸法等。其中以口对口呼吸法和仰卧心脏胸外挤压法效果最好。

(1)口对口人工呼吸法:进行时将患者仰卧,头部后仰,托起下颌,捏住鼻孔,压住环状软骨(即食道管),防止空气吹入胃中,急救者随即深吸一口气,两口相对,将大口气吹入患者口中,吹气后将捏鼻子的手松开。如此反复进行,吹气频率每分钟约16~18次,直至患者自主恢复呼吸为止。

(2)心脏胸外挤压法:将患者仰卧,急救者两手上下重叠,用掌根置于患者的胸骨下半段处,借助于体重和肩臂力量,均匀而有节律地向下施加压力,将胸壁下压3~4厘米为度,然后迅速地将手松开,胸臂自然弹回。如此反复进行,每分钟以60~80次的节律进行,直到恢复心脏跳动为止。

第二节 运动疲劳的产生与消除

疲劳是一种在工作、学习、运动中经常出现的、普遍存在的、正常的生理和心理现象,同学们对此并不陌生。但有关疲劳的科学、系统的知识,对于大多数同学来说,并不一定都了解。其实疲劳并不那么可怕,适度的疲劳是人体正常生理活动和生活节奏的自然现象。没有疲劳的工作、学习和生活会使人懒散,缺乏奋斗向上的精神;没有疲劳的消极生活对健康非常不利;没有达到一定疲劳程度的体育锻炼和运动训练,谈不上增强体质和提高运动成绩。然而,过度疲劳却会对我们的身体健康产生一系列不良影响。例如,一些处于过度疲劳状态的同学,可能出现精神萎靡不振、注意力下降、心情烦躁、情绪不稳等;还可能出现心动过速、胃肠功能紊乱、免疫力下降、易患感冒等。因此,如何监测疲劳的出现,以及面对疲劳我们应该如何处理等等,都需要我们系统地学习有关疲劳的科学知识。

脑力劳动疲劳和运动性疲劳是两种性质不同的疲劳,下面分别予以介绍:

一、脑力劳动疲劳

脑力劳动疲劳是指由于脑力劳动过度或采用不当的学习和用脑方式,造成在生理和心理方面的疲劳、倦怠变化,一般仅有学习和工作效率低下,渴望停止学习生活和用脑的现象。

(一)脑力劳动疲劳的表现

疲劳分为两类:一是生理疲劳,也叫生因性疲劳;二是心理疲劳,也叫心因性疲劳。

1. 生理疲劳

生理疲劳主要是由于肌肉受力过久或持续重复伸缩造成的肌肉痉挛、麻木、眼球发疼、腰酸背痛、动作不准确、打瞌睡、感觉迟钝或无感觉、乏力或无力等情况，极度的生理疲劳可使肌体受损，神经紊乱。

2. 心理疲劳

一般因长时间从事脑力活动，大脑得不到休息引起。在学习上表现为学习质量和效率降低，特点是：感觉器官活动机能降低，注意力涣散，反应迟钝，情绪躁动、忧郁、厌烦、易怒、紧张等。严重者可表现为学习困难、学习无能或学习无兴趣。

（二）脑力劳动疲劳产生的原因

脑力劳动疲劳是一种保护性抑制，经过适当的休息即可得到恢复，这是合乎生理、心理规律的，对大学生的身心发展不会造成什么影响。但长期处于疲劳状态，勉强让大脑的有关部位继续保持兴奋，就会导致大脑兴奋和抑制过程失调，严重者可引起神经衰弱。

学习疲劳不仅取决于所从事学习的性质和数量；也和一个人的学习动机、学习态度、学习兴趣等心智活动特点，以及学习环境条件有关。

（1）凡是需要高度的注意、积极的记忆和思维的学习活动，均容易使人产生疲劳。

（2）学习内容过难、过多，或单调、乏味等，也容易导致心理疲劳。

（3）在异常的气温、湿度、缺氧、噪声、光线不足、杂乱、肮脏的学习环境中学习，也易导致心理疲劳。

（三）预防脑力劳动疲劳的方法

1. 科学用脑

现代科学已较清楚地揭示了大脑两半球的不同功能与生理的保护机制，如果长时间运用一侧大脑半球，则相对容易产生疲劳。因此，应根据大脑两半球分工不同的生理特点科学用脑。另外，大脑活动还有一种“优势现象”，当大脑一功能区的活动占优势时，其他功能区的活动相对处于休息状态，这就是随着工作性质的改变，可以使大脑皮层上的各个区域得到轮休。所以把读书与计算、读书与思考、写字与听音乐等结合起来，能有效地防止疲劳，并起到事半功倍的效果。

2. 劳逸结合，保证充足的睡眠

“有张有弛”自古为养生之道，学习也应如此。学习一定的时间后，就应休息片刻，放松一下。学习之余，应多参加文体活动，或散步、听音乐，使身心能得到放松和调节，有利于消除疲劳，提高学习效率。另外，睡眠要适时、适量、有规律。许多人习惯于临近期末时的突击式复习方式，使整个身心超负荷运转，最易产生过度疲劳。复习时间不够，只能在方法上多下工夫，力争在单位时间里复习更多更重要的内容，决不能以违背身心规律的学习方式来弥补时间的不足，否则，将会适得其反。

3. 遵循人体生物节律，调节身心负荷

人体的各种生理和心理功能随时间推移作规律性的运动。据研究，人在一天中，生物机能上午 7 ~ 10 时逐渐上升；10 时左右精力充沛，处于最佳工作和学习状态，之后下降；下午 5 时再度上升；至晚 7 ~ 9 时达高峰；晚 11 时过后又急剧下降。但人群中最佳时间的分配存在一定的差异：有早上型（又称“百灵鸟”型）、晚上型（又称“猫头鹰”型）、白天型。大学生应查明自己的“黄金时间”，在此时从事难度较大的学习，这样可以较好地预防疲劳。

4. 培养学习兴趣

如果对学习兴趣浓厚,学习心情愉快,则学习时间长也不易感觉疲劳。反之,兴趣不大甚至厌烦,就会很快进入疲劳状态。

5. 创造良好的学习环境

学习环境应尽量布置得幽雅、整洁,使人感到身心舒畅。不在有刺耳噪声的地方学习,避免心烦意乱、焦躁不安,不在过暗或过亮的地方学习,避免头晕目眩、视觉疲劳。

二、运动性疲劳

(一)运动性疲劳的概念

自 1880 年莫索(Mosso)开始研究人类的疲劳,距今已有 100 多年的历史了,许多著名学者从不同的视角,采用不同的手段,对疲劳进行了广泛的研究,并先后给疲劳的概念作了不同的界定。概念上的不统一给实际研究工作带来了诸多不便。1988 第七届国际运动生化会议对运动性疲劳定义是:在进行运动时,运动本身引起机体工作能力降低而难以维持运动输出功率的需要,但经过适当的休息后又可以恢复的现象。这一定义得到国内外许多专家、学者的认可。

(二)运动性疲劳的分类

运动性疲劳根据其运动方式不同,产生部位不同,产生机制不同,可以分为多种,其主要分类方法有以下几种:

1. 按疲劳发生的部位划分

可分为脑力疲劳和体力疲劳。

脑力疲劳是指由于运动刺激使大脑皮层细胞工作能力下降,大脑皮层出现广泛性抑制而产生的疲劳。例如,在周期性耐力运动(如长跑等)过程中,由于运动时的单调刺激,在体力尚未明显下降时,大脑细胞的工作能力已开始下降,并引起整个身体机能下降。脑力疲劳往往同时伴有心理疲劳。心理疲劳是由于心理活动造成的一种疲劳状态,其主观症状有:注意力不集中,记忆力障碍,理解、推理困难,脑力活动迟钝、不准确。行为表现为:动作迟缓、不灵敏,动作的协调能力下降,失眠、烦躁与不安。

体力疲劳是指由于从事身体训练使身体工作能力下降而产生的疲劳。在体育活动中,体力疲劳非常普遍,例如,剧烈运动后出现的周身乏力、工作能力下降等均属于体力疲劳症状。

在体育锻炼和运动训练中,体力疲劳(身体疲劳)和脑力疲劳(心理疲劳)是密切相关的,故运动性疲劳是身心的疲劳。

2. 按身体的整体和局部划分

可分为整体(全身)疲劳和局部(器官)疲劳。

整体疲劳是指由于全身运动使全身各系统机能下降而导致的疲劳。如马拉松跑、激烈的足球比赛等均可造成全身身体机能下降。局部疲劳是指以身体某一局部进行运动使该局部器官机能下降而导致的疲劳。如前臂负重屈伸运动可造成前臂肌肉力量下降,负重深蹲则导致下肢肌肉群疲劳等。

整体疲劳和局部疲劳存在着紧密关系。一般来说,局部疲劳可以发展为整体疲劳,而整体疲劳往往包含着某一系统为主的局部疲劳。

3. 按身体各系统划分

(1)骨骼肌疲劳:由于运动引起的骨骼肌机能下降,称骨骼肌疲劳。例如,力量训练后肌肉收缩力下降、肌肉僵硬、肌肉酸痛等。在体育活动中骨骼肌疲劳最为常见。

(2)心血管疲劳:由于运动引起的心脏、血管系统及其调节机能下降,称心血管疲劳。疲劳时表现为心率恢复速度减慢、血压升高、心脏射出的血液减少。

(3)呼吸系统疲劳:运动引起的呼吸机能下降等,称呼吸系统疲劳。呼吸系统疲劳一般在运动中并不常见,多出现在长时间运动或憋气用力后,并伴随着心血管系统疲劳。例如,剧烈运动时呼吸表浅、胸闷、喘不过气、肺功能下降等。

4. 按运动方式划分

(1)快速疲劳:由于短时间、剧烈运动引起的身体机能下降,称快速疲劳。例如,100 米跑和 400 米跑在不足 10 秒和 1 分钟的时间内就可造成机体极度疲劳。快速疲劳产生快,消除也相对较快。

(2)耐力疲劳:由于小强度、长时间运动引起的身体机能下降,称耐力疲劳。马拉松跑、越野滑雪、长距离游泳等可产生耐力疲劳。耐力疲劳发生较缓慢,但恢复时间也相对较长。

上述对疲劳的种种划分,并不是说存在多种实质性完全不同的疲劳。我们采用不同的划分方法,主要是为了帮助大家从不同的侧面更好地了解疲劳问题,以利于掌握疲劳的有关知识。例如,关于脑力疲劳和体力疲劳的划分,对同学们如何处理好学习和锻炼的关系就有指导作用;全身疲劳和局部疲劳的划分对于我们在训练中如何处理好负荷的分配也会有良好的启迪作用。

(三)运动性疲劳的诊断

科学地判断运动性疲劳的出现及其程度,对于我们合理地安排学习和训练,以及防止过度疲劳的出现都有很大的实际意义。因此,对同学们来说,掌握一些简单易行的监测手段是非常必要的。

1. 教育学观察法

这是在体育教学和运动训练中最常用的方法。体育教师和教练员通过观察学生的面色、精神和运动能力等变化来大致判断疲劳的发展。疲劳时学生常表现为:面色苍白、目光呆滞、表情淡漠、情绪改变(易于激动或趋于消沉)。同时,运动能力出现进行性的下降。在疲劳初期和中期,动作幅度和协调性下降,容易出现错误,但通过意志努力仍能维持正常运动。当疲劳加深时,已难以用意志和努力来克服了,甚至已经牢固掌握的动作也不能准确完成。

2. 生理机能测定

(1)握力与背肌力测定:在评定疲劳时,可根据参与工作的主要肌群确定测试内容,以上肢工作为主的运动可用握力测试;以腰背肌工作为主的运动可选择背肌力测试等。测试时,首先在运动前连续测定若干次肌肉力量,计算平均值。疲劳性工作后,再进行同样方式的力量测定,如果肌肉力量平均值低于运动前水平,或几次力量测定值连续下降,即为肌肉疲劳。如果次日已恢复,可判断为正常肌肉疲劳;如果一次练习后连续几天肌肉力量不能恢复,则视为疲劳程度较深。

(2)呼吸肌耐力测定:可连续测五次肺活量,每次测定间隔 30 秒,疲劳时肺活量逐次下降。

(3)心率测定:心率是评定运动性疲劳最简易的指标,一般常用基础心律、运动后恢复心率对疲劳进行诊断。

①基础心率:基础心率是指清晨、清醒、起床前的心率,常用脉搏表示。机体机能正常时基础心率相对稳定。如果大运动负荷训练后,经过一夜的休息,基础心率较平时增加5~10次/分钟以上,则认为有疲劳积累现象;如果基础心率连续几天持续增加,则应调整运动负荷。在选用基础心率指标时,应排除惊吓、噩梦、睡眠等其他因素的影响。

②运动后恢复心率:人体进行一定强度运动后,经过一段时间休息即可恢复到运动前状态。但是,当身体出现疲劳时,心血管系统机能下降,会使运动后心率恢复时间延长,因此,可将定量负荷后的心率恢复时间作为疲劳诊断指标。例如,进行30秒20次深蹲的定量负荷运动,一般心率可在运动后三分钟内恢复到运动前水平,当身体疲劳时,这种恢复时间会明显延长。

3. 自我感觉(主观感觉)

(1)主观感觉判断:人体运动时,体力的主观感觉与工作负荷、心功率、耗氧量等多种因素密切相关。因此,运动时的自我感觉是判断运动性疲劳的重要标志。瑞典生理学家冈奈尔·鲍格(Guenlzel·Borg)制定了判断疲劳的体力主观感觉等级表,使原来粗略的疲劳定性分析变为较精确的半定量分析。具体做法是:让受试者做递增性功率自行车或固定跑台运动,并观察体力主观感觉等级表,受试者在运动过程中每增大一次强度,或间隔一定时间,便指出自我感觉等级,表中(表4-1)的等级乘以10,即为受试者完成该负荷的心率。我们可以分别在疲劳前后测定同样负荷的运动,如果机体出现疲劳,主观感觉等级也会相应增加。另外,利用该方法还可测定受试者的有氧耐力及抗疲劳能力。

表4-1 体力主观感觉等级表

自我感觉	等级
	6
非常轻松	7
	8
很轻松	9
	10
尚轻松	11
	12
稍　累	13
	14
累	15
	16
很　累	17
	18
精疲力竭	19
	20

(2)疲劳自觉症状测定表:教师可以根据表4-2询问学生疲劳时的主观感觉,一般来说体力活动后,A项内容较多,总数也多;脑力活动后,B、C项较多。可以根据体力和脑力疲劳的不同特点,参考表中各指标,种数越多,疲劳程度越深。

表 4－2　疲劳自觉症状测定

A. 症状	B. 精神症状	C. 神经感觉的症状
1. 头沉	1. 脑子不清醒，头昏眼花	1. 眼睛疲劳，眼冒金星，眼无神
2. 头痛	2. 思想不集中，厌于思考问题	2. 眼睛发涩、发干
3. 全身懒倦	3. 不爱动，不爱说话	3. 动作不灵活，动作出错误
4. 身体某处无力，身体某处疼痛或抽筋	4. 针扎似的疼痛	4. 脚跟发软，脚步不稳
5. 肩发酸	5. 困倦	5. 味觉改变，嗅觉厌腻
6. 呼吸困难，气短	6. 精神涣散	6. 眩晕
7. 腿无力	7. 对事情不积极	7. 眼皮和其他肌肉跳动
8. 没有唾液，口发粘、发干	8. 很多事情想不起来，一时想不起事情来	8. 听觉迟钝，耳鸣
9. 打哈欠	9. 做事情没有信心，易出错误	9. 手脚发颤
10. 出冷汗	10. 对事情放心不下，事事操心	10. 不能安静下来

（四）运动性疲劳的加速消除

疲劳是一种生理现象，也是承载了运动负荷的标志。从某种意义上说，体育锻炼和运动训练是以疲劳为媒介而不断提高身体机能水平的。所以，我们可以说，没有疲劳的训练是无效训练，没有恢复的训练是危险的训练。研究证明，在运动训练中，恢复与训练同等重要，忽视任何一个方面都不会取得好的成绩。如果不重视训练后的恢复，训练后的疲劳不能及时消除，日积月累，必然会使受训者的身体受到伤害，甚至会发生伤病。因此，运动后应及时消除疲劳，恢复体力，才能有效地提高机体的功能水平。

睡眠是恢复体力、消除疲劳最常规的方法，也是非常有效的方法之一。但是，仅用这种被动的方法，可能达不到最佳效果。实践经验和科学研究证明，只有采用综合的手段才会更有利于加速体力恢复和疲劳的消除。下面介绍一些常用的恢复手段，其中某些手段和方法代表了最新的研究成果。

1. 合理补充营养

运动性疲劳的原因之一，就是能源物质的大量消耗，因而只有适当的补充营养，才有利于机体的恢复。

糖是人体运动的基本能源物质。肌糖原储量多少直接影响运动能力，因此应重视糖的补充。吃果糖对肝糖原的恢复速度大于吃葡萄糖。

蛋白质是一切细胞和组织结构的重要成分，是生命的物质基础，大运动量训练时应注意蛋白质的补充，特别是必须有氨基酸的补充。

大强度运动中，由于产生乳酸等代谢产物，使肌肉中的 pH 下降，导致肌肉疲劳。因此运动后适当地补充碱性盐类，可以提高运动者耐乳酸的能力，提高负氧债的能力。常用的碱性盐的使用方法是：

碳酸氢钠 0.2～0.3 克/千克体重，运动前 30～60 分钟加在足够的水或饮料中使用；磷酸盐可以提高运动员的运动能力，促进训练后恢复，可于赛前 3～4 天食用磷酸钠，每次 1

克,1 日 4 次,最后一次应在赛前 2 ~ 3 小时服用。

维生素缺乏时,会影响运动者的运动能力,因此应注意维生素的补充,尤其是维生素 B_1、维生素 B_2、维生素 B_6、维生素 C、维生素 E 的补充,但达到每日的推荐量即可,不必用量过大,以免产生毒性作用。

人体内的微量元素含量极少,仅占体重的 0.05‰ ~ 0.1‰,但微量元素是维生素和酶的必需因子,构成某些激素,并参与激素的作用,影响蛋白质和核酸的代谢与合成。运动者常用的微量元素补充剂为施尔康,每月服 1 ~ 2 粒。

强壮食品及复方中药目前也被广泛应用,例如,蜂蜜、人参蜂王浆、花粉、麦芽油、阿胶、鹿茸、刺五加、复方丹参、田七、冬麦、枸杞子、紫河车、女贞子、何首乌等均被较多运动员应用。

2. 活动性手段

(1)变化活动部位和调整运动强度:用变换活动方式来消除疲劳,也称积极性休息。研究表明,与安静休息相比较,活动性休息可使乳酸消除快一倍。

(2)整理活动:整理活动是消除疲劳,促进体力恢复的一种良好方法,应予以足够的重视。整理活动应包括:慢跑、呼吸体操及各肌群的伸展练习。

3. 消除肌肉迟发性酸痛的持续静力牵张练习

静力牵张练习可以缓解运动后迟发性肌肉酸痛和肌肉僵硬,使肌肉放松,并可加强骨骼肌蛋白质的合成过程,促进骨骼肌变化的恢复。

静力牵张伸展练习要以静为主,动静结合。开始进行静力牵张伸展练习时,伸展动作的速度要比较缓慢,伸展幅度要适当。牵张练习持续时间约 1 分钟左右,间歇 1 分钟,重复 2 ~ 3 次为一组。牵张时间的长短,重复组数的多少,以及每天进行牵张练习的次数,可根据负荷大小而定。静力牵张伸展练习最好在主项训练结束后立即进行。牵张后可适当配合揉捏、抖动等按摩手法,有利于消除牵张引起的不适感。

4. 浴疗法

运动训练后可以进行水浴、桑拿浴、脉冲式水力按摩浴、蒸气浴、药浴等各种疗法。浴疗法可以促进血液循环和新陈代谢,加速代谢产物的排泄,增强汗腺分泌机能,清除皮肤污垢及脱落的表皮,放松肌肉,调整精神状态,促进食欲。

5. 吸氧及空气负离子疗法

吸氧可以促进新陈代谢,改善微循环,有助于消除疲劳。如果有条件时,在大运动量训练后采用高压氧治疗,对消除疲劳有明显效果。空气负离子能改善肺的换气功能,增加氧吸收量和二氧化碳排出量;改善大脑机能,刺激造血机能,使红细胞、血红蛋白、血小板增加,血流速度加快,心搏输出量加大,扩张毛细血管,加速乳酸的代谢,因此有助于疲劳的消除。

6. 理疗

常用红外线、生物频谱仪、TDP 灯、生物信息治疗仪等消除运动后的疲劳。理疗可以促进血液循环,改善血液供应,有利于营养物质的吸收和代谢产物的排泄,达到消除疲劳的作用。

7. 针灸疗法

如果局部肌肉僵硬、酸痛明显时,可取阿是穴斜刺;全身疲劳严重时,可取足三里、三阴交、阳陵泉、合谷、曲池、中脘等穴针刺,或灸神阙、气海、关元、足三里、大椎、身柱等穴位。

8. 拔罐及刮痧疗法

拔罐及刮痧疗法通过刺激人体的经穴，可以改善血液循环，促进新陈代谢，有利于组织代谢产物的排泄，使疲劳得以消除。

9. 器械按摩疗法及气压按摩疗法

可采用按摩带、按摩椅、滚动按摩器、按摩床、摇摆按摩床、加压按摩器、负压按摩器等器械进行按摩，有助于消除疲劳。

10. 自我暗示和放松训练

这是一种心理学恢复的方法，通过调节大脑皮质的机能，达到消除疲劳的目的。还可以结合健康气功进行自我调节，一般多采用三线放松法。

11. 音乐疗法

音乐可以使中枢神经系统的疲劳得到缓解，可调节呼吸、循环系统功能，对骨骼肌能产生影响。有镇静、镇痛、增强记忆力、改善注意力的作用。选曲原则应根据运动员的情绪选择合适的音乐，应考虑到个人的文化素质和对音乐的欣赏能力。

以上介绍的消除运动性疲劳的手段和措施很多，在平时的体育锻炼中，可以根据实际需要和可能，适当选择一些可行的方法，来加速人体的恢复过程，以有利于增进健康。

思考题：

如何做到预防运动损伤的发生？

第五章　运动营养与健康

获得和利用食物由于综合过程称为营养,有机体的生长发育、生命活力及各种脑力劳动和体力劳动的进行,都有赖于体内的物质代谢。体内进行物质代谢的过程必须不断地从外界摄取一定数量的食物。合理的营养意味着机体能够摄入保持身体健康的必需的所有营养成分,能促进生长发展、增强体能、增加免疫功能、预防疾病、提高工作效率和运动能力。营养缺乏或过剩,都将影响人体的生长发育,降低免疫功能,也易患各种疾病。因此,要充分的发挥营养的保健作用,就必须了解符合卫生和健康的平衡膳食要求。

许多膳食是高热量、高糖、高脂肪和高钠的,这些过高的成分和许多疾病的发生密切相关,如心血管疾病、癌症、肥胖和糖尿病等。这些疾病都是现代社会中危及人类生命的最主要的杀手。然而,通过改变饮食可以阻止这些疾病的发生。因此,每个人对营养知识的了解是非常重要的。本章着重介绍合理营养的基本概念,并提供健康膳食指导,同时探讨体育锻炼对营养的需求。

第一节　基础营养

存在于食物中、为健康身体所需要的物质称为营养素,可分为两大类,即三大营养素和微量营养素。三大营养素包括糖、脂肪和蛋白质,它们是构成机体组织和提供能量所必需的物质。微量营养素包括维生素和无机盐,它们的主要作用是维持细胞的能力。

一、三大营养素

所谓平衡膳食是指膳食中的营养能满足人体的需要,既不缺乏,又不过剩。因此,平衡膳食应该由大约58%的糖、30%的脂肪和12%的蛋白质组成。这些营养素是供给机体能量的物质。在正常生理状况下,糖和脂肪是主要的供能物质。在体育锻炼中,究竟是糖还是脂肪作为主要能源,运动强度起决定性的作用。蛋白质的基本功能则是修补组织。然而,当糖不足或机体处于应激状态时,蛋白质也作为能源物质。表5－1列出糖、脂肪和蛋白质主要的食物来源和能量含量。下面讨论三大营养素的功能。

表5－1　三大营养素的食物来源和能量含量

糖(4千卡/克)	蛋白质(4千卡/克)	脂肪(9千卡/克)
谷物	肉类	奶酪
水果	鱼类	人造奶油

续表

糖(4千卡/克)	蛋白质(4千卡/克)	脂肪(9千卡/克)
蔬菜	家禽	油
浓缩糖果	蛋类	
面包	奶类	
豆类	豆类	
	米饭	

(一)糖

糖是体育活动中最重要的能量来源,因为它是供给肌肉收缩的主要能源。糖可分为三大类(见表5-2)。

1. 单糖和双糖

葡萄糖是最值得注意的一种单糖,因为它是唯一的能够被机体以自身形式直接利用的糖分子。作为能源,所有其他的糖都必须转变为葡萄糖才能被机体利用。饭后,葡萄糖以糖原(葡萄糖分子链)的形式贮存在骨骼肌和肝脏中。此外,血糖(血液中的葡萄糖)常转变为脂肪贮存在脂肪细胞中以备将来的能源利用。

身体需要葡萄糖维持正常生理功能,在中枢神经系统中葡萄糖是能量的唯一来源。若机体取糖不足,将导致蛋白质转变为葡萄糖,从而使机体蛋白质分解。所以,膳食中的糖不仅是机体的直接能源,而且对节省蛋白质有重要影响。

表5-2　糖的分类及每一类的来源

糖的分类	糖的种类	食物来源
单　糖	果　糖 半乳糖 葡萄糖	水果和蜂蜜 乳　奶 各种糖
双　糖	乳　糖 麦芽糖 蔗　糖	奶　糖 麦芽糖 蔗　糖
多　糖	淀　粉 纤维素	马铃薯、米饭、面包、水果、蔬菜、谷物

其他类型的单糖包括果糖、半乳糖。果糖存在于水果和蜂蜜中,半乳糖存在于人和哺乳类动物的乳汁中。双糖包括乳糖、麦芽糖和蔗糖。乳糖和麦芽糖分别存在于奶和麦芽中,蔗糖是由葡萄糖和果糖组成。这些单、双糖的特点是各自都必须转变为葡萄糖才能被机体利用。

2. 多糖

多糖既含有微量营养素,又具有产生能量所需的葡萄糖,大量存在于淀粉和植物纤维中。淀粉是存在于谷类、马铃薯和豆类等食物中的长链糖。淀粉在体内以糖原的形式贮存。在体育活动中,当人体需要能量时,淀粉可快速提供机体能量。植物纤维是一种线状的、不能被消化的糖类,多存在于谷物、蔬菜和水果中、其基本形式是纤维素。由于纤维素不能被消化。所以,它既不能提供能量又不能提供营养素,但它却是健康膳食不可缺少的成分。

近年来的研究表明,植物纤维增大了肠道的体积,而体积的增大有助于食物废物的形成和排除,因此减少了废物通过消化道的时间,降低了直肠癌发生的危险。植物纤维也被认为是减少冠心病和乳腺癌发生危险的因素之一,并可控制糖尿病患者血糖浓度的升高。某些植物纤维可使消化道中的胆固醇凝固,阻止其在血液中的吸收,从而降低了血液胆固醇浓度。

专家推荐每天膳食中应不少于25克植物纤维,但膳食中植物纤维过多也会造成肠道不适,从而减少钙和铁的吸收量。下面推荐膳食中增加纤维素的方法:

(1)吃多种食物。

(2)每天多吃水果和蔬菜及3~6种谷类、面包和豆类。

(3)少吃加工过的食品。

(4)要吃果皮和蔬菜中的粗纤维。

(5)从食物中而不是从药片中得到纤维。

(6)多喝汤水。

(二)脂肪

脂肪是能量贮存的有效形式,每克脂肪所产生的能量是每克糖或蛋白质的两倍多。膳食中过多的脂肪摄入易贮存于人体的皮下和内脏周围的脂肪组织中;脂肪不仅来源于膳食中的脂肪,也来自于膳食中过多的糖和蛋白质的转化。尽管体内能合成脂肪,但脂肪中有些脂肪酸是人体不能合成的,必须由食物提供,这些脂肪酸称必需脂肪酸。所以,膳食脂肪是必不可少的,是这些必需脂肪酸(如亚油酸、亚麻酸等)的唯一来源,而这些必需脂肪酸又对保持机体的正常生长和健康的皮肤是非常重要的。

脂肪有保护内脏器官的作用,还能帮助脂溶性维生素A、D、E、K的吸收、运输和贮存。脂肪可分为单脂肪、复合脂肪和派生脂肪。表5-3为脂肪的分类及举例。下面具体讨论各类脂肪。

1. 单脂肪

单脂肪最通常的形式是甘油三酯。膳食中大约95%的脂肪为甘油三酯,它是机体脂肪的贮存形式。在运动中脂肪被分解为甘油三酯并产生能量用于肌肉收缩。脂肪酸是甘油三酯的基本结构单位。脂肪酸分为饱和脂肪酸和不饱和脂肪酸。饱和脂肪酸一般来自动物,室温下为固体,也有一些饱和脂肪酸(如椰子油等)来源于植物。不饱和脂肪酸来自于植物,室温下为液体。

饱和脂肪酸和不饱和脂肪酸对健康有不同的影响。饱和脂肪酸能够增加血液胆固醇水平,易在冠状动脉形成脂肪斑块,从而导致心脏病的发生。不饱和脂肪酸一般分为单不饱和脂肪酸和多不饱和脂肪酸。20世纪80年代早期营养学家认为多不饱和脂肪酸对机体是有益的,但近来的研究表明,多不饱和脂肪酸可降低对机体有益的高密度胆固醇(HDL胆固醇)的水平,并提高对机体无益的低密度胆固醇(LDL胆固醇)的水平;而单不饱和脂肪酸可降低LDL胆固醇的水平,所以单不饱和脂肪酸被认为是对机体危害最小的脂肪酸。

另一类不饱和脂肪酸Ω-3脂肪酸近来受到广泛的注意。此脂肪酸被认为有降低血液胆固醇和甘油三酯的功效。它存在于新鲜的和冷冻的一些深海鱼内,而罐装的这些鱼中由于其分子结构被破坏而没有此类脂肪酸。有些研究者认为每周吃1～2次含有此类脂肪酸的鱼，可降低心脏病发生的可能。

表5－3　脂肪的主要分类及举例

分类	举　　例
单脂肪	甘油三酯(一个甘油和三个脂肪酸)
复合脂肪	脂蛋白
派生脂肪	胆固醇

2. 复合脂肪

从健康角度来看，最重要的复合脂肪是脂蛋白，脂蛋白是蛋白质、甘油三酯和胆固醇的复合物。尽管脂蛋白有数种形式，但基本形式有两种，即低密度脂蛋白(低密度胆固醇)和高密度脂蛋白(高密度胆固醇)。低密度胆固醇中含有少量的蛋白质和甘油三酯，而含有大量的胆固醇，因此它易在心脏的血管上形成脂肪斑块，并导致心脏病。一般认为，高密度胆固醇是好的胆固醇，而低密度胆固醇则是坏的胆固醇。

3. 派生脂肪

胆固醇是派生脂肪。尽管胆固醇不含脂肪酸，但因为它和其他脂肪一样不溶于水，故还称它为脂肪。胆固醇主要来源于动物性食物，如肉、牡蛎等。尽管食物中高胆固醇增加了心脏病发生的可能性，但一些胆固醇对维持正常生理功能是必需的，胆固醇是构成细胞和某些激素(如男、女性激素)的成分。

(三)蛋白质

蛋白质的基本作用是构建和修补组织，同时也参与维持机体的功能(包括合成酶、激素和抗体等)，以调节机体代谢和抵抗疾病。如前所述，蛋白质在正常情况下并不是主要能源，然而在糖摄入不足的情况下，蛋白质可转变为葡萄糖供给能量；在糖摄入充足的情况下，食物中过多的蛋白质则转变为脂肪，贮存在脂肪组织中作为能量贮备。

蛋白质的基本结构单位是氨基酸，20种不同的氨基酸头尾连接构成功能各异的蛋白质。机体能够合成11种氨基酸，不必从食物中摄取，这类氨基酸称为非必需氨基酸。另外9种机体不能合成的氨基酸称为必需氨基酸。所含齐全的必需氨基酸并存在于动物性食物中的蛋白质叫完全蛋白。缺少1个或多个必需氨基酸并来自于蔬菜等食品中的蛋白质叫不完全蛋白。

在青春期，当生长发育加快时，膳食中蛋白质的需要量最大。在这个时期每天蛋白质的推荐量为1克/千克体重，妇女和青春期结束后的男性每天蛋白质的推荐量为0.8克/千克体重。由于现在人们从膳食中摄入过多的蛋白质，且大多为动物性蛋白质食品，这些食品又含有高脂肪，这就增加了心脏病、癌症和肥胖等发生的危险性。

二、微量营养素

微量营养素是由维生素和无机盐组成的。在功能方面，微量营养素和三大营养素一样重要，是维持生命所必需的。尽管它们不能提供机体能量，但三大营养素的分解利用都离不开它们的参与。

(一)维生素

维生素指在维持许多机体功能方面起关键作用的一类小分子,特别是在机体生长和发育方面。按其能溶于水还是脂肪,维生素可分为两类,即水溶性维生素和脂溶性维生素,水溶性维生素包括维生素 B 族和维生素 C,它们由肾脏排出。脂溶性维生素包括维生素 A、D、E 和 K。由于这些维生素贮存在脂肪中,因此它们很可能在机体积聚达到中毒水平。

大多数维生素机体不能产生,必须由膳食供给,而维生素 A、D 和 E 则能由机体少量产生。由于维生素易在烹调中丧失,因此最好生吃和蒸蔬菜以保持其最大的营养价值。维生素存在于几乎所有的食物中,平衡膳食可供给所有的必需维生素,以维持身体功能。

近年来的研究表明,维生素和无机盐的一个新的功能是防止组织损伤,这对体育锻炼参加者来说是重要的。这一新作用将在本章的后面讨论。

(二)无机盐

无机盐指维持正常生理功能所需要的化学元素。像维生素一样,无机盐存在于很多食物中并在调节机体许多重要功能方面起很大作用,如维持神经冲动、肌肉收缩、酶功能和水平衡等。无机盐还构成机体成分,钙、磷、氟是构成骨骼和牙齿的重要成分。三个最重要的无机盐为钙、铁和钠。钙在骨骼形成中起重要作用,钙缺乏将导致骨质疏松;膳食中铁缺乏将导致缺铁性贫血,出现慢性疲劳;摄入高钠可导致高血压或心脏病。

三、水

大约机体的 60% ~70% 是由水构成的。水参与机体所有重要的生命过程。对体育锻炼参加者来说,水是最重要的营养素。在炎热、潮湿的环境中进行大运动量锻炼时,人体将每小时通过排汗失去 1 ~3 升的水。若失去 5% 的机体水,将导致疲劳、乏力和注意力不集中等。若失去 15% 的机体水可能导致死亡。水对维持体温、消化吸收食物、造血和排泄废物等都是非常重要的。

水存在于所有食物中,特别是水果和蔬菜中。正常情况下,人体每天大约需要饮用相当于 8 ~10 杯水,还不包括引起体液过度损失的状态,如过度出汗、献血、腹泻和呕吐等。

第二节　健康膳食

许多国家的健康机构对健康膳食提出了指导性建议,具体如下:

(1)保持理想的体重。

(2)增加多糖的摄入,其摄入 >58% 的总能量。

(3)减少脂肪的摄入,其摄入 <30% 的总能量(饱和脂肪 <10%)。

(4)减少胆固醇的摄入,其摄入 <300 毫克/天。

(5)减少膳食中的单糖的摄入。

(6)减少钠的摄入,其摄入 <3000 毫克/天。

在膳食中合理地选择三大营养素和微量营养素是非常重要的,以下我们就此提出一些指导性建议,并解释如何评价自己的膳食结构,以促进合理饮食的形成。

一、营养素与健康

为满足机体所需的三大营养素，一个人应该摄入大约58%糖(48%的多糖和10%的单糖)，30%左右的脂肪(其中10%的饱和脂肪和20%的不饱和脂肪)和12%的蛋白质。成人每日蛋白质的需要量大约为0.8克/千克体重。

膳食专家曾提出了一些建议，认为应从四组基础食物中选择食物。这四组食物为豆类、粮食和坚果，水果和蔬菜，家禽、鱼、肉和蛋、奶制品。尽管这些建议仍有一定的意义，但缺点是没有阐明这些不同食物的最理想的比例。中国营养学会根据营养学原则并结合国情制定了"中国居民膳食指南及平衡膳食宝塔"。"平衡膳食宝塔"形象地说明了健康膳食的最新推荐量。它把平衡膳食的原则转化成各类食物的重量，并以直观的宝塔形式表现出来，便于日常生活中实行。

膳食中用平衡膳食宝塔可达到两个重要的目标。第一是将可能产生疾病的相对膳食比例减少到最小。第二是将营养丰富的食物(如含有高微量营养素的食物)增加到最大。因此，通过与平衡膳食宝塔的比较，你可以得到一个含三大营养素和微量营养素的合理的平衡膳食。

二、热能与健康

膳食中摄入一定数量热能物质对发展良好的膳食习惯是非常重要的。如前所述，膳食中出现的大部分问题，不是缺乏大营养素，而是能量物质过剩。因此，应该检查自己总能量物质的摄入，防止膳食能量的摄入过高。

在检查自己膳食能量时，应记住两点：第一，避免从单、双糖中摄入过多的能量。大部分膳食中的双糖是蔗糖。单糖的主要营养问题是不含有丰富的营养素。换言之，单糖含有高热能却几乎不含微量营养素。第二，限制膳食中能量物质脂肪的摄入量。脂肪是高能量物质热能(1克糖含4.6千卡热能，1克蛋白质含4.6千卡热能)，限制膳食中的脂肪摄入可减少心脏病发生的危险和能量过剩导致的肥胖。

三、应该避免的食物

在前面已经列出了在膳食中应包括的三大营养素和微量营养素，为了保持健康，应该记住将有些食物摄入量减少到最小，因为这些食物与许多健康问题密切相关。即使现在还没有这些健康问题，你也应该注意饮食习惯，否则在以后的生活中就可能出现这些健康问题。

首先，应该避免那些含有高脂肪的食品，无论是饱和脂肪还是不饱和脂肪都与心脏病、肥胖和某些癌症密切相关。此外，人们常常忽略膳食中脂肪比蛋白质或糖对形成身体脂肪有更大的可能性。

胆固醇是一个维持身体功能所必需的物质，但胆固醇太高可引起心脏病，因此，食用低血液胆固醇的食物可降低发生心脏病的危险。冠心病的发生率与膳食中胆固醇含量密切相关。减少1%的食物胆固醇摄入可降低2%的冠心病的发生率。高胆固醇食品其脂肪含量也较高。我们常用膳食中胆固醇/饱和脂肪指数来反映某些食物对心血管系统的危害。盐(氯化钠)是必需微营养素，但机体的每日需要量较小(小于1/4匙)。排汗量较大的人，其需要量可增加到1.5匙/天。世界卫生组织建议每人每日食盐用量不超过6克为宜。人体应该避免摄入过多的盐,因为高盐是引起高血压的一个很重要的原因。

膳食中少盐的国家,其国民高血压的发生率极低。因此,即使你还没有患高血压,也应该在膳食中减少每日盐的摄入量 。

据估计一般人每天膳食中摄入的食糖是以蔗糖这样的糖形式摄入的。蔗糖是用来做糕点、糖果、冰淇淋、甜饮料、甜食品和其他食物的。有研究认为过多摄入这些单糖与许多健康问题(从儿童多动症到糖尿病)密切相关,但也有研究认为尚没有足够的证据支持这一观点。然而,过多摄入这些糖,对机体有许多不良影响。首先,大量的食糖增加了膳食中的热能,这就容易发生肥胖,而肥胖则又可导致许多健康问题(如糖尿病)。此外,由单糖提供的热能被认为是“空的”热能,因为它不能提供机体所需的微量营养素用于三大营养素的代谢。因此,多糖对机体更有利,因为它们可提供多种微量营养素。其次,食糖也易产生龋齿,尽管吃过甜食后刷牙可以防止这些问题的产生,但是它不能解决其他摄糖过度所带来的问题。由于食糖有不良后果,你应该注意控制食糖。

和蔗糖一样,酒精也提供了“空的”能量。此外,长期饮酒将导致机体贮存的某些维生素消耗,这会引起严重的维生素缺乏症,因此应该限制酒精的摄入。

四、特殊的膳食补充

人体在许多状态下需要一些特殊的膳食补充,特别是那些以体力活动为生活方式的人群。下面列出一些需要补充的营养素。

(一)维生素

如前所述,食用平衡膳食的健康人群一般不需要补充维生素,而那些饮食不良或患病者,他们不能得到合理的营养。在感冒期间,增加维生素C的摄入可减缓感冒症状。

下面的这些人应该寻求补充多种维生素:

(1)严格的素食者。

(2)长期患病而使食欲下降或营养素吸收障碍的人。

(3)使用影响食欲或消化功能药物的人。

(4)进行严格训练的运动员。

(5)孕妇和哺乳期妇女。

(6)长期食用低能量膳食的人。

(7)老年人。

(二)铁

铁是红细胞的一个基本成分,红细胞可运送氧气到身体各组织中产生能量。若铁缺乏则红细胞生成减少,可导致运输到各组织的氧气减少而造成供能不足。月经期妇女、孕妇和哺乳期妇女应该得到足够的铁。实际上仅有一半的哺乳期妇女得到每天所需15毫克的铁。5%的人患有缺铁性贫血。除非医生建议他们补铁,否则这些人不知道额外补充铁。他们可以通过改变膳食结构,得到推荐膳食中供给的铁。下面是改变膳食结构的一些建议:

(1)吃含铁量丰富的蔬菜和糖,如豆荚、新鲜水果、粮谷类和花椰菜等。

(2)吃维生素C含量丰富的食物,因为维生素C有助于铁的吸收。

(3)每周至少吃2~3次含铁量高的红色瘦肉。

(4)每月1~2次吃含铁量丰富的动物内脏,如肝脏等。

(5)吃饭时不要饮茶,因为喝茶影响铁的吸收。

(三)钙

钙是体内最丰富的无机盐,它是骨骼和牙齿的基本成分,并能维持神经和肌肉的功能。充足的钙对孕妇和哺乳期妇女特别重要,有证据表明,钙还有助于防止结肠癌。

11~24岁的男女每天的钙摄入膳食推荐量为1200毫克,在此年龄阶段补充充足的钙对以后年龄段防止骨质疏松至关重要。据调查,60岁以上的妇女有四分之一的人患有骨质疏松。24岁以上的成年人钙的膳食推荐量为800毫克,这个推荐量是保持强壮骨骼和防止骨折所必要的。一些研究表明,易发生骨质疏松的妇女每天钙的摄入量应该为1 000~1 500毫克。下面的措施可以帮助你增加膳食中的钙摄入。

(1)增加膳食中奶制品的摄入,但应该记住选择低脂肪的奶制品。

(2)选择钙丰富的食品,如鱼、萝卜,绿芥末和花椰菜等。

(3)吃维生素C含量丰富的食物,维生素C可促进钙的吸收。

(4)在吃绿色生菜时,添加柠檬汁和醋制成的酸性调味品,以增加钙的吸收。

(5)假如你不能从你喜欢吃的食物中得到足够的钙,还可以额外地补充钙。但是应该注意那些用石灰岩和骨头粉制成的食品,它们可能存在铅污染。

第三节　营养与体能

有关体能和营养的错误观点每年都在增加。广播、电视、报纸和杂志中的广告是这些谬误主要的来源;成功的运动员常常被看成专家,他们赞同这些营养产品,并试图说服大众,某个特殊食品或饮料对他们的成功起了主要作用。尽管大部分这些观点是商业炒作,未受到研究的支持,但这些观点似乎已被许多人接受。事实上,从来就没有什么神奇的食物可以改善体能。这一节将讨论有规律地从事体育锻炼者的特殊营养需要。

一、糖与体能

运动中能量消耗的增加,加大了对能量的需求。体育锻炼中提供机体能量的主要物质是糖和脂肪。在运动时并不缺少脂肪,因为即使很瘦的人也有足够脂肪提供能量。然而,在大强度和长时间的运动中,肝脏和肌肉中的糖可降低到临界水平(见图5-3-1)。

糖作为能源在运动中起关键作用,所以体育科学家建议参与运动的人应该增加膳食中多糖的摄入,摄入范围为摄入总能量的58%~70%,但需将脂肪的摄入减少到总能量的18%。在进行大强度运动时,肝脏和肌肉中的糖原消耗过大,导致了疲劳发生。运动强度决定了糖和脂肪谁是运动中的主要能量来源。

糖果生产商提出了一个错误概念,认为在需要时糖果能够给你一个快速的能源补充。在运动前摄入糖果真能提供一个快速的能量供给吗?答案是“不”。事实上这种补糖的方法至少存在两个问题,第一,作为能源物质的糖果含有最少量的微量营养素,第二,假如在运动

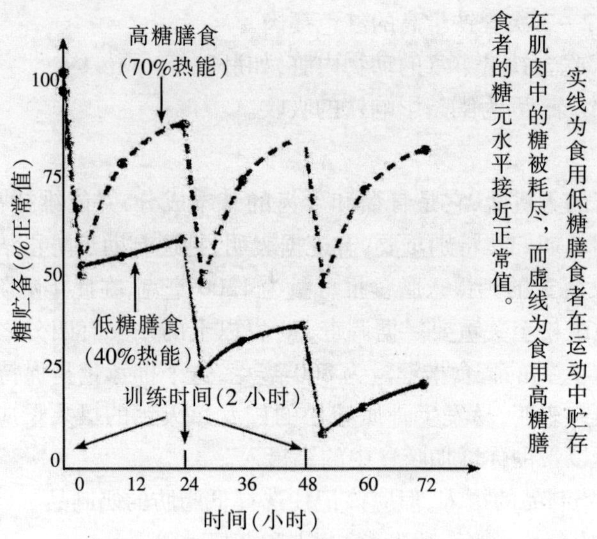

图 5-3-1　运动中高糖膳食的重要性

前补糖,会导致血糖水平快速升高,这样造成了激素的重新调配,进而使血糖低于正常水平,导致疲劳产生。在这种情况下,糖果对运动是不利的。增加膳食中多糖的百分比,且保持足够的能量摄入,能够保证肌肉和肝脏中糖的供能,以满足大强度运动的需要。

二、蛋白质与体能

在进行力量练习的人群中,一些人错误地认为必须补充额外的蛋白质才能促进肌肉生长和强壮。事实上,许多力量练习时消耗的大量蛋白质可以被他们正常的膳食蛋白所补充。因此,从事力量练习者增加的能量需要应该来自于食用合理平衡膳食宝塔中的食物,而不是简单地额外补充蛋白质。总之,进行力量练习的人不仅要补充三大营养素,而且也要补充促进能量产生所需要的微量营养素。

三、维生素与体能

一些维生素生产者声称服用大剂量的维生素可以提高运动能力。这种说法是基于以下观念,即运动增加了能量需要,而维生素具有分解食物转换为能量的作用;额外补充维生素对能量的产生有作用。但是现在尚没有确切的证据支持这种说法,肌肉收缩的能量供给并没有因为维生素的补充而增加。事实上,大剂量地补充维生素可能造成维生素和其他微量营养素之间的脆弱平衡的失调,也有可能出现维生素的中毒反应。

四、抗氧化剂与体能

近来的研究发现某些维生素和一些无机盐有新的功能。这些维生素和无机盐可作为抗氧化剂,对细胞具有保护作用。抗氧化剂是一些化学物质,它可阻止氧对细胞的损害,即可阻止氧自由基对细胞的攻击。体内不断产生自由基,而过多的自由基产物与癌症、肺病、心脏病和衰老过程密切相关。若在自由基产生时,抗氧化剂能够和自由基结合,这样就大大地降低了自由基的毒性。因此,增加抗氧化剂的水平对健康不仅有益,而且可以预防肌肉损伤和疲劳。

第六章　国内外大型体育竞赛

第一节　体育竞赛的种类

体育竞赛的分类方法较多,按竞赛任务的不同可以分为综合性竞赛和单项竞赛两类。

一、综合性竞赛

一般称为运动会或综合性运动会。它包括若干个运动项目的比赛,其任务是全面检查各项运动普及与提高的情况,广泛总结交流经验,推动体育运动的发展。如全国大学生运动会、全国运动会、亚洲运动会、奥林匹克运动会等。这种竞赛由于比赛项目多、规模大、组织工作比较复杂,通常都是每四年举行一届。

二、单项竞赛

以单独进行某一项目的比赛为内容,一般又可分为以下几种:

(一)锦标赛

为检查、总结某一运动项目的开展情况和教学训练经验,确定冠军和名次,促使该项运动不断发展而举行的单项比赛,如戴维斯杯网球赛、大学生排球赛、全国田径冠军赛等。

(二)邀请赛和友谊赛

由一个或几个单位、学校或国家,邀请其他单位、学校或国家参加的竞赛。目的是为了增进友谊和团结,互相学习,共同提高某项运动水平。各项访问比赛一般都属于友谊赛。

(三)对抗赛

是由两个以上实力相近的单位或国家联合举办的竞赛,目的是交流经验、切磋技艺、取长补短、共同提高,如中日田径对抗赛等。

(四)等级赛

按运动员不同技术水平分别举行的比赛,如全国甲 A、甲 B 足球联赛,其主要目的是鼓励和促进运动员提高运动水平,争取升级。

(五)测验赛

为了达到一定的标准,或了解运动员提高成绩的情况而组织的比赛。如全国田径达标赛,这类比赛一般可不计名次,但应记录测验成绩。

(六)选拔赛

为了发现和挑选运动员,组织或补充代表队,准备参加高一级的竞赛而举行的比赛。如学校的新生乒乓球选拔赛等。

（七）及格赛

一般是在参赛人数过多，有可能影响正式比赛正常进行时，先举行及格赛。这种比赛的主要目的就是淘汰一定数量的参赛者，如田径项目的跳远，根据运动员水平划定一个及格线，跳过及格线方可参加后继比赛。

（八）表演赛

为了宣传体育运动，扩大影响而举办的比赛。注重技、战术的充分发挥，一般不计名次，是一种带有示范性、娱乐性的比赛。

（九）通讯赛

用通讯方式组织比赛。凡是可以计量（时间、距离、重量、环数）的项目都可采用。如全国研究生田径通讯赛等。其优点是组织工作较简便，节约经费和时间；缺点是运动员没有临场互相学习的机会，比赛条件也不尽相同。

高等学校和机关、厂矿企业等部门，除了可以组织上述比较正规的比赛以外，还可以开展一些技术难度不大、规则简单、形式灵活、对场地器材要求不高、容易组织和便于经常举行的各种非正规比赛，以便吸引更多的人参加经常性的体育锻炼。如跳绳比赛、拔河比赛、冬季长跑、趣味运动会等。

第二节　体育竞赛的方法

根据体育竞赛的具体要求、项目特点、参赛队数（人数）、比赛的期限和场地设备条件等因素，可选用不同的比赛方法：下面介绍的是几种最常用的比赛方法。

一、淘汰法

是通过比赛逐步淘汰成绩差的（失败者），最后决定优胜者。这种方法有两种情况：一是按一定的顺序让参赛者一组一组地表现成绩，通过及格赛、预赛、复赛、决赛，淘汰较差的，比出优胜名次。田径、游泳项目多采用这种方法。另一种是球类和其他对抗性比赛项目，一对一地按事前排好的淘汰表进行比赛，胜者进入下一轮，直到最后一对决出优胜者。

后一种情况的淘汰法，如果参赛队（人）数不是 2 的乘方数，则有的队（人）在第一轮比赛中应安排轮空，使第二轮比赛的队（人）数为 2 的乘方数；现以 6 个队参赛的淘汰轮次为例，如图 8－2－1 所示。

为了不使强队过早相遇而被淘汰，可将最强的两个队定为种子队排在两头，如有轮空的机会，应先让强队轮空。如图 8－2－1 中的 1、8 为种子，②⑦为轮空位置，其他各队位置按抽签排定。

此种方法，失败一次即被淘汰，故称单淘汰法。其优点是，参赛者很多能在较短时间内完成比赛任务。缺点是很难合理地排出除第一名以外的其他名次，一次失败即被淘汰，学习锻炼的机会少。为了弥补其不足，可采用另一种叫双淘汰的比赛方法。

双淘汰法给初次失败者增加了一次比赛机会，它所产生的冠、亚军亦比单淘汰法更为合理。双淘汰比赛秩序的编排方法和单淘汰基本相同，也是先排种子后抽签。双淘汰比赛的总场数 =（参赛队数 －1）+（参赛队数 －2）。

现仍以 6 个队参赛的双淘汰比赛秩序为例，如图 8 －2 －2 所示。

图 8 －2 －1　单淘汰秩序　　　　图 8 －2 －2　双淘汰秩序

种子队 1、8 第一轮轮空，直接参加第二轮比赛，附图 8 －2 －2 的左半部为负部胜队，右半部为胜部胜队。

二、循环法

又称循环制，是所有参赛的队（人）均互相比赛一次，最后按各队（人）在全部比赛中胜负的场数、得分的多少排列名次，在对抗性项目中常采用。这种方法比赛机会多，有利于互相学习，提高运动水平，可以较合理地评定参赛者的名次。循环法分为单循环、双循环和分组循环三种。可视参赛者的多少和比赛期限的长短而分别采用。

（一）单循环

就是所有参赛的队（人）都相互比赛一次，最后按各队（人）胜负场数和得分多少排列名次。这种方法一般在参赛的队（人）数不多，又有足够的竞赛时间时采用。

单循环比赛的轮数，如果参赛队数是单数时，轮数等于队数。如果是双数时，轮数等于队数减 1；比赛的场数 = 队数 ×（队数 －1）÷2。例如，有 6 队参赛，则比赛的场数 =6 ×（6 －1）÷2 =15。也就是说，有 6 个队参赛的单循环比赛，要进行 5 轮 15 场比赛。

单循环比赛秩序的编排方法：首先用 1，2，3，……号码，分别代表各队，按以下方法排出各轮次的比赛表，如有 6 个队参赛，比赛轮次如附表 8 －1 所示。

表 8 －1　6 队比赛轮次表

第一轮	第二轮	第三轮	第四轮	第五轮
1 －6	1 －5	1 －4	1 －3	1 －2
2 －5	6 －4	5 －3	4 －2	3 －6
3 －4	2 －3	6 －2	5 －6	4 －5

即 1 不动，其他数按逆时针方向轮转。如果只有 5 个队参加，则将 6 换成 0，凡与 0 相遇的队，即为轮空。

第二步则由各队抽签，按抽签的号码，将队名填入轮次表，再排定比赛日程。

（二）双循环

是在参赛队（人）数较少、时间充裕，又有意增加参赛者的比赛机会时采用，编排方法与单循环相同,只是各队间要比赛两次,比赛轮次和场次都比单循环多一倍。

(三)分组循环

是在参赛队(人)数较多,竞赛时间又有限时采用。这是比赛常用的竞赛方法。

整个比赛分为预赛和决赛两个阶段,预赛阶段,把参赛队平均分成若干小组,用单循环法赛出各组名次。分组时应尽可能列出种子队,分别编入各小组,避免强队过于集中而失去小组出线的机会。

决赛阶段,根据预赛的组数和需要决出多少名次,采用同名次分组,再用单循环进行决赛。如预赛只有两组,可采用同名次决赛,亦可用交叉赛决出名次。例如,各组的前两名交叉比赛,决出1~4名,各组的3、4名用同样方法决出5~8名,余类推。

如果将淘汰法和循环法两种方法配合使用,则称为混合制。混合制将比赛分为两个阶段,前一阶段采用分组单循环制,后一阶段采用淘汰制。也可先分组淘汰后采用循环制。

三、轮换法

将运动员分成若干组,在同一时间内,分别进行各个项目的比赛。赛完一项后,各组依次轮换再进行另一项比赛。例如,竞技体操团体比赛的男子6个项目、女子4个项目的比赛方法就是轮换法。这种方法比赛时间比较集中,由于运动员参加比赛项目的顺序不同,条件不可能完全均等。

四、顺序法

这是一种按规定顺序依次进行比赛的方法。又可分为分组顺序法和不分组顺序法两种。分组顺序法将参赛者分成若干组,分别进行比赛。如田径比赛中的径赛项目,按预赛(分组)、复赛(分组)、决赛成绩评定名次。也有采用一次(分组)决赛评定名次的,但必须是以客观标准(时间、距离、成绩等)评定运动成绩的项目。不分组顺序法用于在同一比赛时间内只能有一人依次进行比赛的项目。如田径运动中的各种田赛项目(跳跃、投掷)。顺序法的优点是,参赛者的竞赛条件基本相同,对抗因素强,竞争气氛浓,有利于参赛者锻炼意志,有利于创造好成绩;缺点是,费时较多,在参赛人数众多时难以评定全部参加者的成绩和名次。

第三节 一般竞赛活动的组织工作方法

高等学校体育竞赛活动是高等学校体育工作的一个重要组成部分,是一项十分严密细致的工作。为了保证竞赛活动的顺利进行,必须对竞赛过程各个环节的工作进行周密的组织。大学生作为未来群众体育活动的骨干分子,应该对此有基本的了解。其要点有:

(1)根据比赛的规模和特点,成立相应的办事机构,明确各类人员的分工和职责。比如举行全校运动会,一般都应成立组委会,下设竞赛组、场地器材组、宣传组、保卫组等等。

(2)制定出工作计划和竞赛规程,根据报名情况编排竞赛秩序。

竞赛规程是竞赛活动得以顺利进行的法规性文件,是竞赛过程中一切活动的依据。因此每一项竞赛活动，必须首先制定一个严密、完善的竞赛规程。它应对比赛的目的、时间、地点、项目、参赛资格、报名办法、比赛方法、竞赛规则、名次的确定和奖励办法等都作出明确的规定，以便有章可循。规程的中心问题是明确比赛方法。

(3)做好组织裁判、安排场地、检查器材、落实后勤服务(包括医务监督)等工作。

(4)比赛中抓好赛场秩序、宣传教育工作，及时公布比赛成绩。比赛后做好整理、登记成绩，交流、总结经验等工作。

现阶段搞好高等学校竞赛活动的一个十分重要的问题，是在竞赛活动的全过程中，认真坚持"育人第一"的方针。我国高校体育竞赛的最终目的是为国家培养合格人才，促进精神文明建设。高等学校组织的各种体育竞赛活动，只能是贯彻德、智、体全面发展教育方针的一种手段。因此，在开展高校体育竞赛活动时，要注意做好竞赛的宣传教育工作。当前尤其需要提倡强化三种意识，第一，强化"育人意识"，淡化锦标意识，把竞赛活动确实作为培养合格人才的一种途径；第二，强化"参与意识"，大力宣传重在参与的奥运思想，让尽量多的大学生到运动竞赛中来体味乐趣，接受锻炼，不要把竞赛活动搞成少数选手的专利；第三，强化"规则意识"，大力提倡公平竞争的奥运精神，一方面鼓励大家"更快、更高、更强"、"永远争第一"，一方面又要坚持遵守规则，服从裁判，反对投机取巧、弄虚作假等有悖体育道德的行为。这样才能保证高校体育竞赛活动的健康发展和它的教育功能的充分发挥。

第四节　重要运动会简介

一、奥林匹克运动会

(一)古代奥林匹克运动会

古代奥林匹克运动会(简称"古代奥运会")是希腊人民的伟大创举，也是人类文明与进步的巨大的文化源泉，尽管古代奥运会的起始可追溯到公元前 11 世纪，但直到公元前 776 年才有正式记载；公元前 776 年，在人民渴望和平、自由的生活要求下，古希腊伊利斯国王、斯巴达国王和比萨国王签订了"神圣休战"的协定，并决定在奥林匹亚"宙斯神"庙前举办祭祀活动和举行第一届古代奥运会，以后每 4 年一届。

到公元 394 年为止，古代奥运会举行过 293 届。每届奥运会均在能容纳 5 万观众的奥林匹亚运动场上举行。最初只有短跑(192.27 米)一项比赛，后来逐渐增加了长跑、跳远、标枪、铁饼、角力、五项全能(赛跑、跳远、标枪、铁饼和角力)、拳击、赛马和赛车等运动项目。

在古代奥运会举行期间，不仅进行运动员之间的比赛，而且还为学者、诗人、音乐家和艺术家举办文艺会演。所以古代奥运会有力地促进了体育、艺术的交流与发展，给人类文化生活增添了优美绚丽的色彩，因而被认为是人的力量与精神和谐统一的源泉。

然而，公元前 146 年，罗马帝国入侵并吞了希腊，使人民完全失去了自由。在 4 世纪末，基督教在希腊上升为国教，于是 394 年，笃信基督教的罗马皇帝狄奥多西一世以异教之罪名废止古代奥运会。436 年，其后继者狄奥多西二世又下令烧毁奥林匹亚的大部分建筑与设施。加上 551～552 年的两次强烈地震，把这一片废墟深深地埋入地下。这样，具有一千多年历史的古代西方体育文明，就被凶残的人祸和无情的天灾彻底地埋葬了。

(二)现代奥林匹克运动会

沉睡了一千多年之后。18 世纪初,英、法、德等国的一些学者、专家相继去奥林匹亚访问、考察和发掘,终于使古代奥运会旧址重见天日。被誉为“现代奥林匹克之父”的法国社会活动家、历史学家和教育家顾拜旦(1863～1937)向世界各国提出恢复奥运会的倡议。经过他的多方奔波和积极斡旋,1894 年 6 月 23 日,在法国巴黎召开了有 72 个国家和地区 79 名代表参加的恢复奥运会的代表大会。会上决定成立国际奥林匹克委员会(简称“国际奥委会”),选举了希腊诗人维克拉斯为第一任主席,顾拜旦为秘书长,还决定 1896 年 4 月在希腊雅典举行第一届现代奥林匹克运动会(简称“现代奥运会”)。

现代奥运会是声望最高、最庄严、最隆重的国际体育盛会,也是比赛规模最大、水平最高和影响最深远的综合性运动会。其宗旨是:团结、和平、友谊,促进运动员的身体和精神的发展,增进运动员之间的相互了解和友谊,建立一个更加美好、和平的世界。

现代奥运会自 1896 年到现在的 100 多年历史中,尽管经历了不少坎坷,但仍然发展成为当今全世界人民最热爱与关注的体育文化活动。随着社会的发展与进步,奥林匹克盛会展示在世人面前的将是她更加辉煌壮观、更加美好圣洁的景象,是她永恒的魅力。

1. 夏季奥运会

自 1896 年举行的第一届夏季奥运会到 2000 年止,按 4 年一届计算,已是 27 届了。但实际上只举行过 24 届。因为两次世界大战,第 6 届、第 12 届和第 13 届奥运会停开。

目前举行的夏季奥运会有 26 个运动项目的比赛:田径、游泳(含跳水、花样游泳、水球)、体操(含艺术体操)、足球、篮球、排球、曲棍球、举重、自行车、摔跤、柔道、射击、射箭、击剑、皮划艇、赛艇、帆舨、马术、拳击、手球、现代五项、乒乓球、网球、垒球、棒球和羽毛球等。项目竞赛时间包括开幕式在内不得超过 16 天。根据国际奥委会的规定,得到国际奥委会承认的各国家单项体育组织及其所管辖的运动项目,才能列入奥运会比赛。同时还规定,列入奥运会比赛的男子项目,至少要在三大洲 40 个国家和地区广泛开展。女子项目至少要在两大洲 25 个国家和地区广泛开展。

2. 冬季奥运会

1992 年以前,在举行夏季奥运会的同一年间,也举行冬季奥运会。它开始于 1908 年的第 4 届奥运会,当时的比赛项目只有花样滑冰和冰球。后因一些国家和地区奥委会的反对,使冬季奥运会中断近 20 年。经顾拜旦主席的多方工作和努力,终于在 1925 年的国际奥委会会议上,重新讨论恢复冬季奥运会的问题。会上正式决定举办冬季奥运会,规定在夏季奥运会同一年举行,每 4 年一届。但届数按实际举行的次数计算,并决定把 1924 年在法国夏蒙尼举行的第 8 届奥林匹克国际体育周的冰上运动会作为第 1 届冬季奥运会,到 2002 年为止,已实际举行了 30 届。

冬季奥运会主要比赛项目有现代冬季奥运会两项(滑雪和射击)、滑雪(高山滑雪、越野滑雪、跳台滑雪、自由式滑雪)、冰球、滑冰(速度滑冰、花样滑冰、短道速滑)、雪橇(有舵雪橇、无舵雪橇)、雪板和冰壶等。赛期包括开幕式在内不得超过 16 天。根据国际奥委会规定,要列入冬季奥运会比赛的男子项目,至少需在两大洲 25 个国家和地区广泛开展;女子项目至少需在两大洲 20 个国家和地区广泛开展。

（三）奥林匹克运动会的精神和特色

1. 圣火

1912 年顾拜旦提出燃烧火焰的建议。在 1928 年荷兰举行的第 9 届奥运会开幕式上，第一次点燃象征团结、和平、友谊的圣火。以后无论在哪个国家举行奥运会，都要进行隆重的火种点燃仪式；首先在奥运会发源地奥林匹亚希腊女神赫拉（宙斯神之妻）庙前举行点火仪式，然后，火种由各个国家和地区的运动员通过长跑（如遇高山峻岭、江河湖海，则用飞机或轮船运送）一程又一程地向东道国传递。火种所到之处，当地成千上万的群众倾城迎送，于奥运会开幕式前一天到达举办的城市。开幕式时，由东道国著名运动员接最后一棒火种进入主运动场，绕场一周，最后点燃高大雄伟的火炬塔的圣火，一直燃烧到运动会闭幕时熄灭。

2. 会徽

会徽是自左到右为蓝、黄、黑、绿、红等 5 种颜色的 5 个相互套连的环圈。它象征着五大洲运动员团结在友好和平的世界中，以公正、坦率的比赛和友好的精神，在奥运会上相聚在一起。

3. 会旗

会旗是白色的，旗的中央是会徽。这是根据顾拜旦 1913 年的构思设计的。1914 年为庆祝复兴奥运会 20 周年，在法国巴黎召开的国际奥委会的会址上首次升起奥运会会旗。1920 年比利时奥委会向国际奥委会赠送一面同样的会旗，这就成为后来奥运会正式的会旗。

4. 格言

奥运会的格言有“重要的是参与，而不是取胜”、“更快、更高、更强”，前一条格言是启迪运动员要为团结、和平、友谊而参加体育盛会，后一条格言是激励运动员要努力提高运动水平，树立崇高的思想境界和不断进取的精神。也就是说，运动员在拼搏中要勇于向困难挑战，向极限挑战，向自我挑战，在竞争中展示蓬勃的青春活力和永不终止的奋斗精神。

（四）中国与奥林匹克运动会

从 1922 年开始，中国已正式与国际奥委会建立了直接联系，当时中华体育协会会长王正廷为国际奥委会委员。1932 年第一次派刘长春作为中国唯一的运动员代表参加了第 10 届奥运会。在 1949 年以前，仅参加过第 10、第 11、第 14 届奥运会。因运动员的成绩很低，预赛中全部被淘汰。

在 1952 年芬兰赫尔辛基召开的国际奥委会会议上，以多数票通过了邀请中国运动员参加第 15 届奥运会的决议。后因国际奥委会中某些人制造“两个中国”，1958 年 8 月 19 日，中国奥委会宣布与国际奥委会中断关系。1979 年 10 月 25 日，国际奥委会与中国奥委会的关系才得到恢复和改善。1980 年和 1984 年中国奥委会都派了体育代表团参加了第 13、第 14 届冬季奥运会。

1984 年 7 月，中国奥委会派出 350 多人的大型体育代表团，第一次全面地参加了第 23 届夏季奥运会。中国著名运动员许海峰在本届奥运会开幕的第一天，获得男子 60 发自选手枪金牌，打破了中国在奥运会上金牌“零”的纪录，在本届奥运会上中国运动员共获得 15 枚金牌、8 枚银牌、9 枚铜牌，取得了历史性的突破。1992 年在西班牙巴塞罗那举行的第 25 届夏季奥运会上，在有 172 个国家和地区的 1 万余名运动员参加的比赛中，中国体育健儿获得金牌 16 枚、银牌 22 枚、铜牌 16 枚，奖牌总数达 54 枚。金牌和奖牌总数均居世界第 4 位，同时中国游泳健儿还打破了两项世界纪录。中国体育代表团获得的巨大成绩,受到普遍赞扬。国际奥委会主席萨马兰奇致信中国奥委会主席何振梁,祝贺中国运动员在第25届奥运会上取得的出色成绩。

第26届亚特兰大奥运会,我国派出495人组成的庞大代表团,参加了26个大项目的22个项目的比赛。我国选手不负全国人民的重托和希望,在强手如林的激烈角逐中,奋勇拼搏,夺取了16枚金牌、22枚银牌、12枚铜牌,并创下4项举重世界纪录,金牌与奖牌数目均名列世界第4位,出色地完成了预定的目标,谱写了中华儿女自强不息的宏伟乐章。

在第29届北京奥运会上,中国体育代表团肩负祖国人民的期望,奋勇争先,顽强拼搏,在金牌榜及奖牌榜上均列第1位。创造了我国参加奥运会以来的最好成绩,实现了我国在奥运会上的历史性超越,取得了运动成绩与精神文明的双丰收。

思考题:

奥运会的格言是什么?

第七章　田　径

田径运动是奥林匹克运动会的重要组成部分。在历届奥运会的大家庭中,参加国和地区、参赛的运动员都以田径项目为最多。随着现代社会经济、科学技术的迅速发展,人们生活水平的不断提高,锻炼身体、增强体质,成为人民群众共同而迫切的要求。与人们生活密切相关的走、跑、跳、投掷等田径运动项目就成为最易实践,最受欢迎和便于普及的运动。事实上,人们对田径运动的认识、兴趣及参与意识也在相应提高。当今世界上经济、科学技术和文化水准较高国家的人们都喜爱田径运动、参与田径运动、观看田径比赛已成为许多家庭的习惯。

田径运动分为竞走、跑、跳跃、投掷和全能 5 个部分 40 多个单项。其中把以时间计算成绩的竞走和跑的项目叫径赛,以高度和远度计算成绩的跳跃和投掷项目叫田赛,全能是由跑、跳跃、投掷的部分项目组成的。田径作为各项运动的基础,具有运动强度大、竞争性强、项目普及、锻炼形式多样,且不受人、年龄、性别、季节、气候、场地限制等特点。因而不仅被列为高等学校体育的重点内容,也在社会有广泛的群众基础。

第一节　短　跑

短跑是指 400 米以下距离的跑,要求人们在较短的时间内,用最快的速度跑完规定的距离。因此,人体的生理负荷很大,内脏器官和运动器官常常在大量缺氧的情况下完成极限强度的工作。短跑是田径运动的基础项目,也是人们生活中的必备技能之一。练习短跑对内脏、神经和肌肉系统都有很大的锻炼作用。

一、教学内容与技术要点

(一)起跑及起跑后的加速跑

短跑的起跑采用蹲踞式,并使用起跑器。安装起跑器的目的是使两脚有牢固的支撑,形成良好的预备姿势,以便能获得较快的起跑速度。

起跑器的安装取决于个人的身高、肢体长度、速度力量等因素。起跑器支撑面的倾斜角度:前起跑器约为 40°~50°,后起跑器为 60°~65°。两起跑器中轴线之间宽距为 15~20 厘米。根据起跑器与起跑线以及两起跑器间距离的不同,有多种安装起跑器的方案。比较常用的前起跑器距起跑线以及前后起跑器之间距离均为 1.5 个脚掌长度(图 7-1-1)。

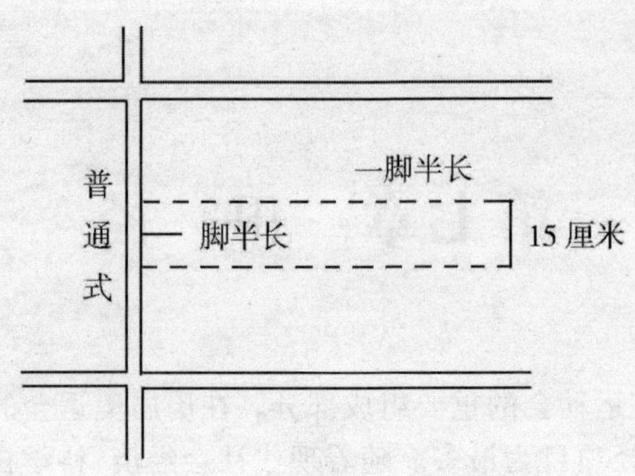

图 7－1－1

起跑过程包括“各就位”、“预备”、“鸣枪”（或“跑”）3 个环节。

1. 各就位

听到“各就位”口令后，做 2～3 次深呼吸，然后轻快地跑到起跑器前俯身下蹲并用两手撑地，两脚依次踏在前、后起跑器的抵足板上，有力腿放在前面，后膝跪地。做好以上动作后，将两手收回到起跑线后，两臂伸直，两手间距约与肩宽或稍宽些，五指分开似圆锥形，指端撑地，拇指略前，小指在后，重量均匀分布于各手指上（这比传统的四指并拢与拇指成“八”字形要好）。肩约与起跑线齐平或稍后，背微弓而不紧张，颈部自然放松，两眼看前下方 40～50 厘米处，注意听“预备”口令。

2. 预备

听到“预备”口令时，轻轻吸一口气，臀部平稳抬起半稍高于肩，两臂微屈而与地面垂直，体重大部落在前腿上，前腿膝角度约 90°左右，保持稳定，注意力集中听枪声。

3. 鸣枪（或“跑”）

鸣枪（或“跑”）后，两手迅速离地，屈肘做有力的前后摆动，同时两脚猛蹬起跑器，当第一步跑出至前腿在起跑器上蹬伸时，身体前倾约与水平成 55°左右，好像是作小坡度上坡跑。第一步抬腿不要过高，步幅不宜太不，应积极前迈，使脚尽快落地（图 7－1－2）。

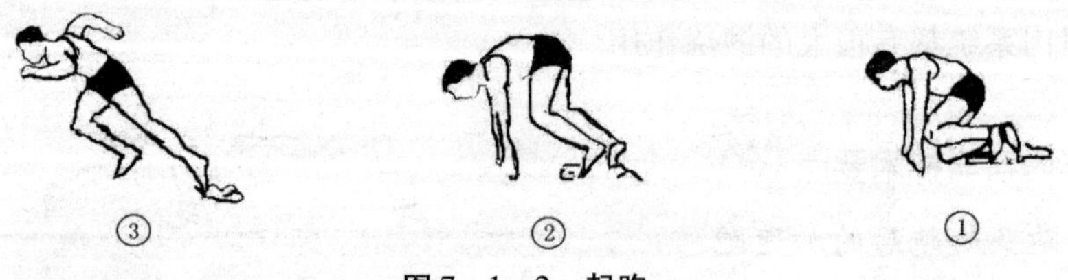

图 7－1－2　起跑

4. 起跑后的加速跑

起跑后立即转入加速跑。加速跑距离一般为 20 米左右，用 13～15 步幅跑完。起跑出发的第一步约有 3.5～4 个脚长，第二步 4～4.5 个脚长，以后逐渐有节奏的加大步幅，到达自已最高速度的 95% 时，步长趋向稳定。

加速跑时两臂应积极摆动，两腿依次用力蹬地，上下肢协调配合，以迅速获得速度。在加速跑初期，上体有一定的前倾，但七八步以后，随着步长和步频的不断增加，上体逐渐抬起，直到发挥最高速度转入途中跑（图 7－1－3）。

图 7－1－3 起跑后的加速跑技术

（二）途中跑

途中跑是全程中最长的一段距离，是短跑的主要部分。它的任务是：在不降低步频的前提下增加步长，在适宜的步幅上求得高频率，以继续发挥和保持高速。途中跑的步伐是一个不断重复的周期性动作。在跑的一个周期中，当身体重心移过支撑点以后，就开始后蹬。后蹬是跑的周期中的一个重要阶段，后蹬从髋关节发力开始，当身体重心远离支撑点时，迅速有力地蹬伸膝关节和踝关节，最后用脚趾蹬离地面。在后蹬结束时，髋、膝、踝三个关节迅速伸直，使后蹬的反作用力有效地通过身体重心，更快地推动身体向前运动（图 7－1－4）。

图 7－1－4 途中跑

后蹬效果的好坏，取决于后蹬力量的大小，腿蹬直的程度、速度和蹬伸角度。腿蹬得越直，蹬直速度越快，蹬地角度越小（在一定限度内）则效果越好。适宜的后蹬角度一般为 50°左右。

人体向前的运动是蹬、摆结合的结果。一腿后蹬，另一腿应迅速有力地向前上方摆出，并积极地带动骨盆前送。摆动腿的摆动是从脚蹬离地面开始的，摆腿的方向决定了蹬地角度。当蹬地脚蹬离地面后，大腿应积极向前上方摆动，小腿依惯性向大腿迅速折叠，缩短摆半径,加快前摆速度,当大腿摆至最高点时,另一腿也即将蹬离地面转入腾空。接着摆动腿积极下压,膝关节迅速伸展,小腿顺惯性前摆。为了减少前蹬支撑的阻力,前脚掌应积极而富有弹性地做扒地动作,着地点在身体重心投影点前30厘米远的地方。

途中跑时躯干要基本保持与地面垂直,两眼平视、头正直。正确的摆臂能维持身体平衡,并有助于加快两腿的频率和步幅。摆臂应以肩关节为轴,两手半握拳,自然、放松、有力地快速做前后摆动。前摆时手一般不超过身体中线和下颏水平位置;后摆时肘稍向外,当手摆到身体垂直部位时,上臂和前臂之间的夹角最大,约150°左右。总之,途中跑应做到用力与放松协调配合,动作要轻松自然,保持跑的直线和避免身体重心上下波动过大。

(三)终点冲刺

终点冲刺是全程跑的最后一段,终点冲刺应力求保持正常动作,当离终点线前一步距离时,上体急速前倾,双手后摆,用胸部或肩部撞终点线,跑过终点后逐渐减速,以免跌倒受伤,或产生重力休克现象。

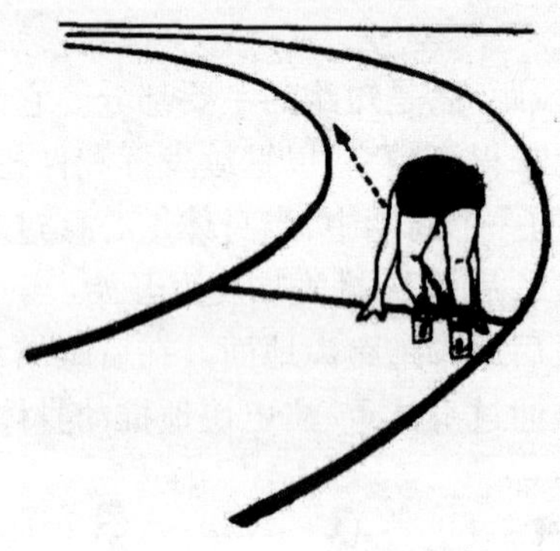

图7-1-5　弯道起跑

(四)弯道跑

200米和400米跑,有一半以上距离是在弯道上跑进的。所以,我们必须简单了解弯道跑的技术特点。

1. 弯道跑的起跑和起跑后的加速跑

起跑器应安装在跑道的右侧靠近外线处(图7-1-5),并正对弯道切点方向。起跑时,左手撑在起跑线后约5~10厘米处。为了便于加速,起跑后开始的一段距离应沿着切线方向直线跑进,然后再转入弯道跑。

2. 弯道跑技术

为了克服向前做直线运动的惯性,弯道跑时必须改变跑时的身体姿势、脚后蹬和手臂的摆动方向。跑时应向左前方倾体,后蹬时右脚用前脚掌内侧、左脚用前脚掌外侧着地(图7-1-6)。右臂摆动的幅度、力量大于左臂,右臂后摆时肘关节稍偏向右后方,前摆时稍偏向左前方,左臂则靠近体侧。

跑出弯道进入直道时,应有几步放松的自然跑进。

200米跑距离短,应以全力高速跑完全程。400米跑动作的节奏性强,摆臂较低,脚着地更为柔和,上体姿势也较为正直。400米跑时要掌握各阶段跑速,一般是第一、第二个100米跑得最快,第三、第四个100米速度有所下降。400米跑时人体缺氧最大,所以在跑时,应采用有节奏的方法呼吸，即呼吸快而不深，频而不乱。

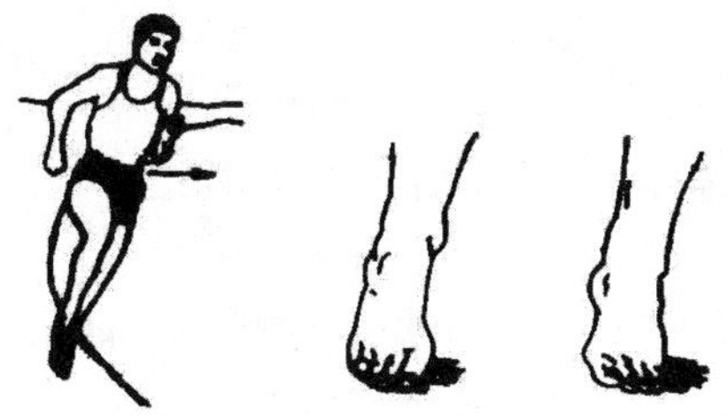

图 7－1－6 弯道跑技术

二、练习方法

（一）跑的专门性练习

1. 小步跑

目的：体会前摆腿着地动作和上下肢放松协调配合，发展跑的速度频率。

要求：上体稍前倾，膝、踝关节放松，大腿抬起后积极下压，小腿顺着下压的惯性前摆，很快地前脚掌积极着地，完成“扒地”动作。两臂屈肘，按跑的自然动作配合两腿前后摆动。

方法：（1）两脚原地交替提踵做“扒地”动作，逐渐过渡到行进间小步跑；（2）行进间做小步跑，逐渐过渡到加速跑。

2. 高抬腿跑

目的：体会高抬大腿动作，增强抬腿肌群的力量，发展膝关节的灵活性和动作频率。

要求：上体正直或稍前倾，重心提起，大腿向上高抬与躯干接近成直角，然后积极下压以前脚掌着地、支撑腿蹬直，两臂屈肘前自然后摆动。

方法：（1）一手支撑，做原地另一侧高抬大腿练习；（2）原地按节奏快慢做高抬腿练习；（3）行进间高抬腿跑过渡到加速跑。

3. 后蹬跑

目的：体会后蹬跑时髋、膝、踝三关节的用力顺序和蹬摆动作配合。发展腿部力量，纠正后蹬不充分和“坐着跑”等缺点。

要求：上体稍前倾，后腿充分蹬直，并体会通过脚趾用力蹬离地面，摆动腿应膝盖领先向前摆出。

方法：（1）原地手臂支撑做后蹬跑；（2）从跨步跳过渡到后蹬跑；（3）从后蹬跑过渡到加速跑。

（二）专项素质练习

1. 绝对速度练习

绝对速度是短跑中起主导作用的专项素质，要在全面身体训练基础上，并掌握了正确的跑的技术，才能得以发挥。

方法：（1）30～50 米行进间跑，30 米蹲踞式起跑；（2）原地支撑听信号快速高抬腿跑；（3）间隔距离追逐跑；（4）短距离接力跑；（5）顺风跑或下坡跑。

2. 速度耐力练习

速度耐力是把绝对速度保持到终点的能力。反复练习，能提高机体适应性。

方法:(1)100~300米的反复跑;(2)变速跑和间歇跑;(3)超主项距离跑(例如150米、250米跑等)。

3. 爆发力练习

肌肉收缩力量和其收缩速度是人体向前快速运动的动力。因此,必须注意肌肉爆发性力量的练习。

方法:(1)短距离跳:立定跳远、立定三级跳、多级跳、蛙跳;(2)较长距离跳:100~200米的跨步跳、30~50米单脚跳;(3)其他形式跳:台阶跳、跳深、纵跳摸高、障碍跳;(4)负重跳:肩负杠铃蹲跳、跨跳单腿踏蹬向上跳。

4. 柔韧性练习

良好的柔韧性素质,有利于正确掌握技术,充分发挥力量,增加动作幅度,并保证其协调配合。

方法:各种压腿、摆腿、踢腿和体操及跨栏中的有关练习。

三、练习提示

(一)注意事项

(1)应首先了解短跑的完整技术,在重点学习途中跑技术的基础上,掌握正确的起跑和体会弯道跑技术。

(2)应多做跑的专门性练习,体会充分后蹬对提高跑速的重要意义,注意支撑腿后蹬伸直,前蹬脚趾"扒地"。摆动腿前摆要高抬,后摆要自然折叠。

(3)应加强放松跑练习,处理好步幅和步频的关系,在加速中体会蹬摆和手臂的摆动配合。

(4)应重点加强腿部肌肉力量练习,在增强绝对力量的基础上发展"爆发力",以提高伸肌快速收缩和屈肌自然放松的能力。

(5)应充分做好准备活动,特别注意下肢肌肉的柔韧性和关节灵活性的练习,以提高锻炼效果及避免肌肉拉伤。

(二)错误动作纠正

1. 起跑

"预备"时臀部抬起过高或低。

纠正方法:弄清起跑动作要点,调整起跑器。

2. 起跑时上体抬起过高

纠正方法:两人配合利用皮带牵引练习起跑后的加速跑动作(图7-1-7)。

图7-1-7 皮带牵引加速跑

3. 途中跑

后蹬不充分，形成“坐着”跑。

纠正方法：体会后蹬时用力顺序，注意脚趾的“扒地”动作；加强腰、背、腹肌力量，多做跑的专门练习。

4. 摆动腿向前上方摆得过低，有踢小腿跑的现象

纠正方法：多做高抬腿跑，强调上体不要过分前倾，以使大腿能充分向前上方摆起。

5. 摆臂紧张

纠正方法：两脚前后原地站立，重心落在前脚上做两臂前后摆动练习；在中等速度中纠正摆臂动作。

6. 终点跑时上体后仰及跳起撞线

纠正方法：(1)加大两臂的摆幅，加强速度耐力练习；(2)要讲清楚跳起撞线会减慢速度的道理，多做撞线练习。

第二节　接　力　跑

接力跑是由接力跑队员在快速跑中依次接棒跑完一定距离的集体比赛项目。练习接力跑能培养团结协作的集体主义精神和顽强拼搏的毅力。

田径比赛项目中，有男、女 4×100 米接力、4×400 米接力、4×800 米接力等。群众性的体育竞赛活动中，也有不同形式、不同距离、不同人数的团体接力跑。如：迎面接力、异程接力和公路马拉松接力等等。

一、教学内容与技术要点

(一)起跑

1. 持棒起跑

第 1 棒运动员采用蹲踞式起跑。用右手的中指、无名指和小拇指握棒的末端，用大拇指和食指分开撑地，接力棒不得触及起跑线或起跑线前地面(图 7－2－1)。

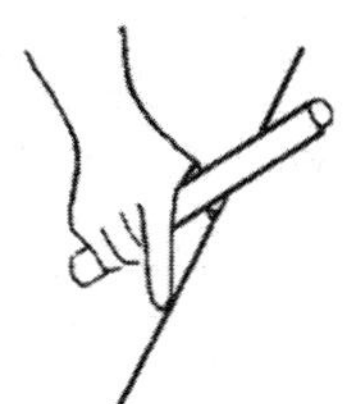

图 7－2－1　持棒起跑

图 7－2－2　接棒人起跑

2. 接棒人起跑

4×100 米接力第 2、第 3、第 4 棒运动员用站立式或单臂撑地的半蹲踞式起跑姿势，在自己选定的起跑线前面，两脚前后开立，两膝弯曲，上体前倾。第 2、第 4 棒队员因为站在跑道的外侧，所以，应左腿放在前面，右手撑地。身体重心稍向右偏，头转向左后方，目视跑来的同队队员和自己的起动标记(图 7－2－2①)。

第3棒队员是站在跑道内侧,起跑动作正好相反(图7－2－2②)。

(二)传、接棒技术

传、接棒的方法一般有上挑式、下压式和混合式3种。

1. 上挑式

接棒人手臂自然向后伸出,掌心向后,虎口张开朝下,传棒人将棒由下向前上方挑送入接棒人手中(图7－2－3)。这种方法的优点是接棒人向后伸手动作自然,易掌握。缺点是第2人接棒后手已握在接力棒的中段,待第3人传给第4人时,接力棒的前端已所剩无几,易掉棒。

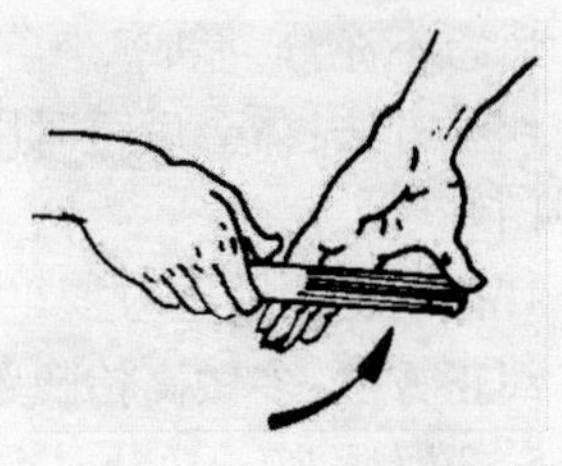

图7－2－3　上挑式

2. 下压式

接棒人手臂翻腕后伸,掌心向上,虎口张开朝后,拇指向内,其余四指并拢向外,传捧人将棒的前端由上向下压放入接棒人手中(图7－2－4)。这种方法的优点是接棒人握住棒的另一端,在下一次传棒时就便于把棒的另一端送到接棒人手中。缺点是接棒人的手腕动作紧张。

3. 混合式

这种方法综合了上述两式的优点,在4×100米接力跑中,常用不换手的传、接棒方法:即第1棒队员用右手持棒起,沿弯道内侧跑,以上挑式将棒传给第2棒队员的左手,第2棒队员接棒后沿跑道外侧跑,以下压式将棒传给第3棒队员的右手,第3棒队员沿着弯道内侧跑,以上挑式将棒传给第4棒队员左手,第4棒队员持棒后一直跑过终点。

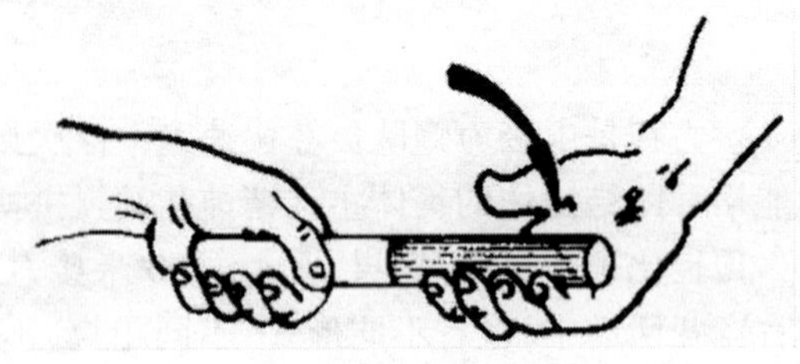

图7－2－4　下压式

(三)传、接棒的时机

接棒人站在预跑区内或接力区后端,待看到传棒人跑到标志线(做一标记)时,便迅速起跑。当传棒人跑到接力区内离接棒人1.50米左右时,便立即向接棒人发出“嗨”(或“接”)的传、接棒信号,接棒人听到信号后迅速向后伸手接棒(图7－2－5)。传棒人完成传棒动作后逐渐减低速度,待其他道次运动员跑过后离开跑道。

标志线的确定:

标志线离接棒人起跑的距离,是根据传、接棒人的跑速和传、接棒技术的熟练程度而定的。确定标志线,对于一个有较高水平的接力队来说,是十分重要的。

如果接棒人在接力区前10米预跑线处出发,在接力区末端27米处传、接棒。传棒,两运动员之间距离为1.50米,则标志线距离为:传棒人最后30米平均每秒速度×接棒人起跑27米所需要的时间(秒)－(27米－1.50米)。

假设传棒人最后30米的平均速度为9米/秒,接棒人起跑27米所需要时间为3秒5,则:

9米/秒×3″5－(27米－1.50米)＝31.5米－25.5米＝6米

这样可以离接棒人起跑处6米的地方作一标记,标志线就这样基本确定了。当然,最后的确定,还需在实践中检验和调整。

图 7-2-5 传、接棒的时机

（四）各棒队员的安排原则

接力跑是由 4 名队员配合完成全程跑的，所以安排队员棒次时，必须考虑发挥各人的特长。一般第 1 棒队员应是起跑好，善于跑弯道的人。第 2 棒队员应是专项耐力好，善于传、接棒的人。第 3 棒队员要求同第 2 棒队员外，还应具备跑弯道的能力。第 4 棒队员应安排全队成绩最好的、冲刺能力最强的人，他大约需跑 120 米。

二、练习方法

（一）个人练习

（1）单臂支撑的站立式起跑练习。跑距 10～20 米。第 2、第 4 棒队员在跑道外侧用右手支撑；第 3 棒队员在跑道内侧用左手支撑，分别持棒练习起跑。

（2）持棒练习蹲踞式起跑并在起跑后快速跑，跑完 20～30 米。

（3）助跑区内单臂支撑练习站立式起跑，在起跑后再快速跑完 25～30 米。

（4）在直、弯道上用快速跑完 60～100 米，并模仿传接棒动作。

（二）成队练习

（1）原地摆臂传、接棒。

（2）慢跑过程传、接棒。

（3）50～80 米分段的传、接棒。

（4）3～4 人的起跑、加速跑。

（5）3～4 队分队用快速跑 50～80 米练习传、接棒技术。

（三）全队练习

（1）可用 4×50 米、4×60 米、4×80 米最快速度的接力跑。

（2）最快速度在接力区做传、接棒。

（3）数队最快速度的接力跑。距离可用 4×50 米、4×60 米、4×80 米。

(4)数队在接力区内做模拟比赛的接力跑传、接棒练习。

三、练习提示

(1)应重点学习传接棒技术,当传棒人发出口令后必须有一定的间歇,即待看清同伴伸出手后才将棒准时递上。接棒人应在听到口令后及时、准确向后伸手,不要附加任何多余动作。

(2)如果第一次接棒失败,接棒人仍应保持原接棒动作,再等待传棒人重递,切勿盲目乱抓。

(3)熟悉接力跑规则,充分利用接力跑外10米范围确定起跑标志线,并根据每个队员的特长,合理分配好各棒队员的顺序。

四、比赛规则简介

(1)接棒人可以在接力线前10米即可起跑,但传、接棒必须在接力区20米内完成。接棒只有传到接棒运动员手中的瞬间才算完成传接,是否在接力区范围,仅取决于接力棒的位置,而不取决于运动员的身体或四肢的位置。

(2)运动员必须手持接力棒跑完全程。如棒掉落必须由掉棒运动员拾起,但不可阻碍其他运动员跑进。

(3)运动员传棒之后,应留在各自分道或接力区内,保证跑道通畅,以免阻挡其他运动员。凡跑错位置或跑出分道故意阻碍他队人员或凡通过推动跑出或其他方法受到帮助者,将造成本队被取消比赛资格的后果。

第三节　中长跑

中长跑是中距离和长距离跑的合称。它是发展耐久力的一个田径项目。长时间从事长跑的锻炼,可以增强人体内脏器官和神经、肌肉系统功能。同时,还可以培养人的顽强意志等品质。

一、教学内容与技术要点

(一)起跑

中距离跑采用半蹲踞式起跑,也有用站立式起跑。长距离跑都采用站立式起跑。

1. 半蹲踞式起跑

一手的五指分开,以指端撑于起跑线后地面,拇指略前、小指在后,另一臂在体侧。体重主要落在前腿和支撑臂上。起跑动作近似蹲踞式起跑。

2. 站立式起跑

听到“各就位”口令后,先做一、两次深呼吸,然后慢跑到起跑线后,两脚前后开立,有力的脚在前、紧靠起跑线的后沿,后脚尖和前脚跟相距一个脚掌上,两脚左右间隔为半个脚掌长。体重主要落在前脚上,后脚用前脚掌支撑站立,两腿弯曲,上体前倾,眼向前看3~5米处，身体的重心投影点在前脚稍前面。两臂在体前自然下垂或一臂在前一臂在后。集中注意力听枪声“跑”的口令（图 7－3－1）。

图 7－3－1　站立式起跑

听到枪声或“跑”的口令时，两臂配合两腿做快速有力的摆动，使身体迅速向前冲出。

（二）途中跑

1. 身体姿势

跑时上体正直或稍前倾。颈部放松，头正直，眼平视，肩带和两臂肌肉放松，两臂弯曲，两手半握拳以肩为轴前后自然摆动。如果身体前倾过大或上体后仰，都会影响跑的效果。

2. 腿部动作

掌握好腿部蹬地的力量、速度和方向，以及腿腾空时间与支撑时间，是推动身体向前的重要环节。

（1）后蹬与前摆：当摆动腿通过身体垂直部位向前摆动时，支撑腿的各个关节要迅速伸直。首先从髋关节开始，当身体重心离垂直地面较远时，再迅速有力地伸直膝关节和踝关节。脚掌着地要富有弹性，最后用脚趾蹬离地面。后蹬结束时，上体和臂部与蹬地腿几乎成一直线。

跑步时，摆动腿积极地向前上方摆动，能增大支撑腿的支撑作用力。加快蹬地速度，能使髋部更好地前送，以带动身体重心向前移动。同时，也为摆动腿下压着地创造了有利条件。

（2）腾空：后蹬腿蹬离地面后，身体进入腾空期。腾空时，蹬地腿要充分放松并迅速将大腿向前上方摆出，小腿顺惯性自然向上摆起。膝关节弯曲，大小腿成折叠。当大腿开始下落时，膝关节亦自然伸直，并用前脚掌着地。

（3）落地：脚落地点应该是在离身体重心投影点前一脚掌到一脚半掌的地方。跑时用前脚（或前脚掌外侧先着地，然后迅速过渡到全脚掌着地）减少脚着地时的阻力。

在弯道上跑时，身体应微向左倾斜，右腿向前上方摆动时，膝稍内扣，用前脚掌内侧着地。左腿向前上方摆动时，膝稍外展，用前脚掌的外侧着地。

3. 手臂动作

正确的摆臂不仅可以帮助维持身体平衡，而且能加快腿部动作的速度。中长跑时，两臂应稍稍离开躯干，肘关节弯曲约成 90°，以肩为轴向前后做自然摆动，前摆时手稍向内，后摆时肘稍向外，摆幅要适当。

4. 呼吸

中长跑时呼吸要有节奏，一般是跑 2～3 步一呼气，跑 2～3 步一吸气。呼吸是利用鼻子和半张开的嘴进行的。冬天或顶风跑时，可以用鼻子呼吸或用鼻子吸、用嘴呼的方法。速度加快后也可用鼻子和半张开的嘴同时呼吸。

跑时还会出现呼吸困难、胸部发闷、疲劳不适的“极点”现象。跑的强度愈大，“极点”出现愈早。这是由于内脏器官氧气的供应落后于肌肉活动的需要而产生的。随着锻炼水平和内脏器官适应能力的提高，“极点”现象的出现就会逐渐不明显。遇到“极点”来临时，要加强呼吸，调整步伐，适当降低跑速。待坚持一段距离后，这种现象就会消失，并出现“二次呼吸”。在跑前做好充分准备活动和注意途中的速度变化，可以缓和“极点”的程度。

二、练习方法

(一)持续跑

持续跑是指低于比赛速度,长于比赛距离的一种跑法。持续跑现已被公认为是发展心脏体积和增加心脏容量,有效地提高人的有氧能力与无氧能力的一种练习方法。

练习时,应注意根据自己的实际能力选择正确的跑速,要合理地分配体力,从开始到结束都要匀速跑。采用持续跑练习时间,每次应在 30 分钟以上,心率保持在 130 ~ 160 次/分钟。

持续跑可以分以下 3 种类型:

1. 慢速持续跑

一般持续 1 ~ 3 小时,跑时心率以 130 ~ 150 次/分钟为标准。这种方法可以有效地发展必要的耐力。

2. 中速持续跑

一般持续 1 ~ 2 小时,跑时心率控制在 155 ~ 165 次/分钟。这种方法是发展有氧能力的基本练习。

3. 快速持续跑

一般持续 0.5 ~ 1 小时,跑时心率掌握在 165 ~ 179 次/分钟。这种方法不但能发展机体的能力,而且对提高有氧、无氧过程的能量供给有很大帮助。

(二)越野变速跑

这种练习方法主要是充分利用大自然的环境,在山地、沙滩、湖边、树林、草地上进行练习。由于场地松软、环境幽静、空气清新,一般练习效果较好。

练习内容的安排是准备活动 10 ~ 15 分钟轻松慢跑,接着进行 20 ~ 30 分钟的放松较快速度跑,途中可根据地形进行 50 ~ 100 米不等距离的上坡加速跑或下坡冲刺跑 8 ~ 10 次,并可以随意穿插各种跳跃练习。然后做 5 分钟左右的慢跑调整,再进行 0.5 ~ 1 分钟的快速冲跑,最后以慢跑结束。

在进行越野变速跑练习时,各种快跑、慢跑的距离,穿插跳跃的次数,以及间歇的时间和经过的地段,都由练习者自己决定。由于自然环境好,即使运动量较大,也以能像做游戏一样轻松地完成。

(三)间歇跑

间歇跑是指近或稍低于比赛速度的快跑与走和慢跑为恢复手段,两者交替进行的一种练习方法。

采用间歇跑可以培养特殊耐力和速度能力,一般在比赛前采用这种练习方法是非常有效的。

采用间歇跑练习,要注意以下 3 点:

(1)练习前要做好充分的准备活动,使心率达 120 次/分钟。

(2)进行 100 米、150 米、200 米间歇跑练习时,心率要达 160 ~ 180 次/分钟,如进行较长段落后如 1000 米间歇跑时,快跑结束时的心率要达 185 次/分钟左右。

(3)进行步行或放松跑调整时,要使心率降至 120 ~ 140 次/分钟以后再进行快跑,其间的间歇时间一般为2分钟左右。

(四)重复跑

重复跑要求用全速或接近全速反复跑所规定的距离。当心率降至100～110次/分钟以下时才可以再进行下一次重复跑练习。

重复跑练习可以发展专项耐力稳定心理能力,可以提高人体对大量乳酸堆积的忍耐能力和速度耐力。重复跑练习的距离,一般采用比比赛距离长或比比赛距离短的距离,而不采用和比赛同等距离。采用比较长的距离练习时,跑的强度就要低于比赛的强度,采用比较短的距离练习时,跑的强度就要高于比赛强度。即使要采用等同比赛距离练习时,也必须用低于比赛的强度。

进行重复跑练习,可采用保持均匀速度或逐渐增加速度或逐渐减低速度的方法,也可以用快速、慢速交替进行的方法。

(五)模拟比赛跑

将比赛距离分为三段来跑。但第一段跑的距离必须相当于比赛距离的一半。每段跑完后要有一定的间歇。第一次间歇时间可以长些,第二次间歇可以短些,但三段跑完后的总时间应与自己的最好成绩近似。

这种练习手段与间歇练习手段有点近似,所以,要慎重采用。一般在赛前才采用。

三、练习提示

(1)凡初练中长跑者,一定要遵照“循序渐进”原则,逐渐增加活动的量和强度,并做到“持之以恒”。切忌“三天打鱼、两天晒网”。

(2)在实际锻炼中,要随时注意身体健康状况的生理、心理变化,根据自己的实际情况选择好锻炼时间、地点,尽可能相对固定。

(3)在教师的指导下,至少应订一周的锻炼计划,按大、中、小合理安排运动负荷,并采用早晨起床前测定“基础脉搏”检查身体适应程度的方法,学会自我调节。

(4)为了提高运动水平,应采取多种练习方法全面发展生理机能,在一般耐力的基础上,通过逐渐增加运动强度,提高专项耐力,并按实际水平,在赛前确定比赛战术,了解出现“极点”的规律,掌握克服“极点”的方法。

第四节 跨栏跑

跨栏跑在1896年第一届奥林匹克运动会上就作为田径比赛项目。至今,国际田联设立的正式竞赛项目有男子110米栏、400米栏、女子100米栏、400米栏。跨栏跑是田径项目中协调性、技术性比较复杂的项目之一。它除了能发展力量、速度、耐力和节奏柔韧性等基本运动素质外,还可培养勇敢、顽强、果断、机智等意志品质。

跨栏跑是在快速跑动中依次跨过设在跑道中固定数量、固定距离、固定高度栏架的短跑项目。它具有短时间、大强度、跑跨结合等特点。

一、教学内容与技术要点

(一)起跑至第一栏前的加速跑

跨栏跑起跑成“预备”姿势时,髋抬起明显高于肩,手臂离地后,积极做前后上摆动动作,以帮助前起跑器上的腿有力地伸直。跨栏起跑因受第一栏前固定距离(男子110米栏13.72米、女子100米栏13.0米、男女400米栏45.0米)和固定步数制约,除应注意步长的准确性,还应控制加速跑过程中躯干和地面的角度。通常每步后蹬角度略大,身体重心位置较高,跑到第5至6步以后,身体姿势已接近短跑的途中跑的姿势,以便准备起跨过栏。

(1)110米栏和100米栏,起跑到第一栏架一般采用7或8步,初学者可增加1~2步。采用双数起跑者把起跨腿放在前起跑器上,跑单数者则把摆动腿放在前边。起跑后各步步幅均匀加大,起跨前最后一步比倒数第二步短10~25厘米。这种准备上栏步叫做“攻”栏。

(2)400米栏起至第一栏距离为45米,这段距离跑的步数根据跑的步幅和身高决定。一般男学生跑23~24步,女学生跑25~26步。起跑后第一步要短,第二步约是第一步的一倍,从第三步至第八步跑每步增长15~30厘米左右,第9步开始步长达到最大限度,起跑前一步是“攻”栏步。

(二)跨栏步

跨栏步主要包括起跨、腾空过栏和下栏着地3个阶段。过栏不但要求动作、身体腾空时间短,而且还必须能为衔接栏间跑创造有利的条件。

1. 起跨

起跨点距栏架约2米左右,随跑速、身体条件和技术特点不同稍有变化,因为起跨点的远近会影响过栏。如果距栏过近会使起跨蹬地角加大,身体腾起过高,妨碍摆动腿动作(跳栏)。起点过远则削弱蹬地力量,造成过栏困难,甚至腿部碰栏。

起跨前应保持较高的跑速,最后一步用前脚掌或脚外侧先着地,随着身体重心向前运动,起跨腿的膝关节微屈进行缓冲,此时腰部保持正直,髋部前移。身体重心移过支撑点后,起跨腿蹬伸加速上体前移。同时起跨腿由体后向前摆动,大小腿随惯性在体后开始折叠,夹角较小,足跟尽量靠近臀部,膝盖向前,迅速向栏上方摆动,膝关节摆到超过腰部高度的同时完成鞭打动作。

在两腿蹬摆配合完成起跨动作过程中,上体随之加大前倾,摆动腿异侧臂向前方摆出,肘关节达到肩的高度,另一臂屈肘摆至体侧,整个身体集中向前用力,平衡舒展,形成良好的“攻栏”姿(图7-4-1①~③)。

2. 腾空过栏

腾空过栏是指起跨结束。即从身体转入无支撑阶段起到摆动腿过栏后着地为止的这段时间的动作。此时,起跨腿已离开地面,摆动腿继续向栏架前上方“攻”摆,起跨腿与摆动腿之间在栏架前形成一个大幅度的“空中劈叉”动作(两腿夹角在120°左右)。当摆动腿移过栏时,大腿带动小腿积极下压。同时,起跨腿带动小腿,屈膝外展勾脚尖,膝高于踝,脚尖高于脚跟,大小腿收紧(夹角小于90°)以膝领先经体侧向前提拉至胸前,两腿在空中形成一个协调有力的“剪绞”动作。与此同时,起跨腿同侧手臂向后弧形摆动。这个无支撑的腾空阶段,要特别注意上下肢动作协调配合、连贯和身体的平衡,尽量加快栏上的动作速度(图7-

4－1④～⑦)。

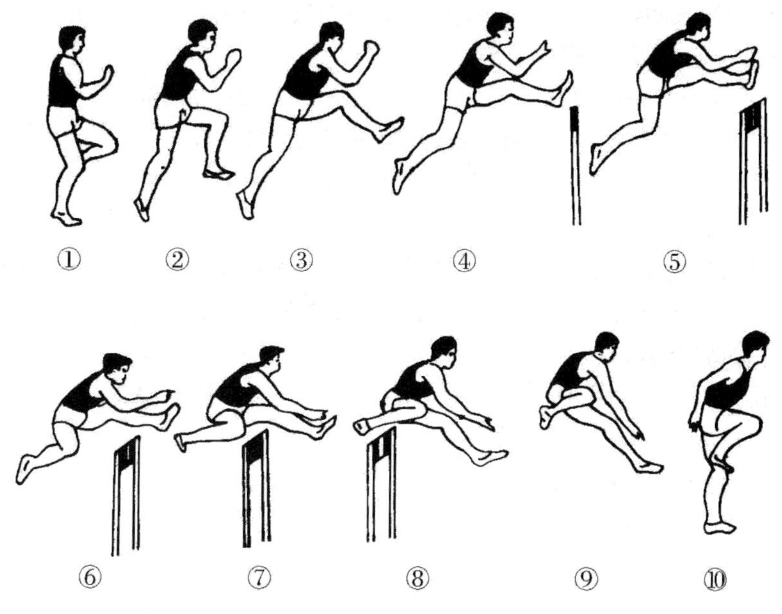

图7－4－1 跨栏步

3. 下栏着地

当摆动腿过栏后,要积极下压形成“鞭打”动作。切栏而下后用前脚掌着地,踝关节缓冲,尽量保持膝、髋关节伸直,使着地点尽量靠近身体重心投影(图7－4－1⑧⑨⑩)。起跨腿越过栏架后,应迅速提拉至胸前,小腿仍保持收起,准备跑出栏间第一步。此时,上体仍保持一定前倾,不要过早抬起,更不能后仰。摆动腿的脚下栏点在离栏架1.50米左右为宜,太远则产生制动,使动作停顿。

(三)栏间跑

栏间跑的技术基本上和短跑一样。但必须注意:保持躯干姿势的稳定,特别是两肩和髋部不要过分地左右摇摆;下栏时两腿的动作要正对前方;使摆动腿下栏的着地点和起跨腿第一步脚落地的足迹,尽量接近一条直线的两侧,保证栏间跑的直线性和节奏感。

(四)全程跨栏跑

跨栏跑全程共跨越10个栏架,其中前半程是完成全程跨栏的关键。因此要把合理的过栏技术和快速的栏间跑结合起来,准确地顺利跨越第一栏,并保持栏间跑的良好节奏和直线性,跨过第三栏后要发挥出较高的跑速,跨越最后二三个栏时在保持不减速的情况下,应将注意力集中在保持节奏和准备向终点冲刺上。如果感到体力不够,跨最后二三个栏腾空要稍高一些,这样虽浪费一定时间,但总比碰倒栏架损失速度要有利得多。

二、练习方法

(一)“跨栏步”练习

(1)以“跨栏步”姿势坐在地上,上体正直,听到口令或信号后上体大幅度前倾,异侧臂的手触功栏腿的脚尖,同侧手臂屈肘后摆。反复练习以体会腾空后全身动作的配合。

(2)身体面向肋木或练习墙,距离比腿的长度稍远些,做原地摆动腿攻跨动作,并把脚攻跨到略高于栏架的墙或肋木上,再走或助跑3~5步做攻跨练习。练习时摆动腿全脚掌与墙面吻合,支撑腿做送髋、提踵和蹬伸动作。

(3)栏侧原地提拉起跨腿过栏练习。双手扶肋木或墙站立,在起跨腿一侧距肋木1.00~1.20米处放一架栏,上体稍前倾,眼平视,起跨腿屈膝经腋下向前提拉,练习时膝部提举到身体正前方时,身体不要扭转或偏斜。先做单个提拉动作,后连续做,整个动作速度由慢到快。栏架也可以纵放。

(4)动作同前,栏前走两步后经栏侧提拉跨腿,摆动腿向前做小幅度跨越动作以配合并且体会腿的剪绞,身体过栏后,双手抓肋木,起跨腿提举至身体正前方。

(5)走或跑中做栏侧过栏练习。练习时要注意两腿配合,摆动腿虽然不经过栏架上方,也必须完成折叠、举膝、伸直下压的动作,同时两臂仍按动作要求做好起跨和前伸后摆等动作。

(6)走或小步跑经栏上做“跨栏步”练习。

(7)高抬腿跑中从栏侧或经栏上过栏练习。高抬腿跑至栏前时,保持高重心,距栏架约1米处起跨,过栏动作同前,但幅度小腾空时间短,注意上下肢配合,身体始终直立不前倾,尽量不上跳,下栏后继续高抬腿跑准备过下一个栏。

(二)起跑跨第一栏架练习

(1)起跑后6~8步跨过一个约50厘米左右高的栏架,反复练习。练习时注意上栏前两步的节奏。

(2)设立跨第一栏起跨点标志,用站立式起跑,要求起跨脚准确落在起跨点上,直到步幅稳定为止(起跨点可根据个人实际进行调整)。

(3)同上练习,采用站立式起跑跨越第一个标准栏。脚着地点在一直线上,同时下栏后要尽力向前跑。

(4)用蹲踞式起跑过第一栏(低栏)。做到过栏顺利,上栏前节奏明显,下栏能够迅速跑出第一步,不碰撞栏架即可。

(5)用蹲踞式起跑过第一栏(标准栏)。要求快速、流畅,过栏后方向向前。

(6)听信号或口令,用蹲踞式起跑第1~3个栏反复练习。要求起跑与过栏良好衔接,跑到第三栏时速度达到最大。

(三)提高栏间跑节奏与跨跑速度的练习

(1)标准栏跑(以100米或110米栏为例)适当降低栏高,用粗皮筋作栏板,连续跨越3~4个栏练习。练习时如3步跑不下来或勉强跑下来,可适当缩短距离或延长栏距,改用5步跑3~4个栏练习。

(2)按标准距离放倒4~5个栏,设置起跨点、落地点和下栏后第一点标志。让学生加快速度,加强三步节奏感,完成标准距离的练习。

(3)用站立式起跑连续跨越5~8个栏练习。重点提高跑跨结合技术,特别应提高下栏第一步的动作质量,形成良好的跨栏跑节奏,提高连续跨栏的速度能力。

(4)分组听信号站立式起跑跨3~5个栏练习。栏高和栏间距离根据学生掌握的具体情况而定。

（四）全程跨栏练习

（1）蹲踞式起跑（听信号）过1～5个栏的半程练习。

（2）同上，跨过5个栏后做终点冲刺动作练习。

（3）站立式起跑跨过全程栏，掌握全程跑节奏和连贯技术。

（4）蹲踞式起跑跨全程栏练习要求同上。

（5）分组进行教学比赛和技术评定。

三、练习提示

（一）跨栏跑练习方法

（1）跨栏跑技术较复杂，练习应由易到难，由简到繁，由分解到完整地逐步掌握动作，但必须重视起跑至第一栏的准确步幅，抓住跑跨结合这个关键环节，重点解决栏间跑节奏与速度发挥。

（2）为了便于掌握跨栏跑技术，应根据每个人的实际水平分别对待。练习时应按不同栏架高度和栏间距离分高、中、低、三组，先着重要求掌握“跨栏步”，然后解决起跑至第一栏及栏间跑的准确步幅和节奏。

（3）应多采取跑跨结合的练习手段，重点改进“跨栏步”的技术。为了提高学习效果，应不断提高身体素质水平，特别注意加强腿部肌肉力量，以及髋关节灵活性、柔韧性、动作协调性和奔跑能力的锻炼。

（4）应加强思想教育，鼓励勇于克服困难和知难而上的精神，敢于大胆“攻栏”。为了便于掌握“攻栏”动作，可先在栏前设置最后二步标志线，并按规定步幅在栏侧跑道练习。

（二）错误动作纠正

1.跨栏步

（1）上栏时起跨腿脚跟先落地，蹬地时用力方向过于向上。原因是上栏最后一步过大，小腿向前摆出过远，或者是腿部力量不够。

纠正方法：注意起跨前跑的节奏和步长，控制每步的长度。要求按规定步长来跑，用前脚掌着地并积极蹬伸起跨。在栏前设置最后二步标志线，起跨要积极向前，另外多做增强腿部和脚掌肌肉力量的练习。

（2）起跨腿不能充分地蹬直和过早地离开地面，形成跳栏。原因是起跨点过近，怕碰栏，腿部力量不够和髋关节灵活性差。

纠正方法：逐步延长起跨点（可在地上做标志），用低栏（用竹竿或橡皮筋栏架）练习消除怕碰栏的心理。多做一些专门练习动作和多级跳发展腿部力量。

（3）上栏时摆动腿直腿前摆，因而造成身体腾空过高，过栏时髋关节向前移动缓慢，以及摆动腿下栏不积极下压和腾空时间过长等缺点。原因是上栏时没有先提起摆动腿的膝盖，大小腿不能折叠及整个摆动腿过于紧张。

纠正方法：反复讲解和提高摆动腿屈膝摆技术和各种模仿练习。要求膝关节放松摆动腿大腿高抬后再前摆小腿，积极作“鞭打下压”动作。

（4）身体挺直在栏上，起跨腿消极地拖在后面，不能迅速过栏。原因是上体与前伸臂向前伸出得不够，髋关节柔韧性差，起跨腿向前提举时，不能积极收缩。

纠正方法:多做专门摆动腿“攻栏”动作练习和起跨过栏关节柔韧性的练习。

(1)栏间跑节奏不协调。原因是:栏间跑步长不稳定,造成后两步跳着跑的现象;下栏时起跨腿动作消极,不能向前方提举大腿,过栏后身体过早抬起。

纠正方法:起跨腿提拉专门练习,同时注意发展腿部力量和髋关节和柔韧性。

(2)栏间跑时不能沿直线跑进。原因是下栏时摆动腿落地不正,或者是起跨腿还没有充分地向前提举就已经落地。也可能是前伸臂后摆时左右摇摆的现象。

纠正方法:把栏架放在跑道的直道线上做跨栏过栏练习,使栏间跑的足迹落在白线的两侧,并注意控制两腿动作的方向,以及前伸臂向后摆时保持肩部的稳定性。

第五节 跳　　高

跳高是运用自身能力,通过助跑、起跳、过杆和落地等动作形式,使人体越过尽可能高的横杆。跳高技术的特征是由跑转变为跳;由支撑转变为腾空;由水平位移转变为抛射运动。通过跳高运动,能增强腿部力量,提高弹跳能力,发展身体的灵敏和协调性,培养勇敢、顽强、沉着、果断的意志品质和不怕艰难险阻、勇于攀登高峰的精神。

跳高按过杆技术随着田径运动和科技的不断发展经历由跨越式、剪式、滚式、(到现在的)俯卧式和背越式等多种,由于背越式的技术动作结构比较简单、自然,相对容易掌握,且能充分利用水平速度使身体向上腾起,并合理利用身体重心腾起高度过杆的补偿运动,故多为世界各国优秀运动员所采用。

一、背越式跳高的教学内容与技术要点

背越式跳高是指背部朝向横杆,身体各部分依次过杆的一种过杆技术。背越式跳高技术是由助跑、起跳、过杆和落地四个阶段组成的。各阶段彼此紧密相连、相互使用(图 7－5－1)。

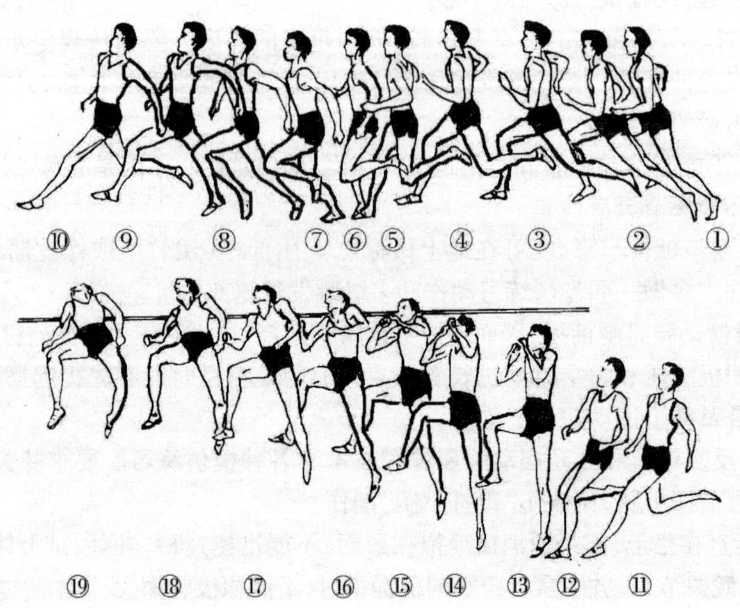

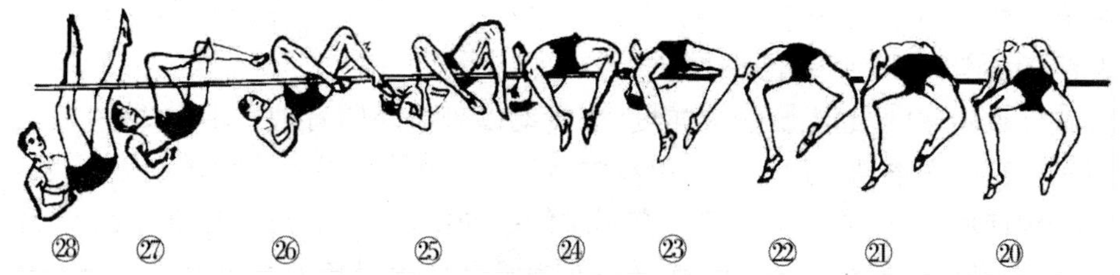

图 7－5－1 背越式跳高的完整技术

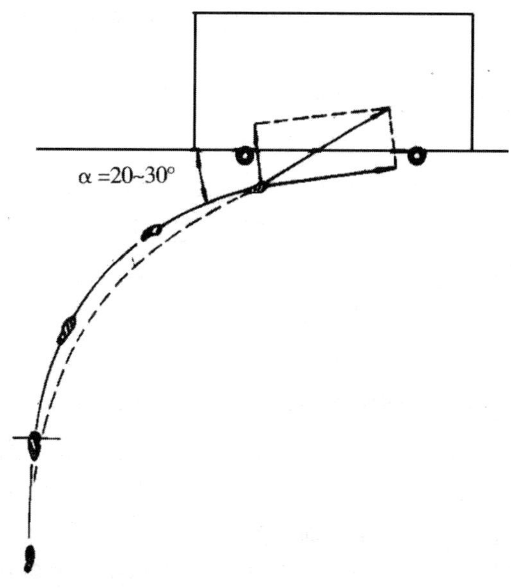

图 7－5－2 背越式跳高的助跑路线

（一）助跑

1. 助跑的任务

从背越式跳高的助跑路线（图 7－5－1）可以看到，在助跑开始的前段直线跑，应尽可能大的获得水平速度。在助跑后段的弧线跑应为起跳创造尽可能大的离心加速度，有助于向横杆方向运动。

2. 助跑的技术要点

开始采用直线助跑，双肩要下垂，用脚前掌着地，跑时具有弹性；提高重心，步幅均匀，不断加速；进入弧线跑时，外侧摆动腿富有弹性地蹬地。为了克服离心加速度的作用，上体应稍向弧线内侧倾斜。前脚掌沿弧线落地，身体重心轨迹向内越出足迹线（图 7－5－1 虚线部分）。助跑的节奏要快，特别是助跑最后两步髋关节前送幅度要大，迈步时上体保持较垂直的姿势，摆动腿积极，充分后蹬，起跳腿快速前伸，同时髋部自然前送。助跑过程中两臂应积极有力地前后摆动，弧线跑时外侧手臂摆动幅度应大于内侧手臂的摆动幅度（图 7－5－1①~⑧）。

（二）起跳

起跳的目的在于使助跑获得的水平速度，迅速转变为垂直向上运动，以使身体充分向上腾起，并为过杆做好准备。起跳动作可分为起跳腿的着地、缓冲和蹬伸三个阶段及摆动腿与双臂的配合。

1. 起跳腿的着地、缓冲和蹬伸技术

为加快起跳的速度,起跳腿应大幅度、平衡地以脚掌外侧着地(图7－5－1⑧～⑩),并迅速从脚跟向前脚掌滚动。这时由于迈步放脚时髋关节的积极快速前送和迅速的弧线助跑而形成了身体向后、向内的倾斜姿势。在起跳的缓冲阶段,为了提高起跳的速度,还应减少屈膝的幅度,以利于保持水平速度。在这阶段当身体由倾斜转为垂直至身体重心移至起跳腿的上方时,迅速有力地充分蹬直起跳腿的三个关节(图7－5－1⑪～⑬),躯干在离地前瞬间几乎垂直地立于直跳脚之上。这时起跳腿的蹬伸方向应在身体重心的外侧,从而产生了过杆所必需的旋转冲力。

2. 起跳时摆动腿与双臂的协调配合技术

起跳时离横杆较远的一臂使劲地向上摆动,另一臂不要充分摆出,并且较早地制动,这样有利于肩轴倾向横杆。摆动腿的摆动应从屈膝的起跳腿旁开始,以膝盖领先,先屈膝折叠,向跳高架的远端支柱上方用力摆出。当摆动腿摆到起跳腿前方之后(图7－5－1⑬～⑭)应向里转,而小腿和脚要稍许外展。这样的积极动作,有助于使骨盆保持在起跳力量的作用线上,围绕纵轴产生转身动作。此时,头应补偿性地转向横杆(图7－5－1⑭～⑰)。

(三)过杆和落地

过杆就是充分利用起跳获得的腾空时间改变身体姿势,缩短身体重心与横杆之间的距离,并利用身体的屈伸、旋转越过横杆。过杆时,立即屈髋收腹,下颚迅速引向前胸(图7－5－1⑱～㉔),同时双腿补高举两小腿积极向上甩起(图7－5－1㉕～㉘)。应注意,落地前的收腹举腿,以背先着地,或团身以肩先着地,然后再做一个后滚翻。为了控制腾越方向,头部不能后仰,要注意在落垫过程的"视力监督",眼睛始终要注视着横杆方向。背越式跳高的助跑路线见(图7－5－2)。

二、练习方法

(一)学习和掌握起跳技术

1. 原地蹬摆练习

站立,一手抓支撑物,起跳腿在前,摆动腿在后,摆动腿向异侧肩的前上方摆动,起跳腿配合充分蹬伸。要求摆动腿屈膝折叠并膝内扣,加速摆至最高点,异侧臂配合上摆,同拔腰、顶肩,髋部前送并扭转(图7－5－3)。

图7－5－3 原地蹬摆练习

2. 上步走动起跳练习

站立,起跳腿在后,摆动腿在前,起跳腿向前迈步放脚,摆动腿积极向前摆动(同练习1)。要求沿直径为15～20米的圆圈走动,起跳腿积极主动向前迈步放脚,并在摆动腿与手臂的有力配合下迅速完成起跳腿的蹬伸,身体沿纵轴转向圆心。

3. 弧线助跑起跳练习

在练习2的基础上分别用1步、2步、3步助跑转体四分之一垂直纵跳,两脚落地。要求蹬摆配合协调一致,动作快速有力，助跑节奏清楚，最后两步和起跳连贯，体会弧线助跑转入起跳时上体由内倾到竖直的垂直用力感觉。双脚落地，是为了使摆动腿努力下沉，有利于按“桥”型完成过杆动作。此练习可在两个跳高架之间吊拉橡皮筋球，高度宜控制在练习者起跳后头顶刚好能够触及（图7-5-4）。

图7-5-4　弧线助跑起跳

（二）学习和掌握过杆落地技术

1. 原地倒肩挺髋练习

背对海绵包站立，倒肩挺髋成“桥”。肩背着垫（图7-5-5）。要求挺髋挺腹，两臂屈肘外展。

图7-5-5　原地倒肩挺骨宽练习

2. 立定背越式跳高练习

背对海绵包站立，两腿屈膝半蹲，然后提踵发力向上跳起，形成典型的“桥”腾空姿势。接着屈髋，向上积极甩小腿，用整个背垫落地（图7-5-6）。要求在用力向上起跳之后，两臂配合上摆、挺髋、挺胸、肩后倒下沉，两小腿放松下垂。体会空中背弓的肌肉感觉。落地前两小腿积极上甩，动作自然放松。

图7-5-6　立定背越式跳高练习

此练习开始可以不用横杆,动作熟练后再用橡皮筋、横杆。另外,为了增加腾起高度,可站在低跳箱或起跳板上进行。

3. 弧线助跑做背越式跳高练习

在练习 2 的基础上,可采用先是 1 步助跑,然后 3 步、5 步助跑做背越式跳高练习。弧线助跑最后两步起跳要与过杆技术有机衔接。开始练习时,应将重点集中在起跳和腾空动作的正确结合上。初学者可在起跳点放置起跳板,增加腾空高度,另外,也可以增加垫子的高度。在技术上要求做到助跑点准确,起跳充分向上“旋起”,过杆时身体舒展成“桥”,与横杆大致成十字交叉;头、肩、背和小腿依次越过横杆后,肩背领先落垫。

(三)学习和掌握全程助跑背越式跳高练习

1. 全程助跑的丈量方法(以左脚起跳为例)

走步丈量法:先确定起跳点。起跳点的位置一般在离近侧跳高架的立柱 1 米左右(或横杆长的四分之一),离横杆投影点 50 ~ 90 厘米处。由起跳点沿横杆的平行方向向前自然走 5 步,再向右转成直角向前自然走 6 步做一标志,由此点向起点大约 5 米的半径划弧,即成最后 4 步的助跑弧线;从标记点再向前走 7 步自然步画起跑点,定为前段直线跑 5 步的距离。全程共跑 8 步(图 7 – 5 – 7)

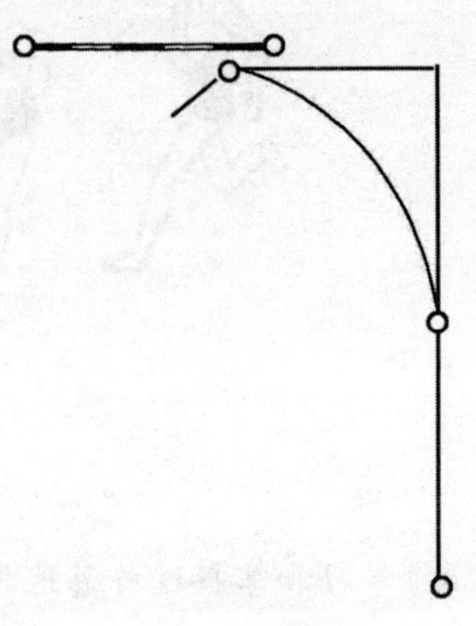

图 7 – 5 – 7　全程助跑的走步丈量法

等半径丈量法:助跑距离为 9 ~ 13 步。起跑点离横杆约 15 ~ 20 米,与内侧跳高架向外延伸线之间的距离约为 3 ~ 5 米。助跑弧线的半径取决于助跑的速度,速度越快 ,半径越长。初学者变化幅度大致为 6 ~ 8 米。起跳点和横杆之间的距离视横杆的增高高度而向外移(图 7 – 5 – 8)。

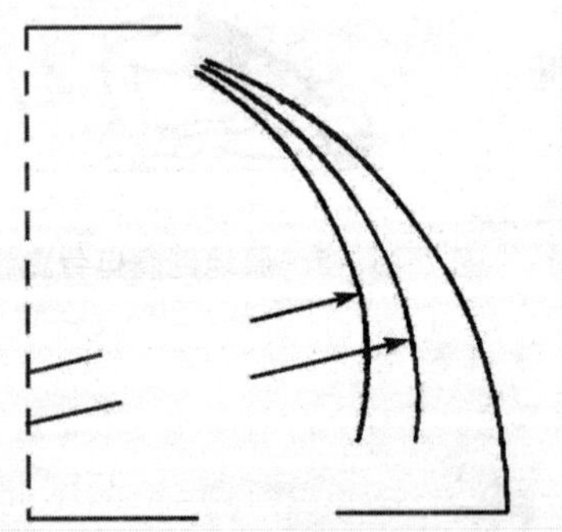

图 7 – 5 – 8　全程助跑的等半径丈量方法

2. 全程助跑的练习方法

弯道弧线跑练习:此练习可先采用沿田径场弯道做加速跑,然后再缩小半径,沿直径 10 ~ 15 米的圆圈快跑。要求跑时身体向内倾斜,平稳向前移动,注意摆臂的幅度内小外大。

直段跑切入弧线跑练习:可沿直线加速跑 5 至 7 步后转处弧线跑,过渡要自然连贯,节奏要逐步加快。

全程助跑起跳练习:采用 7 至 9 步助跑距离,即直线跑 3 至 5 步,弧线跑 4 至 5 步的方法进行助跑起跳练习。要求助跑速度快,节奏性强,步点固定。注意体会助跑与起跳的结合,尽量保持“旋起”动作至高垫顶上。

完整技术练习:在熟练掌握全程助跑与起跳节奏的基础上,先做较低高度过杆练习,熟练后逐渐提高横杆的高度。在完整技术练习中,要做到最后 4 至 5 步助跑的足迹落在弧线上,起跳脚的着地点要正,起跳力方向要正。起跳结束时,身体由倾斜转入直立姿势向上腾起。过杆时,后引双肩、挺髋、小腿放松下垂,完成好“桥”的动作。助跑身体重心移动要移,助跑速度和起跳要快,起跳后身体在空中腾起要平稳,过杆后肩背落垫要平稳。

三、练习提示

(一)注意事项

(1)首先应重点掌握杆上动作,练习时要注意控制杆上挺髋成“桥”型的时机,使之有足够的延续时间,防止“坐”着过杆。

(2)学习过杆技术要多采取各种辅助练习,注意设备的安全性能及加强保护措施。

(3)重点抓好助跑与起跳的有机结合。

(4)应通过对助跑丈量方法的学习,掌握由直线进入弧线的助跑技术,并确定助跑点。

(二)错误动作纠正

1. 助跑节奏紊乱,助跑与起跳结合不好

产生原因:助跑步点不准确,拉大步、捣小步或没有沿助跑弧线落脚。

纠正方法:改进直线进入弧线的助跑技术,调整适合自身特点的助跑步点,按画好的每步标志反复进行练习;跳越跨栏架的练习,采用栏间跑3、5、7步培养节奏感和目测距离的能力。

2. 起跳向前冲力太大而跳不起来

产生原因:助跑过快失去控制,自身的腿部支撑力量不够;最后放腿太慢,不能及时完成起跳动作;助跑最后两步与起跳的转换技术没有掌握好。

纠正方法:多做短、中程助跑起跳的结合练习,改进起跳脚快速着地,摆动腿和摆臂的有力上摆、提肩、拔腰技术,提高助跑结合起跳的速度。另外,可多做弧线助跑结合起跳后身体落在高垫上的练习,强调身体从内倾迅速转成垂直和正确完成起跳后再做过杆动作。

3. 起跳时制动大,减弱水平速度,做过杆动作时,身体压杆

产生原因:倒数第二步身体重心下降太多,身体内倾不够;起跳前身体后仰过大,起跳脚落地不够积极,前伸太远。

纠正方法:多做弧线助跑起跳的模仿练习。弧线助跑起跳后用头触高物,强调起跳要积极,上体要正直。

4. “坐”着过杆,臀部及大腿碰落横杆

产生原因:起跳时身体重心没跟上,髋关节变屈,起跳效果差,腾空高度不够;心理上怕摔,不敢用肩背落垫;小腿太紧张,没有挺髋就过早收腹举腿。

纠正方法:利用弹跳板或跳箱,做立定背越式跳高,注意延长挺髋时间;逐渐增加高度,克服害怕心理,用肩背落垫。

5. 身体斜交叉过杆

产生原因:起跳时摆动腿内扣向异侧肩方向用力摆的动作做得不够,使身体绕纵轴转体不够。

纠正方法:结合摆臂动作多做原地蹬摆起跳模仿练习;弧线助跑起跳触高物转体90°。短程助跑起跳过杆练习,在垫上画出落垫点,使肩背朝落垫点着垫。

6. 杆上动作僵直

产生原因:起跳腾空后,两膝紧张绷直,背弓动作不自然,空中身体感觉能力较差。

纠正方法:加强柔韧性、灵敏和协调性的练习,提高动作的放松能力。在山羊或跳箱上

做仰卧背弓、顺势屈小腿举小腿练习(图7－5－9),立定背越式跳橡皮筋练习,体会倒肩、抬臀、挺髋,屈小腿过杆后小腿自然上甩,肩背落垫的动作。还可以中短距离助跑起跳过杆练习。降低横杆高度,用橡皮筋代替横杆,消除心理害怕因素。

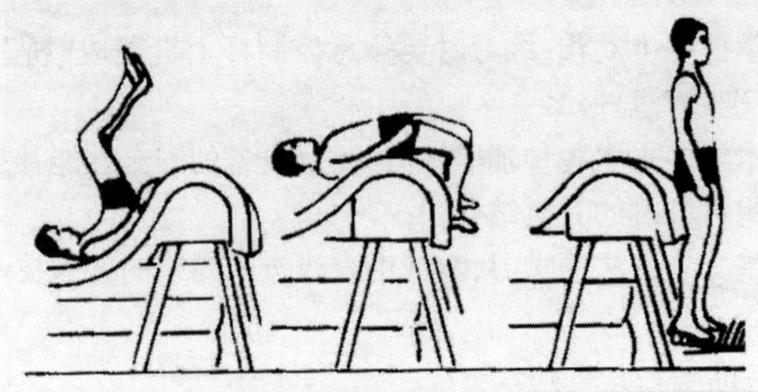

图7－5－9　顺势屈小腿举小腿练习

第六节　跳　　远

跳远是古代奥林匹克竞赛及古希腊五项运动里都有的项目,也是现在学校体育教学和田径比赛的项目之一。练习跳远能发展人的速度、弹跳力和灵敏性。跳远的场地设施比较简单,也比较容易学习。

跳远技术的发展有较长的历史。人们最初采用蹲踞式跳远,20世纪二、三十年代大多数运动员采用挺身式跳远,目前多数优秀运动员都采用走步式跳远。

一、教学内容与技术要点

跳远的助跑是为了获得较高的水平速度,并为快速积极的起跳作准备。

(一)助跑

1. 助跑的开始姿势

助跑的开始姿势有两种:一种是从静止状态开始,类似"站立式"的起跑姿势,两脚可前后或左右开立,从静止状态开始助跑,第一步的步幅和速度要力求稳定,这有利于步点的正确性。另一种是从行进间开始,先走或慢跑几步踏上起点,而后开始加速跑。

2. 加速跑的方法

起跑后的加速方法也有两种:一种是积极加速,从助跑一开始就用力跑,步频快,用逐步增加步长提高速度。用这种方法可较快取得高速度,助跑距离较短;另一种是逐步加速的方法,与一般加速跑相似,开始步频较慢,在逐步加大步长的同时要提高步频。它的加速度时间较长,加速过程比较均匀,助跑距离较长。采用何种方法助跑,可根据个人习惯而定。但不论采用哪种方法,都要在起跳前获得高速度,并有助于正确踏板和起跳。

3. 助跑距离的丈量与调整

跳远的助跑速度是获得优良成绩的关键之一,同时与踏跳时的腾空速度密切相关。优秀运动员起跳前的速度可达到每秒10～10.7米。男子助跑的距离一般为35～45米,约跑18～22步;女子助跑的距离一般为30～35米,约跑16～18步。一般大学生身体素质和踏跳技术较差，因此，助跑距离和步数应视个人情况适当减少。

丈量步点一般采用从踏板开始反方向跑的方法，在跑至一定步数时踏跳跃起，踏跳点就是助跑起点，然后向沙坑方向助跑，校正步点。

正确的踏板是取得优良成绩必不可少的，也是助跑技术的一个很重要的方面，所以在丈量步点时，可在最后6～8步的地方设立第二标志点，以利于正确踏板。这几点助跑一般同学为了踏上板往往故意拉大或缩小步长，这会破坏助跑的节奏，影响速度的发挥和起跑的效果。

在测验或比赛时，助跑的距离要根据跑道的性质、硬度、气候和个人身心状况等进行调整。

（二）起跳

起跳的主要任务是使身体按适当的腾起角（一般为18°～24°）腾起。腾起的初速度越大，越有可能取得优良成绩。优秀运动员的腾起初速度可达9.2～9.6米/秒，身体重心腾起高度可达50～75厘米。起跳过程可分着地、蹬伸和摆动三部分。

1.起跳脚着地

起跳是在高速助跑的情况下完成的，在助跑的最后一步就准备起跳，为了加快起跳速度，起跳腿的大腿在前摆时抬得比短跑时低些，要积极下压，几乎是伸直腿快着板。着地时起跳脚先以脚跟触及地面，并迅速转为全脚掌支撑。起跳脚着地时，起跳腿与地面的夹角大约为65°～70°。起跳脚的着地点大约在身体重心投影点前30～40厘米的地方。太远，会产生制动，那样虽然能获得较大的腾起角和跳跃高度，但损失水平速度较多；过近，会缩短起跳蹬地用力的距离，减少作用力的时间，降低腾空高度，影响起跳的效果。

起跳脚着地一刹那，由于助跑水平速度的惯性力和身体重心的作用，产生了很大压力，迫使起跳腿髋、膝、踝关节和脊柱很快地弯曲缓冲。关节弯曲缓冲要适度，太大、太小都会降低起跳的效果。

2.起跳腿的蹬伸

起跳过程中，当身体重心移至起跳腿支撑点的垂直部分时，因缓冲而拉长的伸肌强有力的收缩，使髋、膝、踝三个关节迅速地蹬伸，上体挺起，摆动腿的大腿积极向前上方摆到水平位置，小腿自然下垂，完成起跳动作。起跳时的蹬地角大约为75°左右。

3.起跳中的摆动动作起跳中的摆动动作是指摆动腿和两臂的摆动动作。摆动腿和两臂摆动对提高起跳速度、加大动作幅度，尤其是加大蹬伸力量都有重大作用。摆动中两臂摆至稍低于肩关节时，摆臂动作突然停止；摆动腿积极向前上方摆动。摆动的刹那，产生一个向下的力，这个力和起跳腿的蹬地力成为合力（图7－6－1），这样才能达到良好的起跳效果。

图7－6－1 起跳中的摆动动作

（三）腾空

跳远时的腾空动作是为了维持身体的平衡从而推迟落地时间，并为落地创造有利的条件，腾空初期的姿势一般称“腾空步”（如图

7－6－2)。“腾空步”后空中动作有三种：即蹲踞式、挺身式和走步式。蹲踞式比较易学，一般在中学都已学过，走步式对身体素质的要求比较高，一般不易学，因此学习挺身式比较适当。

图7－6－2 腾空步

1. 挺身式的挺身动作

挺身式跳远的空中挺身动作，能使体肌拉长，有利于收复举腿和伸腿落地，同时也可较好地避免蹲踞式跳远时身体易绕横轴向前回旋而过早落地的缺点。

2. 挺身式的动作过程

挺身式跳远的空中动作在“腾空步”后即开始，但“腾空步”保持的时间比蹲踞式短。“腾空步”后展髋放下摆动腿，并后摆与起跳腿靠拢；当摆动腿下放时，两臂向下、向后上方振摆，同时两腿继续向后摆动，在空中形成挺身姿势，而后收腹举腿，两臂向上向前、向下向后摆动，准备落地(图7－6－3)。

图7－6－3 挺身式的动作过程

(四)落地

正确的落地动作，有利于提高跳远成绩。落地方法有向前和侧倒两种。当脚跟触地的一刹那，前脚掌下压，并屈膝前移重心，身体随惯性前倒，或当双脚落地后，一脚支撑，一脚放松，身体向放松腿一侧侧倒落地。落地动作可分解为三部分：

(1)着地前两腿屈膝高抬，膝关节向胸部靠拢，上体不要过于前倾。

(2)即将着地时膝关节迅速伸直，使小腿前伸，以足跟先触及地面。

(3)在脚跟触及地面的刹那，立即屈膝或迅速挺腹，使身体重心迅速移过落点。

二、练习方法

(一)起跳

(1)原地模仿起跳练习。在确定起跳腿后，原地做起跳练习，摆动腿和两臂摆动与起跳蹬地要同时，协调一致。

(2)从走步到慢跑连续做起跳练习。原地起跳动作比较正确后，再在走步中做，做后慢跑3～4步连续做起跳练习(可集体在跑道或平整的场地上进行练习)。

(3)4～6步助跑起跳，用摆动腿落入沙坑，而后随惯性向前跑进。注意不能用踏跳腿落地，以免踏跳腿负担过重。

(4)同上练习，起跳后用头触及或手摸高悬物。

(5)中、远程助跑起跳练习。

(二)腾空挺身动作练习

(1)原地做腾空动作的模仿练习。

(2)原地上一步起跳,在落地前快速完成腾空动作。

(3)4 ~6 步助跑起跳后做摆动腿练习。小腿微向前、向下、向后摆动,膝关节放松,落地后继续向前跑进。

(4)利用踏跳板(台),4 ~6 步助跑起跳做腾空动作。

(5)不用踏板做练习 4,要求把注意力集中在做腾空动作上。

(三)落地动作练习

(1)4 ~6 步助跑跳远,落地前做伸小腿动作,不要怕后坐。

(2)6 ~8 步助跑跳远,落地前做伸小腿动作,脚落地刹那,迅速做屈膝或挺腹动作,避免后坐。

(四)完整技术练习

(1)中距离助跑起跳,改进腾空与落地动作。

(2)正确丈量步点,每次助跑接近起跳板时均要做起跳动作,然后以摆动腿落地继续向前跑进。这样接近正式试跳的练习,容易校正步点。丈量步点次数不宜过多,3 ~4 次即可,过多因体力等因素会影响后面的正式试跳。

(3)全程助跑挺身式跳远练习。

三、练习提示

(一)注意事项

(1)教学时除指出技术要点外,要抓住练习时存在的问题,反复示范,以免混淆技术动作。

(2)教学和练习的重点应放在快速助跑和踏跳的结合上,最好每次课都安排助跑与踏跳相结合的练习。

(3)在跑道上练习起跳,开始要求在一定范围内起跳,以后逐步缩小踏跳区的宽度。测验时按规则进行。要充分发挥助跑速度,不要因凑步子上板而降速。

(二)错误动作纠正

1. 助跑凑步子上踏跳板

产生原因:概念不清,以为只要踩上板起跳成绩就好,不知道凑步子上板会因降速而影响跳远的成绩。

纠正方法:讲清凑步子上板的不良后果,练习时发现凑步子立即指出,并检查纠正。

2. 助跑步点不准

产生原因:开始助跑姿势不固定,助跑加速跑的距离也不一样,形成步长不稳定。

纠正方法:固定开始助跑姿势和加速距离,预先做好标志或固定加速步数,并注意场地和气候的变化。

3. 助跑最后几步降速

产生原因:除了凑步子上板外,主要害怕越板犯规,过早出现起跳意识。少数同学身体素质差,前程助跑快,后程缺乏快速助跑的能力。

纠正方法:讲清利害,克服怕犯规的心理因素;提醒学生在前程助跑时慢一些,放松些,最后不要降速。

4. 起跳腿蹬不直,起跳向前不向上

产生原因:起跳腿蹬地不充分,急于起跳,腿部力量差,对起跳要积极向上的概念不清。

纠正方法:手扶助木或栏竿等物侧向站立做起跳腿蹬伸送髋动作,多做短距离助跑起跳头触高悬物,发展腿部力量。

5. 挺身过早或以挺腹替挺身

产生原因:概念不清,摆臂和摆腿动作不够充分;刚起跳时就出现挺身动作。

纠正方法:弄清挺身和挺腹的区别,多做原地模仿练习。

6. 落地前没有向前伸小腿

产生原因:向前伸小腿意识差,空中失去平衡,不能自主伸腿,腰腹力量和柔韧性差。

纠正方法:反复讲清伸腿的作用,加强伸腿意识,做立定跳远练习要求落地时伸腿;多做短距离助跑跳远,重点注意落地时小腿前伸。

第七节　推　铅　球

从 1896 年第一届现代奥运会,推铅球就成为正式的比赛项目。男子铅球的重量为 7.26 千克,女子铅球的重量为 4 千克。目前推铅球的世界纪录:男子为 23.12 米,女子为 22.63 米。中国目前的纪录:男子为 19.78 米,女子为 21.76 米。经常参加推铅球活动,可以锻炼身体,增进健康,增强体质。特别是对发展躯干和上下肢的力量有显著作用。

一、背向滑步推铅球的教学内容与技术要点

背向滑步推铅球的完整技术,可分开始姿势、滑步和最后用力三部分(图 7－7－1)。这种技术的优点在于:能获得更大的预先速度和更大超越器械的效果,进而加长了推铅球的用力距离,更利于初速度的获得,把铅球推得更远。

(一)开始姿势(以右手推铅球为例)

背对投掷方向站在投掷圈内的后部,两脚前后开立,右脚尖靠近投掷圈内后缘,脚跟对投掷方向。左脚在后约一脚远,用脚的前掌着地。体重落在腿上,两眼平视前方,这种姿势称为高姿势(图 7－7－2),但也有采用低姿势的(图 7－7－3)。两姿势相比较,高姿势动作自然,并能协调的转入滑步动作;低姿势铅球处于较低位置,较易维持身体平衡。

(二)滑步

滑步动作开始前,往往进行预摆动作。预摆时左腿自然弯曲,大腿向后上方摆起,右腿伸直,脚跟伸直,脚跟提起,用脚的前掌支撑体重(用全脚掌也可以),眼看前下方(图 7－7－1①～③)。

当预摆结束形成团身姿势时(图 7－7－1③),紧接着身体重心后移,同时左腿用力向抵

图 7－7－1

趾板中间偏左方向摆出并用脚前掌内侧着地。左腿前摆的同时右腿蹬地后主动收拉小腿，而且边收边内转，右脚落在投掷圈的圆心附近，此时体重落在弯曲的右腿上，形成最后用力前的超越器械姿势(图 7－7－1③～⑩)。

图 7－7－2　背向推铅球高姿站位

图 7－7－3　背向推铅球低姿站位

(三)最后用力

最后用力阶段是推铅球技术的主要环节。当滑步即将结束左脚积极着地一刹那，右腿和髋向投掷方向蹬转发力，同时上体也迅速向投掷方向抬起，左臂也向投掷方向牵引，形成了推球的有利姿势(图 7－7－1⑬)。由于右腿的继续蹬转，右髋不断向投掷方向转动，头和胸对着投掷方向之后，屈膝有力支撑的左腿和右腿同时用力蹬地，右肩前送，右臂用力将铅球推出。铅球出手时手腕、手指用力拨球,两腿蹬直(图7-7-1⑲)。

铅球出手后,为了保持身体平衡,一般是两腿弯曲,降低身体重心,左脚和右脚及时协调地交换位置(图7-7-1⑳~㉓)。

二、练习方法

(一)学习原地背向推铅球

(1)握球:五指自然分开,把球的重量放在食指、中指和无名指的指根上,大拇指和小指在球体两侧,手腕充分向后背屈(图7-7-4)。

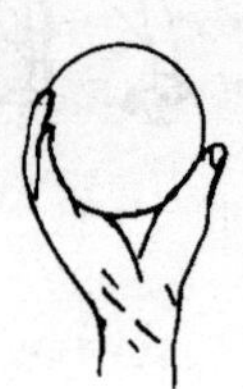
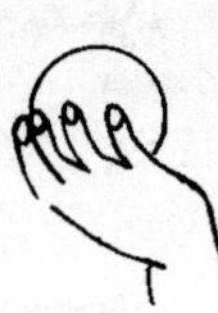

图7-7-4 握球

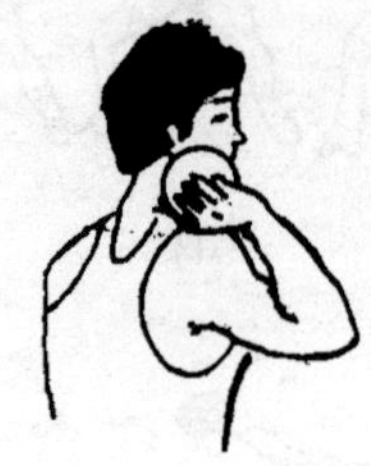

图7-7-5 持球

(2)持球:将球握好放在锁骨窝处,头部微向右靠,用颈部和下颌贴紧铅球。右手抵球,肘部稍外展,手心向上(图7-7-5)。

(3)原地推铅球脚的站位方法:两脚半背对掷方向前后站立,右脚在前,左脚在后,分开宽于肩的距离。右脚掌微内扣,左脚掌稍外展并用前掌内侧着地(全掌亦可)。一般都是左脚尖同右脚跟在一直线上(图7-7-6)。

(4)原地背向推铅球方法,脚的位置站好后,接着是躯干和肩带右转成背对投掷方向。上体前倾,右腿弯曲成130°左右,右膝微屈,左臂向前下方自然伸出,体重落在右腿上。用力前的姿势站好后,立即蹬右腿送右髋向投掷方向,在蹬腿送髋发力的使用下形成躯干、手臂、手的共同用力把铅球推出。原地推出时两脚换位或不换位都可以(图7-7-7)。其练习方法可先进行单人徒手模仿练习,或双人对抗模仿练习。再进行原地推实心球(或小皮球)的练习。之后再进行原地推铅球的练习。

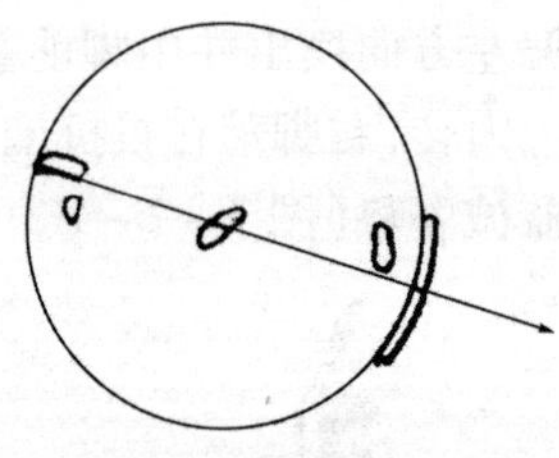

图7-7-6 原地推铅球脚的站位方法

(二)学习背向滑步推铅球

(1)单人徒手做摆左腿蹬右腿收右小腿的滑步练习。

(2)手拉同伴的手做上述练习。

(3)两手放于背后做上述练习。

(4)持铅球的滑步练习。

(5)持铅球的滑步后蹬右腿转身练习(图7-7-1①~⑭)。

(6)背向滑步推铅球完整技术练习。

图 7－7－7 原地

（三）专门性技术练习方法

（1）前、后抛铅球（或实心球等）。

（2）原地向前上、向前下推铅球。

（3）原地正面向前推铅球（或实心球）。脚有站法分左右平行和左前右后站。

（4）实心球的坐推和跪推（图 7－7－8 图 7－7－9）。

图 7－7－8 坐推

图 7－7－9 跪推

（5）持球或徒手的连续滑步。

（6）侧向滑步推铅球（图 7－7－10）。

图 7－7－10 侧向滑步推铅球

三、练习提示

（一）注意事项

（1）铅球技术中三个部分是紧密相连的，其中最后用力是关键部分，而滑步与最后用力的连接是重要环节。

（2）铅球教学与练习时要加强安全教育。每次课都要重视，组织教法得当，措施具体，要求明确。

(3)教学与练习时男子用5千克、女子用3~4千克的铅球练习为主。

(4)为有利于掌握技术,除采用必要的分解动作,专门练习或诱导、辅助练习外,主要是以完整技术练习为主。

(二)错误动作纠正

1. 不是推铅球,而是抛球或掷球

主要原因:肘关节过低。头在滑步过程中过早左转,铅球离开正确的持球部位。

纠正方法:滑步时把左肘关节抬到同肩平的位置上,滑步过程中眼看前下方。

2. 推铅球时造成手指、手腕挫伤

主要原因:手指、手腕力量差。推球时手指、手腕过于放松,加上用力过于突然造成。

纠正方法:注意加强手指手腕力量。推球时握球手保持一定的紧张程度。也可以用轻铅球等器材进行练习。

3. 出现臂部后坐而单纯用手臂力量推球

主要原因:用力顺序不正确。用力前的姿势不正确。手臂的用力意识过强过早。

纠正方法:明确并强调蹬腿送髋发力基础上的躯干、手臂用力推球的概念。用力之前的姿势要克服步子过大,并把重心保持在右腿上。

4. 滑步后出现停顿

主要原因:动作的加速意识不强。左脚落地不积极,右腿力量小,不能及时发力。

纠正方法:强调整个技术动作由慢到快的加速节奏,可根据加速节奏的信号或口令练习。左腿摆动要向前摆积极落地,克服左腿高摆。加强腿部力量。

5. 滑步时身体重心上下起伏过大

主要原因:左腿摆动过于向上,形成跳步。左腿力量不够。

纠正方法:左腿向前下方摆(同时右腿蹬的方向应以向前为主)。加强腿部力量。

思考题:

1. 为什么说田径是各项运动的基础?

2. 身体素质包括哪些内容?

第八章 球 类

第一节 篮 球

1936年第11届奥运会上第一次有了男子篮球比赛。女子篮球直到1976年第21届奥运会上才被列为正式比赛项目。1992年第25届奥运会开始允许职业选手参赛以后,美国历届选派了由最优秀的职业选手组成的“梦之队”参加比赛,更是以绝对的优势夺得金牌。

中国女篮曾荣获第25届奥运会的银牌,中国男篮在第26奥运会上获第8名,取得了历史性好成绩。1998年中国男、女篮球队双双获第13届亚运会冠军。

篮球运动是集身体素质、技巧、智力为一体的紧张激烈并有直接身体接触对抗性项目。经常参加篮球运动,能促进大学生速度、灵敏、力量、耐力、柔韧性等身体素质的发展。能提高中枢神经系统的灵活性,增强心脏、血管、呼吸、消化系统机能,促进肌肉和骨骼的生长发育。还能培养积极勇敢、果断顽强的意志品质,激发竞争意识和开拓进取精神。篮球比赛场面变幻莫测,精彩纷呈,富有表演性和较高的观赏性,深受大学生的喜爱。

一、基本技术与练习方法

篮球的基本技术主要包括进攻技术和防守技术,它是构成篮球运动的基础。

(一)进攻技术

进攻技术是指个人攻击技术的合理运用和队员之间相互配合的组成形式。

1. 移动

是在比赛中改变位置、方向、速度所运用的各种脚步动作的总称。

技术要点:

(1)起动:双脚开立,双膝稍弯曲,上体稍前倾,用前脚掌蹬地,动作敏捷,体现突然性。

(2)侧身跑:奔跑时,脚尖朝着前进方向,头和躯干转向场地中间和球的一侧,动作协调。

(3)变速跑:加速时,后脚脚掌短促有力地蹬地加速;减速时,前脚掌用力抵住地面,上体稍后倾,急剧减速。

(4)变方向跑:以从右向左变方向跑为例,右脚前脚掌内侧用力蹬地,屈膝弯腰控制重心,同时向左侧转肩扭腰,上体急速前倾,迅速转移重心,左脚向左前方跨出一小步,右脚随即向左脚侧前方跨出一大步,加速奔跑。

(5)急停:一步急停,在奔跑中用单脚或双脚稍稍跳起,含胸弯腰,两脚同时落地稍宽于肩,重心下降,保持平衡;二步急停,在奔跑中先跨出一大步,用前脚掌外侧抵住地面,同时收腹含胸,臀部稍稍下沉,以减缓冲力,第二步脚尖向内,脚掌内侧蹬地,两膝弯曲,重心偏于后脚。

(6)转身:屈膝弯腰,重心落于中枢脚,以中枢脚的前脚掌为支撑点,跨步脚的脚掌向后或向前蹬地,完成前转身或后转身,转身后重心落于两脚之间。

练习方法:

(1)学生站于底线,面向前场,看教师的手势做起动疾跑、变速跑、变方向跑的各种练习。

(2)学生站于篮架下,做沿边线的弧形侧身跑,边跑边回头看后场的篮架。

(3)学生站于底线,在底线和中场线之间疾跑,运用一步急停和二步急停法作往返奔跑。

练习提示:

(1)移动中始终保持屈膝弯腰,重心要低,控制平衡。

(2)用脚掌支撑身体,便于脚掌蹬地,跨步敏捷。

2. 接、传球

是篮球比赛中互相配合的纽带,实现战术配合的手段。

技术要点:

(1)双手接球:双手五指自然张开,掌心向前。接高球时手指向上,接低球时手指向下,当手指触球时,两手引球后撤,缓冲球速,双手持球于胸前。

(2)单手接球:五指自然张开,手掌成勺形向来球方向迎出,手指触球后,手臂引球后撤。

(3)双手胸前传球:双手持球于胸腹之间,双臂向前快速推出,当球离手瞬间,压、翻手腕,大拇指用力下压,食指、中指用力拨球。

(4)单手肩上传球:以右手为例,左脚向前迈出半步,右手持球于肩上,身体向右转将球引至右肩后上方,上臂抬起与肩平。出球时,右脚蹬地,迅速转体带动右臂,主动摆动前臂,手腕前扣,手指快速拨球,将球传出(图8-1-1)。

图8-1-1 单手肩上传球

练习方法:

(1)面向墙站立,离墙3米做各种传接球练习。

(2)二人面向站立,相距5米,做双手传接球练习。

(3)二人面向站立,相距10米,做单手肩上传球练习。

练习提示:

(1)双手胸前传接球时,两臂肘关节要自然下垂。

(2)接球时,手指手掌触球后要柔软地粘住球,并要随球后引,缓减冲力。

3. 运球

是进攻技术的重要组成部分,是突破防守和组织全队进攻配合的手段之一。

技术要点:

(1)高运球:手指自然分开,用前臂带动手腕,以手指和手掌按压篮球,高度与腰相平。

(2)低运球:手指自然分开,用前臂带动手腕,屈膝弯腰,降低重心,球置于远离防守一侧,运球高度与膝相平。

(3)运球急停:运用二步急停法突然停步,球置于体侧,手按压球的频率要快,球与髋关节相平(图8－1－2)。

图8－1－2　运球急停

(4)体前换手运球:以左手换成右手为例,左手按拍球的左外侧上方,把球拍向右侧,左脚向右前方急速跨出,上体由左向右转体,以背部挡住防守。然后,右手同时拍球于右脚外侧,并主动向前推球疾跑,从防守队员左侧突破(图8－1－3)。

图8－1－3　体前换手运动

练习方法:

(1)学生站于边线,往返作高运球或低运球练习。

(2)学生沿中圈外沿作低运球练习。

(3)学生站在球场端线,往返运球,在罚球线和中场作二步运球急停。

练习提示:

(1)运球时眼睛观察前方,不能盯着球看。

(2)运球时重心要低,随时作运球急停的思想准备。

(3)手腕的翻转要灵活,便于及时变换按拍球的不同部位,改变运球方向。

4. 投篮

投篮是唯一得分手段。投篮方法较多,常用的有如下几种:

(1)原地双手胸前投篮:双手持球于胸前,手指自然张开,握球在两侧略后,两肘自然下垂,两膝稍屈。投篮时,双脚轻轻蹬地,伸展腰背,两臂向前上方推球,大拇指向前压下,手腕外翻,食指、中指等协同拨球(图8－1－4)

(2)原地单手肩上投篮:单手持球于肩上,另一手扶球的侧面,目视瞄准点。投篮时两脚轻轻蹬地,手臂向前上方推球,用手指手腕前屈拨球,球在食指中指端离手(图8－1－5)

(3)行进间单手肩上投篮:右脚向前跨步接球,左脚跟着跨前一步,并积极蹬地起跳,随左脚跨步将球举到肩上,腾起到最高点时,持球手臂向篮伸出,翻手腕,手指将球投出(图8

图 8－1－4　原地双手胸前投篮　　　　图 8－1－5　原地单手肩上投篮

－1－6）。

图 8－1－6　行进间单手肩上投篮　　　　图 8－1－7　行进间单手低手投篮

（4）行进间单手低手投篮：脚步同前，接球后立即以投篮手的手掌托球，随身体腾起，手臂向篮圈伸出，球自手掌前滚，经过指端拨球投篮。（图 8－1－7）。

（5）原地跳起单手肩上投篮：双手持球于胸腹之间，双膝稍屈，投篮时，双脚用力蹬地向上腾起，随之将球引举至肩上，一手托球，另一手扶球的侧面，当身体腾起至最高点，将球投出。

练习方法：

（1）站立于墙前，瞄准墙上的一点，做各种原地投篮练习。

（2）接同伴的传球做行进间投篮练习。

（3）站在罚球线，做各种投篮练习。

练习提示：

（1）双手投篮时，两手臂要自然放松，两肘下垂。

（2）单手投篮时，持球手臂的肘关节应向前。

（3）行进间投篮的摆动腿与投篮手是同侧的。

5. 持球突破

是摆脱防守向篮下运球上篮，其攻击性强，命中率较高。

技术要点：

（1）交叉步突破：以左脚为中枢脚，右脚向左脚前方跨出一大步，上体随之向左转体探肩，将球放于左脚外侧，迅速运球向前。

（2）同侧步突破：以左脚为中枢脚，右脚向右侧前方跨出一小步，然后向右侧转体探肩，将球放于脚外侧,待球离手后,左脚快速地向右侧前方,运球上篮。

练习方法:

(1)持球站于离篮圈4~5米之处,做持球突破上篮练习。

(2)接同伴传球后,做各种持球突破上篮练习。

练习提示:

(1)持球做左右虚晃假动作时,中枢脚牢牢地钉在地上。

(2)中枢脚必须在球离手后才能跨步。

(二)防守技术

防守技术是判断对手进攻动作,采用脚步移动,身体堵截抢占有利位置,以及用手臂的封、打、捅、抢等争夺球权的技术。

1. 防守姿势

是防守技术的基础,掌握好防守姿势是取得防守成功的重要组成部分。

防守姿势要两脚平行或稍稍前后开立,约与肩同宽,前脚掌着地,两膝稍有弯曲,身体重心投影在两脚之间,两臂自然扬起,身体稍前倾。

2. 脚步移动

防守的成功与否,主要取决于脚步的移动。合理的脚步移动是在控制身体重心的前提下,有效地破坏对方进攻的动作。

技术要点:

(1)滑步:左滑步时,左脚向左滑出,同时右脚掌内侧积极蹬地,当左脚着地的同时,右脚积极跟上(右滑步时动作相反)。前滑步时,前脚向前跨出,后脚前掌内侧蹬地,前脚着地的同时,后脚迅速跟上,保持原来姿势(后滑步动作相反)。

(2)交叉步:当身体向右方快速移动时,右脚支撑体重,左脚在体前向右做交叉,左脚落地的同时,右脚迅速向右撤步成原防守姿势。

练习方法:

(1)在球场上按防守姿势的要求站好,看教师的手势做前后、左右的快速移动。

(2)沿三秒区线纵向做前、后滑步,横向做侧滑步的练习。

练习提示:

(1)移动时,身体重心要平稳,防止起伏很大。

(2)两眼始终注意场上情况和球的位置,人球兼顾。

3. 防无球队员

是控制对手活动,不让其接球,要做到人球兼顾。

防守时要根据对方的移动路线,及时地改变和迅速调整好防守的位置,阻拦对方的移动,使对手始终被控制在自己的防守范围内。

4. 防有球队员

有球队员的威胁大,必须严密防守住有球队员,破坏其投篮、突破、传球及战术配合。

技术要点:

(1)防守距离:防守的距离应根据进攻队员特点、意图及离篮圈的远近和自己的防守能力,不断调整与对手的距离。对远投能力强但突破能力较差的队员,防守距离要近一点;对远投能力差但突破能力强的队员,防守距离要远一点。

(2)防守时机:应在对方举球准备投篮的一瞬间,突然前滑靠近,并举手置球前,既可阻止投篮,又可堵截突破和传球。前滑的时机要恰当,过早或过迟都将失去效果。

练习方法:

(1)一对一徒手防空切或突破练习。

(2)二对二投篮和持球突破练习。

练习提示:

(1)防无球队员,视野要宽,根据球的位置,抢占有利的防守位置。

(2)防有球队员,充分运用手臂动作,封堵其投篮、传球,并随时准备对方的突破。

二、基本战术简介

基本战术就是二、三人之间的协同配合,它是组成全队战术的基础,包括进攻战术和防守战术。

(一)进攻的基本战术

进攻的基本战术主要有传切、掩护、策应。

1. 传切

技术要点:持球队员传球给同伴后,虚晃摆脱防守,突然加速向篮下空切,接同伴传球投篮。

练习方法:持球站于圈顶,传球给站于45°的同伴,并虚晃疾跑向篮下空切,接球投篮。二人交替进行(图8-1-8)。

练习提示:空切队员必须有虚晃脚步,尔后立即向球的一侧疾跑,直奔篮下。

2. 掩护

技术要点:利用不同站位和身体挡住同伴的防守者,掩护与被掩护者之间不发生身体接触为准。站在被掩护者后面称为后掩护,站在被掩护者前面称前掩护,站在被掩护者侧面称侧掩护(图8-1-9,图8-1-10,图8-1-11)。

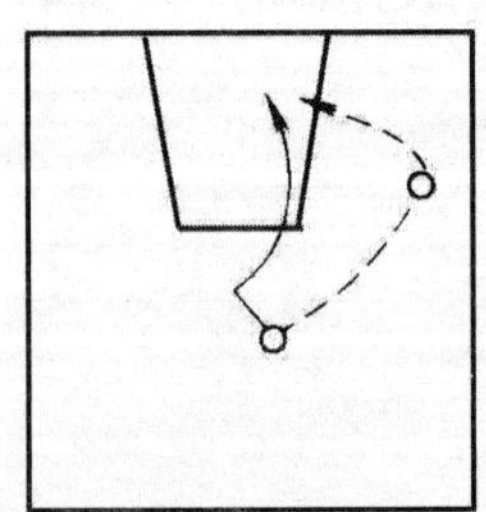

图8-1-8 传切

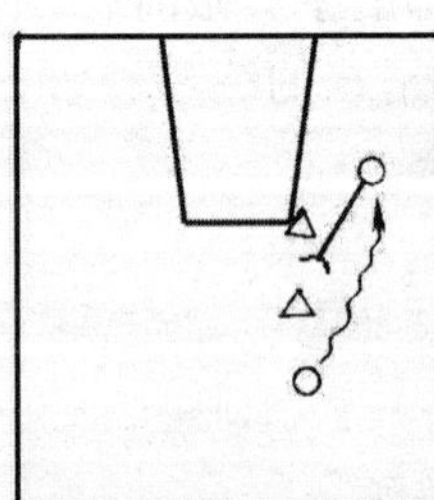

图8-1-9 掩护

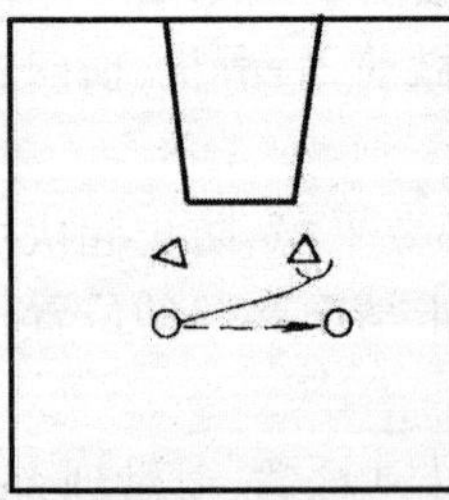

图8-1-10 掩护

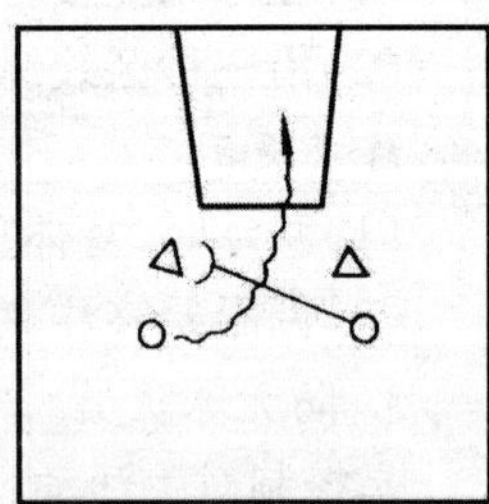

图8-1-11 掩护

练习方法:二人站球篮的正面或侧面,进行各种掩护的练习;二对二进行掩护的练习。

练习提示:持球队员必须把握同伴进入掩护区的恰当时机,能及时地运用相应的运球突破技术上篮。

3. 策应

技术要点:进攻队员利用背部对着球篮,面向后卫或前锋的站位,双脚左右开立,屈膝弯腰。

练习方法：

(1)从底线三秒区外侧，向罚球线跑，接圈顶教师传来的球，前转身运球上篮。

(2)从底线跑向罚球线，接后卫的传球，待后卫从策应者身边跑过，策应者将球传给后卫，后卫运球上篮(图 8－1－12)。

练习提示：

(1)策应队员必须降低重心，控制身体平衡。

(2)策应队员与后卫配合时，必须随后卫的奔跑做转身动作，用身体背部挡住防守者。

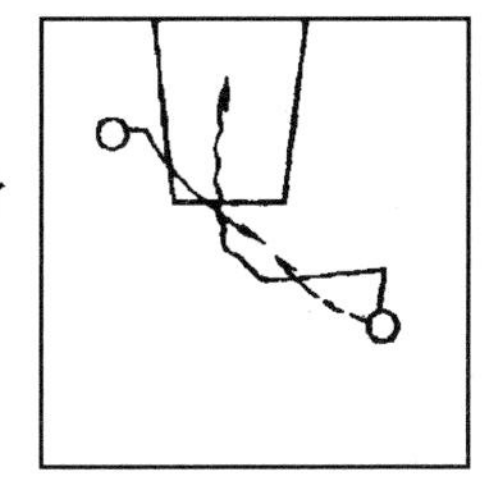

图 8－1－12　策应

(二)防守的基本战术

防守的基本战术主要有换防、补防和关门。

1. 换防

技术要点：换人防守是指进攻队员在外围进行交叉跑动或掩护配合时，防守队员主动交换防守，保持有利防守位置和正常战术阵势。

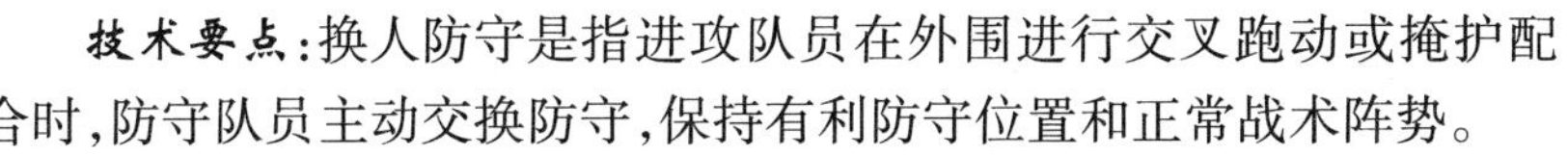

练习方法：当进攻队员②③做换位配合时，防守队员各自随进攻队员移动，当进攻队员交叉配合时，与两人进行防守交换，改为防守②、防守③继续保持一对一的防守局面(图 8－1－13)。

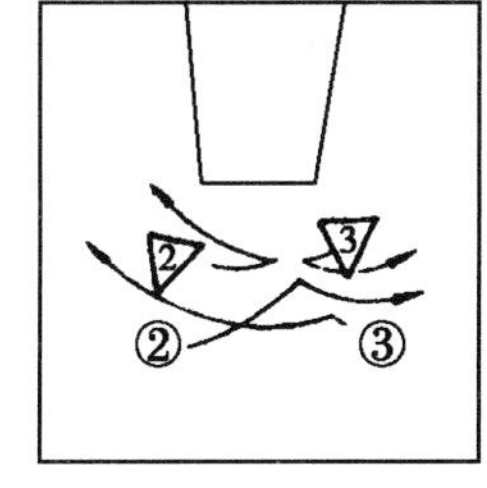

图 8－1－13　换防

练习提示：交换防守时要两人靠近后再分开，脚步要敏捷，加强观察判断，积极主动。

2. 补防

技术要点：当防守队员在对方突破或因其他原因漏防时，靠近的防守队员应立即放弃自己防守的队员，及时地堵阻突破队员或补防无人防守的队员。

练习方法：当进攻队员②持球突破防守队员，出现运球上篮机会，防守队员立即放弃自己的进攻队员③，迎上去防守运球上篮的进攻队员②(图 8－1－14)。

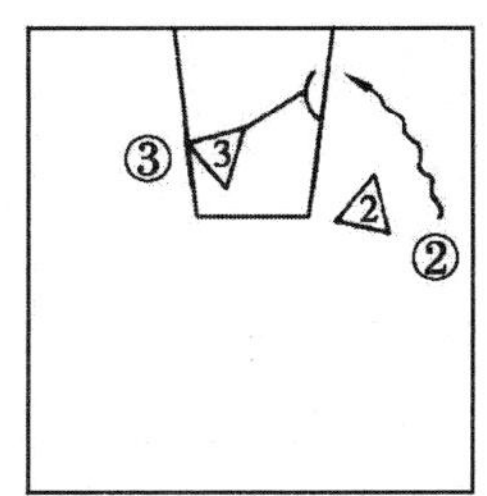

图 8－1－14　补防

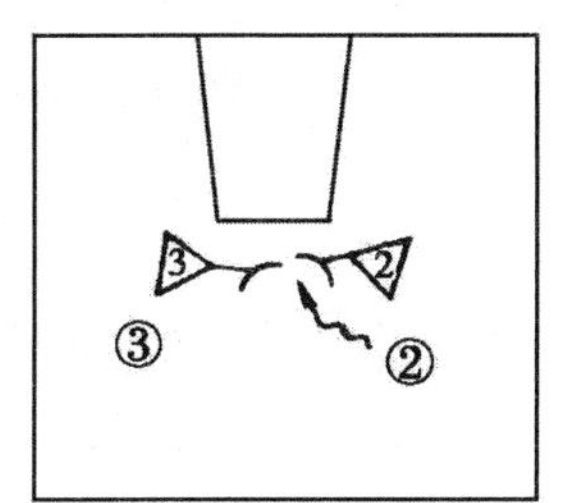

图 8－1－15　关门

练习提示：注意观察对手及球和本方队员的情况，善于判断，果断出击，及时补防。

3. 关门

技术要点：当进攻队员进行突破时，同侧防守队员主动迅速地向同伴靠拢，堵阻进攻队员的突破。

练习方法：当进攻队员②持球向罚球区突破时，临近防守队员向同伴靠拢，形成关门的协同配合(图 8－1－15)。

练习提示：关门必须要滑步迅速，与同伴形成人墙，两人之间不能有空隙。

三、规则简介与比赛方法

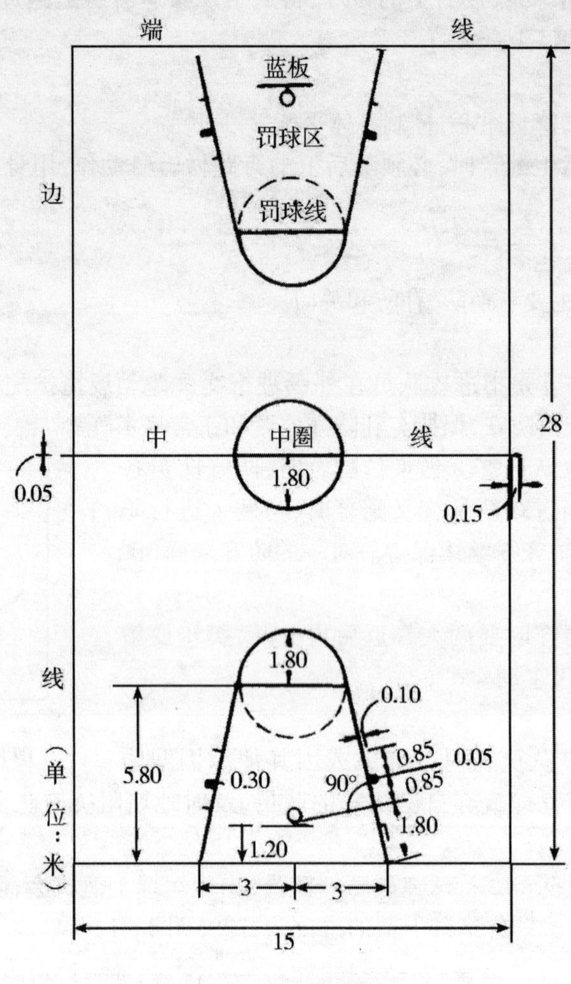

图 8－1－16　篮球场地

规则简介

1. 篮球场地

篮球场的长度为 28 米，宽 15 米，篮圈离地高度为 3.05 米(图 8－1－16)。

2. 比赛时间

篮球比赛时间为 40 分钟，分成上、下两个半时。每半时允许暂停 2 次，每次 1 分钟。比赛结束时两队得分相等，则进行 5 分钟决胜期的加时赛。允许 1 次暂停。

3. 跳球

上、下半时开始均由双方选一名队员在中圈跳球。比赛中双方队员抢球相持不下，或球由双方队员同时拍出界外，或球卡在篮圈与篮板之间，则判在附近的罚球圈或中圈跳球。

4. 违例

出现带球走、两次运球、边线和底线出界，以及 3 秒、5 秒、10 秒、30 秒违例时均判对方在违例地点附近的边线或底线外发界外球。

5. 犯规

(1)侵人犯规:与对方队员发生不合理的身体接触为侵人犯规。

判罚:对投篮队员犯规,判罚球两次(三分区投篮判罚三次);若投篮命中,再追加罚球一次。对非投篮队员犯规,判罚发界外球。

(2)故意犯规:队员故意地和对方队员发生身体碰撞,或故意拉、推、打对方队员。

判罚:判罚球两次,再由罚球一方在中场发界外球。如对投篮队员故意犯规,投中有效,判罚球一次(若投篮不中,判罚球两次),无论命中与否,均由罚方在中场发界外球。

(3)双方犯规:双方队员同时互相犯规。

判罚:由双方犯规队员在附近争球圈内跳球。如犯规时进攻队员投篮命中,则投中有效,由对方在端线外发界外球。双方各记犯规一次。

(4)进攻队员犯规:一般情况不罚球,由守方在就近的边线外发界外球,记犯规一次。

(5)技术犯规:场上队员、场外队员和教练员违反规则、不服从裁判、影响比赛顺利进行的犯规。

判罚:视情节轻重,可判罚为劝告、提醒、警告。判罚球一次,中场边线外发界外球;严重的犯规,甚至可判取消比赛资格。

思考题:

1. 思考题:篮球运动有哪些特点?经常参加蓝球运动有何好处?

第二节　排　球

排球运动是两队对抗,每队 6 人分两排站位,在中间隔一网的场地上,用手击球过网以决胜负的一项球类运动。排球运动既可在球场比赛,也可以作为男、女老少一起托球,击球的游戏。沙滩排球又是 20 世纪 30 年代出现在海滩上进行的一种娱乐性活动逐渐演变而成的。比赛规则与排球大体相同,正式比赛多采用六人制。排球的技巧性、对抗性、集体性的特点很明显。参加排球运动,能有效地发展人的力量、速度、灵活,培养机敏果断,沉着冷静的心理素质和团结互助等良好作风。因此深受广大青年学生的喜爱。目前已列为全国各高校体育与健康课程教学与训练内容之一。

一、基本技术与练习方法

排球的基本技术是组成各种战术的基础。准备姿势和移动、发球、垫球、传球、扣球和拦网是排球运动的六大基本技术。

(一)准备姿势和移动

准备姿势和移动是排球各项基本技术的基础,无论作接发球、二传、防守、拦网、扣球等动作,开始时都必须保持正确的准备姿势,并根据不同情况作相应的移动才能完成好击球动作。

准备姿势按身体重心的高低分为稍蹲(图 8－2－1①)、半蹲(图 8－2－1②)和低蹲(图 8－2－1③)三种。这里重点介绍半蹲准备姿势。移动步法有并步、滑步、交叉步、跨步、跨跳步和跑步等多种。以下介绍并步、滑步、交叉步三种最基本移动步法。

图 8－2－1　稍蹲

技术要点：

1. 准备姿势

两脚左右开立比肩宽，一脚在前(左半场的队员左脚在前，右半场的队员右脚在前)，两脚尖适当内收，脚跟稍提起，膝关节保持一定的弯曲度；上体前倾，重心靠前，膝的垂直线在脚尖前面；两臂放松，自然弯曲，双手置于腹前；两眼注视球的飞行，两脚保持微动，随时准备向各个方向移动。

2. 移动

(1)并步与滑步：当来球距身体一步左右时可采用并步移动。并步移动时，如向前移动，前脚迈起同时后脚蹬地，前脚跨出一步落地时后脚迅速跟上成击球准备姿势；向后移动，则由前脚蹬后脚退，但上体仍保持前倾；左右移动要领相同，成侧向并步。当来球在体侧稍远，并步不能接近球时，可快速连续并步成滑步。

(2)交叉步：当来球在体侧约 3 米左右时，采用交叉步移动。向右侧移动时，上体稍向右转，左脚从右脚前面向右交叉迈出一步，然后右脚再向右跨出一大步，同时身体转向来球方向，成准备姿势，向左移动时动作相反(图 8－2－2)。

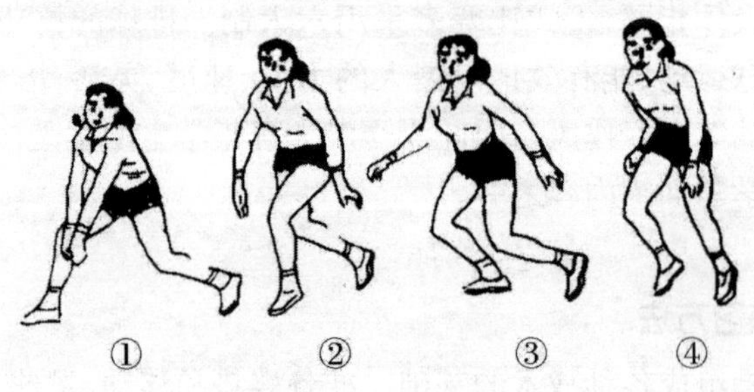

图 8－2－2　半蹲

练习方法：

(1)原地作准备姿势，互相纠正。

(2)原地作小碎步、纵跳，两人作摸背游戏，听到信号后立即做准备姿势。

(3)变换练习：准备姿势一听(看)信号、急起快跑一听(看)信号、急停或转身成准备姿势。

(4)徒手移动练习:按手势(哨声)做各种方向移动的练习,移动后保持好准备姿势。

(5)快速移动练习:3 米、6 米低姿势左右移动练习;9 米左右前后移动及米字移动练习。

(6)移动接球练习:一人抛球(左、右、前、后),另一人移动后接球,可互抛互接。

练习提示:

准备姿势和移动练习较单调、枯燥,练习方法应能引起同学的兴趣和热情,多运用视觉信号进行练习。常见错误和纠正方法如下:

(1)上体过于前倾,弯腰直膝,重心过高。提示学生稍抬头,目视前方,要屈膝、含胸、收腹。

(2)重心后坐,动作僵硬,起动慢。强调膝部垂线超过脚尖,脚跟稍提起,重心前移,保持微动。

(3)快速移动后急停不住,往返速度慢。采用低姿势左右往返跨大步练习;增强腰背力量、腿部力量与下肢柔韧性。

(二)发球

发球是比赛的开始,可以直接得分,或破坏对方战术的组成,有利于本方防守反击。决胜局中,发球失误将直接失分。因此,发球既应有攻击性,更应有准确性。发球包括正面下手发球、侧面下手发球、高吊发球、正面上手发球、上手飘球、勾手大力发球、勾手飘球和跳起发球等。现介绍正面下手发球和正面上手发球(右手发球为例)。

1. 正面下手发球

这种发球动作简单,准确性高。但球速较慢,力量小,攻击性弱,适用于初学者。

技术要点:

(1)准备姿势:面对球网,两脚前后开立,左脚在前,两膝微屈,上体稍前倾,重心偏后脚,左手持球于腹前(图 8-2-3)。

图 8-2-3 正面下手发球

(2)抛球:左手将球于体前右侧向上轻抛,离手高约 20 厘米。抛球前,右臂伸直,以肩为轴向后摆动。

(3)击球:击球时,右脚蹬地,身体重心随右手向前摆动击球而移到前脚。在腹前以全掌或掌根虎口、半握拳击球的后下部。击球后,重心随之前移,迅速进场。

2. 正面上手发球

这种发球面对球网,便于观察和控制落点,有一定的攻击力,并且比较容易掌握。

技术要点：

(1)准备姿势：面对球网，两脚前后自然开立，左脚在前，左手托球于体前。

(2)抛球引臂：左手将球平托上送，垂直抛于右肩前上方，高于击球点约 2 至 3 球；同时右臂抬起，屈肘后引，肘与肩平，上体稍向右侧转动；抬头、挺胸、展腹、重心落于右脚。

(3)挥臂击球：蹬地，使上体向左转动，重心前移同时收腹，带动手臂挥动，以鞭甩动作在右肩上方伸直手臂的最高点，用全掌击球的中下部。击球时，手指自然张开与球吻合，手腕迅速、主动地做推压动作，使球呈上旋飞行。击球后，重心随之前移(图 8－2－4)。

图 8－2－4　正面上手发球

练习方法：

(1)徒手模仿练习：左手握拳带球作徒手模仿练习。

(2)抛球练习：多练托球上送(对空中固定目标抛球或球网边沿练习)，使之垂直、稳定。

(3)击固定球练习：击同伴的持球，击吊球。

(4)抛击球练习：近距离对墙(网)抛击；两人隔网抛击(距离由近到远)。

(5)发球练习：端线外发球过网。

练习提示：

发球技术要求抛球稳，挥臂连贯迅速，击球点和部位准。常见错误与纠正方法如下：

(1)抛球不稳(前、后、左、右、高、低)。采用对准固定目标或在网边做抛球练习。

(2)手包不住球，控球不稳。采用近距离隔网发球，使球上旋；对准目标发球。

(3)击球部位不准。采用击固定球的某点练习；对墙上固定目标发球。

(4)抛球与引臂(挥臂)击球动作配合不协调。采用徒手引(挥)臂和抛球与引(挥)臂练习。

(三)垫球

垫球主要用于接发球，接扣球、接拦回球等，是主要的防守技术，它是组织进攻的基础。垫球有正面双手垫球、跨步垫球、体侧垫球、背向垫球、单手垫球、滚动垫球等。现介绍正面双手垫球和体侧垫球。

1. 正面双手垫球

这是最基本的垫球方法，是各项垫球技术的基础。

技术要点：

（1）准备姿势：伸直双臂，对准来球，成半蹲姿势站立（图 8－2－5）。

图 8－2－5　垫球

（2）手型：当球接近腹前时，两手掌根紧靠，两手成叠指式或包拳式（图 8－2－6①②）。两拇指平行，手腕下压，两臂夹紧外翻成一个平面，以前臂腕关节以上 10 厘米左右桡骨内侧平面为垫击部位（图 8－2－6③）。

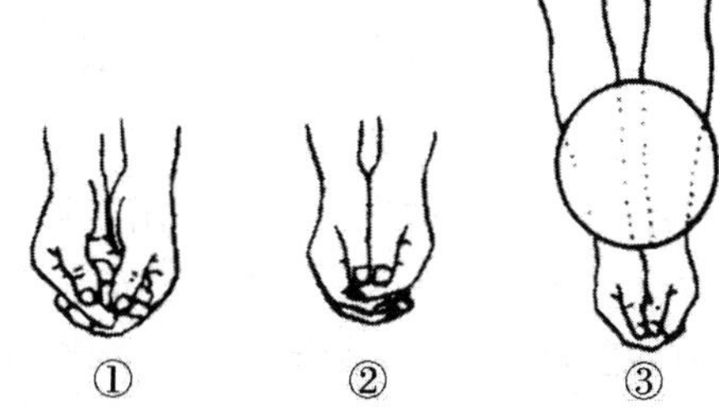

图 8－2－6　正面双手垫球

（3）击球与发力：当球飞到腹前一臂距离时，两臂夹紧前伸，插到球下，用蹬地脚抬起、提肩压腕、向前抬臂迎球，垫击球的后下部，随之重心向前上方移动。

（4）手臂角度：根据来球的角度和球垫出的方向，调整手臂与地面的角度和左右转动手臂平面来控制垫击方向和弧度（图 8－2－7）。

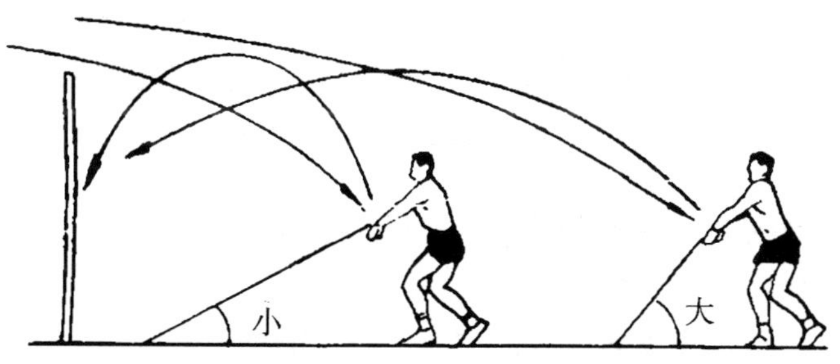

图 8－2－7　手臂角度

2. 体侧垫球

图 8－2－8　体侧垫球

技术要点：当来球飞向体侧，来不及移动对准来球时，可用双臂在体侧进行垫击。当球向左侧飞来，右脚前脚掌内侧蹬地，左脚侧跨一步，重心移至左脚，左膝弯曲，同时两臂夹紧向左侧伸出，右肩微向下倾斜，用向右转腰收腹的动作，配合两臂，击来球的后下部。同侧臂触球部位应高于异侧臂（图8-2-8）。

练习方法：

（1）徒手模仿练习：原地做模仿垫球；移动（左、右、前、后）做模仿垫球。

（2）垫击固定球：一人双手持球于腹前，另一人垫击（先原地，后移动）。

（3）一抛一垫：由原地垫球至移动垫球，两人要协调配合，逐步提高。

（4）自垫球：连续向上自垫；对墙连续自垫。

（5）相互对垫或三人三角传垫球。

（6）一发（扣）一垫或发（扣）、垫、传练习（图8-2-9）。

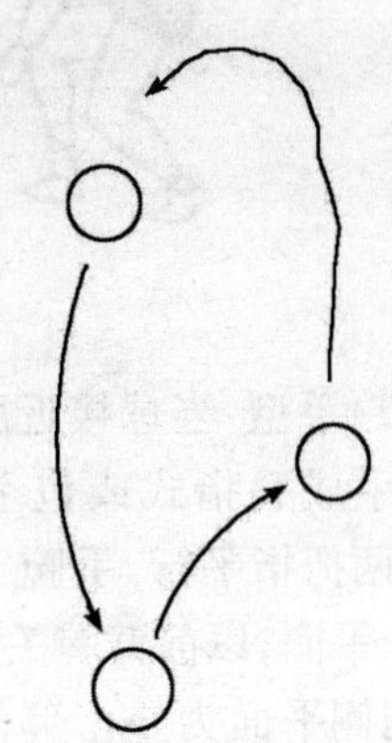

图8-2-9　相互对垫

练习提示：

垫球时手臂垫击部位要准确，用力协调连贯并注意及时移动、取位准确。常见错误和纠正方法如下：

（1）两肘弯曲，未形成合理的垫击平面。讲解要点，明确概念；垫击固定球。

（2）动作不协调，重心后坐，扬臂垫击球。采用徒手模仿练习；垫击固定球（重心前移）。

（3）体侧垫球时两臂横扫；击球面未对准出球方向。应多练习徒手动作和垫固定球；多练一抛一垫，将球垫向异侧前上方。

（四）传球

传球是组织战术的基础，主要用于各种二传。传球分为正传、背传、侧传和跳传等传球方法。下面介绍正面双手上手传球。它是最基本的传球方法，是掌握和运用其他各种传球技术的基础。

技术要点：

（1）准备姿势：稍蹲，上体适当挺起，抬头看球，双臂弯曲抬起，双肘自然下垂，两手置于脸前。

（2）手型：两手自然张开成半球状，手腕稍后仰，手指手腕保持适度的紧张。两拇指相对，接近成"一"字形。

（3）迎球：来球接近额前上方时，开始蹬地、伸膝、伸臂，两手保持传球手形，由脸前向上方迎球。

（4）击球点与用力：击球点在额前上方约一球，击球的后下方。拇指、食指、中指托住球的后下部，无名指和小指在球的两侧辅助，帮助控制球的方向。蹬地、伸膝、展体的协调力量来配合伸臂和手指、手腕的适度反弹力将球协调传出（10-2-10①②）。

练习方法：

（1）徒手模仿传球：原地和移动模仿传球。

（2）体会手型、触球部位和击球点：每人一球，自抛（低）自接；二人一组，互抛互接（原地、移动接）；一人持球，另一人轻压；对墙（10~20厘米）连续传。

图 8－2－10　传球　　　　图 8－2－11　隔网传球

(3)原地和移动传球练习:自抛自传;一抛一传;连续向上自传;二人对传。

(4)三角传球:顺时针和逆时针方向传。

(5)隔网传球(图 8－2－11)。

练习提示:

传球技术难度较大,初学者怕挫伤手指。要多提示动作要点,注意手型、击球点和全身协调用力。常见的错误和纠正方法如下:

(1)大拇指朝前。理解要领,对墙近距离连续传球。

(2)两肘外展过大,易漏球和不易控制传球方向,球传不远。多做靠网、靠墙的顺向传球。

(3)击球点过低或过高。采用传固定球;连续自传;隔网近距传球或近距对墙传球、平传和远传(对准目标)。

(4)用力不协调。多做徒手模仿传球和自抛自传高远球。

(五)扣球

强有力的扣球,可使对方难于防守和组织反击。因此,扣球是进攻的主要手段。扣球技术,可分为正面扣球、调整扣球、勾手扣球、扣快球和自我掩护扣球等方法。下面只介绍正面扣球技术。

技术要点:

(1)准备姿势:稍蹲,上体前倾,两臂自然下垂,观察判断来球,做好助跑起跳的准备。

(2)助跑:一般为两步助跑。助跑时,左脚先迈出一步,然后右脚迅速跨出一大步,同时两臂绕体侧向后引,左脚及时并上,在右脚侧前着地制动,两膝弯曲,身体后倾,重心自然后移和下降,两脚尖稍向后移,膝稍内扣(8－2－12②～④)。

图 8－2－12　扣球

(3)起跳:助跑最后一步当左脚踏地的同时两臂由后积极有力地向前上方摆动。随着双腿爆发性蹬地伸膝向上起跳(图 8-2-12⑤⑥⑦⑧⑨)。

(4)空中击球:起跳后,挺胸展腹,上体稍向右转,右臂屈肘向后上方抬起,身体成反弓形。挥臂时,快速转体收腹,依次带动肩、肘,腕向前上方,成鞭甩动作挥动。击球时,五指微张呈勺形,在右肩的前上方,挥直手臂到最高点,用全掌包满甩击球的后中部,同时主动用力屈腕屈指向前推压,使扣出的球加速上旋(图 8-2-12⑨⑩)。

(5)落地:以前脚掌先着地再过渡到全脚掌着地,并顺势屈膝,收腹。

练习方法:

(1)助跑起跳练习:原地、一步、二步起跳,面对网墙起跳。

(2)挥臂练习:原地徒手挥臂;原地挥击固定目标;原地轻扣同伴的传球。

(3)对墙连续扣反弹球,注意提高击球点和控球能力。

(4)自抛自扣:原地和起跳后扣击球(对墙、隔网)。

(5)扣固定球:扣吊球;扣教师网上的持球。

(6)4 号位扣球:上一步、二步扣教师的抛球和二传球(定点球、高弧度球)。

练习提示:

扣球技术动作复杂,难度大,要做到起跳有力、蹬摆协调、鞭甩挥臂、高点击球。挥臂击球是难点,可将挥臂击球和助跑起跳进行分解练习。常见的错误和纠正方法如下:

(1)助跑起跳前冲。采用地上画线练习掌握正确助跑起跳技术;对墙助跑起跳。

(2)扣球手臂未伸直,动作僵硬。多练习原地扣球过低网。

(3)击球点不准,多做扣吊球练习。

(4)上步起跳过早。教师以口令提示。

(六)拦网

拦网的目的在于直接拦死或拦回对方的来球,或将有力的扣球拦起为后排防守减轻压力。拦网技术可以分为单人和集体(2~3 人)拦网两种。现介绍单人拦网技术。

技术要点:

(1)准备姿势:距网 30~40 厘米面对网,两脚平行开立,约与肩同宽,两膝稍屈,两臂自然屈肘置于胸前(图 8-2-13①)。

图 8-2-13　拦网

(2)移动起跳:看准对方进攻点时,迅速移动(可采用并步、滑步、交叉步或跑步法),最后一步两腿下蹲并制动成准备姿势。起跳时,两臂划小弧快摆,顺网上伸,稍收腹,两腿用力蹬地，使身体垂直向上腾起（图 8－2－13②③）。

（3）空中动作：两臂伸直，两肩尽量上提。两臂靠拢、平行，两手尽量接近球（图 8－2－13③④）。两手自然张开距小于球径，屈指屈腕呈勺型。触球时，两手紧张，手腕用力下压盖住球的前上方（图 8－2－13④⑤）。

（4）落地：身体下落时略收腹，先前脚掌着地，再屈膝缓冲，做下一动作的准备。

练习方法：

（1）徒手模仿练习：对墙、对网徒手练习，两人隔网起跳互相触手。

（2）原地拦网：一抛一拦。

（3）原地和移动起跳拦网：拦击隔网固定球；拦击定点扣球。

（4）4、2 号位拦网练习：拦固定路线球；拦不固定路线球。

练习提示：

拦网动作不太复杂，但必须掌握好移动、起跳的时机和伸直双臂保持正确手型。常犯错误和纠正方法如下：

（1）拦网时，伸臂、提肩不充分。采用对墙两臂上举，两手指尖贴墙，往上延伸。

（2）起跳时间掌握不当。采用以口令提示帮助掌握起跳时机。

（3）双臂下压扑球、身体前冲触网或过中线。采用对墙原地或移动拦网练习。

二、基本战术简介

排球战术多种多样，现介绍几个基本实用的战术。

（一）阵容配备

阵容配备是根据队员的特长，本队的战术思想，安排队员的场上位置，以最大限度地发挥该队的技、战术水平。目前一般球队常用的是“二传四攻”的“四二”配备。即四名扣球队员和两名二传队员分别安排在相对应位置上（图 8－2－14①）。这种配备可使每个轮次都能保持有两名扣球手和一名二传手。

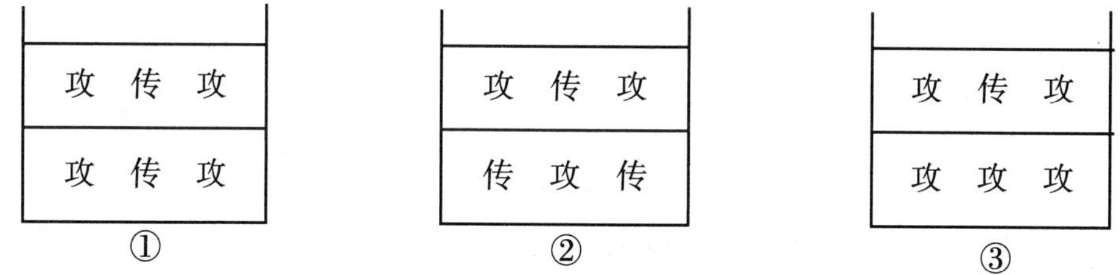

图 8－2－14　阵容配备

其他尚有根据不同水平而设的“三三”配备、“五一”配备（图 8－2－14②③）。

（二）接发球与进攻（一攻）战术

接发球是进攻的基础，是由防守转为进攻的转折点，只有接好一传，才能保证战术的组成和有力的进攻。现介绍接发球站位和“中一二”、“边一二”进攻战术。

1. 接发球站位

根据本队采用的进攻战术及队员接发球的能力和对方发球的方法、特点，有多种站位法，主要有“一三二”、“一二一二”、“三二”形式（图 8－2－15 为常用的“一三二”站位法）。

2.“中一二”进攻战术

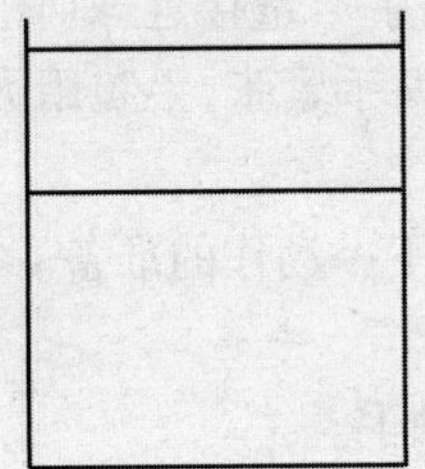

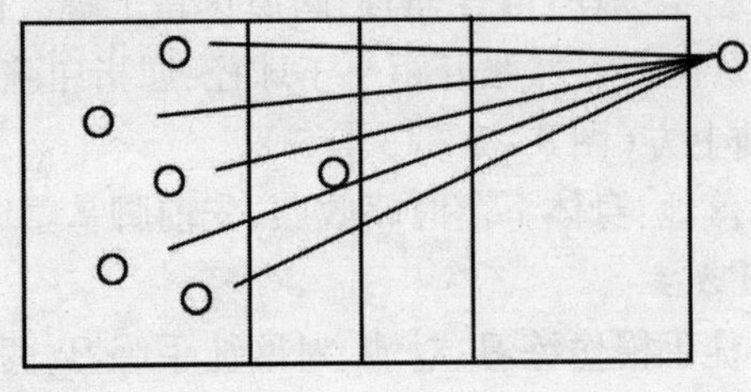

图 8－2－15 “一三二”站位法

由前排中间队员传球给前排两边队员进攻的组织形式叫“中一二”进攻战术。这种战术，容易组织，分工明确，但只有两点进攻，战术简单，对方容易组织集体拦网。是一般初学者常采用的战术形式（图 8－2－16）。

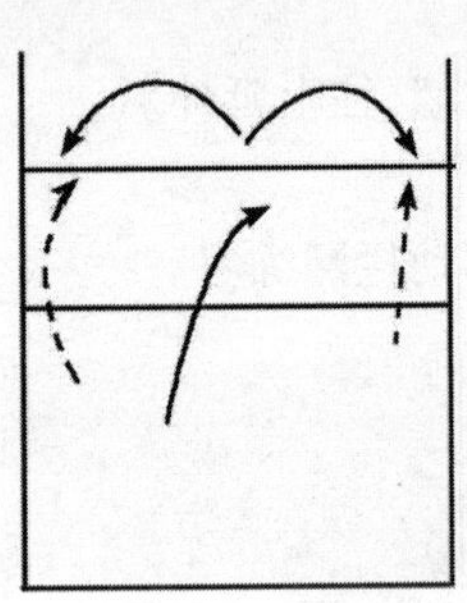

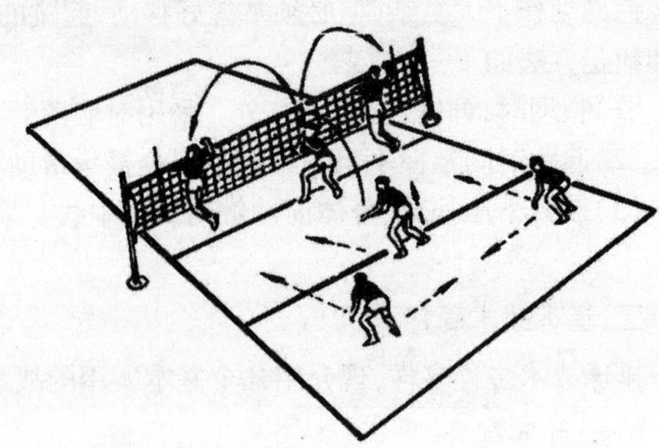

图 8－2－16 “中一二”进攻战术

3.“边一二”进攻战术

接发球时，把球垫给 2 号位队员，由他组织传给 3、4 号位队员扣球，这种战术称“边一二”进攻战术。两个进攻队员可以互相配合，所以战术变化和攻击性均比“中一二”战术强（图 8－2－17）。

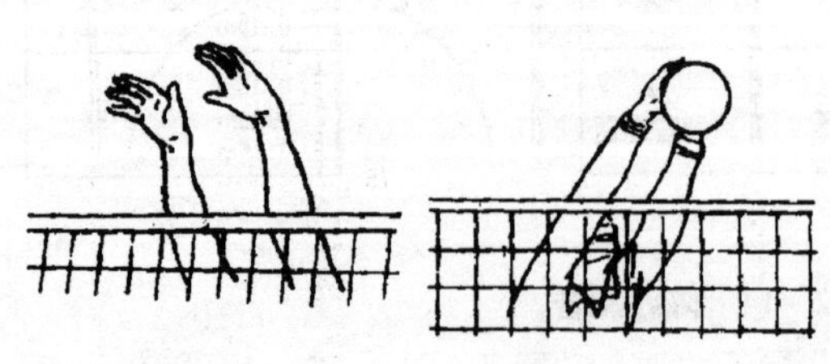

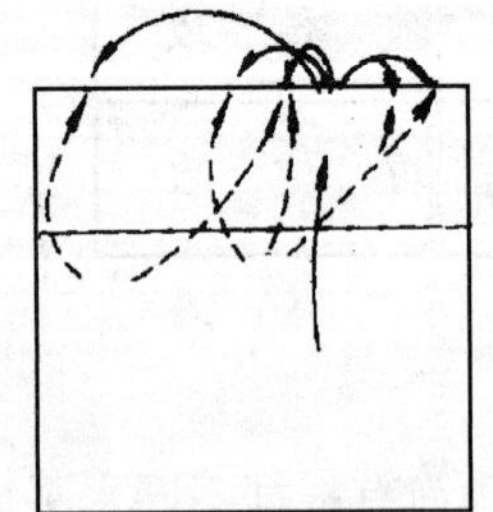

图 8－2－17 “边一二”进攻战术

（三）接扣球防守反攻战术

接扣球反攻战术是由拦网和后排防守两部分组成。拦网是第一道防线，后排防守是反攻的基础。根据对方的进攻特点，防守反攻可分为单人拦网、双人拦网和三人拦网防守反攻。现重点介绍单人拦网防守反攻战术。

在对扣球威力不大，路线变化不多的情况下，可采用单人拦网防守反攻战术。由于对方进攻队员相对应位置的队员拦网或固定由3号位队员拦网,后撤保护则有3号位队员或2、4号位队员。将防守起来的球,又重新组织进攻(图8-2-18)。

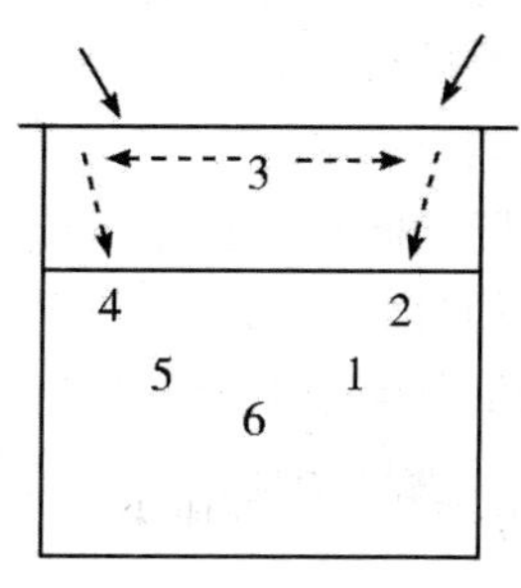

图8-2-18 接扣球防守反攻战术

三、规则简介与比赛方法

规则简介

1. 规则简介

(1)场地设备:比赛场地长18米,宽9米,球场四周至少在3米内不得有障碍物。把18米球场分成均等两个区,中间画一条线称中线,离中线3米的两个区各有一条平行线称进攻线。进攻线至中线为前场区。进攻线至端线为后场区。两边端线为发球区(图8-2-19、图8-2-20、图8-2-21)。

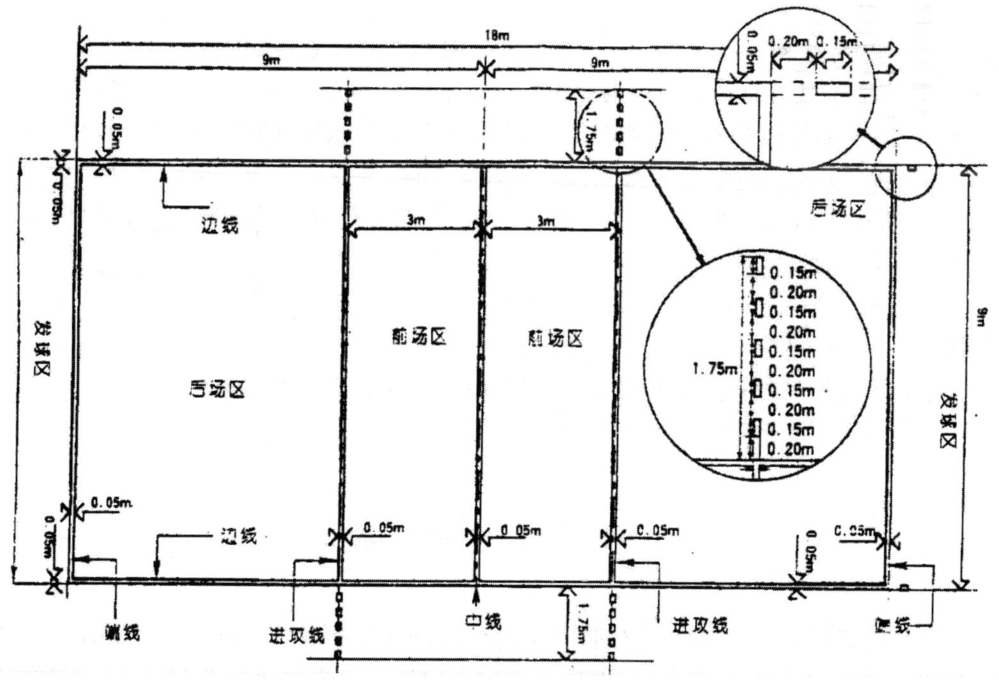

图8-2-19 排球场地

球网长9.5米,宽1米,在球网9米处有两条标志带和两根标志杆,杆长1.8米。正式比赛球网高度男子为2.43米,女子为2.24米。

比赛用球圆周为65~67厘米、重量为260~280克、气压为$(3.92\sim4.41)\times10^4$帕。

(2)暂停:只有在死球时,经教练员或场上队长请求后,裁判员才准予暂停。每局比赛每队可以有两次暂停,每次暂停时间不得超过30秒。教练员可在场外进行指导。

(3)换人:只有在死球时,经教练员或场上队长请求后,裁判才准予换人。每局每队最多可替换6人次。6人次可同时替换,亦可分开替换。每局开始上场的队员只能退出比赛一次,如再次上场比赛,只能回到原来轮次的位置上。而替补队员每局只能上场比赛一次。

(4)界外球:球触及标志杆、网绳、网柱或球网标志杆以外部分;球触及场外物体、天花板或非比赛成员;球的整体或部分从非过网区完全越过球网的垂直面;球接触地面的整个部分落在界线以外。

(5)犯规:遇有发球次序错误、发球击球时场上队员位置错误、发球违例、四次击球(拦网除外)、持球、连击、触网、过中线、过网击球(合法拦网除外)、后排队员犯规以及不良行为等,都按犯规判罚。

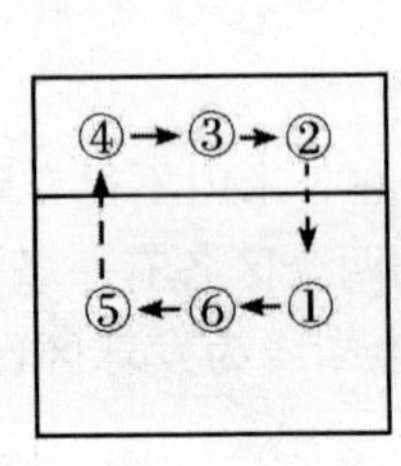

图8-2-20　比赛站位

图8-2-21　轮转站位

(6)犯规判罚:比赛行动的犯规判罚失一球(对方胜一球)。如果对方是发球队,则得一分并继续发球。如果对方是接发球队,则获得发球权得分(决胜局除外)。决胜局中,某队胜一球即得一分(每球得分制)。发球队得分后继续发球,接发球队得发球权并得一分。如果两个或更多的犯规先后发生,则只判罚第一个犯规,如果双方队员同时犯规,则判“双方犯规”,该球重新进行。

思考题:

1. 排球场地长多少米?宽多少米?男子网高多少米?女子网高多少米?
2. 排球运动有何特点?

第三节　足　球

足球是以脚为主支配球的,集体性、对抗性、技能性较强的一项球类运动。这是世界上开展最广泛,国际交往最频繁,影响力最大的体育项目。正式比赛每队11人。比赛在长方形平坦的场地上进行,场地两端各设有球门。比赛时,双方不断互换攻守。攻方队员尽量把球引进对方的球,阻挠对方带球传接球接近自己的球门,并防止对方射球入门。比赛以射球入门的多少分胜负。目前高校广泛开展了5人制足球、7人制定球、沙滩足球等活动。

经常参加足球运动能有效地发展青年学生的身体素质,促进身心健康,提高身体各器官系统的功能。还有助于培养勇敢顽强,机智果断,坚韧不拔,勇于克服困难,团结互助和开拓进取等集体主义精神。

一、基本技术与练习方法

足球的基本技术主要包括踢球、接球、运球、抢截球、头顶球、掷界外球等。

(一)踢球

踢球是足球运动中最基本的技术,主要用于传球和射门。踢球脚法很多,一般均由助跑、支撑脚站位、踢球腿摆动、脚触球和踢球后的随前动作5个环节所组成。

1. 脚内侧踢球

技术要点:脚触球部位是跖趾关节、舟骨和跟骨所构成的三角部位(图8－3－1)。直线助跑,支撑脚踏在球侧15厘米左右处,脚尖对准出球方向,膝关节微屈。在支撑脚着地的同时踢球腿以髋关节为轴由后向前摆动,屈膝外展约90°,小腿加速前摆,脚尖稍翘起,踝关节紧张用力,用脚内侧部位击球的后中部(图8－3－2)。

图8－3－1　脚触球部位　　图8－3－2　脚内侧部位击球

2. 内脚背踢球

图8－3－3　触球部位

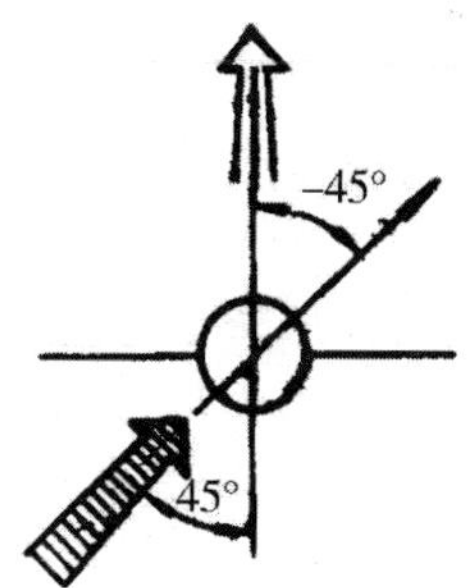

图8－3－4　角度

技术要点:触球部位是第一跖骨体及跖趾关节部位(图8－3－3)。斜线助跑,与出球方向约成45°(图8－3－4),最后一步稍大,支撑脚踏在球侧后约20～25厘米处,脚尖指向出球方向,膝微屈,身体稍向支撑脚一侧倾斜。踢球腿以髋关节为轴,大腿带动小腿由后向前摆,当大腿摆至接近垂直地面时,小腿加速前摆,膝关节稍向内旋,脚面绷直,脚尖指向斜下方,以脚背内侧踢球的后中部(图8－3－5)。

图 8－3－5　内脚背踢球

图 8－3－6　正脚背踢球部位

3. 正脚背踢球

技术要点：用脚背正面部位（楔骨、趾骨和末端）触球（图 8－3－6）。直线助跑，最后一步稍大并要积极着地，支撑脚踏在球侧约 10～12 厘米处，脚尖正对出球方向，膝关节微屈，踢球腿在支撑脚着地前顺势向后摆起，小腿折叠。支撑脚着地同时，以髋关节为轴，大腿带动小腿由后向前摆动，在膝盖摆至接近球正上方的瞬间，小腿加速前摆发力，脚背绷直，脚趾扣紧，以脚背正面击球的后中部，踢后脚随出球方向继续前摆（图 8－3－7）。

图 8－3－7　正脚背踢球

练习方法：

（1）无球的模仿练习。

（2）固定球、定位球、近距离或对墙的踢球练习。

（3）踢远、踢准和在活动中进行练习。

（4）综合性技术练习及射门练习。

练习提示：

（1）支撑脚要对准出球方向，位置要选准。

（2）助跑最后一步要稍大，大腿带小腿，摆速要快。

（3）脚型要控制好，触球部位要准确，否则影响踢球的力量和准确性。

（二）接球

接球是指运动员有目的地用身体的合理部位，把运行中的球接停在所需要的控制范围内。

1. 脚内侧接地滚球

技术要点：支撑脚正对来球，膝关节微屈，停球腿以膝关节为轴屈膝外转，小腿向后稍摆起，踝关节紧张用力，用脚内侧挡住球的后上部，同时自上而下切压球，把球控制在下一个动作需要

图 8－3－8　脚内侧接地滚球

的位置上(图 8－3－8)。

2. 脚内侧接反弹球

技术要点：判断好球的落点，支撑脚踏在球落点的侧前方，膝关节微屈，上体前倾并向停球方向微转。停球腿屈膝向侧方抬起并后摆，小腿放松，脚尖翘起使停球腿与地面形成锐角。当球刚反弹离地瞬间，停球腿小腿下摆，用脚内侧推压球的中上部(图 8－3－9)。

3. 脚底接反弹球

技术要点：判断好来球落点，支撑脚踏在球落点的侧后方，脚尖正对来球方向，膝关节微屈；停球腿屈膝向前提起，脚尖上翘；当球反弹离地瞬间，用脚前掌对准球的反弹路线，主动推压球的后上部(图 8－3－10)。

图 8－3－10　脚底接反弹球

练习方法：

(1)无球模仿动作练习。

(2)近距离传接、抛接和对墙踢接。

(3)在跑动中传接，速度由慢到快。

(4)综合练习和传抢游戏。

练习提示：

(1)准确判断球的性能、落点与速度是各种接球动作的前提。

(2)缓冲动作是接球的关键，迎接、推压、切挡和改变球的运行路线，是各种接球的基本方法。

(3)接球后身体要及时跟上并与下一个动作紧密衔接。

(三)运球

运球是运动员在跑动中用脚连续推拨球，使之与在移动中的人一起行进，它是为个人突破和战术配合服务的。

1. 脚背内侧运球

技术要点：跑动时身体自然放松，步幅要小些，上体前倾稍向运球方向侧转，运球脚提起时，膝关节微屈，脚跟提起，脚尖外展，用脚背内侧推拨球使球随身体前进(图 8－3－11)。

图 8－3－11　脚背内侧运球

2. 脚背外侧运球

技术要点：跑动时身体自然放松，上体稍前倾，两臂自然摆动，步幅小些，运球腿提起，膝关节微屈，脚跟提起，脚尖稍内转，在迈步前伸着地前用脚背外侧推拨球的后中部(图 8－3－12)。

练习方法：

(1)在走与慢跑中无球模仿练习。

图 8－3－12　脚背外侧运球

(2)在走与慢跑中,先单脚后双脚,先直线后曲线运球。

(3)人丛中运球和小间距的绕杆运球。

(4)运球过人练习。

练习提示:

(1)运球是推拨球,而不是踢球,要使球始终在控制范围内。

(2)运球时步幅要小,身体要放松,重心移动要快。

(3)运球时要养成抬头观察的习惯,不要低头运转。

(四)抢截球

抢截球是比赛中由防守转为进攻的重要手段,在规则允许的条件下,把对方控制的球抢夺过来或破坏掉。

1. 正面跨步抢截球

技术要点:两脚前后开立,两膝微屈,身体重心下降。当对手运球脚触球后还未着地的刹那,一脚用力蹬地,另一脚屈膝以内侧部位对着球跨步伸出,上体前倾,身体重心迅速移至抢球脚上(图 8－3－13)。如双方的脚同时触球时,则可抢先顺势向上提拉,使球从对方脚背滚过(图 8－3－14)。

图 8－3－13　正面跨步抢截球

2. 侧面合理冲撞抢球

技术要点:当与对手并肩跑动追球时,身体重心稍下降,靠近对手一侧的手臂要紧贴身体。在对手远离自己一侧的脚支撑时,用肘关节以上部位,适度冲撞对方相应部位,使其失去平衡而离开球,乘机将球控制住(图 8－3－15)。

练习方法:

(1)无球模仿练习。

(2)二人一球,做原地跨步抢球练习。

图 8－3－14 抢截球

图 8－3－15 冲撞抢球

(3)模拟对抗抢截球:一人慢运球,练习者做正面抢截球。

(4)二人在同向慢跑和快跑中进行冲撞抢球练习。

练习提示:

(1)要掌握好抢球时机和动作准确性,否则易失误、犯规。

(2)抢球动作要迅速、果断。

(五)头顶球

头顶球是比赛中为了争取时间和取得空中优势的一项重要技术,它是传球、射门和抢截球的有效手段。

1. 原地前额正面头顶球

技术要点:两脚开立,注视来球,上体稍后仰,下颌平收,两臂自然张开。当来球接近身体垂直部位时,蹬地、收腹、摆体、用前额正面(图 8－3－16)将球顶出(图 8－3－17)。

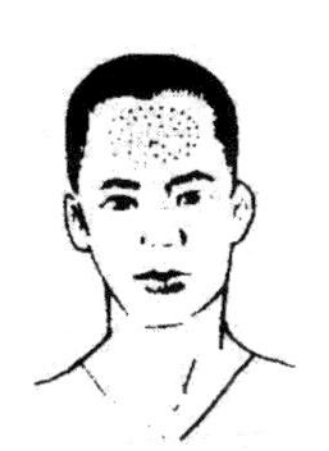

图 8－3－16 前额正面部位

图 8－3－17 前额正面头顶球

2. 跳起前额正面头顶球

图 8－3－18 跳起前额正面头顶球

技术要点：跳起顶球首先要准确判断球的落点和起跳时间，在起跳过程中要挺胸展腹，身体成背弓，当跳至最高点时顶球，其他动作同原地顶球（图 8－3－18）。

练习方法：

（1）徒手模仿顶球动作练习。

（2）两人一球，一人抛球，一人头顶，或一人一球，自抛自顶，或用吊球进行练习，体会顶球部位和动作要领。

（3）两人一球，相距 5 米，自抛自顶给对方，或一人一球对墙练习。

（4）两人一球，一抛一顶，连续对顶或一进一退中顶。

（5）三人一球，作三角顶球练习比赛，在规定时间内，以连续顶球次数多者为胜。

练习提示：

（1）对初学者首先要克服紧张心理，绝不可闭眼、缩颈做顶球动作，要主动迎击球。

（2）跳起顶球首先要准确判断球的落点和起跳时间，起跳过早或过晚，则顶球无力或顶不到球。

（3）不论用哪种顶球方法，都必须使所有参加运动的关节肌肉都协调一致地用力。

（六）掷界外球

掷界外球是在比赛中按照规则的要求，有目的地用双手将球掷入场内的动作。掷界外球时，接球队员不受越位规则的限制，活动范围大，特别在对方罚球区附近，运用准确，大力的掷球比角球的威胁还大。掷界外球方法有原地和助跑两种。

技术要点：掷球时要面对出球方向，两脚开立，两手自然张开，持球的侧后部，屈肘将球举至头后，上体后仰膝微屈。掷球时，两脚用力蹬地，收腹摆体、挥臂、甩腕，将球从头后经头顶掷出（图 8－3－19）。

图 8－3－19　掷界外球

助跑掷界外球是助跑时两手持球于胸前，在最后一步迈出的同时，将球举至头后，同时身体后仰成背弓，两脚前后开立，其他掷球动作与原地掷相同。

练习方法：

（1）根据规则和动作要点，无球模仿练习。

（2）两人一球互掷，距离由近至远，要求练习中球不落地或结合其他技、战术练习。为增强臂力，可用实心球代替。

（3）界外球掷准、掷远比赛。

练习提示：

掷界外球技术并不复杂，但它是规则性较强的技术动作，一定要按照规则的要求进行。

根据规则规定,下列情况为违例。

(1)掷球时脚离地、进场或远离规定的掷球点掷球。

(2)掷球时未用双手将球从头后经头顶掷入场内。

(3)掷球时没有面向出球方向,两手用力不均,掷球动作不连贯。

二、基本战术简介

足球运动由四大要素组成:素质、技术、战术、作风。他们之间的关系是:素质是基础,技术是关键,战术是手段,作风是保证。足球是以集体配合为主的项目,要想取得比赛的胜利,必须采用有效的战术配合,把场上队员协调成有机的整体。实践证明,在势均力敌的比赛中,巧妙地运用战术是取胜的重要因素。

足球战术包括进攻战术与防守战术。

(一)进攻战术

进攻战术包括基础战术和整体战术,"二过一"属基础战术,它是比赛中运用最普遍最基本的进攻战术。比赛中常用的二过一配合有以下几种:

1. 斜传直插二过一、直传斜插二过一

技术要点:持球者用脚内侧斜传或直传防守者身后,接应者快速直插或斜插防守者身后接球(图 8 - 3 - 20、图 8 - 3 - 21)。

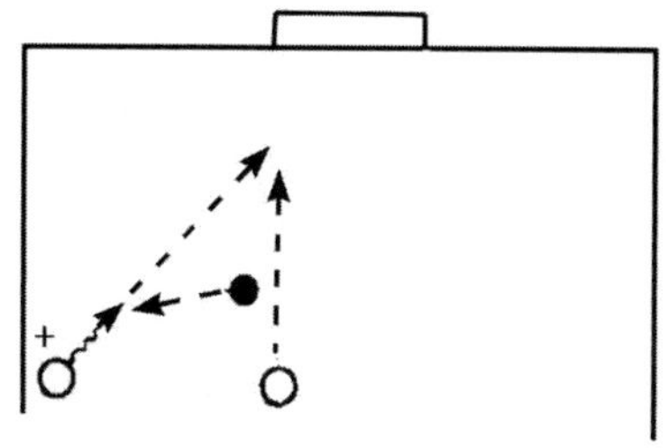

图 8 - 3 - 20　斜传直插二过一

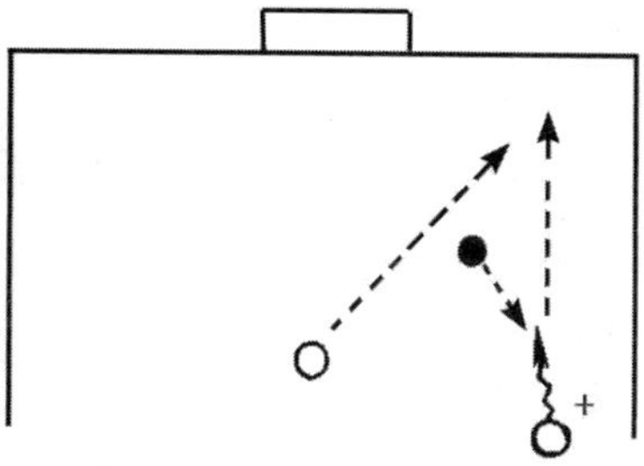

图 8 - 3 - 21　直传斜插二过一

2. 踢墙式二过一

技术要点:进攻队员带球逼近防守者时,突然传脚下球,接应人直接将球传至防守队员身后空当儿,该进攻队员则快速切入接球(图 8 - 3 - 22)。

3. 回传反切二过一

技术要点:被对方紧逼无法突破时,及时回传给同伴,并快速反切摆脱对手接同伴传球(图 8 - 3 - 23)。

练习方法:

先用障碍物代替防守者,两人一球作模拟练习,然后正式设防守队员进行实战练习,接球射门。

练习提示:

传球前要有假动作,根据同伴速度和方向,传到有利位置,接球者要注意避免越位。

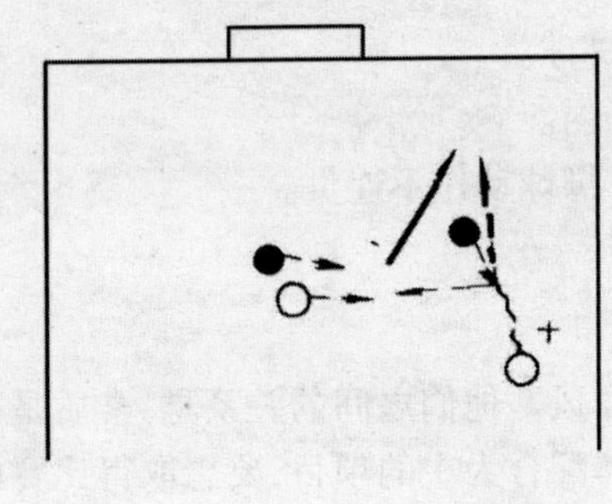

图 8－3－22　踢墙式二过一

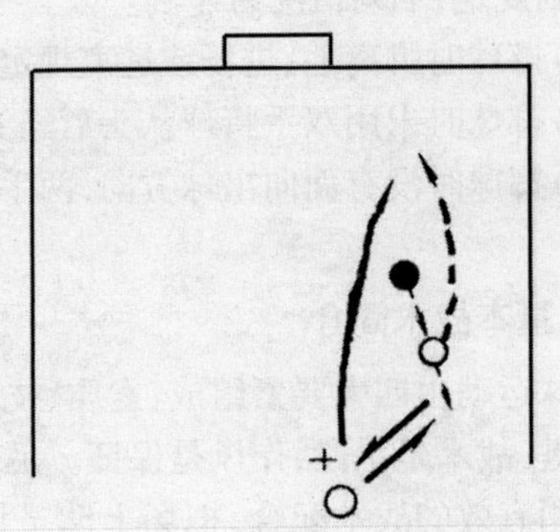

图 8－3－23　回传反切二过一

（二）防守战术

防守战术也包括基础战术和整体战术，选位、盯人和补位都是基础战术的组成部分。

1. 选位

技术要点：后卫在防守时，应站在对手与本方球门所构成的一条直线上，要根据球的位置向左右、前后移动，做到人球兼顾。

2. 盯人

技术要点：积极主动地盯住一个进攻队员，封阻其活动，不让他占据有利空位，使其接应、传球、跑位等发生困难。

3. 补位

技术要点：邻近防守队员站位要有层次，互相要有保护、补漏的意识。

练习方法：

先用摆棋示意防守战术要点，然后模拟站位进行练习。

练习提示：

要以防中间、防内线为主的原则进行选位、盯人、补位。

三、规则简介与比赛方法

规则简介

1. 比赛场地

标准比赛场地，长度为 100～110 米，宽度为 64～75 米。国际足联规定世界杯比赛场地长 105 米、宽 68 米。标准场地上都有端线、边线、中线、球门线、球门区、罚球区、角球区、中点、罚球点、中圈、罚球弧。球门高度为 2.44 米、宽度为 7.32 米，门柱和各线的宽度均为 12 厘米（图 8－3－24）。

2. 队员人数

比赛时，每队上场队员不得多于 11 人，其中必须有 1 名守门员。比赛开始或进行中，某队队员人数不足 7 人时比赛不能进行，应判该队弃权。正式国际比赛替补员不得多于 3 名（其中 1 人必须是守门员）。被替补下场的队员不得再次参加该场比赛。

3. 球出界与进球

球的整体从地面或空中越出边线或端线即为球出界（图 8－3－25）。比赛中，球的整体

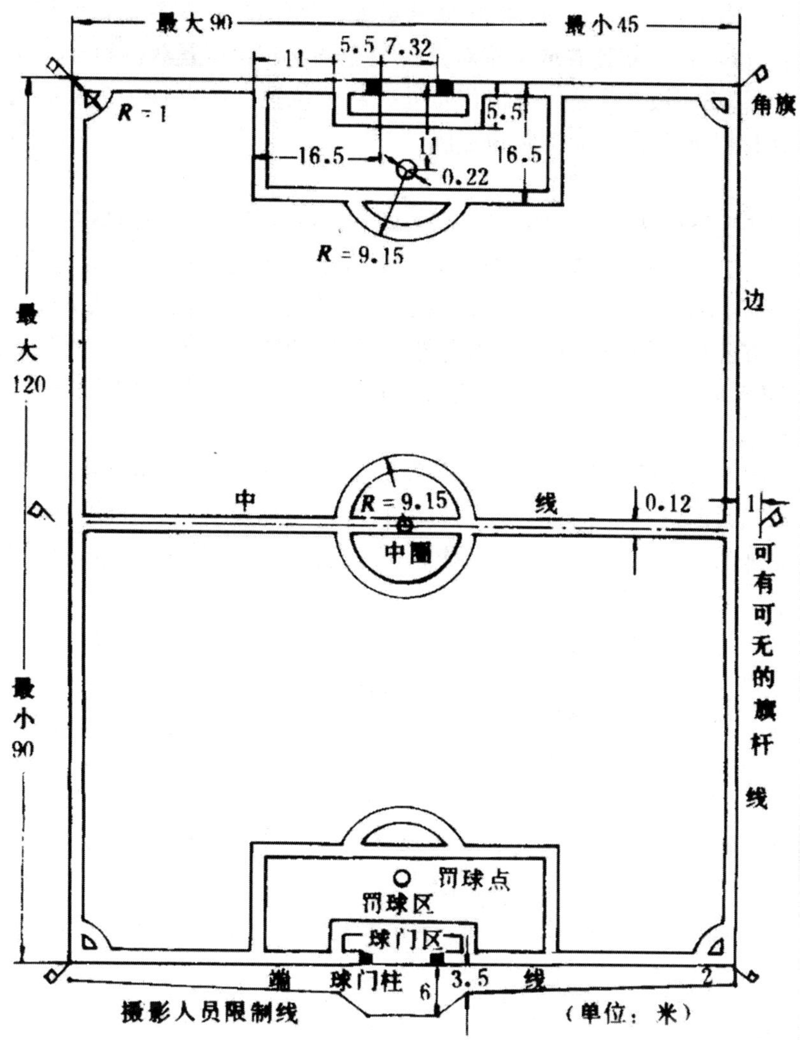

图 8－3－24　足球场地

从两门柱间及横木下越过球门线的垂直面即为胜一球(图 8－3－26)。

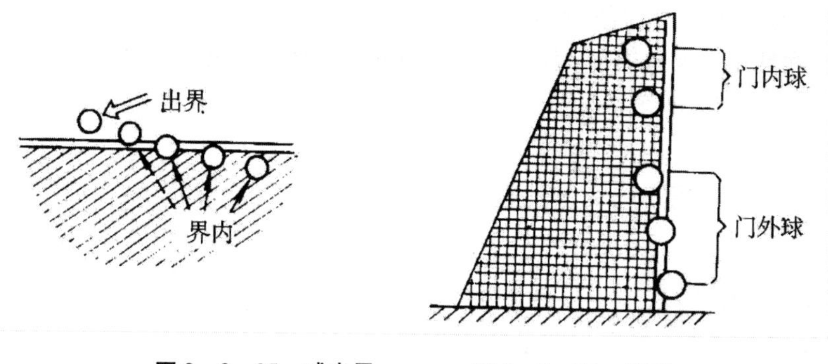

图 8－3－25　球出界　　　　图 8－3－26　进球

4. 越位

队员在对方半场,在球的前面,并在他与对方端线之间防守队员不足两人时,该队员即处于越位位置。队员在触球的一刹那,同队队员处于越位位置,裁判员认为该队员有下列情况时,应判罚越位:(1)干扰比赛或干扰对方;(2)企图从越位位置获得利益。

但进攻队员,不应被判为越位。仅仅是处在越位位置。或者直接接得球门球、角球、界外球或裁判员的坠球时,则不应被判为越位。

5. 犯规

队员故意违反下列9项规定的任何一项,即判罚直接任意球(踢球队员可以直接射入对方球门得分)。如果守方队员在本方罚球区内出现下述犯规动作之一者,应由对方罚点球:(1)踢或企图踢对方队员;(2)绊摔或企图绊摔对方队员;(3)跳向对方队员;(4)猛烈或带有危险性冲撞对方队员;(5)除对方正在阻挡外,从背后冲撞对方队员;(6)打或企图打对方队员,或向对方队员吐唾沫;(7)拉扯对方队员;(8)推对方队员;(9)用手触球(守门员在本方罚球区内除外)。

队员违反下列规定的任何一项者,应判罚间接任意球(踢球队员不能直接射门得分,除非在球进入球门以前曾被非主踢队员踢或触及);(1)危险动作;(2)阻挡、连踢犯规;(3)合理冲撞非控制球的队员;(4)冲撞手中无球的守门员;(5)守门员在本方罚球区内违例等。

6. 警告与罚出场

队员出现下列情况时,应被警告(黄牌):(1)队员擅自进离场;(2)队员连续违反规则者;(3)用言语或行动对裁判员的判决表示不满者;(4)有不正当行为者。

队员出现下列情况时,应被罚令出场(红牌):(1)犯有暴力行为或严重犯规;(2)语言恶劣或进行辱骂者;(3)经警告后,仍坚持其不正当行为者。

思考题:

1. 结合参加比赛或看比赛,看看自己掌握了多少足球比赛规则知识和技术战术知识?

第四节 乒乓球

乒乓球运动速度快、变化多、富有技巧性和趣味性。特别在比赛时,视力高度集中,大脑皮层始终处在兴奋和抑制交替过程中,强度大而且转换迅速,因而对提高视觉的敏锐性和神经系统的灵敏性有着很大的锻炼价值。

此外,乒乓球运动设备简单,不受年龄、性别限制,运动量可大可小,因而深受广大青年学生喜爱。

一、基本技术与练习方法

(一)握拍法

1. 直拍快攻型握法

以食指第二关节和拇指第一关节扣压拍前,指距一指,虎口贴住拍柄,其他三指自然弯曲重叠,中指第一关节顶在拍后中线处(图8-4-1)。

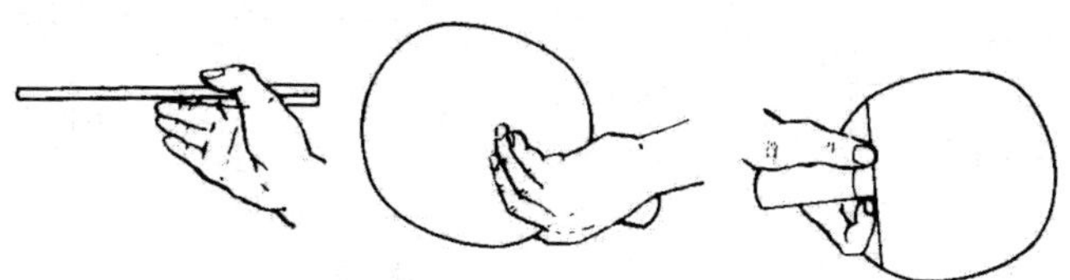

图 8－4－1　直拍快攻型握法

2. 横拍握法

虎口贴住拍肩，中指、无名指、小指握住拍柄，拇指放在正面，食指自然伸直置于背面（图 8－4－2）。

练习提示：

图 8－4－2　横拍握法

（1）直握拍钳式不能过大或过小，拍后三指既不能紧握成团，又不宜伸直全托，需保持手指调节拍面和手腕转动的灵活性和击球的发力。

（2）直拍握法和横拍握法技术上各有优缺点，练习者以适合自己为宜，本教材基本采用直握拍教学。

（二）准备姿势

两脚平行站立比肩稍宽，两膝微屈稍内扣，前脚掌内侧着地，提踵，上体略前倾，收腹、含胸，重心置于两脚之间，下颌稍向后收，两眼注视来球。执拍手臂自然弯曲，置于身体右侧（图 8－4－3 为右手直拍，下例同）。

图 8－4－3　准备姿势

练习提示：

准备姿势是一切基本技术的开始和终止。不论运动水平达到何种程度，都必须要重视每击完一球后迅速恢复还原到准备姿势，以便下一个击球。

（三）步法

由于来球的落点不断变化，要准确地还击每个来球，除必须具备快速的反应和良好的身体素质外，还要靠正确、灵活的步法，及时移动身体到最佳的击球位置。常用的几种步法有：

1. 单步

以一脚前脚掌为轴，另一脚向前、后、左、右不同的方向移动一步。在来球角度不大，小范围内使用（图 8－4－4）。

2. 跨步

来球同侧脚先向侧跨一大步，后跟着地，另一脚随即跟进移动。这是常用来对付来球急、角度大、离身体稍远的球（图 8－4－5）。

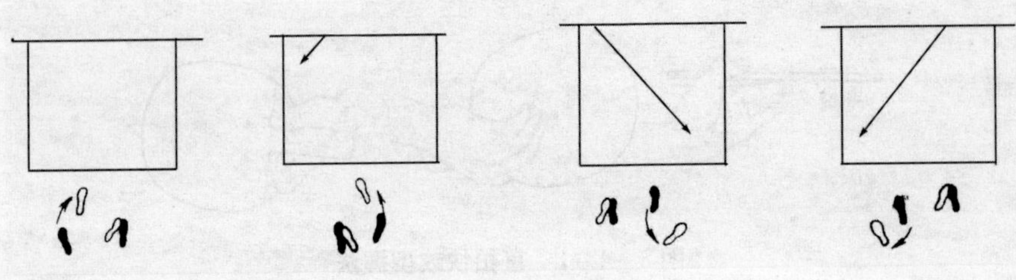

图 8－4－4　单步

3. 跳步

一脚用力蹬地，使两脚离开地面，同时向左或右或前后跳动。快攻型打法用它来侧身（图 8－4－6）。

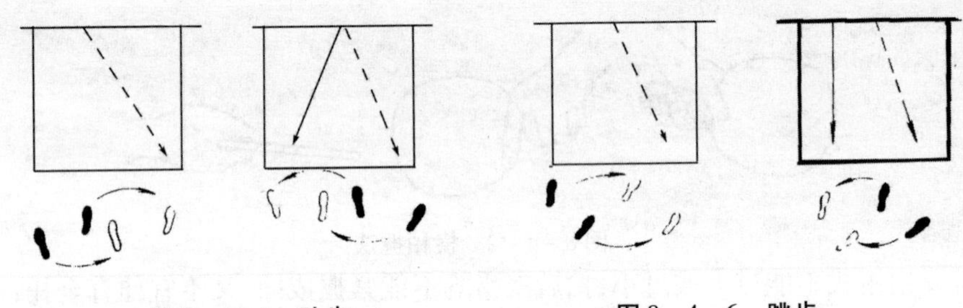

图 8－4－5　跨步　　图 8－4－6　跳步

4. 并步（换步）

来球远侧方的脚先向近侧方靠一步，然后近侧方的脚再向来球方向迈一步。在小范围内移动，常使用此步法（图 8－4－7）。

5. 交叉步

来球反方向的脚向来球方向移动一小步，另一脚迅速向来球方向迈一步。主要用于对付离身体较远的来球，如快攻在侧身进攻后扑空当常用此步法（图 8－4－8）。

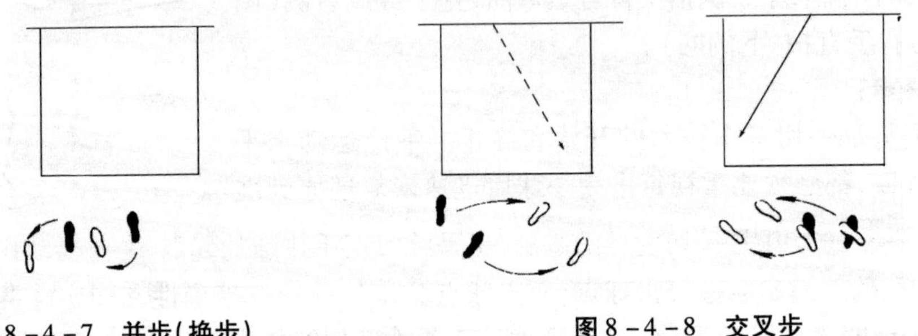

图 8－4－7　并步（换步）　　图 8－4－8　交叉步

（四）发球

发球是唯一不受对方制约的技术。在比赛中应力争主动，先发制人，争取胜利的重要环节。发球种类有：高抛、低抛与下蹲；正手、反手与侧身；速度、落点、混合旋转和单一旋转等。初学者先学习正手平击和正手加转下旋与不转球两种发球。

1. 正手平击发球

站位中近台，左脚稍前，身体略向右转，左臂屈肘掌心托球置于体侧。发球开始时，持球手将球向上抛起，同时执拍手臂自然向侧后伸肘引拍，拍面垂直。当球从高点回落至离地 100 厘米处，上臂带动前臂向前迅速挥拍，手腕旋内，拍形稍前倾，触球中上部。击球后，手臂随势摆动,球拍收势于左脸前,眼见球拍背面,身体转正。

2. 正手发下旋加转球与不转球

发加转下旋球时,左脚在前,左肩侧对球台,持球向上抛球,同时,执拍手臂将拍引至后上方略比肩高,肘部后移,带动手腕内旋,球拍呈横状拍面垂直,重心后移。当球回落时,肘关节加速运动,前臂带动手腕猛然加力旋外,在胸腹前偏右一前臂距离处,拍形后仰用球拍下部靠左的部位,触球正后位底部,加大力臂摩擦球体,击球后,随势将重心移至前脚。“切”球愈薄,发球愈转(图 8－4－9)。

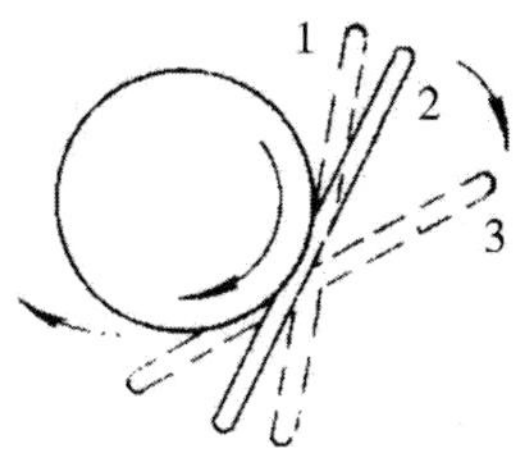

图 8－4－9　下旋加转球

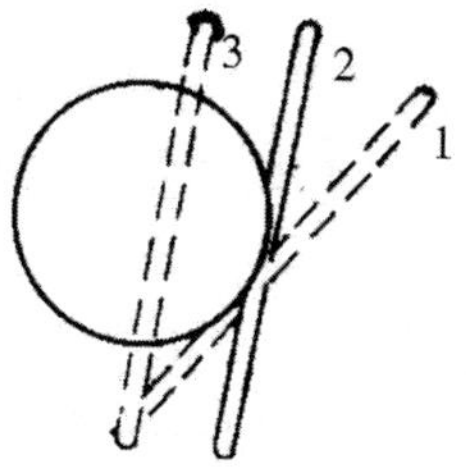

图 8－4－10　不转球

发不转球与发加转下旋球的主要区别在于球拍触球瞬间,突然减慢手臂前进速度,并减小拍形后仰角度,用球拍中部偏右的地方去碰撞球的中下部,使作用力接近球心,由于力臂小使力矩小,因而旋转就弱似成不转球(图 8－4－10)。

练习方法:

(1)模仿发球动作,进行持拍摆臂练习。

(2)抛球和挥拍分解练习。

(3)在球台上进行完整发球练习。

(4)双方对练发球并与接发球相结合练习。

(5)采用多球练习。用一箩筐球,每筐 50～60 球。

(6)发上旋球结合推与攻练习,发下旋球结合对搓与正手快拉球练习。

(7)由浅入深,从易到难,落点从不定点到规定区域;手法从明显区别到相似手法发不同旋转性能的球。

练习提示:

(1)正手平击发球是一切发球的基础,也是练习正手攻球的起点,一定要动作规范。

(2)发球的关键是掌握好击球点,而击球点又是与抛球的准确性和稳定性,执拍手臂发力,控制拍形,触球时间与部位相关联,要反复进行分解练习和对教学练习挡板、墙进行自练。

(3)如果抛球不稳定,造成失误多或落点不稳定。就需反复练习抛球和执拍手的配合。

(4)击球点过高或过低,造成球出界或下网,可采用多球来提高练习密度,并按动作要求反复练习。

(5)发平击式球,拍面前倾不够和发加转下旋球拍面后仰过多,均会造成发球不过网。纠正时需调整拍面角度,并规定第一落点应在台面近端线的 40 厘米范围区域内。

(五)接发球

乒乓球比赛首先是从发球和接发球开始,比赛中接发球技术差就会造成被动,导致心理上的紧张和畏惧，造成一连串失误。如果接发球技术好，不仅可以直接得分，也可以破坏和限制对方的抢攻，从而为自己的进攻创造有利的条件。

技术要点：

接发球的手段很多，通常采用推挡、搓球和攻球、削球等技术来回击。

练习方法：

(1)选好合适的站位。比赛中根据发球方站位，预测来球落点和准备采用何种方法接球而站位，一般不宜过远或过近，约离台 30 ~ 40 厘米左右，左右距离以能击好大角度来球为宜。

(2)准确识别发球的旋转和落点。接发球的关键是要自始至终注视来球，尤其是发球方球拍与球接触瞬间的动作，包括触球部位、球拍移动方向、用力程度等。

练习提示：

(1)一般不安排单独时间练习接发球，应与发球结合起来练。

(2)充分理解和掌握旋转原理和发球技术是提高接发球的前提。

(3)在比赛中，先以稳健为主，控制好球的旋转和落点，并不断总结进行改进。

(六)推挡球

推挡球技术特点是站位近、动作小、击球早、球速快、变化多。推挡包括：快推、加力推、减力推等技术，这里主要介绍快推。

技术要点：站位离台 30 ~ 40 厘米左右，偏左半台 1/3 处。两脚开立，比肩略宽，左脚稍前。初学时可以右脚稍前，两脚前后相距半脚。击球前，执拍手臂贴身，前臂外旋屈肘成 100°，后撤引拍成半横状，拍面垂直。击球时，上臂带动前臂向前稍微向上辅助用力推击，触球瞬间食指压拍，拇指放松，中指顶拍背，手腕加力外旋，拍形稍前倾，在腹前靠左侧离身约一前臂距离处，在来球上升期击球中部或中上部。击球后，手臂即刻止前顺势收回(图 8 – 4 – 11)。

图 8 – 4 – 11　推挡球

练习方法：

(1)持拍模仿推挡动作。

(2)对教学练习板墙自击练习(首先拍型后仰对墙击球，控制落点高度在 2 至 3 只网高处，待球反弹落台后按推挡动作要求进行连续自击练习)。先右脚稍前，再右脚稍后；先注意动作结构的质量，再要求单球连击达 50 次为及格。

(3)用推挡接正手平击发球，并进行左方斜线对推练习(先右脚稍前，再右脚稍后；先慢后快，先轻后重)。

(4)技术水平不同的同学互帮互助。

(5)先对推斜线,再对推直线;从一点推两点到推不同落点。

(6)一人攻球或推挡后侧身攻,另一人推挡,二人轮换。

练习提示:

(1)对教学练习挡板或对墙自练是提高推挡球的重要手段。严格掌握单球连击达标要求,一般约 50 次左右,方可进行二人对练。

(2)判断来球落点不准或掌握不好节奏,造成漏接球或用力不当。需反复对教学练习挡板做自击练习,提高判断和反应能力。

(3)击球拍型后仰,用力向下切击球使回球下旋。应该改进握拍,并使大拇指放松,食指用力,中指顶拍背,前臂外旋,转动手腕向前上方用力,在来球上升期触球中上部或中部。

(4)击球时间过晚,造成回球过高。需提高反应能力和步法起动速度,建立快节奏概念。

(5)击球点离身过远,造成动作不协调,应使站位近台,反复体验推击动作。

(七)攻球

攻球是乒乓球技术中重要的组成部分,是比赛中争取主动,克敌制胜的重要手段。

攻球分为正手攻球,反手攻球,侧身攻球三大部分。各部分还包括近台、中远台、扣杀等各种技术。现学习正手近台,正手中远台、正手快拉球三种。

1. 正手近台快攻

近台快攻具有站位近、动作小、速度快、有一定力量的特点。运用得当可为扣杀创造机会,也可直接得分。

技术要点:站位离台约 40 厘米左右,左脚稍前,身体与端线约成 30°角左右。击球前,前臂稍内旋向右侧引拍,并与端线平行,大拇指压拍,球拍成横立状,拍面垂直成 80°角前倾,重心偏右。击球时,当球从台面弹起时,前臂快速发力,在右胸正前方一前臂距离处迎击上升期来球,触球中上部,使拍面沿球体小弧形转动,同时重心通过轻微转腰快速完成从右脚到左脚的转换。击球后,顺势将球拍挥至左额前方,并迅速还原,手臂肌肉放松,准备下一板连续击球(图 8-4-12)。

图 8-4-12 正手近台快攻

2. 正手中远台攻球

其特点是力量较重,进攻性较强。常采用交叉步和跨步移动。

技术要点:站位中远台,左脚在前,身体与端线成 45°。击球前,执拍手臂微屈肘,向右后方引拍,前臂与地面略平行。球拍呈半横状,拍面约垂直,击球时,右脚蹬地,上体左转,在上臂带动下以前臂发力为主,由右、后、下向左、前、上挥拍,在胸、颈部正前方一前臂加一球拍距离处,手腕控制拍面角度,在来球高点期或下降前期,触球中上部和中部,击球后,重心转至左脚前掌，再迅速“反弹”放松还原，作下一次击球准备(图8－4－13)。

图8－4－13　正手中远台攻球

3. 正手快拉球

快拉球通常也叫拉攻或提拉球，是一项对付下旋球的重要技术。它具有速度较快、动作较小、线路活和命中率高的特点。

技术要点：

(1)站位比快攻稍远，击球前整个手臂放松，前臂略下沉。

(2)拉球时，前臂发力为主，在来球高点期或下降前期，手腕同时向前向上用力转动球拍摩擦来球，制造上旋弧线。

(3)拉球时，要判断好来球下旋程度，调整用力大小和方向，调节拍面角度和触球部位(图8－4－14)。

图8－4－14　正手快拉球

练习方法：

(1)腰部转动和重心转换练习。近台快攻采用快速、小幅度、高姿势；中远台攻球采用中速、大幅度、低姿势。

(2)持拍模仿练习。反复体会动作要领，建立正确的技术动作概念。

(3)结合所学步法在移动中模仿攻球练习。

(4)对教学练习挡板或挡墙自抛自击，一球一击不连续；中远台攻球对墙练可落地后连击。近台快攻对教学练习挡板连击。

(5)接同伴固定发球，攻打一板后重新再接。

(6)在推挡陪练下进行攻球练习，先斜线后直线，先定点后1/2台至2/3台移动；先有规律后无规律；先轻击并规定连击次数后发力攻球。

(7)在教学比赛中进行攻球练习。

练习提示：

(1)在正手攻球系列技术动作中一般学习顺序按近台攻球对推挡、中远台对攻、中远台攻球对推挡或中台对攻、正手近台斜线对攻、中远台对攻伺机扣杀、用快拉球接加转下旋发球开始进行正手1/2至2/3台走动攻或推攻综合练习。

(2)击球时抬肘,动作不协调。应注意正确握拍,触球时,大拇指用力压拍使拍面前倾。可采用不执拍手拉住执拍手臂肘部来练习。

(3)触球时不能控制拍型,造成准确性差。需在击球时大拇指用力,中指顶住拍背,转动手腕,固定前倾拍型。

(4)击球点掌握不好,击球质量差。需要反复对教学练习挡板自练,建立正确的概念。

(八)搓球

搓球是近台还击下旋球的一种基本技术,搓球可分为反手搓球和正手搓球;慢搓和快搓;加转搓球和搓不转球等。这里主要学练反手加转慢搓。

技术要点;站离球台约50厘米,右脚稍前,上体竖直,重心居中。击球前,手臂引拍至左肩处,屈肘成80°,手腕内收(微勾),拍面稍后仰。击球时,以肘关节为轴前臂发力带动手腕迅速向前下方挥拍,同时伸肘,前臂略内旋和上翘手腕,在左胸前一前臂距离处,迎来球下降后期,击球中下部,并向底部摩擦。击球后,手臂肌肉放松,并随即收回还原,准备下次击球(图8-4-15)。

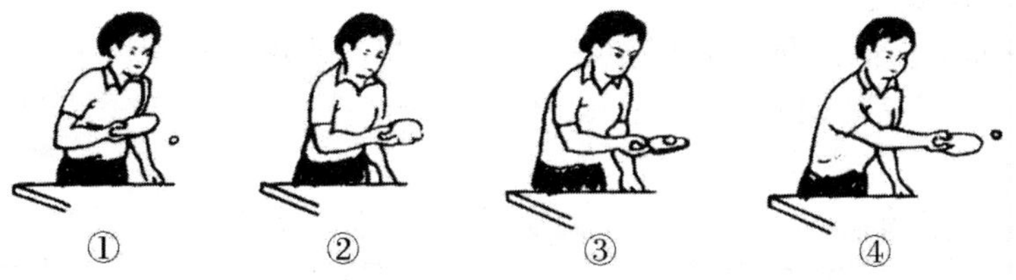

图8-4-15　搓球

练习方法:

(1)摆臂模仿练习。

(2)对教学练习板墙自抛自击。

(3)接下旋发球。

(4)规定左方斜线对搓。

(5)搓球变直线与正手快球衔接。

练习提示:

(1)在对教学练习挡板或挡墙自练中,一定要有切削动作,用力方向要正直,保持稳定的下降期击球时间,使球产生较强烈下旋。

(2)在对练中,首先要发好强烈下旋球,或属下旋性质的球。

(3)脚步移动要及时,选好击球点,保持前臂发力切削适宜的距离。

二、击球质量的技术要素与基本环节

(一)击球质量的技术要素

乒乓球运动是一项对抗性很强的项目,谁在比赛中打得“准、快、转、狠、变”谁就能获胜。所以不论何种打法和技术动作都要在“准确、速度、旋转、力量和落点”五个要素上下工夫,尤以准确为贵。

要使球打得准,必须制造适当的弧线才能提高命中率;要使球打得快,只有提早击球时间,缩短球在空中运行的时间或距离;要打得狠,就要充分利用手臂、腰和腿的协力,增大击球的爆发力;要打得转,就必须研究怎样才能加强摩擦力,弄清楚产生旋转的原因以及增强旋转的方法;要使球的落点打得好,必须把握好节奏、用力方向、调节拍型诸因素,尽量扩大对方接球的范围,有效地调动对手。

准确、速度、旋转、力量、落点五种要素构成乒乓球击球质量。它们之间既矛盾又统一,共同存在于每一种打法,每一种技术和每一次击球动作之中,运用得好起着相互补充和促进作用,掌握不好,相互牵制和制约,就会影响技术的提高。

(二)击球基本环节

反应判断、移步选位、挥拍击球、还原准备,这是还击球的四个基本环节,它贯穿于每一次击球之中。

(1)反应判断:又可称为“准备”。快速反应和正确判断来球是决定移动步法和击球的前提。判断来球包括来球的落点、旋转的性质和强度,以及力量大小和速度的快慢。

(2)移步选位:移步是以估计来球及实际判断为依据,符合准备采取的击球动作,抢占最有利的击球位置。步法移动的快慢和是否到位,直接影响击球的质量,从某种意义上说,步法胜于手法,成为击球的根基。

(3)挥拍击球:在准确判断,移步选位的基础上,根据来球的具体情况,果断地确定自己还击的动作。确定还击方向要果断,完成动作要迅速。挥拍击球的关键是要掌握好击球点和击球时间。

(4)还原准备:为能连续不断还击出高质量的球,在每次击球动作后要求身体重心、球拍、基本姿势三方面均能迅速还原,为下一次击球做好准备。这里重点是身体重心的还原,几乎是每次击球后必须要做到的。尤其是在采用大幅度转换重心,由一腿交换到另一腿时,承受重心的腿犹似弹簧被压缩的,前脚掌内侧蹬地带动转腰就能将重心迅速“反弹”还原,随即成为下次击球的准备。

三、规则简介

(一)合法发球

发球时,球应放在发球员不执拍的手掌,使球静止在本方端线之后和球拍同处在台面的水平面之上,然后将球几乎垂直向上抛起,不得使球旋转,并使球在离开不执拍手手掌之后上升不少于16厘米。当球从抛起的最高点降落时,方可击球,使球先触及本方台区,然后越过或绕过球网再触及接发球员的台区。双打中,球应先后触及发球员和接发球员的右半区;在击球时,球应在发球员的端线之后,但不能超过发球员身体离端线最远的部分,球和球拍应在比赛台面的水平面上。运动员发球时,有责任让裁判员看清他是否按合法发球的规定发球。

(二)重发球

发出的合法发球在越过或绕过球网时触网或触网后被接发球员或其同伴阻挡;在球发出时,接发球员尚未做好准备,而他或他的同伴均没有企图击球;发生运动员不能控制的意外干扰,使运动员未能依照合法发球或回击,裁判员或副裁判员中断比赛。

(三)合法还击

对方发球或击球后,本方运动员必须击球,使球直接越过或绕过球网装置,或触及球网装置后，再触及对方台区。

（四）失分

除重发球外，下列情况均判失 1 分：未合法发球或还击，阻挡或连续击球两次，球连续两次接触本方的台区；用不合规定的拍面击球；当球处于比赛状态时，运动员或其穿带的任何物品移动台面或触及球网装置以及不执拍手触及台面，用不执拍的手击球或球拍脱手后把球碰击过去；还击后，球没有过网或球没有击到对方台面而落地或碰到球网以外的其他物体（不包括"阻挡"）；在双打中，运动员未按发球员和接发球员规定的顺序击球。

（五）一局比赛与一场比赛

比赛中先得 21 分的一方为胜一局。但在 20 平以后，先多得 2 分的一方为胜此局，一场比赛采用三局二胜制或五局三胜制。

思考题：

通过学习，你对哪几种乒乓球接、发球技术掌握较好？

第五节　羽毛球

羽毛球运动是 2 人或 4 人在中隔一网的场地上，用球拍往返拍击一个软托上插有羽毛的球的一项球类运动。羽毛球运动器材设备简便，容易开展，而且简单的基本技术也较易掌握，运动量可大可小，不同性别、年龄和身体状况的人都可以从事这项活动。经常参加羽毛球活动不仅可以发展灵敏性和协调性，提高动作的速度和上、下肢活动的能力，改善内脏器官的功能，增强肌肉力量与短时间高功率的爆发力，以及速度耐力，而且能够培养学生机智、勇敢、顽强、沉着、果断等心理素质。因此深受广大高校大学生的喜爱。

一、基本技术与练习方法

（一）握拍法

1. 正手握拍

图 8－5－1　正手握拍

图 8－5－2　反手握拍

技术要点:正确的方法是先用左手(以右手握拍为例)拿住拍杆,使拍面与地面垂直,然后张开右手使手部下部靠在球拍把柄底端,虎口对着拍柄窄的一面,小指、无名指、中指自然并拢,食指与中指稍分开,自然弯曲并贴在拍柄上(图 8 –5 –1)。

2. 反手握拍

技术要点:在正手握拍的基础上,将球拍稍外转,拇指伸直贴在拍柄宽面上,其余四指并拢,手心留有空隙(图 8 –5 –2)。

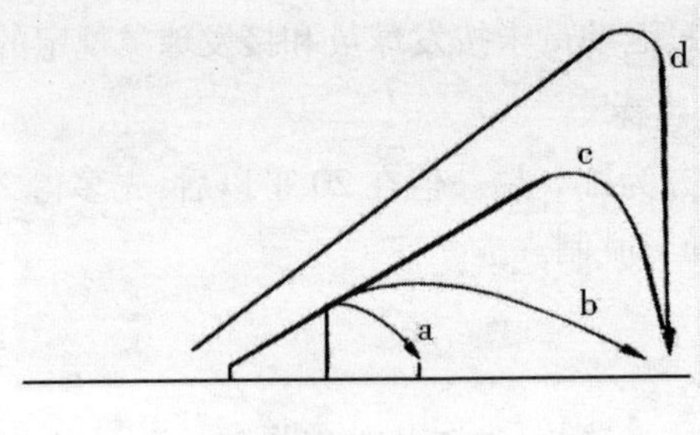

图 8 –5 –3

a – 网前球; b – 平快球; a – 平高球; b – 高远球;

(二)发球

羽毛球发球种类按球在空中飞行弧线可分为发高远球、发平高球、发平快球、发网前球(图 8 –5 –3)。下面介绍正手发高远球与发网前球。

1. 发高远球

技术要点:身体左肩侧对球网,左脚在前,右脚在后,站在离前发球线约 1.2 ~1.5 米靠近中线处。右手持拍向右后侧举起,肘部微屈,左手拇指、食指、中指夹住球托与羽毛连接处举在身体右前侧。发球时左手将球自然放下,同时右手持拍由上臂带动前臂,从后沿身体向前挥动,并用手腕爆发力向前上方将球击出,随后球拍顺势挥向左上方缓冲(图 8 –5 –4)。

图 8 –5 –4 发高远球

练习方法:

(1)挥拍练习:模仿发球动作做挥拍练习。

(2)对发练习:两人一组,隔网相站做对发高远球练习。

(3)准确性练习:在对方场区画出圆圈,将球发至圈内,并可逐步缩小圆圈与变换位置。

练习提示:初学者练习发高远球时会出现动作僵硬,放球与挥拍配合不当,击球点离身体过近或过远,发球后球拍未顺势向左上方而是挥向右上方等错误动作。在纠正时,首先要建立正确的发球动作概念,抓住发球时最后用力这一主要环节,作反复挥拍及对发练习,也可单人对墙做发球练习,提高发球技术。

2. 发网前球

技术要点:发球前的准备动作同发高远球。击球时,握拍要放松,上臂动作要小,主动靠前臂带动手腕向前“切送”。用力要轻,拍面角度要控制好,以使发出的球尽量贴网而过并落在前发球线附近。

练习方法:练习方法基本同发高远球。另可结合扑球进行练习,以提高发网前球的实战效果。

练习提示:发网前球易犯错误主要是用力与拍面和球接触角度不当,造成过网点过高或落网。纠正方法是反复体会发球时的“切球、送拍”动作并控制好出球的角度。

(三)后场高空击球

后场高空球也称后场上手击球,即在尽可能高的击球点上,还击对方向底线击来的高球。它具有主动性强,击球力量大等特点,可给对方造成较大威胁,是初学者必须首先学会的技术。

1. 高远球

击高远球分为正手、反手、头顶三种击法。下面介绍正手击法。

技术要点:判断来球方向和落点后,侧身后退(后退步法请参阅“步法”内容)至球下,左肩对网,左脚在前,右脚在后,重心在右脚上。右手持拍手臂自然弯曲举至右肩上方。击球时,上臂后引,随之肘关节上提明显高于肩部,将球拍引至头后,自然伸腕,然后在后脚蹬地、转体和腰腹协调用力下,以肩为轴,上臂带动前臂快速向前上方甩腕,在手臂伸直的最高点击球。随后球拍顺惯性往前下方挥动并收拍于体前。与此同时,左脚后撤,右脚向前迈出(图8-5-5)。

图8-5-5　高远球

练习方法:

(1)挥拍练习:按动作要领反复做挥拍练习。有条件的可用网球拍来做挥拍练习。

(2)空中悬球练习:用一细绳将球挂在适当位置,反复练习击球动作。

(3)原地对打练习:两人站在各自场区底线附近,开始先练直线对打,然后再练对角线对打。

(4)一人固定,一人前后移动练习:一人在底线固定位置击出高球,另一人则在回击高球后从底线回到中心位置，再退到底线还击对方打来的高球（图 8－5－6）。

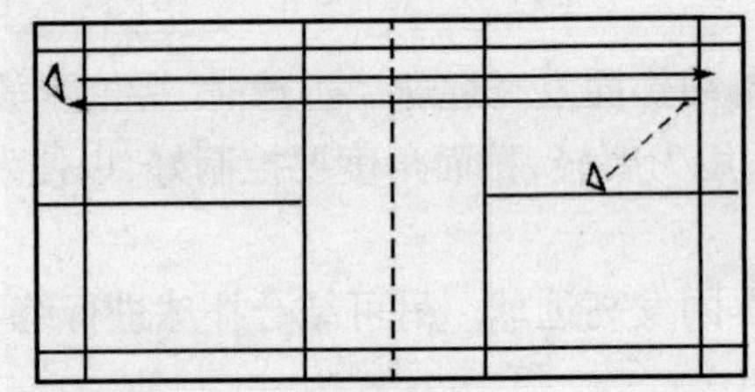

图 8－5－6　一个固定，一人前后移动练习

练习提示：正手击高远球易犯错误有：击球点选择不当，偏前或偏后；击球时不是以肩为轴，影响上臂发力；击球不是用爆发力而是把球推出去；击球前向后引拍不够，未构成一个较长的挥拍距离。在纠正这些错误时，主要是对照技术要点，反复做挥拍练习和原地对打练习，也可照镜子练习挥拍，以便观察动作。

2. 吊球

吊球可以用正手、反手、头顶击球技术来完成。初学者首先要学好正手吊球，然后再学反手及头顶吊球技术。下面介绍正手吊球。

技术要点：击球前期动作同正手击高球。吊球时，拍面正面向内倾斜，手腕做快速切削下压动作，用力要轻。若吊斜线球，则球拍切削球托的右侧。若吊直线球，拍面正对前方，向前下方做切削球。

练习方法：

（1）定点吊斜线球：练习者固定站在后场底线，用正手吊球技术将球吊至对方网前，对方将球挑回练习者的后场，如此反复练习（图 8－5－7）。

（2）定点吊直线球：练习者站在后场，将球直线吊到对方网前，对方则将球挑至练习者后场，如此反复练习（图 8－5－8）。

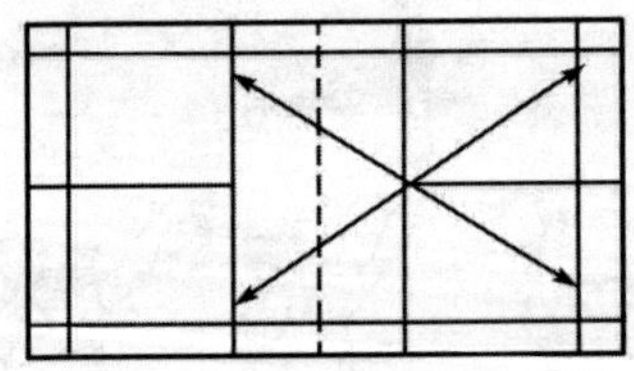

图 8－5－7　定点吊斜线

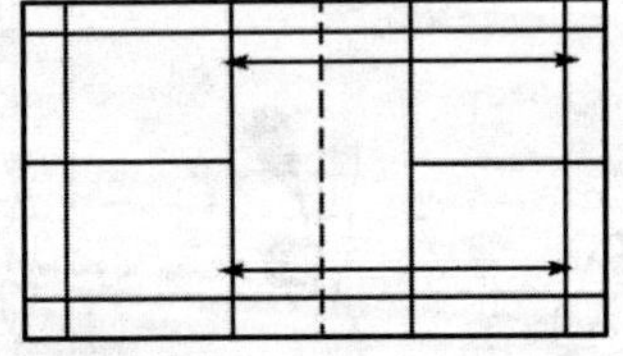

图 8－5－8　定点吊直线

（3）一点吊一点前后移动：练习者在后场底线吊球后，移动到中心位置，然后再回到底线进行吊球。挑球者挑球后退回中心位置，然后再上网挑战（图 8－5－9）。

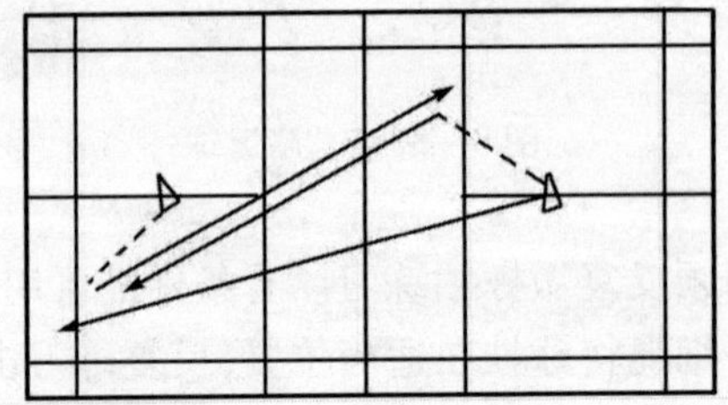

图 8－5－9　一点吊一点前后移动

练习提示：练习吊球时易出现的错误有：击球点过低造成球不过网；不是用“切削”动作

击球，而是往下拉球拍。纠正方法是多进行定点吊球，加大练习密度，体会“切削”动作。

3. 杀球

杀球是进攻的主要技术，它也可用正手、反手、头顶技术来完成。下面介绍正手杀球。

技术要点：击球前的准备姿势和击球动作与正手击高远球一样，不同的是最后用力的方向朝下，而且要充分利用蹬地、转体、收腹以及手臂和手腕的爆发力全力将球向下击出。击球刹那要紧握球拍。

练习方法：

(1)按照技术要点做挥拍练习。

(2)一杀两防。用两人防守可提高练习的连续性和密度，同时，守方可练习防守技术。

(3)多球练习。由一人将球连续发至对方后场进行杀球练习，可有效提高练习密度和强度。

练习提示：杀球技术中易犯错误有：击球点偏后或偏低影响手臂发力；杀球时动作过于紧张，有劲用不上；挥臂时以肘为轴，影响上臂发力；击球时手腕下“甩”不够，造成杀球出界等。因此，在练习杀球时，要特别注意全身协调用力最后通过加快挥臂速度以及手腕下甩来增加杀球力量。

(四)前场网前击球

网前击球是调动对方，寻找战机的重要手段。因它的技术动作轻松而细巧，运用力量要控制适度，所以在学习时，除注意动作规范之外，还应细心体会击球时手腕、手指的细小感觉。

1. 搓球

技术要点：击球前的准备姿势为侧身对网，右腿跨出成弓步(上网步法请参阅“步法”内容)，左脚在后自然拉开，上体略有前倾。击球时，拍面稍前倾，利用手腕和手指力量向前“切削”球托底部或向后“提拉”，使球击出后旋转或滚动过网。搓球一般在对方来球较靠近网上时运用。正反手搓球除握拍不同外，其他要领相同(图 8－5－10)。

图 8－5－10　搓球

2. 勾对角球

技术要点：准备姿势同上。击球时，拍面斜向对方右(左)网前。正手勾对角球时击球托右侧,手腕和手指带动球拍向左内勾动;反手勾对角球时,击球托左侧,同时向右内勾动。

3. 扑球

技术要点:击球时,拍面前倾,上臂带动手腕和手指快速闪动发力,击球后立即收拍,以免触网犯规(图8-5-11)。

图8-5-11 扑球

练习方法:

(1)用多球进行正、反手两个部位的搓、勾、扑球练习。

(2)一对一站在网前,用球对搓、对勾练习。

(3)结合上网步法进行网前球练习。

练习提示:网前击球易犯错误有:手腕与手指用力不当,使击出的球离网太高或落网;击球点低,出手慢等。纠正方法是首先提高抢网意识,即在高点击球;其次是握拍要放松,并用多球反复练习,体会手腕与手指的用力。

(五)步法

1. 上网步法

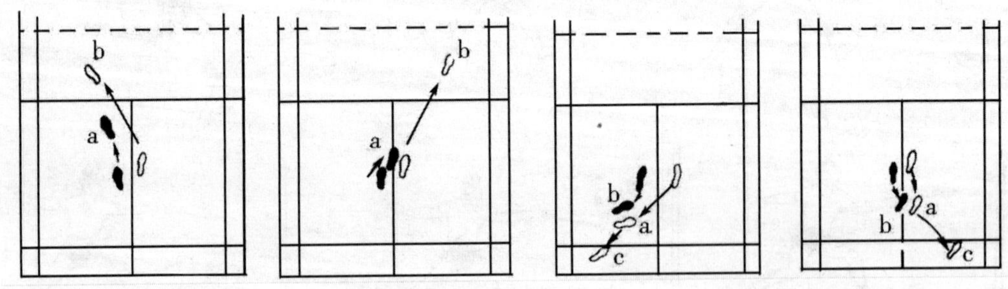

图8-5-12 跨步上网步法　　图8-5-13 后退步法

技术要点:判断准来球后,左脚掌内侧用力蹬地并向来球方向迈出,接着右脚也向前迈出一大步,落地后,右膝关节弯曲缓冲并成弓步,紧接左脚自然向前脚靠上小半步。击球后,右脚蹬地用小步或并步退回中心位置(图8-5-12)。

练习方法：

(1)先做分解步法练习再过渡到完整上网步法练习。

(2)在场外教师手势指挥下做上网步法练习。

(3)结合多球击网前技术，从中心位置向左右两边网前做上网步法练习。

练习提示：

右腿成弓步时，要防止因上网前冲力过大使身体重心越过右腿而失去平衡。另外，前脚落地时，脚尖应朝着边线，而不应朝向内侧。

2. 后退步法

技术要点：判断准来球后，右脚蹬地先向后撤一小步同时上体右转，左肩对网，接着左脚用并步靠近右脚(或从右脚后交叉后撤一步)，右脚再向后撤，左脚再跟上，一直移到球下。在移动过程中，必须完成挥拍击球前的引拍动作。击球后，身体重心随右脚前移迅速用小步回到中心位置(图 8－5－13)。

练习方法：后退步法练习方法同上网步法。

练习提示：在练习后退步法时，要注意侧身后退，前几步要小，最后一步要大，在做完击球动作后重心由后前移，并回到场地中心位置。

二、基本战术简介

羽毛球比赛的战术较多，不管采用什么战术，都要根据双方特点及场上情况合理加以运用，才能收到较好的效果。下面介绍最基本的几种战术。

(一)单打战术

1. 打四方球

技术要点：此战术的主要目的是通过打落点，逼迫对方前后奔跑，被动应付，并在其回球质量下降或露出破绽时乘虚攻之。它对步法较慢，体力较差的对手十分有效。

2. 杀、吊上网

技术要点：这是一种主动进攻的战术。通过高球下压迫使对方被动回网前球，这时迅速上网以扑或搓、勾等网前球技术，制造在中场大力扣杀的机会。这种战术必须很好地控制杀、吊球的落点，使对方被动回网前球，才能主动迅速上网。

(二)双打战术

1. 攻人

技术要点：集中本方力量，重点攻击对方较弱的一人常会给对方造成巨大心理压力而造成失误。

2. 攻中路或攻边

技术要点：对方站位若是左右分开，将球攻到对方中路；当对方前后站位时，则可攻其两边线附近，这样可使对方防守时互相争抢或互让而出现失误。

练习方法：

(1)按教师手势，徒手做扣杀、上网吊球的模仿练习。

(2)按教师信号，用多球进行场区各个方位的击球练习，要求落点正确。

练习提示:

(1)知己知彼是制定战术的依据,了解对方长处和自己的短处,以达到避实就虚,扬长避短的战术。

(2)不论运用哪种战术,必须坚持以我为主的打法。

(3)赛场情况千变万化,为此,战术运用也必须有应变能力,使之比赛经常处于主动地位。

三、规则简介与比赛方法

羽毛球比赛分男、女单打,男、女双打和混合双打5个单项,均用三局二胜制。羽毛球比赛场地长13.40米、宽5.18米(双打场地宽6.1米),一分为二,中间张网,网长6.10米,网宽0.76、网两端离地面1.55米,中央1.524米,网柱压在双打边线中点上。如图(8-5-14)。除女子单打每局11分制外,其余4项均以15分一局计分。在以15分一局的比赛中当双方赛到13平时,可由先得13分者选择再赛5分或不再赛;当赛到14平时,先得14分者可选择再赛3分或不再赛。在11分一局时,赛到9平时,先得9分者可选择再赛3分或不再赛;赛到10平时,先得10分者可选择再赛2分或不再赛。每赛完一局或决胜局中一方先到8分(女单为6分)时,双方交换场区继续比赛。比赛中,发球方胜一球得一分,接发球方胜一球只得发球权。

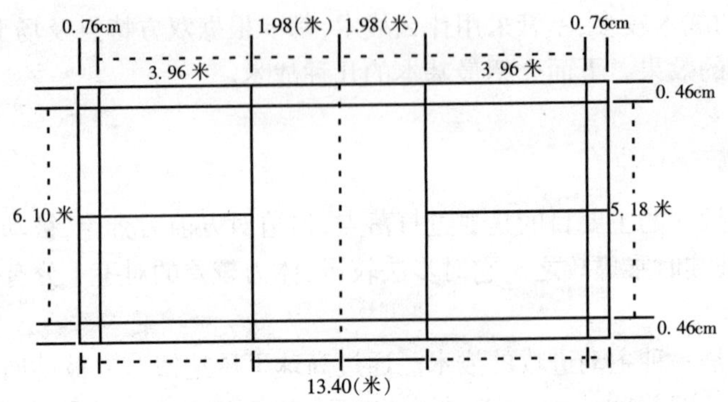

图8-5-14　比赛场地

1. 比赛组织

系统和基层单位的团体赛可采用三场二胜制,即小团体赛的方法按第一单打、双打、第二单打的顺序进行比赛(这种方法重视双打)。也可采取第一单打、第二单打、第三场双打的顺序进行比赛。

2. 发球方位

单打中发球方分数为零或双数时,双方均在右区发球、接发球,分数为单数时在左区发球、接发球。双打中,除每局首先发球一方只有一次发球机会之外,以后双方均有两次发球权。每一方获得发球权时,不论得分是单还是双数,均从右区先发球。当发球方得分该发球员应换至左区继续发球,但接球方队员位置不变。如两次发球权均失去后,则换由对方右区先发球。双打比赛,除发球和接发球外任何队员都可还击。

3. 主要违例及其罚则

(1)过腰:发球时,球的任何部分在击球的瞬间高过运动员的腰部。

(2)过手:发球时,球拍顶端未向下,击球瞬间整个拍框未明显低于发球员握拍的整个手部。

(3)脚步移动:发球时间,发球和接发球双方均不能脚步离地或移动任何一脚。

(4)踩线:发球时,发球和接发球双方的任何一脚踩到或触到发球区的任一界线,或站在发球区外发球,即为"踩线"违例。

(5)短球:发球员发出的球未落入规定的场区内,而落在球网与前发球线之间,为"短球"违例。

(6)连击:一队员在击球时连续两次挥拍击球或双打中两队员连续各击中一次球。

(7)阻挠:用球拍或身体阻挠对方击球,或大喊大叫妨碍对方击球。

(8)过网击球:对方所击之球尚未过网,就抢先击球为"过网击球"违例。

(9)触网:比赛中球未成"死球"前,球拍、身体或衣服的任何部位触及球网或球网的支撑物。

思考题:

你能说出羽毛球场地长、宽多少及网的高度吗?

第六节　网　球

网球运动(包括软式网球)是一项2人或4人在中间隔一网的场地上,用球拍往返击一个橡胶小球的球类运动。由于网球运动兼强身与娱乐为一体,越来越受到大学生的喜爱。现在,不论是网球场上、大学校园里,还是在因陋就简设置的临时场地上,到处可看到爱好者潇洒挥拍的身影。

作为网球运动的初学者,首先是学会并巩固规范化的击球方法。在这个基础上,才能追求更高的目标,力求完善击球技术,应用正确的战术。

一、基本技术与练习方法

(一)握拍法

1. 东方式握拍法

目前东方式握拍法比较流行,尽管正手与反手需要变换握法,但这种握拍法有许多优点,如能妥善处理任何高度的球,用力方便,灵活机动等。

(1)东方式正手握拍法:

技术要点:拍面就像是手掌的延伸一样,握拍时,用左手握拍颈处,把球拍置体前,用右手掌根与拍柄右上斜面紧贴,拇指垫握住拍柄的左垂直面,五指紧握拍柄,食指下关节压住拍柄垂直面(图8-6-1)。

(2)东方式反手握拍法:

技术要点:从东方式正手握拍把右手向左转动四分之一,用手掌根压住拍柄的左上斜面，拇指直伸贴在拍柄的左垂直面上，食指关节压住拍柄右上斜面（图 8－6－2）。

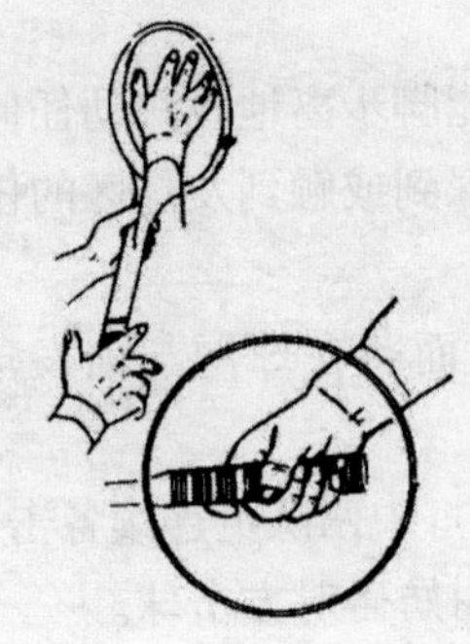
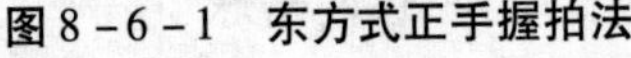

图 8－6－1　东方式正手握拍法

图 8－6－2　东方式反手握拍法

2. 大陆式握拍法

图 8－6－3　大陆式握拍法

技术要点：此法优点是不需变换动作，但对于弹跳较高的球比较难打。握拍时，手由东方式正手握法在拍柄上向左转动八分之一，使大拇指的底部贴在拍柄上面，拇指包卷拍柄，食指第一指节贴在拍柄的右斜面上（图 8－6－3）。

3. 西方式握拍法

技术要点：适用于水泥硬场。握拍时，在东方式正手握拍法的基础上向右移动手掌。若把球拍平放在地板上，然后像提长柄锅那样，就是标准的西方式握拍（图 8－6－4）。

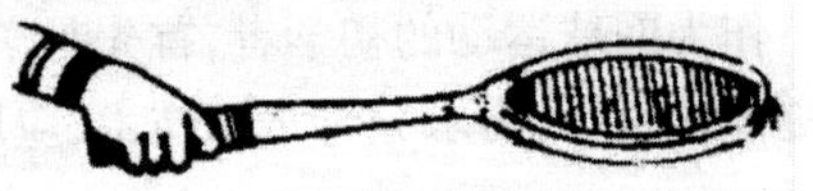

图 8－6－4　西方式握拍法

练习方法：

（1）挥拍练习：站于镜前挥拍，注意动作准确性；2 人一组练习挥拍，互相注意对方动作。

（2）熟悉球性练习：持拍向上颠球；持拍捡球；对准地面上的球，从上敲打使球反弹，用左手接球。

练习提示：

（1）学习适合自己的握拍法。

（2）离拍柄末端约 1.5 厘米处握拍。

（3）依小指、无名指、中指、食指、拇指的顺序握拍。

（4）不击球时，左手拿住球拍的喉部，右手轻轻地握住球拍。

（5）握住球拍时，能够随时迅速地改变握法。

（二）正手击球

正手击球的机会比较多，因而是网球运动中最基本、最主要的击球方法。特点是击球动作深长，击球有力，速度较慢，也是最容易取胜的重要击球技术。

正手和反手击球均有平击、切削和上旋等几种打法。平击球的速度快，力量大，球被击出后飞行弧线偏直，在地面反弹时较低，易于控制球路和球速。上旋球的球飞行弧度高，下落快，反弹后跳得高，不易触网。下旋球产生下旋并向前飘行，落地后弹起很低。

技术要点：

（1）准备姿势：身体前倾，双膝微屈呈“半蹲”状，用非持拍手扶球拍颈部，持拍手稍低于腰部，拍头部与胸齐高（图 8－6－5①）。

图 8－6－5

（2）转肩后摆：当球朝正手方向飞奔时，左手离开球拍，肩向左转，身体侧向球网，两脚前后开立，重心在右脚上。随着转体应快速平稳地向后摆动球拍，球拍后摆的轨迹如同英文大写字母 C，呈水平状后摆，后摆结束时，球拍指向后方（图 8－6－5②③④）。

（3）挥拍击球：在击球前，用左脚对着来球方向跨一步，跨步只求早不能迟。向前挥拍击球时，要紧握球拍，手腕绷紧，球拍从稍低于腰部处开始，做弧线轨迹运动，逐步上升，向前挥动，在左前方触球，拍面与球接触的时间要尽可能地长，便于最大限度地控制球的方向（图 8－6－5⑤⑥⑦）。

（4）随球动作：当球离开拍弦后，球拍应自然地随着击球动作的惯性做随球动作，使持拍手臂向前伸展，肘关节一定要向前向上跟进，挥至左肩一侧，拍头指向天空（图 8－6－5⑧）。

练习方法：

（1）对墙练习：开始离墙 5～6 米，逐渐退至离墙 12 米处，进行各种击球技术的练习。根据不同击球技术，将球击至不同的高度，如 60～90 厘米为平击球，150 厘米以上为上旋球等。

（2）一点打两点练习：练习者 A 将球击至对方底线左右两角，练习者 B 在移动中将球回击到对方中点处（图 8－6－6）。

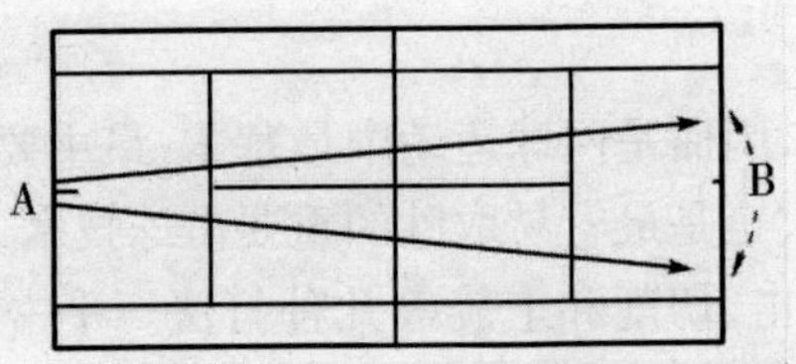

图 8－6－6　一点打两点

(3)8 字形路线击球练习：练习者 A 以正手斜线开始，B 回击正手直线；再由 A 以反手斜线击球，B 用反手直线回击，如此循环（图 8－6－7）。

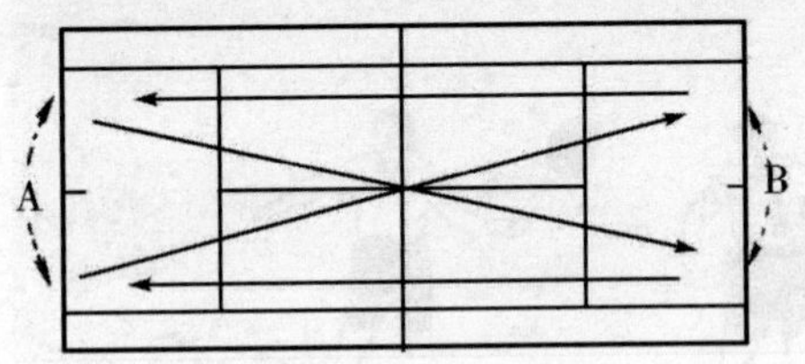

图 8－6－7　8 字形路线出球

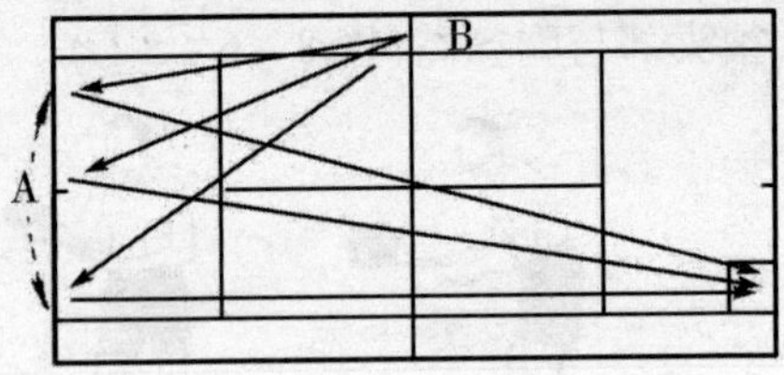

图 8－6－8　固定落点击球

(4)固定落点击球练习：由 B 送球，练习者 A 站于端线不同位置向对方底线固定位置击正手或反手球（图 8－6－8）。

练习提示：

(1)击球过程中要始终看着球，直到自己击球后结束。

(2)后摆动作要早，要迅速。

(3)前挥动作要以身体重心的移动为中心。

(4)身体要呈侧向，球在左髋前击球。

(5)挥拍击球从低处开始，高于肩部结束。

(6)随球动作应自然柔和，不宜太短，以免影响击球深度。

(7)初学者以平击球起步为宜。

(三)反手击球

反手击球有单手和双手两种，也是回击来球和进攻对方必须掌握的基本技术。下面介绍单手击球。

技术要点：

(1)准备姿势：反手击球与正手击球准备姿势基本相同（图 8－6－9①）。

图 8－6－9　反手击球

(2)转肩后摆：当球从对方的球拍弹出向反手方向飞来的一瞬间，向左转肩，变换握法，采用东方式反手握拍法。握法变换很关键。反手击球的后摆要求平稳而连续，但C形动作比正手击球动作小一些（图8－6－9②③④）。

（3）挥拍击球：在向前挥拍前，先伸出右脚，向球网方向跨出一步，这一步是反手击球所必不可少的。击球点应在右髋前30厘米处，因而必须早作准备，否则会束缚挥拍导致击球软弱无力。无球时，身体应前倾，将转体的力量连同挥拍作用于拍弦击球上，这样打出的球才会稳定而有力（图8－6－9⑤⑥⑦）。

（4）随球动作：转体约45°，随球动作结束于侧前方高处，此时，重心在前脚上，后脚跟踮起（图8－6－9⑧）。

练习方法：（参阅本节正手击球）。

练习提示：

（1）移动迅速到位，确定左脚的位置。

（2）注视来球。

（3）腰部扭转幅度要大。

（4）手肘伸直，手腕固定。

（5）以击平击球或切削球为宜。

图8－6－10　发球

（四）发球

发球是现代网球运动最重要的技术之一。发球分为：平击发球、切削发球和旋转发球三类。有效的发球应具有攻击性，并在速度、力量、旋转和落点方面有变化。

技术要点：

（1）握拍与站位：发球时握拍方法采用大陆式握拍法比较合适。发球的站位要求在端线后，身体自然，两脚开立与肩同宽，前脚与端线成45°角，距端线约5厘米，重心放在后脚上，左肩侧对着球（图8－6－10①）。

（2）抛球与后摆：开始时，两手的运动应是“同上同下”的，协调而有节奏。抛球要使球平稳、和缓地离开手指。同时，右手将球拍后拍呈击打姿势，后摆移动成悬垂弧状，向下，然后抬起指向身后的护栏，当左手放开球时，右臂大致与地面平行，这一点，也是后摆结束的标志（图8－6－10②③）。

（3）挥拍击球：后摆结束后紧接着就是“搔背”动作，指的是拍头在身后形成的弧圈和加速的轨迹。后摆是缓慢的，但“搔背”动作是快速的。当球拍头抬起准备触球时，要逐渐转动球拍，根据发球的类型，用相应的拍面去接近球。击球点是在抛球至最高点，刚开始下落时的一瞬间（图 8－6－10④⑤）。

（4）随球动作：击球后，球拍继续以全弧运动，经过身体的左侧。为了加力，右脚可跨入场内（图 8－6－10⑥⑦）。

练习方法：

（1）抛球练习：一是稳定性练习，悬挂一目标，反复向目标抛球，提高抛球的稳定性；二是落点准确性练习，在球正确落地处作一标记，反复练习抛球，让球落入标记内，检查抛出球是否正确。

（2）对墙练习：在墙上划一标记，练习者离墙 6～8 米，将球发向标记，要求动作放松、自然，有一定力量，命中率尽可能高。

（3）场上发球练习：从前场逐渐退至底线后反复练习（图 8－6－11①）。

（4）提高发球准确性练习：在发球区内作出标记，要求练习者将球发向指定的目标（图 8－6－11②）。

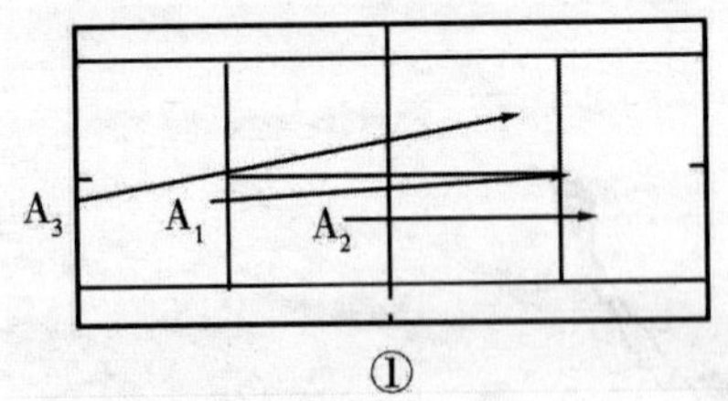

①

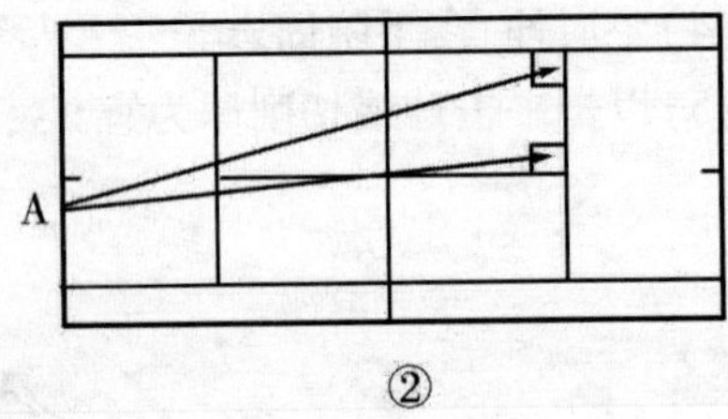

②

图 8－6－11　发球练习

练习提示：

（1）抛球方向合适，抛球点要高，使抛球、后摆和挥拍动作协调配合。

（2）球拍好像扛在右肩后方。

（3）身体和手臂伸直成一直线击球。

（4）挥送动作要大，结束至异侧下方。

（五）接发球

接发球属打落地球技术，也是一项重要的击球技术。接发球时，应根据对方发球的实际情况，如发球的方法、旋转、力量和速度，通过判断，作出相应的接发球方法。欲使接发球成效高，必须记住：当对方发球球离手时，眼不要离球；重心应偏前，并在身前击球；要明确接发球的目的是使球"活着"，不要盲目追求没有可能性的"直接得分"。

（六）截击球

截击球是在网前进行的一种攻击性击球方法，即当球在落地之前，便将来球击回对方场区。它回击速度快、力量重、威胁大，使对方难以应付，是迅速取胜的一种有效手段。截击球分为正手截击和反手截击两种。截击有三大基本要求：采取小幅度后摆；球拍头和双眼尽量同来球保持在同一水平上；在体前击球。

（七）挑高球

挑高球是进攻和防守的双重武器。防守性挑高球的弧线很高，通常从这边的端线高放到另一边的端线附近，从而赢得时间，摆脱困境占据有利位置。进攻性挑高球常用以对付飞速上网的对手，采用突然袭击的方式，将球挑到对方后场较深区，使对方难以到位救球，从而失分。挑高球要注意:要以全身的协调用力击球,不可只靠腕力打球;球拍向上挥送,至少要到达头部的位置;以对手的反手侧为目标,击出底线高球。

(七)步法

网球的步法不仅是奔跑,良好的步法要求有如芭蕾舞演员的精确性,拳击手的反应,及篮球运动员的善择时机。步法移动的规律是:起动时前几步步幅要小,中段加快速度,到快要击球时,应缩小步幅,并予以调整到最佳击球位置。

1. 正手移动步法

(1)移动1~2米的步法(图8-6-12)。

(2)移动4~5米的步法(图8-6-13)。

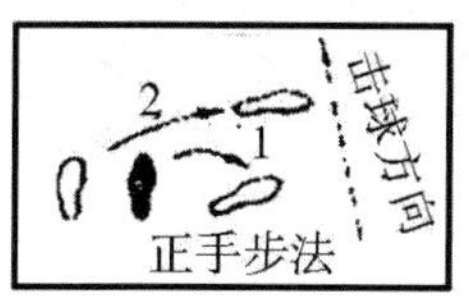

图8-6-12 移动1~2米的步法

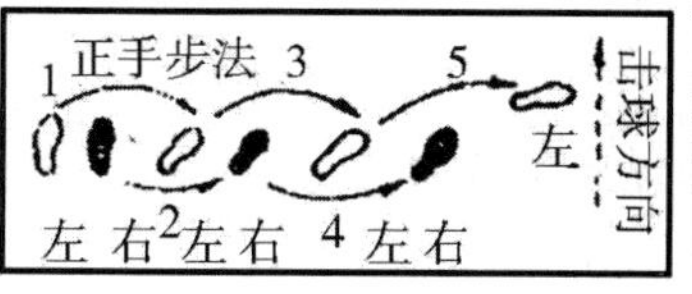

图8-6-13 移动4~5米的步法

2. 反手移动步法

(1)移动1~2米的步法(图8-6-14)。

(2)移动4~5米的步法(图8-6-15)。

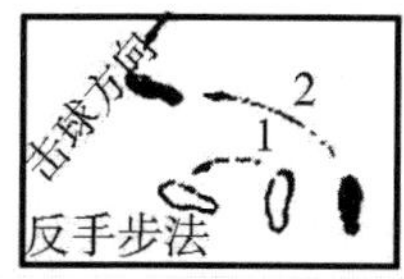

图8-6-14 移动1~2米的步法

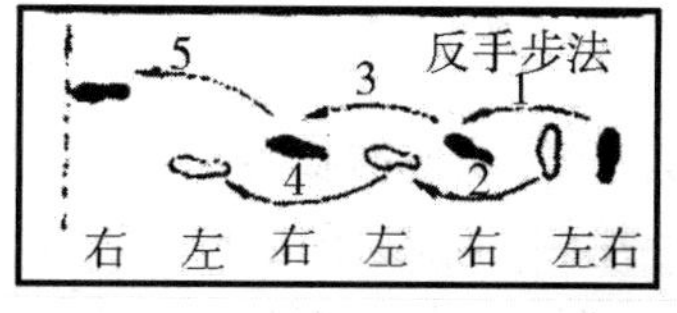

图8-6-15 移动4~5米的步法

3. 后退移动步法

(1)向左后退移动步法(图8-6-16)。

(2)向右后退移动步法(图8-6-17)。

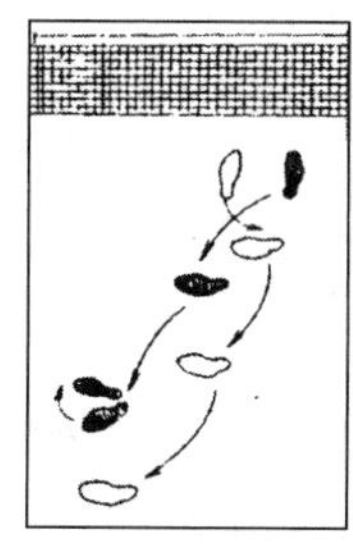

图8-6-16 向左后退移动步法

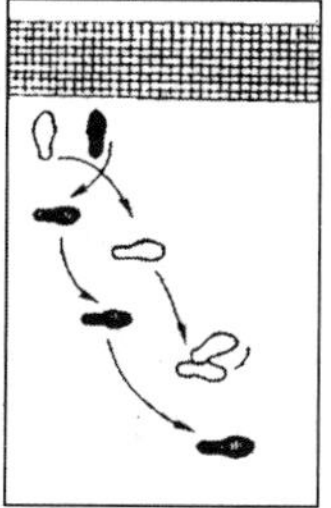

图8-6-17 向右后退移动步法

二、基本战术简介

网球战术包括发球战术、接发球战术、上网战术和底线战术等。

(一)发球战术

稳妥而又适当速度的发球,用于进攻对手的弱点,可使对手失误,第一发球和第二发球的要求有所不同,但都要重视稳健、准确、落点好。

(二)接发球战术

接发球员应根据自己正手和反手技术情况,更有利于用强侧接发球,以便转入进攻得分。

(三)上网战术

掌握上网时机,一般应抓住几点:发急速旋转球后;将球击向对方底线中间区域时;对方接球反弹至底线外或反弹至边线外的球时;对手被动击过渡球时。

(四)底线战术

采用长抽攻击对方弱点,逼右攻左或逼左攻右,打对方底线的两角。

三、规则简介与比赛方法

(一)网球球拍

网球拍一般有木质、铝合金、钢质和复合物(尼龙、碳素)等材质制成,各种材质的球拍都有其优缺点。目前,网球爱好者选择铝合金和碳素网球拍的居多。

球拍有 L(Light 轻型)、M(Medium 中型)、H(Heavy 重型)等符号,表示球拍的重量。L 适合于女子选用,M 适合于男子选用,而 H 适合于运动员使用。

(二)网球场地

网球场地是一个平整的长方形地面,长 23.77 米、宽 8.22 米,球网(网的中央高度为 91.4 厘米;网柱高 107 厘米,直径不得超过 15 厘米)把全场隔成相等的两个半场,接近球网两边的 4 块相等的区域是发球区。双打场地的两边较单打场地宽 1.37 米。全场除端线可宽至 10 厘米外,其他各线的宽度均不得超过 5 厘米,也不得少于 2.5 厘米。全场各区域的丈量,除中线外都从各线的外沿计算。

网球场地分草地、土地、硬地和塑胶场地等,例如温布尔顿网球赛和澳大利亚网球公开赛使用的是草地球场;法国网球公开赛和其他国际、洲际、地区及国家的网球赛几乎都是在塑胶场地上进行。

(三)基本规则

(1)发球前:发球员应先站在端线后,中点和边线的假定延长线之间的区域里,用手将球向空中抛起,在球接触地面前用拍击球。

(2)发球时:发球员在整个动作中不得通过走或跑改变原站的位置;两脚只准站在规定的位置内,不得触及其他区域。发出的球应从网上越过,落在对角的对方发球区内或其周围的线上。

(3)发球员的位置:每局开始先从右区端线后发球,得或失一分后,应换到左区发球。

(4)发球失误:未击中球;发出的球在落地前触及固定物(球网、中心带和网边白布除外);违反上述发球站位的规定。

发球员第一次发球失误后,应在原发球位置进行第二次发球。

(5)发球无效:发球触网后仍然落到对方发球区内;接球员未做好接球准备。发球无效,均应重发球。

(6)交换发球:第一局比赛结束,接球员换为发球员,发球员成为接球员,以后每局终了,均依次交换,直至比赛结束。

(7)交换场地:双方应在每盘的第一、第三、第五等单数局结束后,以及每盘结束双方局数之和为单数时,交换场地。

(8)失分:发生下列任何一种情况,均判失分。

①在球第二次着地前未能还击过网;②还击的球触及对方场区界线以外的地面、固定物或其他物件;③还击空中球失误;④故意用球拍触球超过一次;⑤运动员的身体、球拍在活球其间触及过网;⑥过网击球;⑦抛拍击球。

(9)压线球:落在线上的球都算界内球。

(10)双打发球次序:每盘第一局开始时,由发球方决定由何人首先发球,对方则同样在第二局开始时决定任何一人首先发球。第三局由第一局发球方的另一球员发球。第四局由第二局发球方的另一球员发球。以后各局均按此次序发球。

(11)双打接球次序:先接球的一方,应在第一局开始时,决定何人先接发球,并在这盘双数局继续先接发球。他的同伴应在每局轮流接发球。

(12)双打还击:接发球后,双方应轮流由任何一名队员还击。如运动员在其同伴击球后,再以球拍触球,则判对方得分。

(四)比赛方法

网球比赛有单打和双打两种形式,正式比赛项目分为7项,男子团体、女子团体、男子单打、女子单打、男子双打、女子双打和男女混合双打。每场比赛一般都采用三盘两胜制,戴维斯杯和“四大网球赛”的男子比赛均采用五盘三胜制。网球比赛记录的最小单位是分,然后是局,最后是盘。比赛时先得一分呼报15,再得一分呼报30,得第3分呼报40,第4分呼报60。先得4分为胜一局,如果比分为40:40叫做平分,一方必须再连得2分方算胜一局。如发球员先得一分,叫法是15:0(Fifteen:Love),如果是15:15,叫法是(Fifteen all),如果双方比数是40:40,就叫(Deuce)。先胜6局者为胜一盘,如果各胜5局,一方必须再连胜2局才能结束这一盘。为了控制比赛时间,近10年普遍采用平局决胜制,即当局数为6:6时,只再打一局来决胜负,在这一局中,先赢得7分者为胜方。如果打成5:5平分,一方仍须再连得两分才算胜这一局。

网球比赛时,双方站在各自的场区,发球一方先从右区端线后将球抛起,在球落地前,将球发至对方的右发球区方为有效。每1分有2次发球机会,第1次发球出界或下网叫一次失误,还可以在原方位发第2次球,如第一次发球成功,就不发第2次球。连发两次失误为双误,失一分。第2分换在左区发球,第3分再回到右区。如此轮换,直到本局结束。下一局改由对方发球。每次发球为有效球后,双方来回击球,可击落地前的凌空球,或击落地1次的球,如击落地2次球,为对方得分。

思考题:

网球有哪些基本技术组成,你喜欢参加网球运动吗?

第九章　游　泳

游泳是凭借人自身的动作和水的相互作用，在水里进行的一种体育项目。游泳运动是一项很好的全身运动，它是融水浴、空气浴、日光浴三者自然结合的一项运动。经常进行游泳锻炼可以增强内脏器官的功能。吸气时，扩大胸廓就必须对抗水的压力，这就锻炼了吸气肌的功能。呼气时，由于水的密度大而产生了阻力，这就锻炼了呼气肌的功能。所以经常参加游泳锻炼，能匀称地发达肌肉，增强抗寒能力，提高心肺功能，促进新陈代谢，培养学生勇敢、顽强和吃苦耐劳的精神，深受广大高校学生的喜爱。游泳项目一般可分为竞技游泳、实用游泳、花样游泳和潜泳四大类。游泳分类如下图所示：

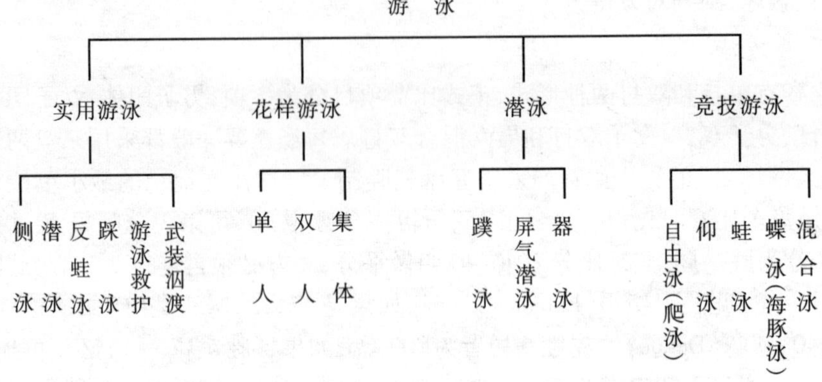

教材根据教学实际需要，仅选用蛙泳和自由泳。

第一节　蛙　泳

蛙泳因俯卧在水面上，划水和蹬腿酷似青蛙在水中游进，所以称为蛙泳。蛙泳的身体姿势比较平稳，水的支撑面积大，动作省力，呼吸方便，能持久，适应于长时间、远距离游泳（图9－1－1）。

一、动作结构与技术要点

（一）身体姿势

蛙泳时身体水平地卧在水面上，两臂向前伸直并拢。头略低，水齐前额，脸下部浸入水中。稍收腹、微塌腰，身体纵轴于前进方向约成5°～10°，保持身体的流线型（图9－1－2）。

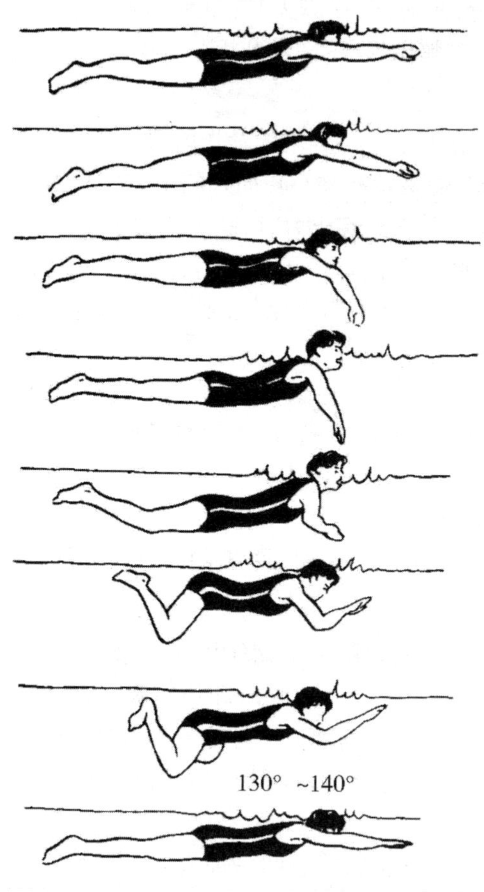

图 9－1－1　蛙泳

（二）腿部动作

腿部动作是推动身体前进的主要动力。可分为滑行、收腿、翻脚和蹬水四个不可分割的动作阶段。

（1）收腿：收腿是接滑行开始的，腿由于本身的重量而开始下沉，这时两腿稍内旋，使脚跟分开，小腿和脚尽量靠近臀部，膝关节随腿的下沉向前边收边分。收腿结束时，大腿和躯干之间成 130°～140°（图 9－1－1⑥⑦）。要求收腿路线要短，阻力要小，又要为蹬水创造有利条件。

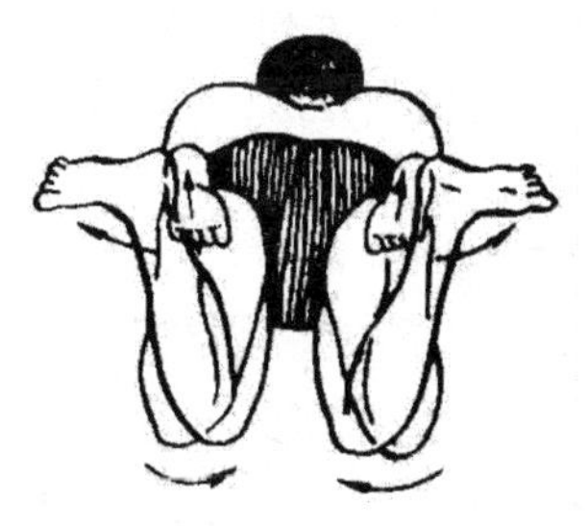

图 9－1－2　背面

（2）翻脚：翻脚是收腿的继续，蹬水的开始。随着收腿的结束，两脚继续向臀部收紧，大腿内旋使膝内压的同时，小腿向外翻，脚尖也同时向两侧外翻，使脚掌向侧正对蹬水方向（图 9－1－2）。

（3）蹬水：蹬水是由翻脚后由髋部发力，带动膝、踝相继伸直，以大腿、小腿内侧和脚掌向后作急速有力的蹬夹动作（图 9－1－1⑦⑧）。在蹬夹过程中，当两腿逐渐并拢时略向下压，以形成最后鞭打动作。

(4)滑行:蹬水结束身体借助惯力向前滑行,两腿(包括脚尖)并拢向后伸直,臀肌、大腿股四头肌和腓肠肌稍紧张,身体成水平姿势,为收腿做好准备(图9-1-1⑧)。

(三)臂部动作

蛙泳臂部动作可分为抓水、划水、收手和伸臂四个不可分割的动作阶段。

(1)抓水:紧接滑行,肩保持前伸,两臂内旋,使两臂和掌心转向外斜下方屈腕,两手分开向侧斜下方压水(图9-1-1①②)。当手掌和前臂感到有压力时,就开始划水。

(2)划水:紧接抓水就开始加速划水,划水的方向是向侧、下、后、内方。划水时肘部保持较高的部位,前臂和上臂屈的角度在整个划水过程中是不断变化的,划水主要阶段肘关节弯曲度接近90°(图9-1-1③④)。

(3)收手:收手是划水的继续,能产生上升力和前进力。两臂向里、向上快速收到下颌的下前方,掌心由后转向内。肘低于手,上臂不超过两肩的延长线,尽量把臂收在身体的投影之中,使其发挥划水造成的推进惯性作用,减少水对伸臂时的阻力(图9-1-1④⑤⑥)。

(4)伸臂:紧接收手,继续推肘伸臂。掌心转向下,两臂放松,先伸肩后伸肘,两臂先向前上再向前伸,身体保持流线型,伸臂结束时,两臂恢复滑行姿势(图9-1-1⑥⑦⑧)。

(四)臂、腿和呼吸的配合技术

蛙泳的呼吸和手臂划水动作是紧密配合的,一般采用一个动作周期呼吸一次。呼吸方法分为"早呼吸"和"晚呼吸"两种,"早呼吸"是在两臂开始划水时即抬头吸气,划完臂低头呼气。"晚呼吸"是划水几乎结束时才开始抬头,两臂划到胸前使身体达到最高点时吸气,继而随伸臂低头闭气,当两臂开始外划时逐渐呼气。初学者用"早呼吸"较有利,因两臂划水时有较大的支撑面使头露出水面进行吸气。

臂、腿和呼吸的完整配合,可采用蹬腿结束后,两臂前伸和两腿伸直并拢滑行,再开始手臂的抓水动作,此时抬头吸气。当收手的同时收腿、伸臂中做蹬腿动作。

二、练习方法

(一)熟悉水性

1. 水中行走和游戏

(1)转圈:分成内外两圈,各圈手拉手,两圈反方向走或跑动旋转,听信号后,又各自反方向旋转。

(2)撒网:先由一人或二人当"渔夫",其余的四散分开,被"渔夫"抓(拍)到的人,则拉手结网,直至全部"捕获"为止。

2. 浸水和呼吸

(1)浸水:手扶池槽,深吸气后闭气下蹲,脸头浸入水中,停留片刻后起立,在水中换气(图9-1-3)。

(2)睁眼:手扶池槽,或双人扶肩,吸气后闭气下蹲,呼气睁眼看自己或同伴吐出的水泡,呼完气后起立。如此反复练习(图9-1-4)。

3. 浮体

(1)抱膝浮体:站立深呼吸后,下蹲低头,抱膝团身,闭气放松,使身体自然漂浮起。然后松开双手,使双脚下垂,双手前伸向下轻压水,抬头站起(图9-1-5)。

图 9－1－3　浸水

图 9－1－4　睁眼

图 9－1－5　浮体

（2）漂浮展体：抱膝浮体后，臂、腿伸直成俯卧姿势，站立方法同上（图 9－1－6）。

4. 蹬边滑行

背向池壁，肩浸水中，左臂前平举，右臂拉住池壁。右脚蹬住池壁，左脚屈膝站立，深吸气低头，收左脚成两腿屈膝，臀部靠近池壁，右臂前伸。同时头浸入水中两脚蹬池壁向前滑行（图 9－1－7）。

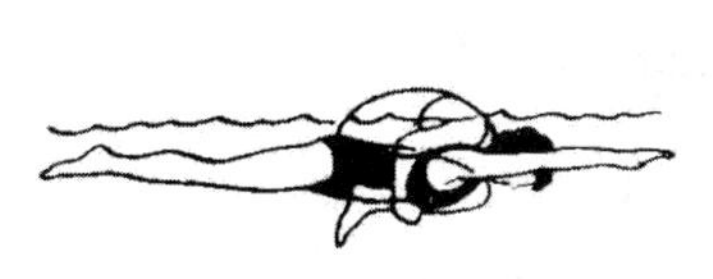

图 9－1－6　漂浮转体

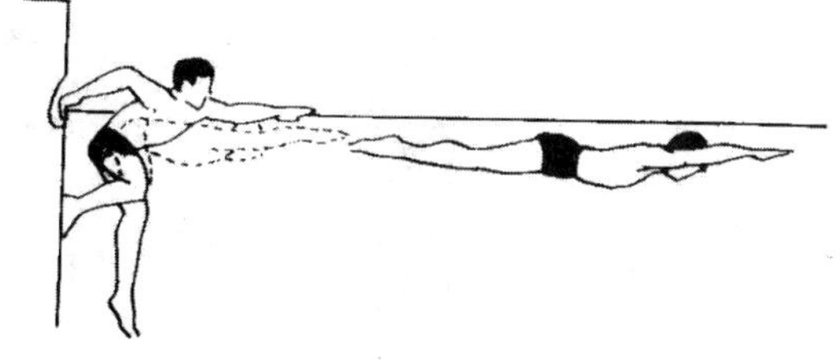

图 9－1－7　蹬边滑行

（二）腿部动作练习

1. 陆上模仿练习

（1）坐姿蹬水：坐在池边或凳上，上体稍后仰，两手后撑，做收腿、翻脚、蹬夹、停的动作（图 9－1－8）。

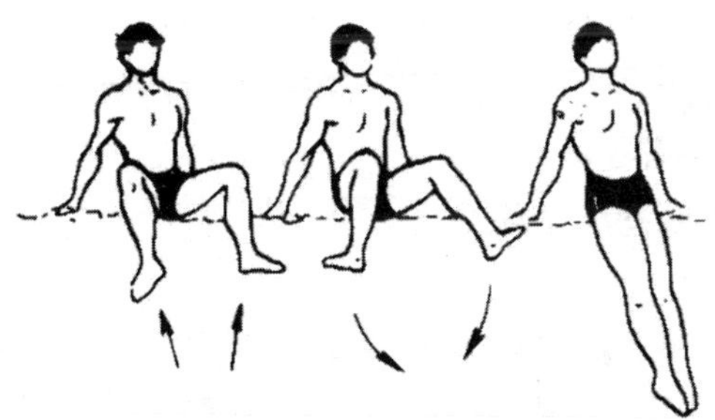

图 9－1－8　坐姿蹬水

（2）卧姿蹬水：俯卧在凳上，做同上练习（图 9－1－9）。

2. 水中练习

（1）手扶池槽仰卧和俯卧做腿部动作（图 9－1－10）。

（2）手扶池槽仰卧和俯卧姿势，由同伴抓其脚，帮助体会翻脚、蹬腿动作（图 9－1－11）。

（3）蹬池壁滑行做腿部动作。

（4）手扶打水板做腿部动作。

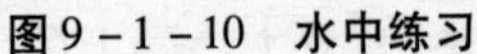

图 9－1－10　水中练习

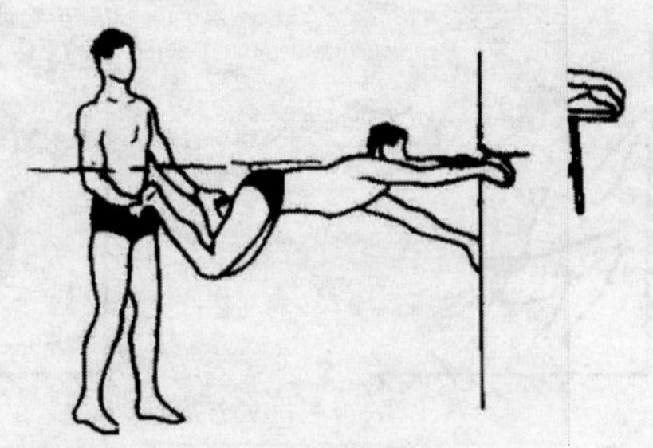

图 9－1－11　水中练习

(三)臂和呼吸配合练习

1. 陆上模仿练习

站立姿势，上体低头前倾，两臂前伸，做抓水、划水、收手伸臂动作。划水时抬头吸气，伸臂时低头呼气，体会臂部动作与呼吸的配合。

图 9－1－12　水中练习

2. 水中练习

(1)两脚开立站在齐胸深的水里，上体前倾，两臂前伸，做臂部动作。划水时不要用力，主要体会划水路线和收手的动作(图 9－1－12)。

(2)同上练习，配合呼吸，臂划下时抬头吸气，收手时低头闭气，臂前伸时吐气。借助划水前进力，两脚可在水中向前走动。

(3)双人练习，练习者俯卧水面上，同伴站在练习者两腿之间，抱住练习者的腰部或大腿，做臂部动作和呼吸配合练习。

(四)臂、腿和呼吸的完整配合练习

1. 陆地模仿练习

(1)原地站立，两臂上举并拢伸直，按口令做：两臂划水分向两侧，两臂划水时收手，与此同时以单腿站立，另一腿做收腿动作，收腿结束时立即翻脚；臂向上将伸直时，翻脚的一腿向下做弧形蹬夹动作，还原成预备姿势(图 9－1－13)。

(2)同上练习，配合抬头呼吸动作。

2. 水中练习

(1)臂与腿的分解配合练习。在蹬壁滑行中，先做一次划臂动作，再做一次腿的收、翻、蹬夹动作。手臂和腿交替进行，以建立臂先腿后的技术概念。

(2)在上述练习基础上，逐步过渡连贯的配合练习，练习时可闭气进行。

(3)在上述练习基础上，加之抬头呼吸的动作，呼吸次数可由腿和臂配合两次，呼吸一次，过渡到腿和臂配合一次，呼吸一次的完整练习。

图 9－1－13 陆地划蹬练习

三、练习提示

蛙泳技术动作结构比较复杂，动作内部循环的节奏性强，一旦突破呼吸关，就可以游较长距离。初学者往往会同时出现几个错误动作，应抓住主要错误给予矫正。如表 9－1 所示。

表 9－1 蛙泳常见技术错误纠正表

	常见错误	原因	矫正方法
身体位置	游进时身体起伏太大	抬头吸气时太高、太猛，吸气时间长；划臂蹬水偏下	抬头吸气时，嘴露出水面即可；吸气结束低头时，保持在较高的位置；蹬水方向要向后
	臀部下沉	抬头太高；仅收小腿不收大腿	吸气结束后低头；收腹时两膝往前收
腿	收蹬腿时，脚的部位低	头和上体太高；大腿收得太多，小腿收得太少，没有积极靠近臀部	低头提臀，身体平卧，腰前保持适当紧张；积极收小腿，少收大腿
	收蹬腿时臀部上下起伏	收腿时速度太快，大腿并在一起收；收腿时收腹提臀，蹬腿时挺腹	头肩保持平稳；强调边收边分慢收腿；腰背肌肉保持适度紧张
	蹬腿时未翻脚	收腿时两膝分得太宽；收腿动作太快，急于蹬腿	分别在陆上和水中做收、翻、蹬动作，强调翻好再蹬
	收腿太快	动作节奏未掌握好	收腿时放松慢收
臂	手臂伸出的同时手划水	急于抬头吸气	要求水中吐气要慢
	两臂划水过宽	直臂浅划水，收手太晚	要求做屈臂小划
	两臂划水路线太长，超过肩延长线	急于用力划水推动身体前进；抬头太晚	要求屈臂小划；分手时配合吸气

续表

	常见错误	原　　因	矫 正 方 法
动作配合	伸臂蹬腿同时进行	蹬腿太早，臂、腿配合概念不明确	陆上站立做臂、腿配合模仿练习
	蹬腿同时划臂连续伸、蹬	配合节奏紊乱，急于划臂	采用多蹬少划的分解练习，强调蹬水后两臂并拢滑行
	吸不到气	动作紧张，未在水中吐气	采用划两次臂、抬头吸一次气的配合；强调吸气前要在水中先吐气

第二节　自　由　泳

自由泳通常又称为爬泳，其动作结构比较合理、省力、阻力小，是当前速度最快的一种游泳姿势，所以，目前自由比赛中，都采用自由泳技术。

一、动作结构与技术要点

（一）身体姿势

自由泳时身体俯卧在水面成流线型，背部和臀部的肌肉保持适当的紧张度，在游进中保持头部平稳，躯干围绕身体纵轴有节奏的自然转动 35°～45°（图 9－2－1）。

（二）腿部动作

自由泳腿部动作虽有一定的推进力，但主要起平衡作用，保持身体的稳定和协调双臂做有力地划水。要求两腿自然并拢，脚稍内旋，踝关节放松，以髋关节为轴，由大腿带动小腿和脚掌，两腿交替做鞭打动作，两脚尖上下最大幅度约 30～40 厘米，膝关节最大屈度约 160°（图 9－2－2）。

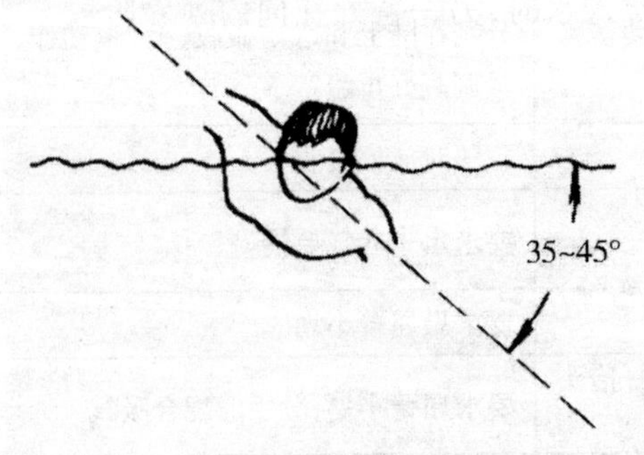

图 9－2－1　身体姿势

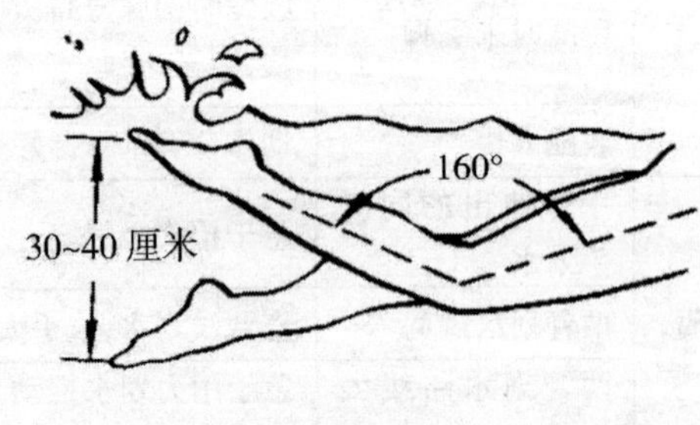

图 9－2－2　腿部动作

(三)臂部动作

自由泳的臂部动作是推动身体前进的主要动力。以一个周期分为入水、抱水、划水、出水和空中移臂五个不可分割的阶段。

(1)入水:完成空中移臂后,手在控制下自然放松入水。手的入水点一般在身体纵轴和肩关节的前方延长线之间。入水时手指自然伸直并拢,臂内旋使肘关节抬高处于最高点,掌心斜向外下方,使手指首先触水,然后是小臂,最后是大臂自然插入水中。

(2)抱水:臂入水后,在积极向下方插入的过程中,手掌从向斜外下方转向斜后方并开始屈腕、屈肘,肘高于手,以便能迅速过渡到较好的划水位置。抱水结束,手掌已经接近垂直对水,肘关节屈至150°左右,整个手臂像抱着一个大圆球似的为划水作准备。

(3)划水:划水是发挥最大推进作用的主要阶段,其动作过程可分为拉水和推水两个部分。紧接抱水阶段进入拉水,这时要保持抬肘,并使大臂内旋。同时继续屈肘,使手的动作迅速赶上身体的前进速度,能使划水动作造成合理的动作方向和路线,同时,也使主要肌肉群在良好的工作条件下进入推水动作。拉水至肩的垂直平面后,即进入推水部分,这时肘的屈度约100°左右。大臂要保持内旋姿势,带动小臂,用力向后推水。同时,使肩部后移,以加长有效的划水路线。向后推水有一个从臂到伸臂的加速过程,手掌从内向外,从下向上的动作路线加速划至大腿旁。整个划水动作,手的轨迹始于肩前,继之到腹下,最后到大腿旁,呈S形(图9-2-3)。

图9-2-3 划水

(4)出水:划水结束后,掌心转向大腿,出水时小指向上,手臂放松,微屈肘。由上臂带动,肘部向外上方提拉带前臂和手出水面,掌心转向后上方。出水动作必须迅速而不停顿,同时应该柔和、放松。

(5)空中移臂:紧接出水不停顿地进入空中移臂,移臂时,肘高于手,由肘带动前臂和手向上向前移动准备入水,动作应放松、连贯(图9-2-4)。

图9-2-4 移臂

(6)两臂配合:自由泳时两臂划水发生的交叉位置有前交叉、中交叉和后交叉三种类型。前交叉是指一臂入水时,另一臂已前摆至肩前方与水平面成30°左右(图9-2-5①)。前交叉有利于初学者掌握自由泳动作和呼吸。中交叉是指一臂入水时,另一臂处在向内划水阶段与水平面成90°(图9-2-5②)。后交叉是指一臂入水时,另一臂划至腹下,手与水平面成150°左右(图9-2-5③)。

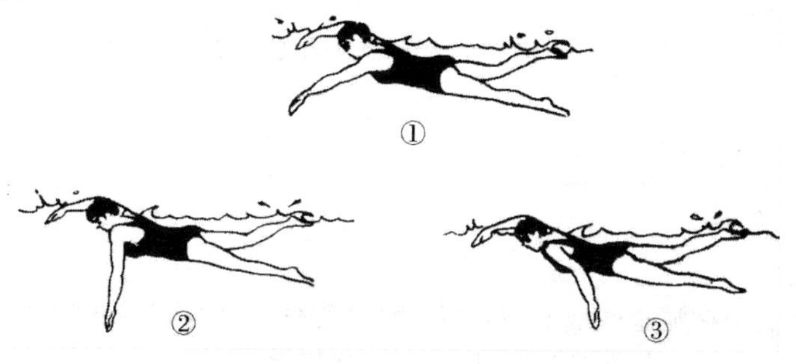

图9-2-5 两臂配合

(四)臂、腿和呼吸的配合技术

自由泳时,一般是在两臂各划水一次的过程中进行一次呼吸,以向右边吸气为例:右手入水后,嘴和鼻开始慢慢呼气(图9-2-6①)。右臂划水至肩下,开始向右侧转头和增大呼气量(图9-2-6④)。右臂推水即将结束,则用力呼气(图9-4-6⑥)。右臂出水时,张嘴吸气(图9-2-6⑦),至空中移臂的前半部为止,并开始转头还原(图9-2-6⑧)。然后,直至臂入水结束,有一个短暂的闭气过程,脸部转向前下。头部稳定时,右臂入水,再开始下一慢慢呼气的过程(图9-2-6①)。

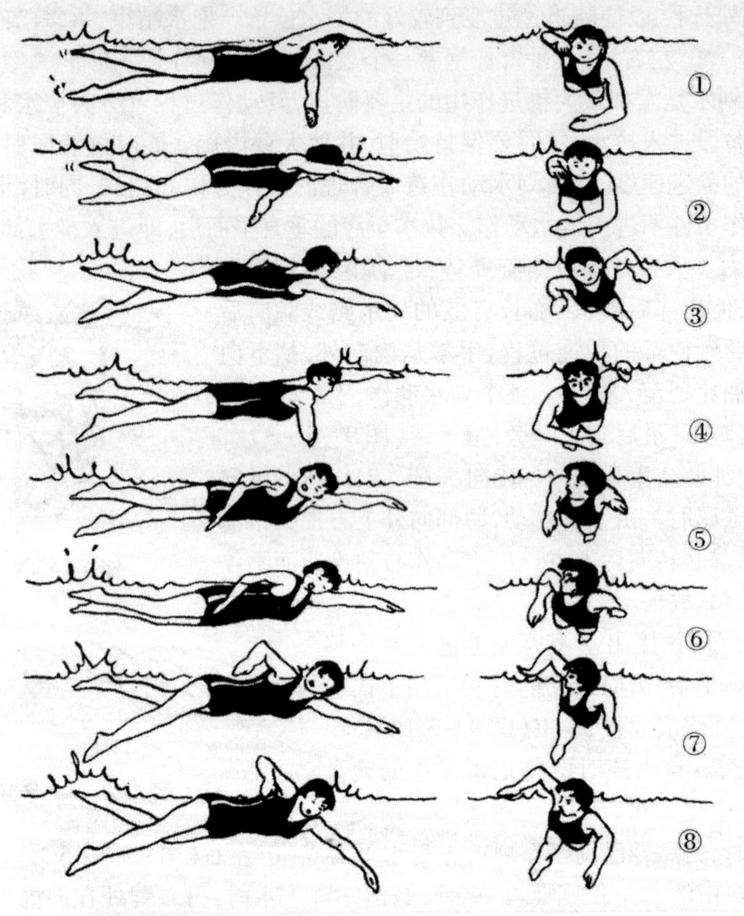

图9-2-6 臂、腿和呼吸的配合

自由泳的呼吸与臂、腿配合,初学者一般都采用"6:2:1"的方法,即呼吸一次、臂划两次、腿打6次,这种配合方法易保持平衡和协调掌握自由泳技术。

二、练习方法

(一)腿部动作练习

1. 陆地模仿练习

(1)坐姿打水:坐在池边或地上,两手后撑,两腿伸伸,腿内旋使脚尖相对,脚跟分开成八字。两腿放松,以髋为轴,大腿带动小腿,上下交替打水(图9-2-7)。

图 9－2－7 坐姿打水

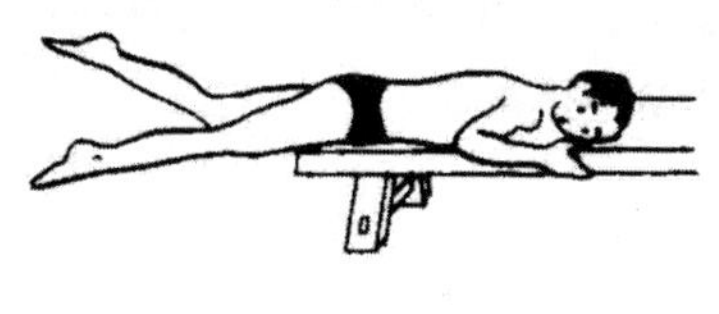

图 9－2－8 卧姿打水

（2）卧姿打水：俯卧在凳上，做两腿上下交替打水，要求同上（图 9－2－8）。

2. 水中练习

（1）俯卧打水：手握池槽，或由同伴托其腹部，成水平姿势，两腿伸直，做直腿或屈腿打水（图 9－2－9）。

（2）仰卧打水：仰卧姿势，手握池槽，或由同伴帮助托其背部，做两腿交替打水，注意膝盖不要露出水面（图 9－2－10）。

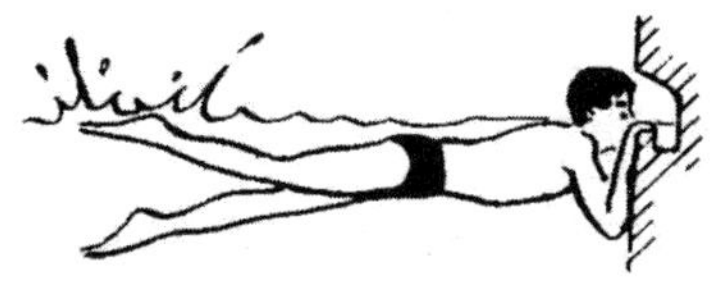

图 9－2－9 俯卧打水

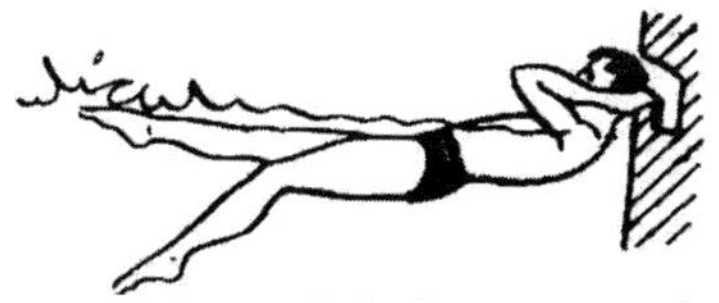

图 9－2－10 仰卧打水

（3）滑行打水：练习时要求闭气，两臂伸直并拢，头夹于两臂之间。

（4）扶板打水：练习时两臂伸直，放松扶板，肩浸水中，手不要用力压板，呼吸自然。

（二）手臂与呼吸配合练习

1. 陆上模仿练习

（1）原地两脚开立，上体前屈，做臂划水的模仿练习（图 9－2－11）。

（2）同上练习，结合呼吸配合。

2. 水中练习

（1）站立水中，上体前倾，肩浸入水，做臂划水，边做边走，同时转头呼吸（图 9－2－12）。

图 9－2－11 陆上模仿练习

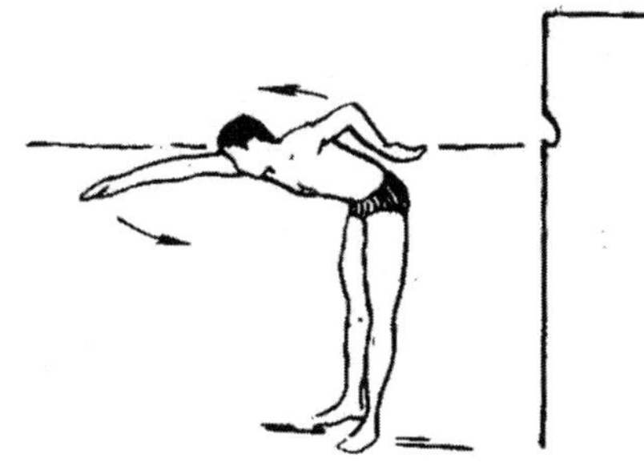

图 9－2－12 水中练习

（2）蹬边滑行后闭气，做两臂配合动作。

（3）腿夹打水板，蹬边滑行后，做两臂划水，结合转头呼吸。

（三）手臂、腿和呼吸的配合练习

（1）站立水中，上体前倾做划臂与呼吸配合的练习，借助用力划水向前移动，然后蹬离池底，两腿打水形成完整配合。

（2）蹬边滑行打水漂浮5～10米，做爬泳臂划水与呼吸配合练习。

三、练习提示

自由泳技术不像蛙泳那样有间歇阶段，而且呼吸还必须向侧转头，因而初学者往往显得忙乱而且紧张。应着重于动作配合，注意动作的放松。常见的错误与矫正方法如表9－2所示。

表9－2　常见的错误与矫正方法

	常见错误	原　　因	矫正方法
腿	大腿不动，屈膝过大，小腿打水	打腿动作概念不清楚	要求用大腿带动小腿，先用直腿打水矫正
	屈髋打水	躯干未充分展开	水中体会，成水平俯卧姿势，要求打水时大腿上摆
臂	臂入水后向下压水，划水时抹水	直臂入水，沉肘划水	陆上做划臂模仿练习，要求从入水到划水注意屈臂高肘，掌心对水向后划
	手沿纵轴外侧划水，划水路线短	直臂划水，推水不够	要求屈臂划水，划水结束时以手触及大腿后提肘出水
	划水结束时身体下沉、手出水困难	划水结束时掌心向上	划水结束时以掌心推水，同时利用惯性用提肘带动臂前移
呼　吸	抬头吸气	对吸气绕纵轴转动概念不明确，怕喝水	水中原地做向侧转头的呼吸练习，转头吸气时以下颏触同侧肩
	吸不进气	没掌握水中基本的呼吸技术	先在水中原地练水中呼气与水中吸气
	配合不协调，游不远	动作过分紧张，游得少	强调打腿划臂都要放松，放松慢游，注意技术，逐步加长游距

第三节　游泳卫生与急救

一、游泳卫生知识

（1）在江河湖泊游泳前，应了解水域的情况，选择水底平坦，无淤泥、碎石、水草、桩柱，无急流流漩涡、水质无污染的水域。并应结伴进行，以便相互照顾，防止发生意外事故。

（2）空腹或饭后一小时之内不宜游泳。空腹时游泳，由于血糖浓度降低，反应迟钝，四肢乏力，容易引起“低血糖”症。饭后游泳不仅加重心脏负担，影响消化系统的功能，而且容易发生呕吐、食物呛进呼吸道，甚至溺水等事故。

(3)凡患有精神病、癫痫病、严重心脏病、皮肤病、中耳炎等以及其他传染病者不能游泳。女生月经期间也不宜游泳。

(4)下水前必须做好充分准备活动，并且可用水冲淋身体，以防止温度骤变而引起机体不适。游泳时如遇雷雨，应迅速上岸停止游泳，切不可以大树底下躲避或更衣。

二、急　救

(一)自我保护和自救

初学者由于误入深水区或漩涡等其他险区，因心慌造成呛水现象时，首先要保持镇定，放松漂游，力争自如呼吸。如在漩涡中，要保持平卧姿势，逆漩涡方向游出险区或向人呼救；由于准备活动不充分，天气较冷，常常容易引起大腿、小腿或脚掌部位痉挛，消除方法是使身体仰浮在水面。用痉挛腿对侧的手，拉住痉挛腿的脚趾，用力向身体方向扳拉，另一手压痉挛腿膝盖，使小腿伸直。大腿痉挛，可用两手用力抱住小腿贴近大腿，反复振压直到解脱。如发生严重身体痉挛，应向人呼救。

(二)水中救护

实施救护时尽可能使用救生圈、竹竿、木板等器械进行间接救，如在没有任何救生器械情况下，必须实施徒手的直接救护。救护者要沉着、冷静，入水前应迅速观察周围环境，辨别水流方向、水面宽窄，选择入水地点。对熟悉的水域或游泳池可跳入水，但对不熟悉的水域应脚先入水，以最快速度接近溺者，采用抬头爬泳或蛙泳，以便观察溺水者的情况。当游到离溺水者3~5米处，深吸气潜入水中，从溺水者背后进行拖带。如游到溺者前面时，为防止被溺者抓住，可在水下扶住其髋部，将其转为背向自己，然后进行拖带。拖带时必须让溺者口鼻露出水面，一手拉(拖)溺水者，另一手划水，两腿做蛙泳或侧泳动作，将溺者拖运上岸。若被溺水者抓住或抱住时，应设法解脱，可深吸气做翻滚动作，将溺者压没水中，溺者为了向上呼气容易松手。

图9-3-1　岸上急球

(三)岸上急救

溺水者救上岸后，首先检查呼吸和心跳，如心跳未停者，应立即清理呼吸道，将口打开，进行倒水(图9-3-1)。如呼吸和心跳已停者，切不可因倒水延误抢救时间，应立即进行口对口人工呼吸与心脏胸外按压。

1. 口对口人工呼吸

先将溺水者移至空气新鲜的地方，解开领口和胸腹部衣服，但不能受凉，同时取出口、鼻中异物，拉出舌头，以保证呼吸道畅通。然后使溺者仰卧，救护者两手在耳垂下托住溺者的下颚骨，使头部尽量后仰，使下颚尖、颈前部与胸前溺者的下颌，另一手捏紧他的鼻孔，救护者深吸气后紧合溺水者之口向内吹气。然后松开鼻孔，如此反复进行。吹气应保持规律，均匀地每分钟作 15 次左右，不得漏气，如有效时可见胸部起伏(图 9－3－2)。

图 9－3－2　人工呼吸

(2)胸外心脏按压

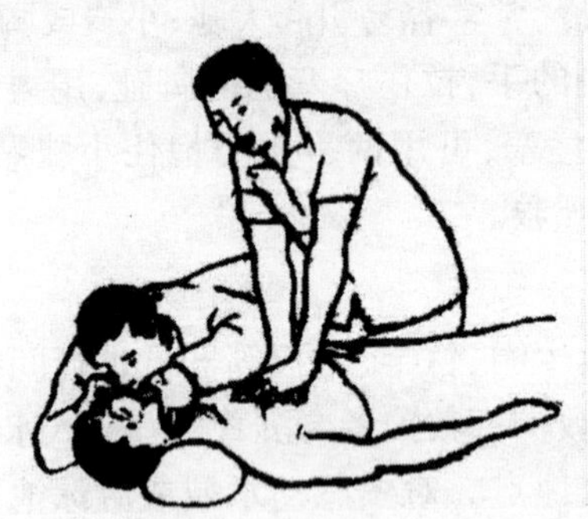

图 9－3－3　按压

发现溺水者呼吸和心跳均已停止，应立即同时做人工呼吸和胸外心脏按压。救护者立或跪在溺水者的胸侧，两手相叠，用掌根部置于溺水胸骨的 1/3 处(偏下)心窝的上方，手指放松，手臂伸直，上体前倾，掌根用力下压，使胸骨下端下陷 3～5 厘米，两手松压(掌根不离位)使胸骨下端恢复原位。下压时要慢，放松时要快，一压一松反复进行，节律为每分钟 60～80 次。胸外心脏按压与口对口人工呼吸同时进行，如单人操作，其比例为 15:2，双人操作其次数的比例为 4:1。救护者必须持续进行抢救或送医院继续抢救(图 9－3－3)。

思考题：

1. 如何加强游泳安全预防措施？
2. 你喜欢哪种游泳姿势？你能游多少距离？

第十章　健美操

第一节　健美操运动概述

一、健美操运动简介

健美操是在音乐伴奏下,以身体练习为基本手段、以有氧运动为基础,达到增进健康、塑造形体和娱乐目的的一项体育运动。

健美操起源于传统的有氧健身运动,是有氧运动的一种,通常采用徒手或轻器械进行练习。其运动特征是持续一定时间的、中低程度的全身性运动,主要影响练习者的心肺功能。

在长期的实践过程中,健美操已从一项纯粹的健身运动逐步发展成为具有独立竞赛体系的体育运动项目,在运动形式、动作技术特征以及竞赛组织方法等方面有着自身的特点。

健美操运动虽然发展历史不长,但已深受高校大学生的喜爱。健美操不仅突出动作的"健"和"力"的特点,而且更强调"美"。将人体语言艺术和体育美学融为一体,使健美操运动成为极具观赏性的运动项目。

二、健美操运动的分类

健美操运动分为健身性健美操和竞技性健美操两大类

健美操运动的分类

健身性健美操			竞技性健美操
徒手健美操	器械健美操	特殊场地健美操	
一般健美操	踏板操	水中健美操	男子单人
拳击健美操	哑铃操	固定器械健美操	女子单人
搏击操	杠铃操		混合双人
瑜伽健身术	橡皮筋操		三人
拉丁健美操	健身球操		混合六人
街舞			

(一)健身性健美操

健身性健美操练习的主要目的是"锻炼身体,保持健康"。健身性健美操的动作简单,实用性强,音乐速度也较慢,且为了保证一定的运动负荷和锻炼的全面性,动作多有重复,并均以对称的形式出现。健身性健美操的练习时间可长可短,在练习的要求上也可以根据个体情况而变化,严格遵循"健康、安全"的原则,防止运动损伤的出现,在保证安全的基础上,达到锻炼身体的目的。

健身性健美操按练习形式划分可以分为徒手健美操、器械健美操和特殊场地健美操三大类。

徒手健美操包括传统意义上的一般健美操和为满足不同人群兴趣和需求的各种不同风格的健美操。如正在国内外流行的拳击健美操和搏击操,其主要练习目的是增强肌肉的力量、弹性与身体的柔韧性,尤其是搏击操练习对腰腹有特殊的效果;拉丁健美操和街舞,其练习形式多以群体练习为主,动作变化丰富,规律性不强,不仅能提高学员的协调能力,而且能调节学员的心理,因此深受年轻人的喜爱;瑜伽健身术有着独特的塑身理论,讲究自然、平衡与协调,注重身体健康和力量,通过集中意念、调整呼吸并做出各种身体姿势来改善人体的各个部位,其主要练习目的是调节身体的平衡和控制能力,达到“联合整体”的目的,是一种安全、有效的塑身练习。

器械健美操是利用轻器械、以力量练习为主的一种健美操。如踏板健美操加大于腿部的运动负荷,增加了运动量,但减轻了对下肢关节的冲击力,同时也使动作更加多样化;而哑铃操、橡皮筋操、健身球操等可锻炼到全身的每一肌肉群,有效地提高肌肉力量,尤其是上肢力量,弥补了徒手健美操的不足。

特殊场地健美操以其特殊的功效目前在国外发展很快,在国内也逐渐开展。水中健美操是目前国外非常流行的一种独特的健美操练习形式,它可以减轻运动中地面对膝踝关节的冲击力,有效减少关节的负荷,并利用水的阻力提高练习效果,以水传导热能快的原理,达到锻炼身体和减肥的目的,因此深受中老年人、康复病人和需减肥者的喜爱。固定器械健美操,如:跑步机、划船机等,可以固定在某一处(地面或水中任何地方),可根据自己的需要进行练习,达到锻炼身体的目的。

(二)竞技性健美操

竞技性健美操是在健身性健美操的基础上发展而产生的。目前世界上较为公认的竞技性健美操的定义是:“竞技健美操是在音乐伴奏下,完成连续复杂的和高强度动作的能力,该项目起源于传统的有氧健身舞。”

竞技性健美操以成套动作为形式,在成套动作中必须展示连续的动作组合、柔韧性、力量及基本步伐的综合使用并结合难度动作的完美完成。竞技性健美操的主要目的是“竞赛”,其比赛项目有男单、女单、混双、三人和六人。竞技性健美操在参赛人数、比赛场地和成套动作的时间等方面都必须严格按照规则进行。规则对成套的编排、动作的完成、难度动作的数量等也都有严格的规定。

除了健身性健美操和竞技性健美操外,在我国还有一种表演性健美操。表演性健美操的主要练习目的是“表演”,它是事先编排好的、专为表演而设计的成套健美操,时间一般为2~5分钟。

三、健美操运动的特点

(一)高度的艺术性

健美操的艺术性主要体现在其“健、力、美”的项目特征上。“健康、力量、美丽”是人类有史以来所追求的身体状况的最高境地,而健美操运动中,无论是健身健美操、还是竞技健美操,无不处处表现出“健、力、美”的特征,包含着高度的艺术性因素,使健美操不同于其他运动项目,这也正是人们热爱健美操运动的原因之一。

(二)强烈的节奏性

健美操动作具有强烈的节奏性特点,并通过音乐充分地表现出来,因此音乐是健美操运动不可缺少的组成部分。健美操音乐的特点是节奏强劲有力、旋律优美,具有烘托气氛、激发人们情绪的效应。

(三)广泛的适应性

健美操练习形式多样,运动量可大可小,容易控制,对场地器材的要求也不高,因此对各个年龄层次、不同性别、不同身体素质、不同技术水平的人都适宜,各种人群都能从健美操练习中找到适合自己的方式,都能从健美操练习中得到乐趣。

(四)健身的安全性

健美操所设计的运动负荷、运动强度、运动量及运动节奏,适合一般人的体质,甚至弱体质的人都能承受。人们在平坦的地面上,在欢快的音乐声中,跟随快慢有序的节奏进行运动,十分安全,而且有效。

四、健美操运动的功能

(一)增进健康美

健美操作为一项有氧运动,其健身功效以有氧运动发展人体心肺功能,且兼备发展身体柔韧性和灵敏性的作用。因此,专家认为健美操是目前发展身体全面素质、增进健康美的较为理想的运动。

(二)塑造形体美

健美操运动还可塑造健美的体形。通过健美操练习尤其是力量练习,可使骨骼粗壮、肌肉围度增大,从而弥补先天的体形缺陷,使人变得匀称健美。其次,健美操练习还可消除体内和体表多余的脂肪,维持人体吸收与消耗的平衡,降低体重,保持健美的体形。

(三)缓解精神压力,娱乐身心

随着时代发展和社会的进步,人们在享受科学技术所带来的舒适生活和便利的同时,受到了来自方方面面的精神压力。而健美操具有动作优美、协调、全面锻炼身体,同时有节奏强烈的音乐伴奏等特点,是缓解精神压力的一剂良方。在轻松优美的健美操锻炼中,练习者的注意力从烦恼的事情上转移开,忘掉失意与压抑,尽情享受健美操运动所带来的欢乐,得到内心的安宁,从而缓解精神压力,使人具有更强的活力和最佳的心态。

(四)医疗保健

健美操作为一项有氧运动,其特点是强度低、密度大,运动量可调节,容易控制,因此除对健康的人具有良好的健身效果外,对一些病人、残疾人和老年人也是一种医疗保健的理想手段。如对下肢瘫痪的病人来说,可做地上健美操和水中健美操,以保持上体的功能,促进下肢功能的恢复。

第二节　全国健美操大众锻炼标准

《全国健美操大众锻炼标准》是以健身娱乐为目的,以个体条件为基础,注重参与意识和锻炼的自我检测,淡化竞争意识。因此标准的测定成绩只设定为“达标”与“未达标”。

一、《锻炼标准》的特点

(一)有氧原则

注意在运动过程中运动负荷始终保持在有氧的范围内。通过多种组合练习,以提高心肺功能、影响人的整体为基础,达到锻炼身体、增强体质、健美形体的目的。

(二)无损伤原则

在选择动作时,注意避免使用高难度动作和超负荷动作以及运动范围过大的动作,以确保无损伤,并有益健康。

(三)简单易学原则

《锻炼标准》的实施对象是一般群众,其目的是使更多的人参与到健美操运动中来。因此,在动作的选择上注重简单易学和实效性,使之便于开展普及。

(四)循序渐进原则

各等级之间保持有机的联系,在保证合理的运动负荷的基础上,运动量和难度逐渐加大。动作由简至繁,幅度由小至大,速度由慢至快,练习步骤由分解至完整。

(五)提高人体基本素质原则

根据不同等级的任务和技术要求,通过基本动作、组合动作和力量素质的教学,提高人体的力量、柔韧、协调、灵敏等基本素质和基本能力。

二、(锻炼标准)的级别、层次与对象

健美操的大众锻炼标准共分为六个等级,四个层次。

等级水平由低到高分别为1、2、3、4、5、6级。

层次:1级为入门,2、3级为初级,4、5级为中级。

对象:1级面向大众,2、3级面向有意参加健美操锻炼者,4、5级面向健美操爱好者,6级面向有意于健美操深造及准备进入竞技健美操训练者。

三、对各级别的要求

(一)1级

(1)学习以步伐为主的最基本动作,步伐以单一、原地动作为主。(2)进行低强度的有氧训练。(3)素质以辅助支撑的俯卧撑、低强度的仰卧起坐和低负重的力量练习为主。(4)学习和了解健美操的常识。

（二）2、3 级

（1）掌握基本动作。（2）学习健美操典型动作。（3）以下肢单动作配合上肢简单动作为主。（4）保持中低强度有氧训练。

（三）4、5 级

（1）掌握健美操典型动作。（2）学习健美操复合动作及简单的步伐变换技术及跳跃技术。（3）提高身体的协调性。（4）提高运动负荷，保持中等强度的有氧训练。（5）素质训练以塑造形体为主，增加柔韧的练习方法。

（四）6 级

（1）掌握复合动作的变化规律，巩固已掌握的步伐变换技术及跳跃技术。（2）提高动作的表现力。（3）加大运动负荷，以中等强度有氧训练为主，达到减脂的目的。（4）提高肌肉力量，并进一步塑造其形态，加大动作的空间位移，展现良好的协调性。

四、评定因素

（1）动作的正确性。身体姿态要舒展，动作技术要正确，动作范围要适当。

（2）身体的协调性。全身协调运动，动作轻松、有弹性；动作清晰，无多余动作；动作避免过分松弛或过分紧张。

（3）连接动作的流畅性。动作之间的连接要自然、流畅。动作的转换及方向的变化要干净利落，无多余动作。

（4）节奏感。动作要充分表现音乐情绪，动作和音乐节奏要配合协调；一连串动作节奏要准确。

（5）表现力。动作要展示内心的激情，体现一种健康、向上的情绪。提倡个人风格的表现力。

第三节　全国健美操大众锻炼标准（四、五、六级）

一、四级测试动作

四级是大众健美操的中级课程。专为热衷于健美操的爱好者而设计。在初级基础上，增加了健美操的典型动作和复合动作，其内容更丰富，动作变化较多，节奏加快，运动量逐渐增大，对心肺功能及各项身体素质的要求提高。

前奏：4 × 8。

1 ~ 8 拍，站立。2 ~ 8 拍，踏步。

（一）第一段 8 × 8

①1 ~ 4 拍，左脚开始依此成开立、还原。5 ~ 8 拍，踏步。还原成并立时稍屈膝，稍含胸。

②1 ~ 4 拍，左脚开始前前后后，两臂依此在胸前前屈，3 ~ 4 拍时两臂同时向下振动两次。5 ~ 8 拍，左右侧并步，两臂经肩侧屈上举。注意膝关节的弹性，并腿时稍屈膝。

③1～4拍，向左两次侧并步。5～8拍，向右两次侧并步。

④1～4拍，左脚开始V字步。5～8拍，再作一次V字步，同时左右击掌。V字步每次要还原到原位。

⑤～⑧同①～④（如图10－3－1）。

图10－3－1

（二）第二段8×8

①1～4拍，走四步，两臂经侧向上向前做体前大绕环一周半，头上击掌经侧举还原。前后移动应体现步伐的流动性。5～8拍，左脚开始脚跟点地，两臂经胸前小臂上屈、胸前平屈、侧平举，还原至体侧。注意主力腿的弹性。

②1～4拍，后退四步。5～8拍，左腿开始吸腿跳，两臂动作同上。

③～⑧同①～②，重复三遍，如（图10－3－2）。

图10－3－2

(三)第三段 8×8

①1~2 拍,右转 90°左脚上步成分腿半蹲,两臂由右经上举绕至侧举和胸前平屈。分腿半蹲时,重心应在两脚之间。3~4 拍,左转 90°左脚落于右脚后,重心后移,右脚原地垫一步,臂后摆。5~8 拍,不加转体,动作同 1~4。

②1~4 拍,向左侧交叉步两臂前后摆动。5~8 拍,右脚原地小跳四次,同时左腿摆至左侧下举、右前下举、左侧下举、还原。

③~④同①~②,方向相反。

⑤~⑧同①~④,如(图 10-3-3)。

图 10-3-3

(四)第四段 12×8

①经左腿小跳、右腿侧摆,右左腿依此向左跨三步,右手撑地,左转 90°成体前屈,两手触脚。向侧跨步时,重心逐渐下降,手臂水平摆动。

②1~4 拍,上体后倒成仰卧,两臂胸前平屈依此上下摆动。5~8 拍,分腿、屈膝,两臂经体侧至头后屈。

③~⑥拍四次仰卧起坐。上体抬起和下落要匀速,四拍上四拍下,除腹肌外其他部位均不参与运动。

⑦仰卧向右翻转 180°成跪俯撑。收腹,臀部稍翘,头颈自然前伸,起落要匀速。

⑧~⑪拍,四次跪俯卧撑。

⑩1~4 拍,上体后移成跪。5~8 拍,左脚向右前方上步,右脚并于左脚站起。手臂在头两侧垂直上下交换,如(图 10-3-4)。

(五)第五段 4×8

①1~4 拍,左脚开始侧弓步,臂经屈肘至侧上举,拳心向下。弓步时脚跟应有弹性地着地、还原。5~8 拍,左脚开始向后弓步,两臂屈肘上摆。

②同①。

③1~4 拍,左脚开始向前走四步,两小臂依次向前绕环。5~8 拍,开合跳两次,左右臂

图 10－3－4

在体侧依此向上屈伸。

④同③，但 1～4 拍向后退。两臂向后绕环，如(图 10－3－5)。

图 10－3－5

(六)第段 4×8

①左脚开始向前跑四步，经半蹲小分腿跳，落地缓冲。小分腿跳时要求收腹拔背，四肢

在同一垂直面内。

②1～2拍，左脚向右前方上步，右脚在后原地垫一步。3～4拍，左脚向侧并步跳。5～8拍，右脚向后弧形跑。

③～④同①～②，方向相反，如（图10－3－6）。

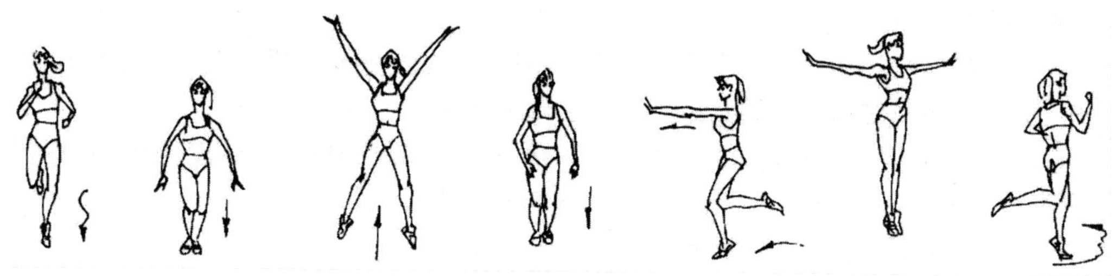

图10－3－6

（七）第七段8×8

①1～4拍，左脚开始踏步。5～8拍，左脚开始侧点地，两臂经前交叉摆至侧下举。点地时注意膝关节的弹动。最后一拍动作为下一拍的准备动作。

②左脚开始向侧弹踢两次。

③左脚开始向左前方、右前方做上步并步，两臂随之前摆击掌。要求上步并步动作应经弓步向前并步。

④左脚开始向左后方、右后方做侧滑步，两臂自然向侧、向内摆动。

⑤～⑧与①～④相反，如（图10－3－7）。

图10－3－7

（八）第八段12×8

①1～2拍，左转90°右脚上步，左脚提膝。3～8拍，重心后倒成直角坐，再左转90°成侧卧。重心后倒时左脚先着地，再双手撑地。

②1～4拍，右腿侧摆一次。侧摆腿不超过45°。5～8拍，右腿后摆一次，右臂前举。后摆腿时禁止脊柱和头后屈。

③同②。

④右腿屈膝、侧摆、屈膝、还原。

⑤同④,但最后两拍右转180°成右侧卧。

⑥~⑨同②~⑤,换左腿做。

⑩左转180°,右脚上步站起。

⑪1~2拍,左腿侧步,右腿后屈,同时转体180°。在做侧步屈膝时大腿屈伸要有力,富有弹性。3~4拍,右腿侧步,左腿后屈。5~8拍,同1~4拍。

⑫1~4拍,左脚开始做侧步后屈半蹲。5~6拍,双手在左侧击掌三次。7~8拍,两腿伸直,上体稍右转,左臂前举,右臂头后屈,如(图10-3-8)。

图10-3-8

二、五级测试动作

五级动作是大众健美操的中级课程,与四级相比,组合更加突出健美操的特点。变化更多,节奏更快,并出现了俯卧撑、大踢腿、分腿跳转180°等低难度的动作。从编排上注意增加了方向的变化,要求身体的灵活性、协调性更高了。全套共54×8个八拍,每段操的动作均为4×8拍,并且左右对称。

前奏:2×8。(如图12-3-9)

图10-3-9

1~12拍,站立。13~16拍,身体右转45°,左脚前点地,右臂上举,掌心向内,左臂侧平举,掌心向上。

(一)第一段4×8

①1~2拍,左前45°并跳。3~4拍,右前45°并跳。5~8拍,两次开合跳。

②1~4拍,侧交叉步,第三拍左转90°,右臂上举,第四拍面向7点,双腿屈膝半蹲,右脚点地。

③~④同①~②,方向相反,如(图10-3-10)。

图10-3-10

（二）第二段 4×8

①1 拍，左腿向左侧跨一步。2 拍，吸右腿，双臂肩侧屈，双手握拳。3 拍，身体右转 90°，双臂前伸。4 拍，左腿屈膝前举，双手交叉拍肩。5 拍，分腿半蹲，双臂肩侧屈，双手握拳。

②1～4 拍，左侧交叉步。5～6 拍，左脚上步，右腿抬膝。7～8 拍，后退一步，并腿还原。

③～④同①～②，方向相反，如（图 10－3－11）。

图 10－3－11

（三）第三段 4×8

①1～2 拍，左腿单足小跳 2 次，右腿侧下举，双臂平举，振小臂 2 次。3～4 拍，左右侧摆跳。5～8 拍，Membo 步（前点、后点步）跳起。

②1～4 拍，Membo 步转身，第二拍左右转 180°。5～8 拍，弹踢腿。

③～④同①～②，方向相反，如（图 10－3－12）。

图 10－3－12

（四）第四段 12×8

①1～4 拍，左后转身 180°跑四步。5～6 拍，双脚并拢半蹲。7～8 拍，小分腿跳转 180°。要求双腿起跳，两腿伸直，开度为 90°，同时转体 180°。

②1～2 拍，左脚向左侧跨一步。3～4 拍，重心右移，左膝内扣。5～8 拍，左后转身呈分腿俯撑。俯撑要求双手同肩宽，两脚分开成肩宽，头颈为背的延长线。

③～⑥俯卧撑 4 次。

⑥7～8 拍，收腿呈跪撑。

⑦～⑧四个后踢腿。要求后踢腿保持与身体水平，腰背直，头颈为背的延长线。

⑨1～2 拍，身体重心后移，臀部坐在腿上。3～4 拍，双手拍腿。5～6 拍，左臂上举，右臂前举，头左转。7～8 拍，右转 270°呈左半劈腿坐。

⑩1～4 拍，双脚不离地，臀部离地。5～6 拍，落下。7～8 拍，屈膝并腿。

⑪1～2 拍，右半劈腿坐。3～6 拍，支撑。7～8 拍，还原。

⑫1～2 拍，左手撑地，右臂体前绕一周。5～8 拍，左转 270°呈站立姿势，如(图 10－3－13)。

图 10－3－13

(五)第五段 4×8

①1~8 拍,正、反 V 字步。

②1~4 拍,左侧并步,左臂上举,右臂上举。5~8 拍,同 1~4 拍,方向相反。

③~④同①~②,方向相反,第 8 拍右转 90°,如(图 10-3-14)。

图 10-3-14

(六)第六段 4×8

①1~8 拍,左右腿依次吸腿、踢腿。

②1~4 拍,向右后 45°方向并步跳,双臂体前绕环。7~8 拍,右转 135°。

③1~8 拍,连续 4 次大踢腿,双臂前冲拳。踢腿高度 90°。

④1~8 拍,右转 90°,左右腿依次侧吸侧踢腿,如(图 10-3-15)。

(七)第七段 4×8

①1 拍,左腿左跨一步。2 拍,左腿为轴,左转 180°,右腿后踢。4 拍,右腿为轴,左转 180°,左腿后踢。7 拍,右腿前弓步跳,双臂前举。

②1 拍,吸左腿跳转 90°。3~4 拍,开合跳。5~8 拍,同 1~4 拍,方向相反。

③~④同①~②,方向相反,如(图 10-3-16)。

(八)第八段 7×8

①1~4 拍,左移小交叉步。5~6 拍,左右腿依次向左跨步,双臂体前,直臂交叉向外绕环至双臂上举。7~8 拍,呈左弓步,双臂经体前至双手撑地。

②1~4 拍,右腿扫腿半周,左转 90°呈坐姿。5~8 拍,屈膝仰卧,双臂侧上举。

③~⑥4 次仰卧起坐。

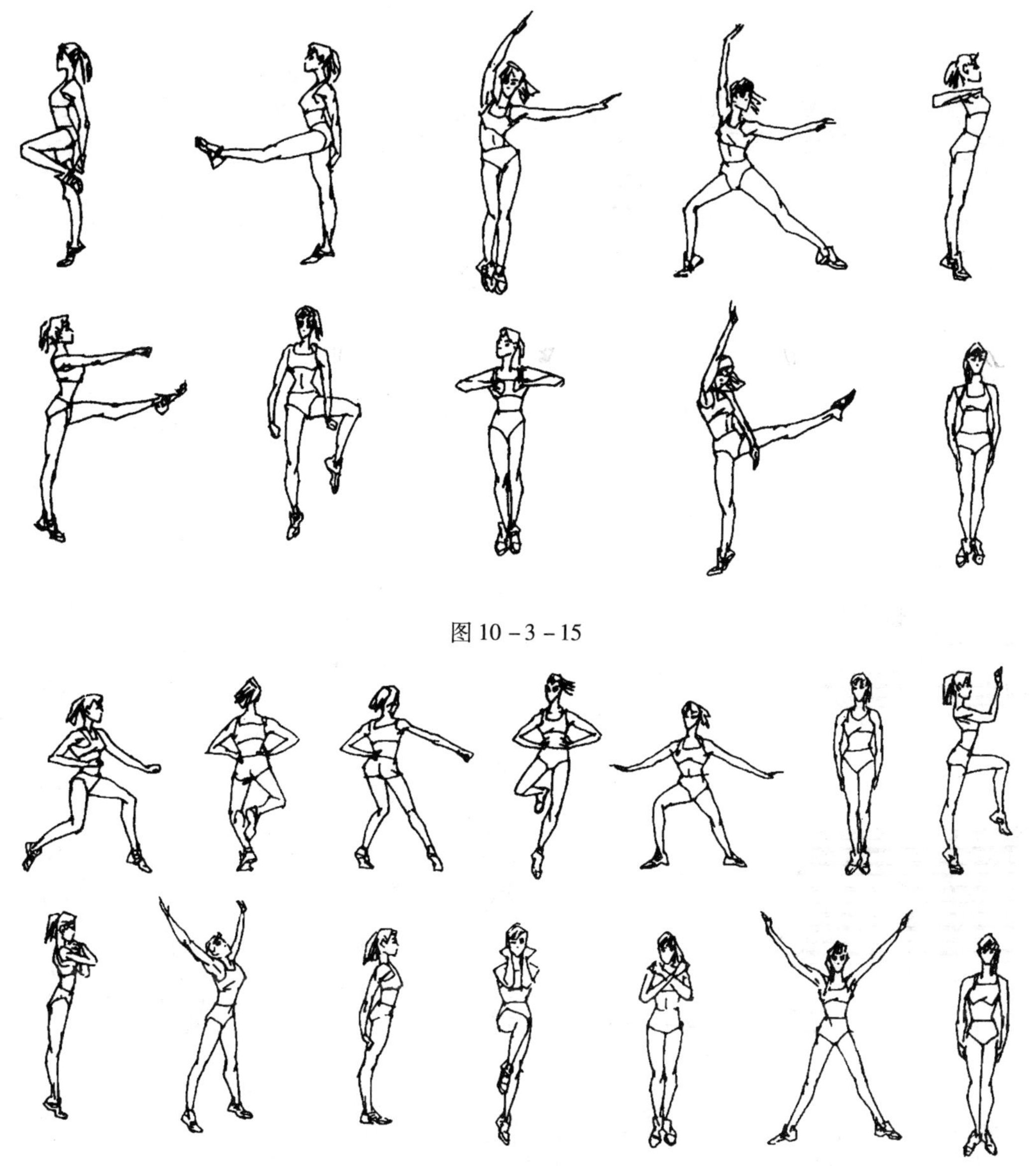

图 10－3－15

图 10－3－16

⑦1～4 拍，右左腿交换踢摆。5～8 拍，起身右转 90°呈站立，如（图 10－3－17）。

（九）第九段 4×8

①1～2 拍，左前方并步跳。3～4 拍，右左腿依次踏 2 步。5～8 拍，右左腿依次侧点地。

②1～2 拍，右腿前跨步，左脚并步点地。3 拍，左脚后退一步。4 拍，吸右腿。5～8 拍，后弹踢跳 2 次，双臂前推。

③～④同①～②，方向相反，如（图 10－3－18）。

（十）第十段 5×8

①1～4 拍，向前走 4 步。5～8 拍，左右侧并步。

②1 拍，右转 90°，左腿向正前方弹踢。2 拍，右转 180°。3 拍，面向 7 点，右腿向 1 点方

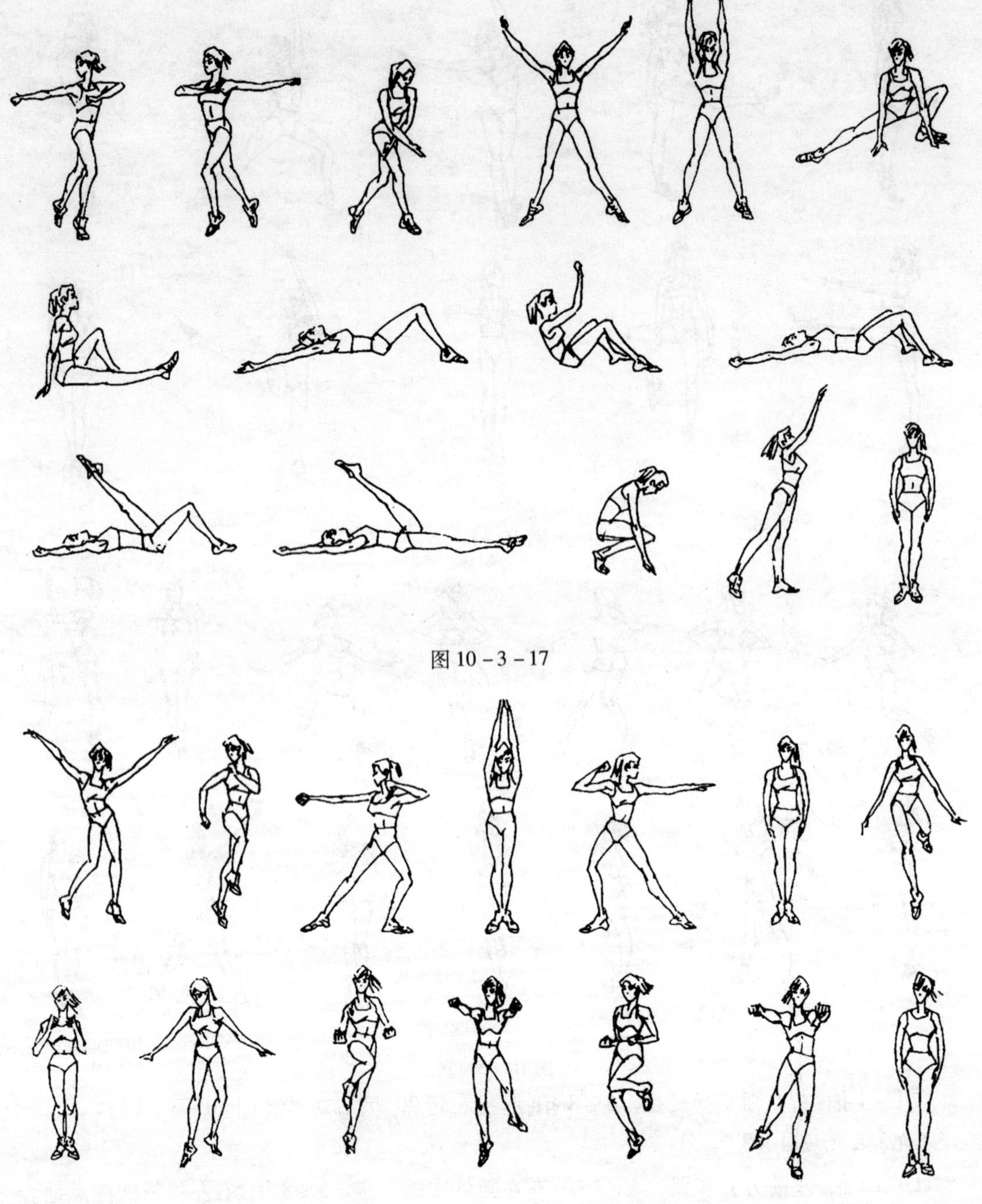

图 10－3－17

图 10－3－18

向弹踢。5～8 拍，侧弹踢 2 次。

③～④同①～②，方向相反。

⑤1～4 拍，向左侧交叉步，第三拍转 180°。5～6 拍，右转 180°。7～8 拍，左脚侧点地呈右弓步，左臂前伸，右臂扶头后，如图(10－3－19)。

图 10－3－19

三、六级测试动作

六级动作为《大众锻炼标准》的高级阶段。此成套的特点为：充满活力；在动作的连接方面有一定创新，过渡流畅；音乐欢快，节奏清晰；路线变化丰富。在 42×8 拍中，不对称动作组合约占 46%，下肢对称上肢有变化动作组合约占 54%，同时穿插了一些空中地面相互转换的动作；难度动作的选择以上肢为主，兼顾腰腹与下肢；其路线也更为复杂，包含了向前、后、侧、对角、弧线等方向的移动。

（一）第一段 10×8

①1～3 拍，背向，正立，两手握拳叉腰。4 拍，屈膝半蹲，两臂自然摆动，准备跳转。5～8 拍，跳转 180°，落成分腿半蹲，两手扶膝，右、左脚依次向左侧迈步成分腿半蹲。

②1～8拍,右脚开始向前做后踢腿跑。

③1～2拍,右脚向右做侧并步跳。3～4拍,左脚向右前迈步,随之右脚并左脚成直立,两臂自上向后绕至腰间。5拍,左脚向左后撤一步。6拍,以右脚为轴向右转体135°,提左膝,两手腰间握拳。7拍,左脚向前迈步,两臂上举。8拍,右脚并左脚成直立。

④同③。

⑤左、右脚依次吸腿、侧踢腿跳。

⑥1～4拍,左脚开始,依次向前弹踢腿跳,同时两臂自下向内绕环一周前上举后还原。5～8拍,依次向侧弹踢腿跳,同时两臂自上向内绕环一周至侧举后还原。

⑦1～4拍,右脚开始向右侧交叉步。5～8拍,同⑥1～4拍。

⑧1～4拍,同⑥5～8拍。5～8拍,左脚开始向左侧交叉步。

⑨1～2拍,左脚向右前迈步随之抬起,两臂自然摆动。3～4拍,左脚向左做侧并步跳。5～6拍,右脚向左前迈步随之抬起,两臂经胸前屈至侧上举。7～8拍,右脚向右做侧并步跳,同时两臂于胸前上下交错振动两次。

⑩1～4拍,左脚开始向前V字步。5～6拍,左脚开始向后V字步。7～8拍,左脚向前并步。

(二)第二段10×8

①1～4拍,右脚开始向右移动小交叉步。5～6拍,右脚向右侧撤步成左前弓步,右臂经胸前屈至侧上举,随之还原成直立。7～8拍,左脚向后撤步成右前弓步,随之还原成直立。

②1～3拍,提膝跳两次。4～5拍,后踢腿跑向右转体360°。6拍,跳成右后弓步。7～8拍,重心前移成向左前方提踵立,两臂向内振动两次。

③1～2拍,保持前一拍姿势。3～5拍,右脚开始向后沿弧线后踢跑一圈,击掌3次。6拍,屈膝半蹲,两臂后摆。7～8拍,小分腿跳一次。

④1～2拍,左脚开始向左前方并步跳,右臂经前绕至侧上举。3～4拍,右脚向前一步接左腿提膝跳。5～8拍,左脚开始依次向前弓步跳。

⑤1～2拍,右脚开始向右后方并步跳。3～4拍,左脚向后一步接右腿提膝跳。5～8拍,右脚开始依次向侧弓步跳。

⑥1～8拍,开合跳4次,但1～2拍,5～6拍两手前后交错3次。

⑦～⑧同④～⑤,但方向相反。

⑨1～2拍,左腿提膝跳落右前方。3～6拍,右、左腿依次向后弹踢。7～8拍,剪式跳。

⑩向后滑叉接坐转360°成俯撑。

(三)第三段9×8

①～④次俯卧撑。要求身体自然平直,匀速运动,屈肘时与肩同高。

⑤1～2拍,向前提臀收腿成跪。3～4拍,右脚上步成跪立。5～6拍,站起同时向左转体360°。7～8拍,向右一步成直立。

⑥～⑧吸踢腿组合。

⑨1～2拍,向右移。3～8拍,右腿后撤一大步,随之两手撑地向右转体360°成半劈腿坐。

(四)第四段7×8

①半劈腿支撑。要求双手支撑,屈髋,两腿开度大于90°且与地面平行。

②1 ~4 拍,半劈腿支撑。5 ~8 拍,成仰卧起坐预备姿势,两臂上举。

③1 ~4 拍,仰卧起坐;两臂由上举至胸前屈,前臂向上。起坐时,两腿固定,腹肌收缩,腰部着地;仰卧时,双肩胛骨触地。5 ~6 拍,两前臂于胸前交错 2 次。7 ~8 拍,两臂还原至上举。

④ ~⑥同③。

⑦1 拍,提左膝,两臂胸前交叠。2 拍,左腿向下伸,右腿上踢,两臂侧举。3 ~4 拍,右腿下压带动上体成跪蹲。5 ~8 拍,站起同时向左转体 270°。

(五)第五段 6 ×8

①1 ~4 拍,右、左脚依次提膝跳。5 ~6 拍,右腿向侧摆动跳接向左前摆动跳。7 拍,向左跳转 180°,同时右腿向侧摆动,左臂经下、右臂经上成侧举。8 拍,左腿屈膝跳,两臂胸前屈。

②1 ~3 拍,向左侧左腿弹踢跳两次。4 拍,向左跳转 135°成直立。5 ~8 拍,同①1 ~4 拍。

③1 ~4 拍,左、右脚依次向左前、右前做并步跳。5 ~8 拍,左、右脚依次向左后、右后做并步跳。

④1 ~2 拍,向左侧并步。3 ~4 拍,向右侧并步。5 ~6 拍,左臂领先,两臂依次经右绕至臂垂,同时向左转体 90°。7 拍,鹿跳。要求前腿大腿抬平,两腿夹角大于 135°,上体直立。8 拍,向右转体 90°落成直立。

⑤同④,但方向相反。

⑥1 拍,左膝屈伸右脚点地,同时两臂屈肘向内振动一次。2 拍,同 1 拍。3 ~4 拍,同 1 ~2 拍,但方向相反。5 ~6 拍,屈膝半蹲向右转体 180°成右后弓步,同时两臂经胸前依次水平摆至左手背后。7 ~8 拍,右手扶左肩,左腿开始两膝依次屈伸 3 次成左前弓步,同时两臂自然摆动成左臂肩侧屈,右臂自然下垂。

思考题:

健美操分为几大类?你学会了哪套健美操,能否在音乐配合下独立完成吗?

第十一章　啦啦操

第一节　啦啦操运动概述

(一)啦啦操定义

啦啦操:英文 cheerleading,其中 cheer 有振奋精神、提振士气的意思。啦啦操是在音乐的衬托下,通过队员集体共同完成复杂、高难的啦啦操特有的难度技巧,并结合各种舞蹈风格动作,集中体现青春活力、健康向上的团队精神,并追求最高团队荣誉感的一项体育运动。

(二)啦啦操项目特征

1. 团队精神

团队精神特征是啦啦操运动有别于其他运动的最显著特征。通过各种动作的配合、难度的展现、队员的口号以及队形的转换等形成积极协调的组织氛围,提高团队整体的凝聚力。同时,动作的整齐一致性充分体现了团队的凝聚力、配合能力以及完成动作时所表现出来的自信心、运动能力、感染力、号召力的完美结合。完成动作时要体现团队的整齐划一,包括团队整体的运动能力、表演能力、默契配合等因素。

2. 技术特征

啦啦操技术特征体现在所有肢体类动作的发力方式,即通过短暂加速、定位制动来实现啦啦操特有的力度感,具有清晰的开始和结束,完成干净利落并且位置精确;在运动过程中要求重心低、身体控制移动平稳。

(三)啦啦操的分类

啦啦操是一项新兴的现代体育项目,根据当今世界的发展状况和发展趋势,啦啦操运动可分为技巧啦啦操和舞蹈啦啦操。

1. 技巧啦啦操

定义:技巧啦啦操是以翻腾、托举、抛接、金字塔组合、舞蹈动作、过渡连接及口号等形式为基本内容的团队项目。

运动特点:技巧啦啦操主要是由高难度的啦啦操技术技巧的展示组成,其队员必须要具备高素质、高标准、自信和充满活力的高水平完成动作的能力,使技巧啦啦操更具有强烈的视觉冲击感、刺激性、感染性与竞技性。其难度分为四类,即翻腾、抛接、托举、金字塔。

2. 舞蹈啦啦操

定义:舞蹈啦啦操是以舞蹈动作为主,通过展示各种舞蹈技巧和元素并可以结合道具为基本内容的团队项目。

运动特点：舞蹈啦啦操具有广泛的适应性，它主要以舞蹈动作为主，没有高难度的技巧动作，因此在大中小学中得到了大力的推广。舞蹈啦啦操的成套强调整体动作编排的风格化与艺术性，因此又具有强烈的观赏性。其难度分为三类，即转体、跳步、平衡与柔韧。

第二节　啦啦操基本动作

啦啦操动作技术要求：重心稳，移动快；手臂发力狠，位置准；手臂动作要保持在额状轴前方。

一、啦啦操基本手位

（一）对称类

上 M(up M)　下 M(hand on hip)　平举 w(muscle man)

高举 V(high V)　下举 V(low V)　T(T)

小 T(half T)　直臂平举 X(front X)　高举 X(high X)

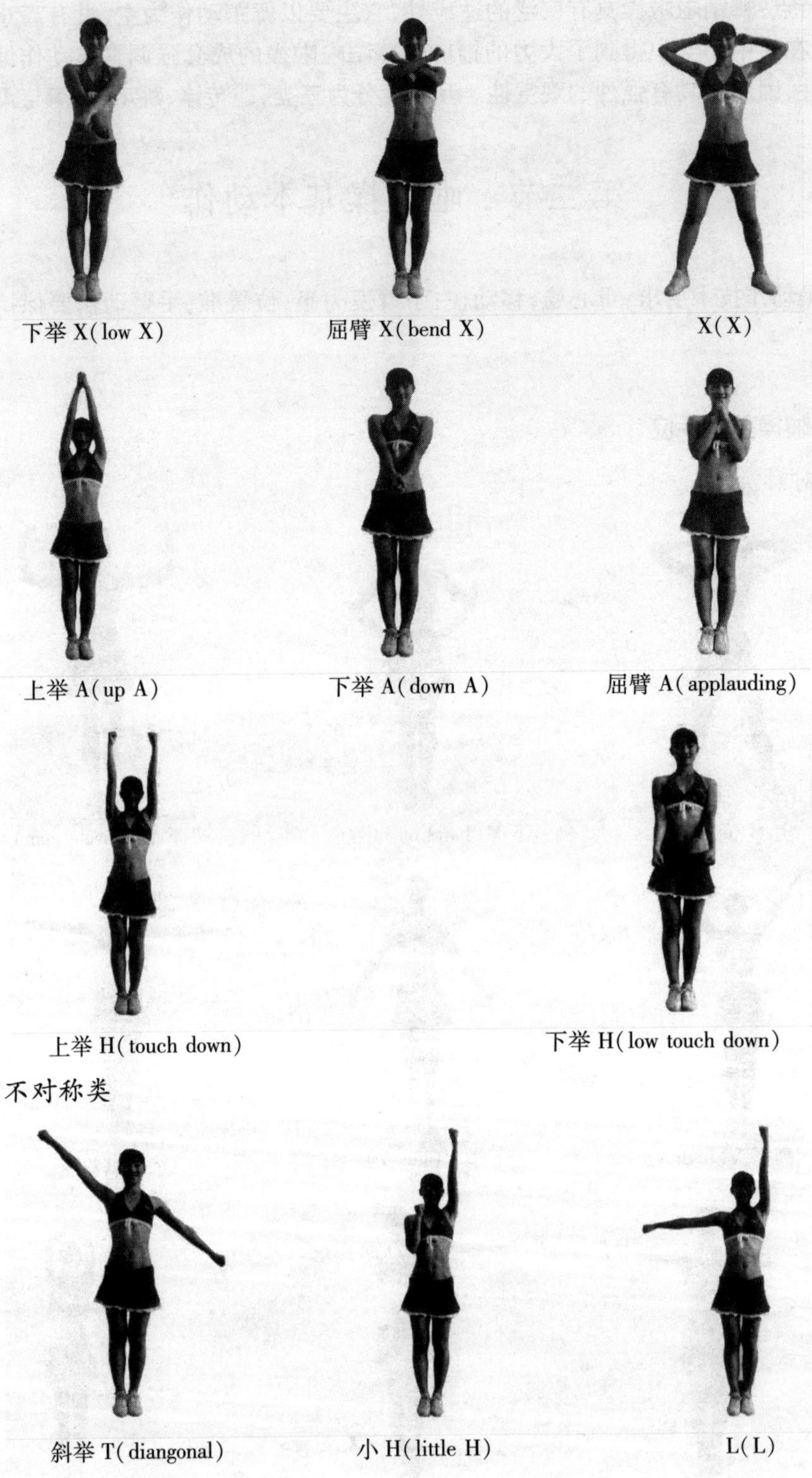

下举 X(low X)　屈臂 X(bend X)　X(X)

上举 A(up A)　下举 A(down A)　屈臂 A(applauding)

上举 H(touch down)　下举 H(low touch down)

(二)不对称类

斜举 T(diangonal)　小 H(little H)　L(L)

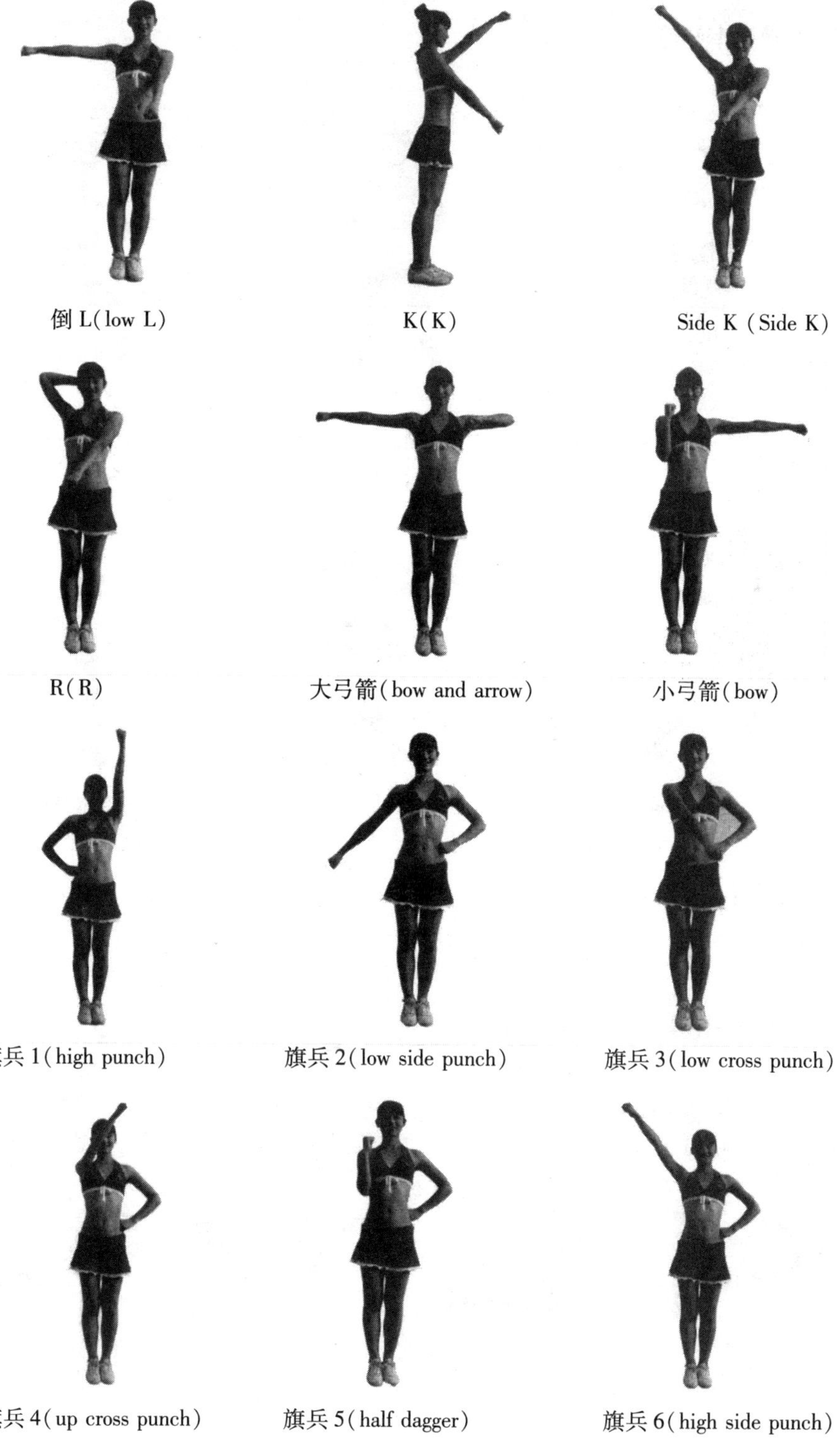

倒 L(low L)　　K(K)　　Side K (Side K)

R(R)　　大弓箭(bow and arrow)　　小弓箭(bow)

旗兵 1(high punch)　　旗兵 2(low side punch)　　旗兵 3(low cross punch)

旗兵 4(up cross punch)　　旗兵 5(half dagger)　　旗兵 6(high side punch)

二、啦啦操基本站位

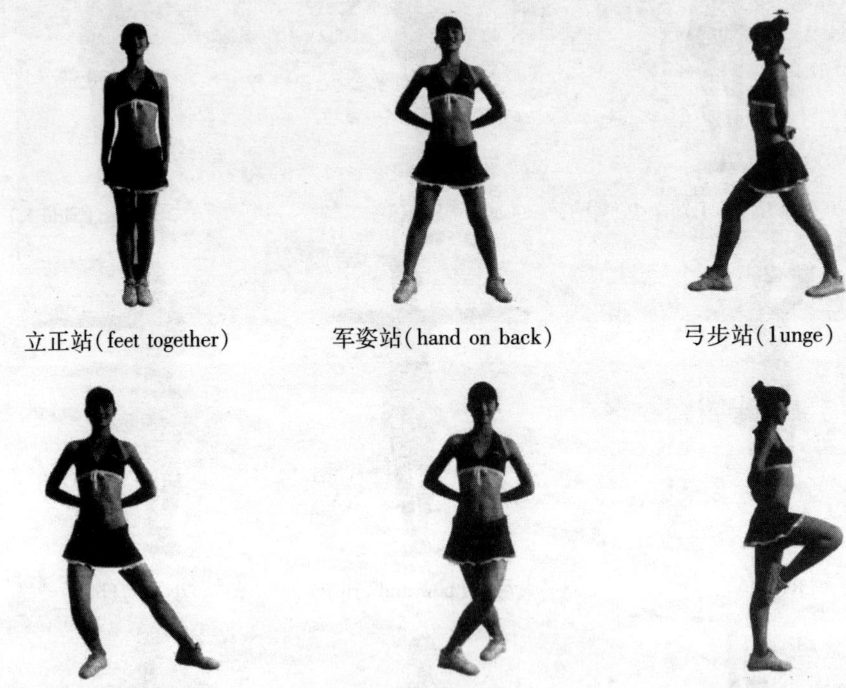

立正站(feet together)　军姿站(hand on back)　弓步站(1unge)

侧弓步站(side lunge)　锁步站(lock step)　吸腿站(knee)

三、啦啦操基本手势与意义

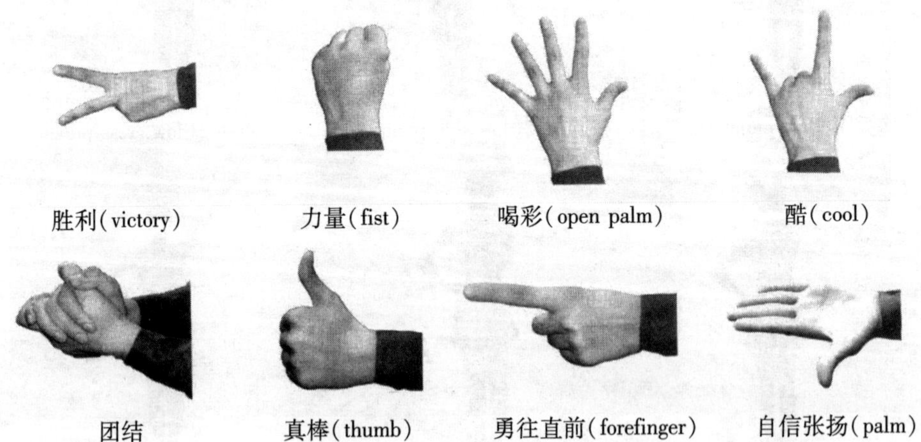

胜利(victory)　力量(fist)　喝彩(open palm)　酷(cool)

团结　真棒(thumb)　勇往直前(forefinger)　自信张扬(palm)

第三节　舞蹈啦啦操

一、基础套路

第一段：

第一个八拍

动作说明	下　肢	1~2 拍右脚向前成弓步;3 拍转体成半蹲;4 拍还原成弓步;5 拍收右脚成并立提踵;6 拍半蹲;7 拍小分腿跳;8 拍并立半蹲。
	躯干与手臂	1~2 拍屈臂 x 成下举 V;3 拍双手成 X;4 拍上举 V;5~6 拍双手向内绕环;7 拍上举 V;8 拍低头双手还原。
	面　向	1~2 拍 1 点;3 拍 7 点;4~8 拍 1 点。

第二个八拍

动作说明	下　肢	1~2 拍上左脚成弓步;3 拍吸右腿;4 拍转体成左弓步;5 拍吸右腿; 6~7 拍右脚落地成开立半蹲;8 拍双腿并立提踵。
	躯干与手臂	1~2 拍上举 H;3 拍屈臂 H 低头;4 拍 K;5 拍骑兵手势;6~7 拍右手向内绕环;8 拍上举 A。
	面　向	1~3 拍 1 点;4 拍 7 点;5~8 拍 1 点。

第三个八拍

<table>
<tr><td rowspan="3">动作说明</td><td>下　肢</td><td>1—2 拍右脚右前方上步成弓步;3 拍上左脚;4 拍上右脚;5 拍半蹲;6 拍左腿后屈腿;7 ~8 拍向左并步。</td></tr>
<tr><td>躯干与手臂</td><td>1 ~2 拍左手高举 V,右手 X;3 ~4 拍小 T;5 拍下举 X 低头;6 拍骑兵手势,头右倒;7 ~8 拍右臂小臂向内绕环,头左倒。</td></tr>
<tr><td>面　向</td><td>1 ~8 拍 1 点。</td></tr>
</table>

第四个八拍

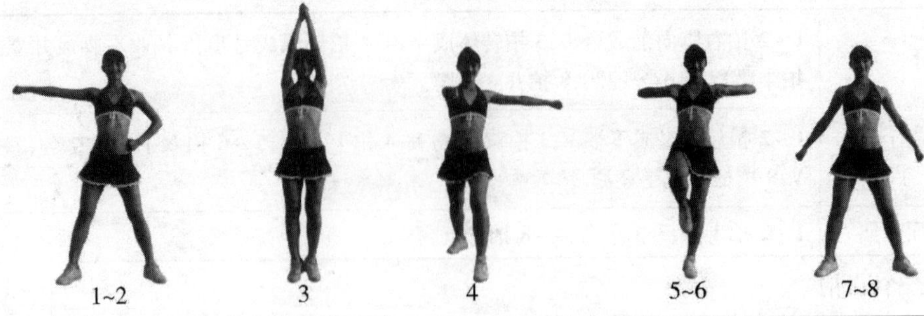

<table>
<tr><td rowspan="3">动作说明</td><td>下　肢</td><td>1 ~2 拍双脚开立;3 拍双脚并立;4 拍上左脚成弓步;5 ~6 拍吸右腿;7 ~8 拍双脚开立。</td></tr>
<tr><td>躯干与手臂</td><td>1 ~2 拍左手叉腰;右手 T;3 拍上举 A;4 拍左手侧举,右手前举;5 ~6 拍小 T,转体甩头;7 ~8 拍下举 V,点头。</td></tr>
<tr><td>面　向</td><td>1 ~4 拍 1 点;5 ~6 拍转体 360 度;7 ~8 拍 1 点。</td></tr>
</table>

第五个八拍

动作说明	下　肢	1 拍开立半蹲;2 拍左腿后屈腿;3 拍开立半蹲;4 拍右腿前吸腿; 5 ~8 拍后退。
	躯干与手臂	1 拍屈臂 X,低头;2 拍下举 V,头右倒;3 拍屈臂 X,低头;4 拍上举 V;5 ~8 拍下举 X,低头。
	面　向	1 ~8 拍 1 点。

第六个八拍

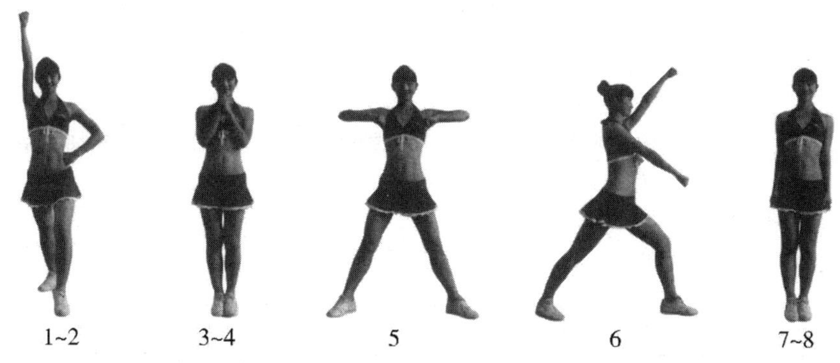

1~2　3~4　5　6　7~8

动作说明	下　肢	1 ~2 拍左脚向前成弓步;3 ~4 拍收右脚成并立;5 拍右脚向右成开立;6 拍成左弓步;7 ~8 拍收右脚成并立。
	躯干与手臂	1 ~2 拍骑兵手势;3 ~4 拍屈臂 A;5 拍小 T;6 拍 K;7 ~8 拍双臂还原。
	面　向	1 ~5 拍 1 点;6 拍 7 点;7 ~8 拍 1 点。

第二段:

第一个八拍

1　2　3　4　5　6~7　8

动作说明	下　肢	1 ~2 拍左脚开始 V 字步成开立半蹲;3 拍双膝内扣;4 拍成并立;5 ~7 拍向前迈右脚成弓步;8 拍收右脚成并立。
	躯干与手臂	1 拍右手 X;2 拍左手 X;3 拍双肘内扣,低头;4 ~5 拍上举 V;6 拍臂还原;7 拍点头;8 拍屈臂 A。
	面　向	1 ~2 拍 1 点;3 ~8 拍 3 点。

第二个八拍

动作说明		
动作说明	下　肢	1～2 拍转体右腿后撤成左弓步；3～4 拍吸左腿；5～6 拍向后撤左腿成前后开立半蹲，左腿重心；7～8 拍成并步。
	躯干与手臂	1～2 拍直臂前举 A；3～4 拍上举 V；5～6 拍双手扶膝；7～8 拍双手还原。
	面　向	1～6 拍 7 点；7～8 拍 1 点。

第三个八拍

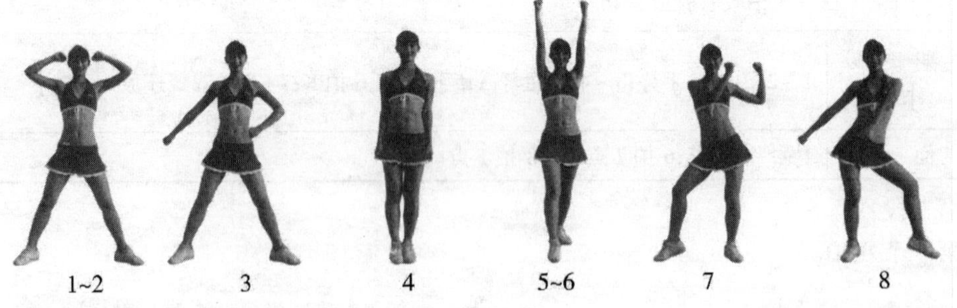

动作说明		
动作说明	下　肢	1～3 拍左腿侧出成开立；4 拍还原并立；5～6 拍右腿向前成弓步；7～8 左右摆髋。
	躯干与手臂	1～2 拍 X；3 拍骑兵手势；4 拍还原；5～6 拍上举 H；7 拍屈臂 H；8 拍下举 H。
	面　向	1～8 拍 1 点。

第四个八拍

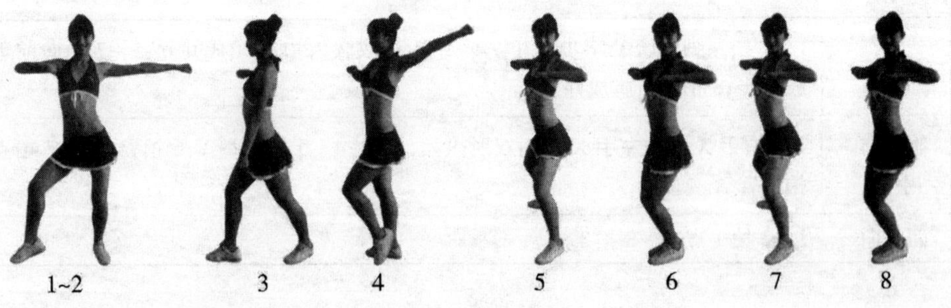

动作说明	下　肢	1 ~2 拍右腿重心开立半蹲;3 ~4 拍收左腿成并步;5 ~8 拍连续向左侧并步。
	躯干与手臂	1 ~2 拍左手 T;右手小 T;3 ~4 拍左手向下绕环一周半;5 ~8 拍小 T。
	面　向	1 ~2 拍 1 点;3 ~8 拍 3 点。

第五至第八个八拍动作同第一至第四个八拍动作,方向相反。

第三段:

第一个八拍

动作说明	下　肢	1 ~4 拍左脚向左弧线走一周;5 ~8 拍开立摆髋。
	躯干与手臂	1 ~4 拍屈臂 H;5 拍右手 X,左手上举 V;6 拍同 5 拍;7 拍同 5 拍;8 拍同 6 拍。
	面　向	1 ~4 拍 8 点、6 点、4 点、1 点;5 ~8 拍 1 点。

第二个八拍同第一个八拍,动作相同,方向相反。

第三个八拍

动作说明	下　肢	1 ~2 拍左脚向左成开立;3 拍左转;4 拍左腿跪撑;5 ~8 拍向右转体同时臀部坐地,两腿依次举腿绕,成右腿跪撑。
	躯干与手臂	1 ~3 拍胸前直臂 H;4 拍扶膝;5 ~8 拍双手扶地。
	面　向	1 ~2 拍 1 点;3 拍 7 点;4 拍 3 点;5 ~7 拍转体至 3 点;8 拍 1 点。

第四个八拍

动作说明	下　肢	1～7 拍开立；8 拍还原成并立。
	躯干与手臂	1～2 拍体前，屈左手扶左髋右手前举；3～7 拍身体做向前波浪；8 拍还原。
	面　向	1～7 拍 3 点；8 拍 1 点。

第五至第八个八拍动作同第一至第四个八拍动作，方向相反。

第四段：

第一个八拍

动作说明	下　肢	1～4 拍右脚开始踏步；5～6 拍跳成开立；7～8 拍摆髋。
	躯干与手臂	1 拍小 T；2 拍直臂 X；3 拍同 1 拍；4 拍上举 X；5～6 拍左臂斜 T；7～8 拍右手扶左髋，左手 X。
	面　向	1～8 拍 1 点。

第二个八拍

动作说明	下　肢	1 拍成并立;2 ~7 拍左脚向侧成开立半蹲;8 拍成并立。
	躯干与手臂	1 拍屈臂 A;2 拍双手扶膝,低头;3 ~4 拍 T;5 ~7 拍身体前波浪;8 拍还原。
	面　向	1 拍 1 点;2 ~4 拍 3 点;5 ~8 拍 1 点。

第三个八拍

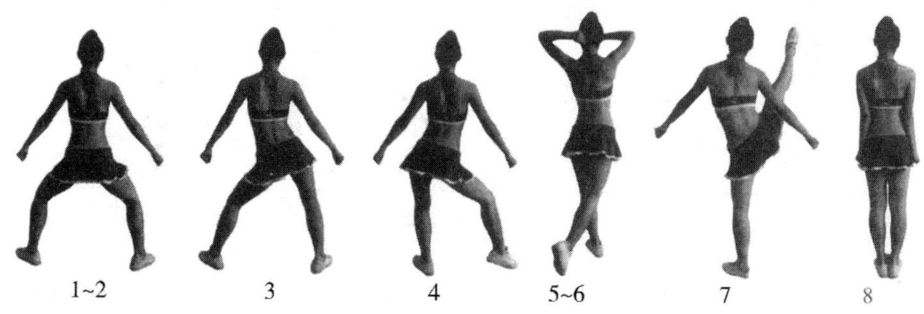

动作说明	下　肢	1 ~2 拍向右跳转 180 度成开立;3 ~4 拍左右摆髋;5 ~6 拍锁步;7 ~8 拍右腿大踢腿。
	躯干与手臂	1 ~4 拍下举 V;5 ~6 拍上举 X;7 拍下举 V;8 拍还原。
	面　向	1 ~8 拍 5 点。

第四个八拍

动作说明	下　肢	1 ~2 拍左脚开始向前两步;3 ~4 拍跳成开立;5 ~6 拍转髋两次;7 ~8 拍向右转体 180 度。
	躯干与手臂	1 拍右手上举 X;2 拍左手上举 X;3 ~6 拍下举 V;7 ~8 拍还原。
	面　向	1 ~6 拍 5 点;7 ~8 拍 1 点。

第五至第八个八拍动作同第一至第四个八拍动作,方向相反。

二、表演套路

第一段：

第一个八拍

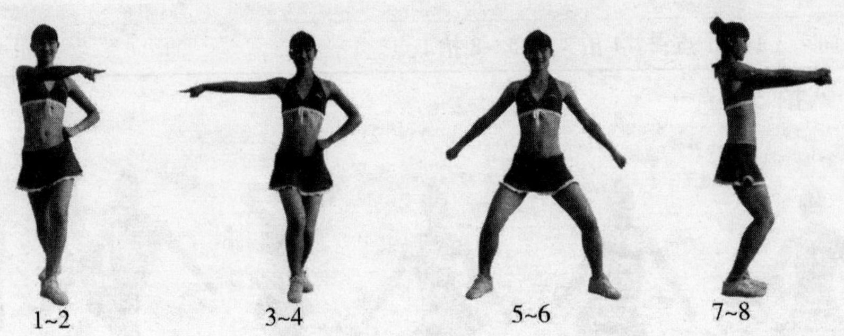

动作说明	下　肢	1 ~ 4 拍左脚开始向前走 4 步;5 ~ 6 拍跳成开立半蹲;7 ~ 8 拍收右脚成并步半蹲。
	躯干与手臂	1 ~ d 拍左手叉腰,右手从左前方至有前方,指掌;5 ~ 6 拍下举 V;7 ~ 8 拍胸前直臂 A。
	面　向	1 ~ 6 拍 1 点,7 ~ 8 拍 7 点。

第二个八拍

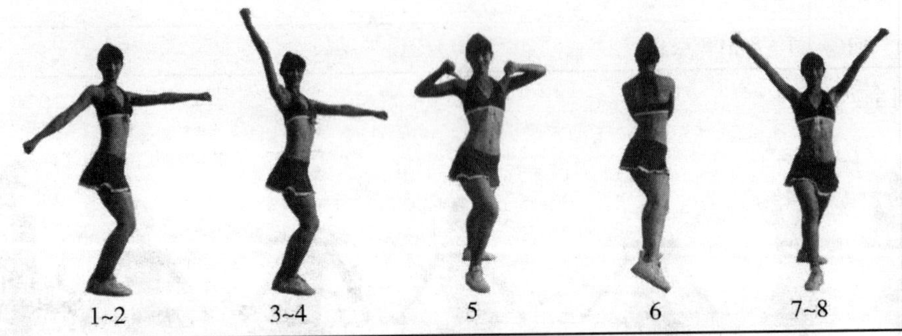

动作说明	下　肢	1 ~ 4 拍右脚开始踏步两次;5 拍右脚向前成弓步;6 拍摆髋成左腿弓步;7 ~ 8 拍摆髋成右腿弓步。
	躯干与手臂	1 ~ 4 拍左臂保持前举,右臂从斜下举摆至上举;5 拍小 T;6 拍屈臂 H,低头;7 ~ 8 拍上举 V。
	面　向	1 ~ 4 拍 7 点;5 拍 1 点;6 拍 5 点;7 ~ 8 拍 1 点。

第三个八拍

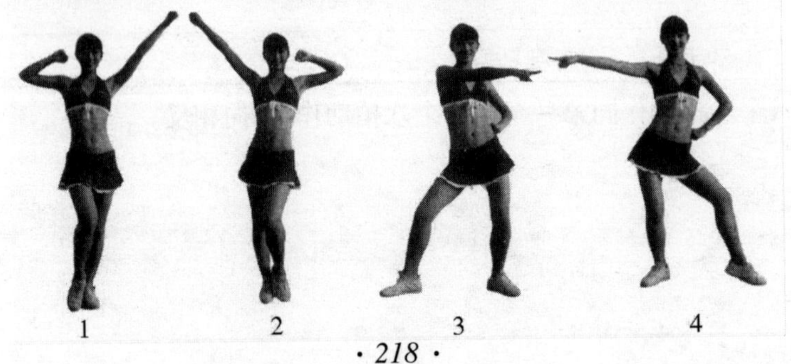

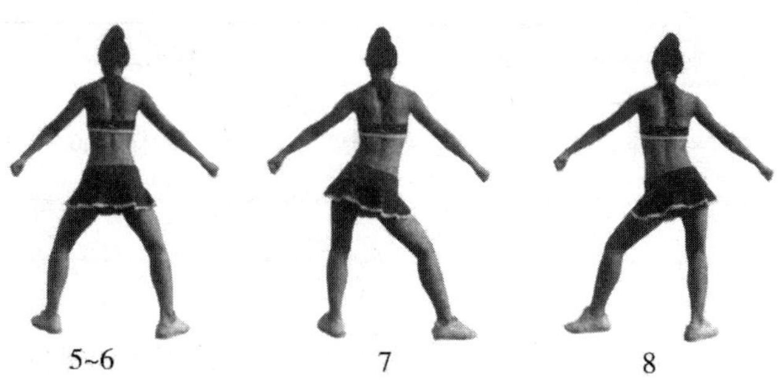

动作说明	下　肢	1～2 拍原地小马跳；3～4 拍左腿向左一步成开立半蹲同时左右摆髋；5～6 拍向右跳转 180 度成开立半蹲；7～8 拍左右两次摆髋。
	躯干与手臂	1 拍左手高举 V，右手 X；2 拍同 1 拍方向相反；3～4 拍左手叉腰，右手左前举至右前举，指掌；5～8 拍下举 V。
	面　向	1～4 拍 1 点；5～8 拍 5 点。

第四个八拍

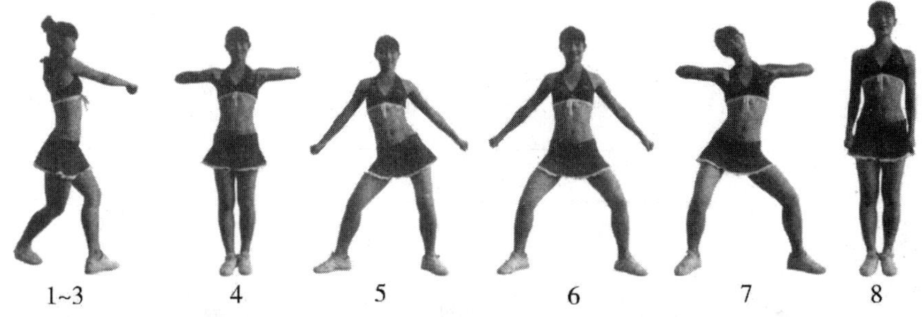

动作说明	下　肢	1～4 拍左脚开始弧线走向；5～6 拍左脚向左一步成开立，向左顶髋两次；7 拍半蹲；8 拍双脚还原并立。
	躯干与手臂	1～4 拍双手南小 T 经前举 H 经小 T 至还原；5～6 拍下举 V；7 拍小 T，向右倒头；8 拍还原。
	面　向	1～4 拍 3 点、5 点、7 点、1 点；5～6 拍 1 点；7～8 拍 1 点。

第五个八拍

动作说明		
	下　肢	1～4 拍原地小马跳;5～8 拍左腿向左一步成开立,左右摆髋。
	躯干与手臂	1～4 拍双手上举击掌;5～6 拍左手叉腰,右手上举左右摆动;7～8 拍双手扶髋。
	面　向	1~8 拍 1 点。

第六个八拍

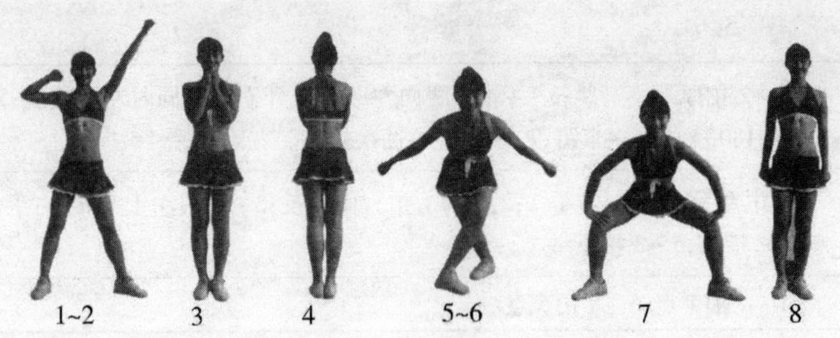

动作说明		
	下　肢	1～2 拍开立;3～4 拍并立向右转体 360 度;5～6 拍左腿向前一步成弓步半蹲;7 拍左腿向左成开立半蹲;8 拍还原。
	躯干与手臂	1～2 拍左臂上举 V,右臂 X;3～4 拍屈臂 A;5～6 拍下举 V;7 拍双手扶膝;8 拍还原。
	面　向	1～2 拍 1 点;3～4 拍 5 点;5～8 拍 1 点。

第七个八拍

动作说明		
	下　肢	1～4 拍左脚开始向前走 4 步;5～6 拍吸右腿;7～8 拍踢右腿。
	躯干与手臂	1 拍右手上举 X;2 拍左手上举 X;3～8 拍 T。
	面　向	1～8 拍 1 点。

第八个八拍

1　2~3　4　5~6　7　8

<table>
<tr><td rowspan="3">动作说明</td><td>下　肢</td><td>1 拍右脚向侧后一步;2 ~4 拍向右并立转体 360 度;5 ~6 拍左脚向侧点地一次,7 ~8 拍左脚并步一次。</td></tr>
<tr><td>躯干与手臂</td><td>1 拍 T;2 ~4 拍屈臂 A 至上举 A;5 ~6 拍左手叉腰,右手 X 变形动作;7 拍上举 V;8 拍还原。</td></tr>
<tr><td>面　向</td><td>1 拍 2 点;2 ~4 拍向右转体 360 度;5 ~8 拍 3 点。</td></tr>
</table>

第九个八拍

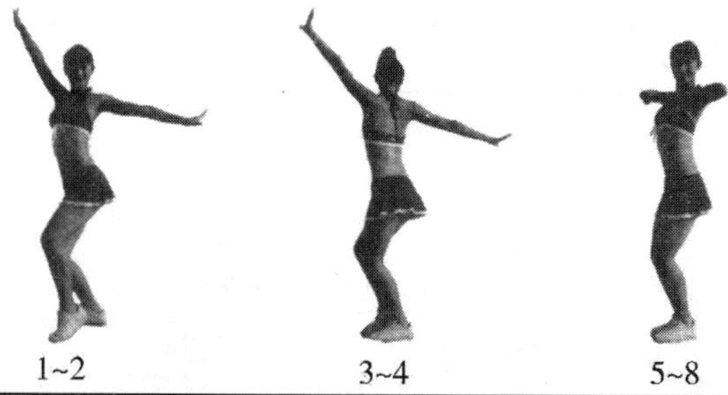

1~2　3~4　5~8

<table>
<tr><td rowspan="3">动作说明</td><td>下　肢</td><td>1 ~4 拍向前走两步;5 ~8 拍向前走 4 步。</td></tr>
<tr><td>躯干与手臂</td><td>1 ~4 拍左手下举,右手上举,依次交换;5 ~8 拍小 T,4 次振胸。</td></tr>
<tr><td>面　向</td><td>1 ~2 拍 2 点;3 ~4 拍 5 点;5 ~8 拍 3 点。</td></tr>
</table>

第十个八拍

1~4

5~6

7~8

动作说明	下　肢	1～4 拍踏步;5～6 拍开立;7～8 拍成半蹲。
	躯干与手臂	1～4 拍双手置于体侧;5～6 拍屈臂 A;7～8 拍右手扶髋,左手置于体前。
	面　向	1～8 拍 1 点。

第十一个八拍

动作说明	下　肢	1～4 拍开立半蹲身体向下振,一慢两快;5～6 拍右弓步;7～8 拍左弓步。
	躯干与手臂	1～4 拍右手扶髋,左手前扶;5～6 拍右手下举,左手屈臂 H;7～8 拍相反。
	面　向	1～8 拍 1 点。

第十二个八拍

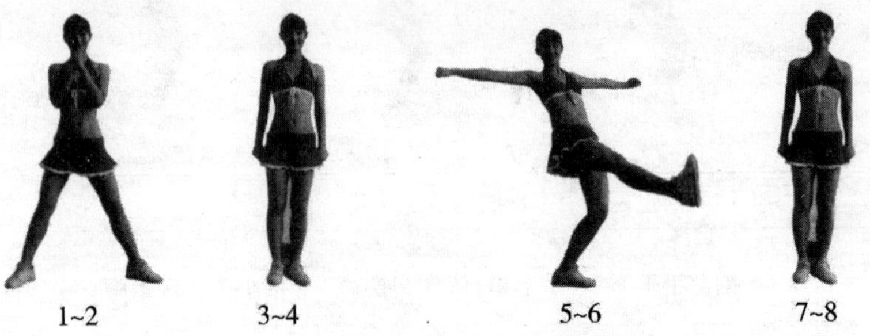

动作说明	下　肢	1～2 拍开立;3～4 拍并立;5～6 拍右腿前举勾脚;7～8 拍还原。
	躯干与手臂	1～2 拍屈臂 A;3～4 拍还原;5～6 拍 T,身体稍后倒;7～8 拍还原。
	面　向	1～8 拍 1 点。

第二段:个性舞蹈

第一个八拍

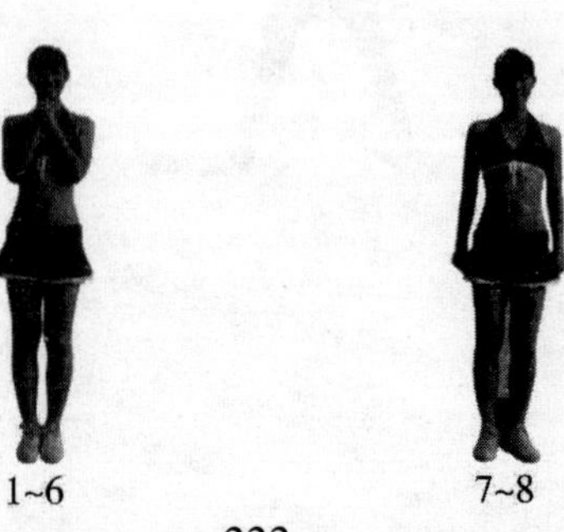

动作说明	下 肢	1～6 拍踏步;7～8 拍成并立。
	躯干与手臂	1～6 拍屈臂 A;7～8 拍还原。
	面 向	1～8 拍 1 点。

第二个八拍

动作说明	下 肢	1 拍双腿跳,吸左腿;2 拍左脚向左一步成开立,吸右脚;3～4 拍右脚落地成开立;5 拍吸左腿;6 拍成右弓步;7～8 拍左腿交叉步成锁步。
	躯干与手臂	1 拍左手 X,右手 T,开掌,头右转,双手小 T;2 拍两臂侧下举,开掌,双手小 T;3 拍同 2 拍方向相反;4 拍振胸;5 拍双手屈臂 H,握拳,低头;6 拍双手前举,上体后仰,花掌,掌心向上;7 拍屈臂 X 交叉两次;8 拍上举 V。
	面 向	1 拍 7 点;2～4 拍 1 点;5～6 拍 3 点;7～8 拍 1 点。

第三个八拍

动作说明	下 肢	拍左脚向左成开立半蹲;2～3 拍向右摆髋;4 拍向左转体 90 度成弓步;7 拍成开立半蹲;8 拍还原。
	躯干与手臂	1 拍左手背后,右手扶左肩;2 拍 T;3 拍左手侧举,右手从左绕头一周;4 拍胸前直臂 A;5～6 拍甩头到 1 点;7～8 拍身体前波浪。
	面 向	1～3 拍 1 点;4 拍 7 点;5～6 拍 7 点;7～8 拍 1 点。

第四个八拍

<table>
<tr><td rowspan="3">动作说明</td><td>下　肢</td><td>1 拍左脚前点;2 拍左脚后点;3 ~4 拍向前上步吸腿;5 ~8 拍落地成开立。</td></tr>
<tr><td>躯干与手臂</td><td>1 拍左臂下举;右手上举;2 拍同 1 拍方向相反;3 ~4 拍左臂下举,右手从左绕头;5 ~6 拍提右肩 2 次;7 拍身体后仰,双手小 T 在头部前方,低头;8 拍身体前倾,双手下举 V。</td></tr>
<tr><td>面　向</td><td>1 ~4 拍 1 点;5 ~6 拍 8 点;7 ~8 拍 8 点。</td></tr>
</table>

第三段:

第一至第五个八拍动作与第一段第一至第五个八拍动作相同。

第六个八拍

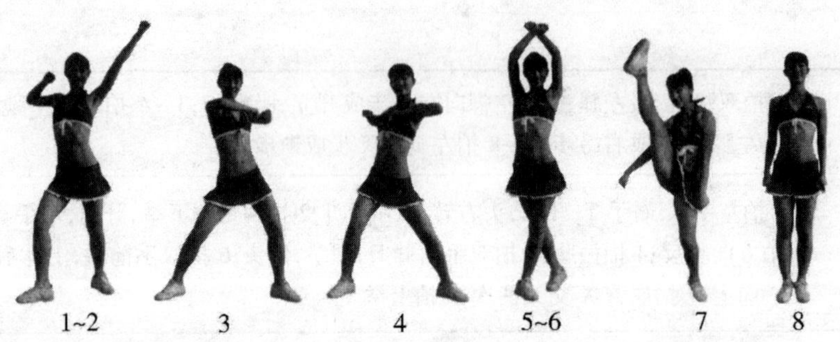

<table>
<tr><td rowspan="3">动作说明</td><td>下　肢</td><td>1 ~2 拍右脚右前方成弓步;3 拍上左脚;4 拍上右脚;5 ~6 拍锁步; 7 ~8 拍踢右腿。</td></tr>
<tr><td>躯干与手臂</td><td>1 ~2 拍左手高举 V,右手 X;3 ~4 拍小 T;5 ~6 拍上举 X;7 拍下举 V;8 拍还原。</td></tr>
<tr><td>面　向</td><td>1 ~2 拍 1 点;3 ~4 拍 1 点;5 ~8 拍 1 点。</td></tr>
</table>

第七个八拍

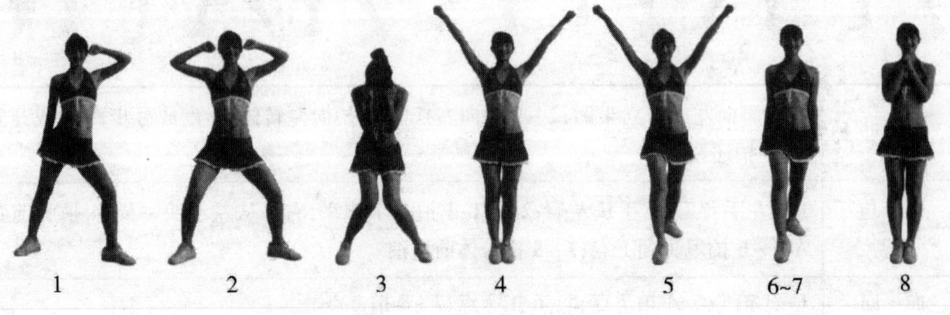

<table>
<tr><td rowspan="3">动作说明</td><td>下　肢</td><td>1～2 拍左脚开始 V 字步成开立半蹲;3 拍双膝内扣;4 拍成并立; 5～7 拍右脚向前成弓步;8 拍收右脚成并立。</td></tr>
<tr><td>躯干与手臂</td><td>1 拍左手 X;2 拍右手 X;3 拍双肘内扣,低头;4～5 拍上举 V;6 拍臂还原;7 拍点头;8 拍屈臂 A。</td></tr>
<tr><td>面　向</td><td>1～8 拍 1 点。</td></tr>
</table>

第八个八拍

<table>
<tr><td rowspan="3">动作说明</td><td>下　肢</td><td>1～2 拍转体右腿后退成弓步;3～4 拍吸左腿;5～6 拍左腿后退成右点地立,屈膝半蹲;7～8 拍成并立。</td></tr>
<tr><td>躯干与手臂</td><td>1～2 拍直臂前举 A;3～4 拍上举 V;5～6 拍左手扶髋右手扶膝;7～8 拍还原。</td></tr>
<tr><td>面　向</td><td>1～6 拍 7 点;7～8 拍 1 点。</td></tr>
</table>

第九个八拍

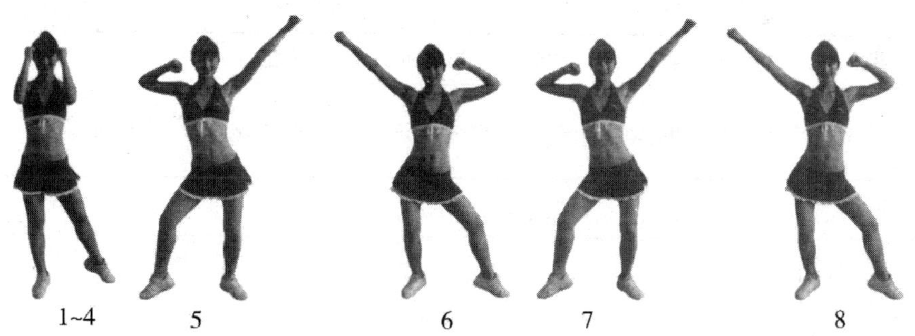

<table>
<tr><td rowspan="3">动作说明</td><td>下　肢</td><td>1～4 拍左脚开始弧线走,低头;5～7 拍开立摆髋,8 拍成并立。</td></tr>
<tr><td>躯干与手臂</td><td>1～4 拍屈臂 H,5 拍右手 X,左手上举 V,6 拍同 5 拍方向相反,7 拍同 5 拍,8 拍同 6 拍。</td></tr>
<tr><td>面　向</td><td>1～4 拍 2 点、4 点、6 点、1 点,5～8 拍 1 点。</td></tr>
</table>

第十个八拍

动作说明		
	下　肢	1～2 拍右腿上步;3～4 拍并立转体 360 度;5～8 拍开立左右摆髋。
	躯干与手臂	1～2 拍 T;3～4 拍上举 A;5～8 拍双手扶髋。
	面　向	1～2 拍 2 点;3～4 拍转体;5～8 拍 1 点。

第十一个八拍

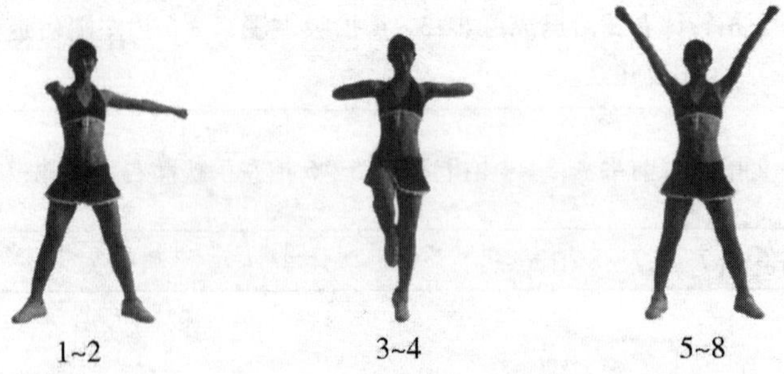

动作说明		
	下　肢	1～2 拍开立半蹲;3～4 拍吸右腿转体 360 度;5～8 拍开立。
	躯干与手臂	1～2 拍左手 T,右手前举;3～4 拍转体小 T;5～6 拍上举 V;7～8 拍点头。
	面　向	1～2 拍 1 点;3～4 拍转体;5～8 拍 1 点。

第十二个八拍

动作说明	下　肢	1～8 拍跑步。
	躯干与手臂	自由欢呼。
	面　向	自由。

第十三个八拍

动作说明	下　肢	弓步。
	躯干与手臂	上举 V。
	面　向	1 点。

思考题：

啦啦操由哪两部分组成？你能独立完成哪套啦啦操动作？

第十二章 跆拳道

第一节 跆拳道运动概述

跆拳道起源于朝鲜半岛,是一项古老而又有创新的竞技体育运动。远古朝鲜民族为了狩猎获取食物,抗击外来入侵,在生活中采用一些格斗和锻炼身体的方法,到近代这些方法受到高丽人民的喜好,逐步形成了“手搏”“跆跟”。

目前跆拳道在世界上开展得非常普及,跆拳道协会有 150 个会员国,并在第 27 届悉尼奥运会上成为正式项目。我国开展此项运动才十余年时间,发展很快,深受青少年们的喜爱,跆拳道运动的特点是以腿法为主,拳脚并用,非常刚烈,发力快而硬,并辅以发声助威,给自己增强斗志,因此跆拳道有很高的竞技性和观赏价值。跆拳道突出一个“礼”字,任何练习者在不同的场合都要行礼鞠躬,强调“以礼始、以礼终”的武道精神。练习跆拳道能增强人的各种力量,使身体素质全面发展,培养无畏坚毅的意志品质。

为了正确评价跆拳道的技术、人格、耐性、勇气、诚实性和精神,跆拳道分为十级和九段。初级选手从最低级 10 级开始依次往上到 1 级;高级选手从最低段开始依次往上到九段。一段到三段为学习阶段,四段到六段为步入行家阶段,从七段开始为精通技术和精神阶段。

区别跆拳道选手的级别主要从腰带上来看:

10 级和 9 级为白带:表示空白,根本没有跆拳道知识,意味着入门阶段。

8 级和 7 级为黄带:表示大地,草木在大地生根发芽,意味着学习基础阶段。

6 级和 5 级为绿带:表示草木,成长中的绿色草木,意味着技术的进步阶段。

4 级和 3 级为蓝带:表示蓝天,草木向着蓝天茁壮成长,意味着进度达到相当高的阶段。

2 级和 l 级为红带:表示危险,已具备相当的威力,意味着克己和警告对手不要接近。

黑带:表示白色的对立,相对于白色技术已经熟练,意味着黑暗中也能发挥自身能力。

区别跆拳道的段位还要看道服和肩章:一段至三段的道服衣边有黑色带条,四段以上道服的衣袖和裤腿两边有黑色带条。根据道服上的肩章和腰带上的罗马数字 i 到 ix 可区别段位和级别。

第二节 跆拳道基本技术

一、基本步型和步法

1. 基本步型

(1)准备姿势。两脚开立与肩同宽,身体自然直立,两脚尖略外展,两手握拳置于腹前。

(2)开立步。两脚开立与肩同宽,身体自然直立,两膝微屈,两脚尖正对前方,两手握拳置于体侧。

(3)马步。两脚开立,较肩宽,两脚尖平行或略内扣,挺胸直背,两腿屈膝半蹲,重心落在两脚之间。

(4)弓步。又称前屈立。前后脚分立,两脚相距一步半,前腿屈膝,后腿伸直,前腿膝关节与脚尖垂直,重心大部分落在前脚上,左脚在前称左弓步,右脚在前称右弓步。

(5)前探步。又称高前屈立。如走路姿势,两脚之间距离小于弓步,上体略前倾,前腿膝关节略屈,重心大部分落在前脚上。左脚在前称左前探步,右脚在前称右前探步。

(6)虚步。前脚掌点地,脚跟提起,重心落在后脚。左脚在前称右虚步,右脚在前称左虚步。

(7)交叉步。一脚向另一脚的前侧(前交叉步)或后侧(后交叉步)落步,脚尖着地,两腿屈膝交叉。

(8)并步。两腿直立,两脚跟并拢,脚内侧相靠,两臂握拳自然垂于体侧。

2. 步法

(1)前进步。前进步主要包括前滑步和前跃步,是主动进攻时常常采用的步法,也常运用于假动作过程中的战术配合。标准实战姿势开始,两脚成斜马步,两手握拳置于胸前。前进时,后脚蹬地,前脚先向前方滑出一步,后脚迅速跟上一步,称为前滑步;后脚蹬地,前脚向前跳跃称为前跃步。在做跃步和滑步时候,重心不要起伏过大,尽量保持身体重心的平稳移动。

(2)后退步。后退步包括后跃步和后滑步。由标准实战姿势开始,前脚掌用力蹬地,两脚向后跃起退后一步,称为后跃步。若前脚掌蹬地后,后脚后移一步,前脚随即向后移动一步,两脚以及身体仍保持原来姿势,叫做后滑步。应用此步法可以拉开与对手的距离,避开对方的进攻或准备反击。

(3)后撤步。标准实战姿势开始,以后脚前脚掌为轴,前脚抬起向后经后脚内侧向后撤一步,形成和原来相反的实战姿势。后撤步可根据实战需要左右变化,调整与对方的相对距离,准备进行攻击或反击。

(4)侧移步。由标准实战姿势开始,两脚前脚掌同时向左(右)侧蹬地,使身体向右(左)侧移动,离开原来的位置。向左移称为左移步,向右移称为右移步。侧移步的作用是避开对方有力攻击,移动到对方的侧面,准备进行反击。

(5)跳换步。由标准实战姿势开始,两脚同时蹬地使身体腾空,空中两脚前后交换,同时转体;落地时身体姿势成另一侧的准备姿势。跳换步的腾空不宜高,略离地即可;换步时要拧腰转髋,迅速敏捷,其目的是干扰对方的攻防思路,选择适宜自己进攻的方位和转换自己身体的得分部位使对方不能得分,同时争取反击的空间和时间,马上转入进攻。

(6)弧形步。由标准实战姿势开始,前脚的前脚掌原地蹬碾地面,后脚同时向左(右)蹬地后右(左)跨移一脚,成为与原来准备姿势不同方向的准备姿势。向左跨为左弧形步(或左环绕步),向右跨步为右弧形步(右环绕步)。

(7)上步。上步是为了调整与对方的距离,为准备进攻和反击做准备。左势站立,以左脚前脚掌为轴,右腿上前一步,成为右势实战姿势。

(8)垫步。垫步主要有两种,即前垫步和后垫步。垫步的动作要求快捷、连贯,迅速接近或远离对手。

①前垫步:由基本姿势开始,右脚蹬离地面向左脚的脚跟方向移动一步,左脚随即迅速前移一步,保持实战姿势,主要运用于主动进攻时接近对方。

②后垫步:由基本姿势开始,左脚掌蹬离地面向后快速移动一步落于右脚前,右脚随即迅速后移一步,保持实战姿势不变。后垫步主要运用于防守和防守反击。

(9)组合步。指各种步法之间的不同组合。实际上,跆拳道技术在实战运用的过程中,无不通过各种步法的运用和变化而得到实施,而且使用的步法都是有意或无意地组合起来综合运用的。运用步法的目的是为了调整距离,使自己的动作更加快速灵活,进而达到进退自如、控制节奏、有效攻击和有效防守的目的。步法的组合应根据实际情况的变化而改变,把攻击和反击的技术与步法紧密结合起来,做到在移动中进攻,在移动中防守,在移动中反击,使步法的运用和拳法、腿法融为一体,成为进攻、防守、反击的有机连接技术,从而达到取得实战胜利的目的。

二、基本进攻技术

跆拳道实战的基本进攻技术主要包括拳法、掌法、肘法、膝法和脚踢法,这些技法组成了跆拳道实战的基本形式。只有练好基本进攻技术,才能为以后掌握更高难的动作打好基础,才有可能成为优秀的跆拳道选手和跆拳道实战家。所以,必须认真学习基本进攻技术,体会其动作含义,揣摩研究基本进攻技术的实际运用规律,打下扎实的功底,为今后的提高打下坚实的基础。

1. 拳的基本进攻技术

拳法是跆拳道实战中最基本而又非常重要的技术。运用拳法时,拳必须握紧,动作发力要迅猛短促,完成击打动作后要立即收回,拳击出的过程中要做手臂的内旋动作,拳击至最远端时手臂伸直,拳向下,击打目标后放松收回。下面介绍几种主要的拳法。

(1)冲拳(图 12 -2 -1、图 12 -2 -2)

①两脚开立,与肩同宽,两手握拳收于腰间,拳心朝上。

②左脚向前上步成左弓步;同时,右拳从腰间由屈到伸,臂内旋向前平冲。用拳面击打对手的身体。除前冲拳外,还有侧冲拳、后冲拳。

③此拳通常用于对面部及下颚做上盘攻击;对胸部及腹部做中盘攻击;对下腹部、下肋部及阴部做下盘攻击。此外,除了向对方攻来的部位施以防御性的自卫外,还可主动击打对方手及脚部的肌肉、关节等,使其无法活动自如,抑制对手的攻势。

(2)弹拳(图 12 -2 -3、图 12 -2 -4)

图 12－2－1　　图 12－2－2

①两脚开立，身体右转；两手握拳，两臂屈肘置于腹前，右拳在外，左拳在内，两拳心均朝下，体左转，同时左臂屈肘提至胸前，以肘关节为轴使左拳由下颚向前弹击，力达拳背。

②此拳通常用于攻击人的上唇、人中穴或面部。

图 12－2－3　　图 12－2－4

（3）鞭拳（图 12－2－5，图 12－2－6）

①两脚前后开立；左手握拳，左臂屈肘上提至肩高，左拳置于右肩前方，拳心向内；右手握拳收于腰间。

②左臂以肘关节为轴，由里向外用拳背鞭打对手的面部或胸部。

③此拳通常用于攻击人的面部或胸部。

图 12－2－5　　图 12－2－6

（4）劈拳（图 12－2－7）

①两脚开立；同时左手握拳置于腹前，拳心朝内，右手握拳收于腰间。

②两脚不动：左臂由下向上向左直臂抡劈，用拳轮劈击对手的头部、颈部或胸部。

（5）截拳（图 12－2－8，图 12－2－9）

①两脚开立，身体微右转；同时左手握拳，左臂屈肘上提，左拳置于右肩上方，拳心朝内；右手握拳收于腰间。

图 12－2－7

图 12－2－8　　　　图 12－2－9

②左脚向前上步成左弓步；同时，左臂以肘关节为轴，臂内旋向前，用拳轮横击对方的面部、胸部或肋部。

2. 掌的基本进攻技术

掌法在跆拳道实战中是非常多见的。虽然正式的跆拳道比赛不准使用掌法，但是，掌法在跆拳道品势练习、实战格斗以及防身自卫中，具有非同寻常的攻击效果，轻者致伤，重者致残致命。因此练好掌法对增强实战格斗和防身自卫能力有着重大的意义。

（1）砍掌（手刀砍，见图 12－2－10，图 12－2－11）

①两脚开立，右臂屈肘上举，右掌提至右耳旁，随即边伸臂边用右手刀向前横砍，掌心朝上。

②右脚向前上步成右弓步；同时右臂由屈到伸向前横砍，用手刀砍击对手的颈动脉处，掌心朝上。

③砍掌分仰掌砍击、俯掌砍击。

图 12－2－10　　　　图 12－2－11

（2）插掌（贯手，见图 12－2－12 及图 12－2－13）。

①两脚开立；握拳收于腰间掌心朝上。

②右脚向前上步成右弓步；同时右拳变掌，掌指朝前，从腰间由屈到伸向前插击，用掌指

末端插击对手的腹腔神经丛。

③插掌可分为立插掌和平插掌。

图 12－2－12

图 12－2－13

（3）掌根推击（图 12－2－14，图 12－2－15）

①两脚开立；两手握拳收于腰间拳心朝上。

②右脚向前上步，同时右手成“熊掌”（四指并拢，第二指节卷屈、拇指扣于虎口处）屈腕向前推出，力达掌根，从腰间向前推击，用掌跟击打对手的面部。

图 12－2－14

图 12－2－15

3. 肘的基本进攻技术

肘关节由于骨结构本身的特点，使用肘的骨尖部，其击打的力度和威胁都很大。尤其是在贴身的近距离攻击中，肘的威力能更充分发挥，给对方以强有力的打击。因为肘关节前后左右都可以使用，所以肘的进攻动作可以向多个不同方向击出。

（1）项肘（图 12－2－16，图 12－2－17）

图 12－2－16

图 12－2－17

①左脚开立侧向；左手握拳，左臂屈肘置于右胸前，拳心朝下；右臂屈肘，右掌贴附左拳拳面。

②准备姿势开始，左脚向前迈出一步成左弓步，同时左臂屈肘上提至胸前，左拳置于脚前，拳心向下；右掌变掌提到胸前，用右手掌推动左拳，以左肩关节为轴，左肘关节尖领先，将

左肘向前顶击。

③攻击的主要部位是头面部、胸部、腹部和肋部。

(2)挑肘(图 12－2－18,图 12－2－19)

①两脚开立;两手握拳收于腰间,左拳拳心朝上;右掌拳心朝下。

②准备姿势开始,左脚向前迈一步成左弓步,同时右拳自腰间上举,右肘关节屈曲收紧,肘尖自下向上挑起。挑时动作可用左右肘完成,只是方向相反。

③攻击的主要部位有下颚和腹部。挑肘时要拧腰顺肩,以增加挑肘的距离和力量。

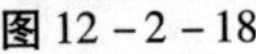
图 12－2－18

图 12－2－19

(3)击肘(图 12－2－20,图 12－2－21)

①两脚开立;右手握拳,右臂屈肘置于右腹前;左手附于右拳面。

②右脚向前上步成右弓步;同时,右臂以肘尖领先由外向里弧形摆动,用肘部横击对手的腹腔神经丛。

③击肘时要尽量将身体重量作用于肘部,增加击肘的力量。

图 12－2－20

图 12－2－21

4. 膝的基本进攻技术

膝关节在跆拳道实战格斗中是近距离攻击对方的主要武器之一,因为膝关节是人体关节武器化中最具力量的一种,而且使用简单,一旦击中会致敌败北。膝关节的主要使用技术是顶膝和撞膝技术。

图 12－2－22

图 12－2－23

（1）顶膝（图 12－2－22，图 12－2－23）

①准备姿势开始，左脚上前迈半步成左弓步，同时双手自腰间前举，由拳变掌抓对方的肩部或衣襟；随即双手用力向下压拉对方的肩部或衣襟，同时提右膝向上顶击。

②顶膝的主要部位有腹部、裆部、头面部。顶膝时两手的下压、下拉用力和提膝上顶的力量协调进行，形成合力顶击对方。

（2）撞膝（图 12－2－24，图 12－2－25）

①准备姿势开始，左脚掌为轴碾地，身体左转，同时右腿屈膝上提，自右下向左上侧用膝部撞膝，两拳抱于腹前。

②左脚上步成左弓步；同时，双手抓住对手的双肩，使其身体前倾；右腿屈膝上提，用膝部冲撞对手的头部或腹腔神经丛。

③撞膝的主要部位是腹腔神经丛和两软肋部。做动作时提膝、转体、撞膝的动作连续协调，形成加速撞钟式的动作，以提高杀伤力。

图 12－2－24

图 12－2－25

5. 脚踢的基本进攻技术

跆拳道实战中脚踢进攻时一般使用的部位包括脚前掌、脚趾、脚背、足刀、脚后跟、脚后掌（脚跟底部）。利用这些部位可以进行站立踢、跳动踢、助跑踢、转身踢和飞踢等不同形式的踢法进攻，每种踢法踢击的部位各有不同。实战过程中，要根据具体情况，如对方所处位置、暴露的部位、防守的姿势以及双方的距离，选择不同的踢法。

（1）前踢（图 12－2－26）

①实战姿势的基本姿势开始，右脚蹬地，髋关节向左旋转，双手握拳置于体侧；同时，右腿以髋关节为轴屈膝上提。

图 12－2－26

②当大腿抬至水平或稍高时，髋关节向前送，将要踢的那只腿弯曲举起，并把膝盖抬到胸前，待脚的位置与目标成一直线后，再用弹性力从膝盖发力去踢，另外还可将脚趾向后弯

曲，用脚底去踢对方。

③膝关节夹紧，小腿放松，要有弹性；髋往前送，高踢时髋往上送；小腿回收与前踢的速度一样快。主要攻击部位有面部、下颚、腹部、裆部。前踢亦可用于防守。

(2)侧踢(图12-2-27)

①实战的基本姿势开始；右脚蹬地，右腿以膝关节为轴屈膝提起，两手捏拳置于体侧，身体侧向对方站立。

②左脚以前脚掌为轴外旋180°，髋关节向左旋转，右腿以膝关节为轴向前蹬伸，右脚快速向右前上方直线踢出，力点在脚跟，发力后沿起腿路线收腿、放松，重心落下(原处或向前均可)，再次回到实战姿势。

③起腿时大小腿、膝关节夹紧；踢出发力时头、肩、腰、髋、膝、腿和踝成一直线；大小腿直线踢出，原路线收回。侧踢动作的主要攻击部位有膝部、腹部、肋部、胸部和头面部。

图12-2-27

三、组合技术

组合技术，就是根据比赛中攻防情况的变化，将两个以上的动作组合在一起的连接技术。由于跆拳道比赛日趋激烈，运动员的技术水平越来越接近，可能运动员在进攻的同时就要防守，或是在防守的同时就要反击。使用单个的技术，往往会被有经验的选手化解或反击。为了战胜对手，就必须在熟练掌握单个基本技术的基础上，掌握一些组合技术，使对手在短时间内很难适应。当然这些组合技术也不是一成不变的，运动员在比赛中要根据场上的具体情况，灵活多变地运用组合技术，使得对手摸不清自己技术动作的规律，以达到出奇制胜的目的。

1. 左冲拳两次连击

预备势站立(图12-2-28)。第一次冲拳轻击(图12-2-29)，一击即弹回；第二次击打要送肩转髋(图12-2-30)。

图12-2-28

图12-2-29

图12-2-30

2. 左冲拳——左侧拳

预备势站立。出左拳时，右拳护住右颚（图 12－2－31）；左拳伸直后即屈肘，左臂成勾，左脚跟外转，左膝内扣，身体右转带左拳向右横击（图 12－2－32，图 12－2－33）。

图 12－2－31　图 12－2－32　图 12－2－33

3. 左右侧拳

预备势站立。左脚蹬地，后跟提起，左膝内扣身体右转，同时左臂屈成 135。左右，左拳拳心向下，随转体向右横击（图 12－2－34，图 12－2－35）；上动不停，右脚蹬地，身体左转打右侧拳（图 12－2－36）。

图 12－2－34　图 12－2－35　图 12－2－36

4. 四连击

预备势站立。左脚向前一步，同时左冲拳头（图 12－2－37），右脚跟上半步，重心下降，转腰送肩右冲拳击胸（图 12－2－38）；上动不停，向右转身，重心上升的同时左侧拳向右横击（图 12－2－39）；上动不停，腰微下沉，右拳向前上勾，拳心朝里（图 12－2－40）。

图 12－2－37　图 12－2－38　图 12－2－39　图 12－2－40

5. 上段左右冲拳

预备势站立。原地出左直拳（图 12－2－41）；左拳收回同时出右拳，出右拳要蹬腿转腿送肩，体重 70% 压在左腿上（图 12－2－42）

图 12-2-41　　图 12-2-42

第三节　跆拳道基本战术

运动员在比赛中，根据自己和对手的情况，充分发挥己方特长，限制对方特长，为战胜对手而采取的计策和方法，即为战术。

跆拳道战术的实质在于使运动员能在跆拳道比赛中依据各种可能发生的情况，运用自己平时训练中所练就的各项技能，最有效地发挥自己的优势去战胜对手。在运用战术的过程中，要树立正确的战术思想，体现以我为主、快速灵活的方针，要遵循跆拳道的技术发展变化规律，使战术训练有明确的目的性。

（一）跆拳道比赛的战术原则

跆拳道比赛的战术原则，是制定战术计划、实施战术方案必须遵循的准则。主要的战术原则有以下几种：

1. 根据跆拳道比赛技术特点的功能设计战术

技术，是实现战术的基础，战术又是通过一定的技术动作实现的，不同技术动作的组合，表达了不同的战术意识。因此，根据跆拳道比赛技术动作的特点和功能设计战术是合理、有效的发挥技术的战术原则之一。它能使我们从跆拳道技术的整体性、相对独立性、相关性、动态性、有序性和互变规律性的系统观点出发，正确地制定战术，而不是孤立地、片面地只考虑某一个战术环节和某一个战术动作的技术因素，产生单一的战术方案。跆拳道比赛的技术以踢法为主，制定战术时根据踢法的不同形式、方位、远近、高低以及动作之间的连接规律，按照不同动作的不同作用，充分运用竞赛规则允许的条件，制定不同的战术方案。

2. 攻防兼顾的战术原则

跆拳道的比赛紧张、激烈、刺激，如果比赛中只一味讲究进攻或单纯防守，就会攻防失调、顾此失彼。因此，比赛中一定要遵循攻防兼顾的原则，在瞬息万变的激烈对抗中临战不惧，临危不乱，保持合理的攻防节奏和效果。攻防兼顾原则的运用是根据比赛时的具体情况灵活应用的，比赛时如果你面对的是强于自己的对手，你就要加强防守，运用防守反击战术与对手对抗；如果你面对的是弱于自己的对手，你就要采取主动进攻战术，争取主动战胜对方。如果两人功力相当时，要攻防兼顾，充分发挥你的智能，运用适当的战术，做到有序进攻，稳妥防守，抓住战机，猛烈进攻。

3. 利用控制与反控制原则

在跆拳道比赛中，经常会遇到这样的情况，就是一名运动员虽然具有较好的专项身体素质和较高的技、战术水平，但比赛中被对方控制得不能有效发挥，他的一举一动都被对方有效控制，因而导致比赛的失败。这种控制就是运用技、战术扼制对方进攻的有效方法。如果你的控制能力好，运用技、战术合理，你就会占据比赛的主动和优势；相反，你就会处于劣势和被动。但如果你具有更强的反控制技战术，你就会变被动为主动。

4. 灵活多变原则

跆拳道赛场上的局势是千变万化的，比赛时如果利用为数不多的战术，甚至采用固定的战术，容易被对方摸到规律，使自己陷入被动挨打的局面。因此，在设计战术和进行战术训练时，要根据比赛中可能发生的情况，多考虑几种战术组合及其相互之间的衔接配合和变化运用。利用多种技战术方法，最大限度地体现不同的进攻方向和进攻点。利用比赛场上的时间、空间、角度、方向和位置，以及真假动作的交替变化，即利用一切可以利用的条件和规则允许，设计和练习灵活多变、多种形式的战术组合、战术意图。而且，这些战术一定要有针对性和实效性，否则，只有华而不实的技术战术动作组合，形式再多，动作再漂亮，也不可能取得最终的胜利。

5. 根据对方的实际情况设计战术

《孙子兵法》曰："知己知彼，百战不殆。"即只有正确地认识自己，清楚地了解对方的实际情况，才能百战百胜。跆拳道比赛中同样需要运用这一策略。要想战胜对方，就要了解对方的具体实力和各种优缺点，然后针对这些具体情况考虑设计相应的战术，实现运筹帷幄，决胜于比赛之中的战略战术意图。因此，在双方交战前一定要全面了解对手的具体情况。

（二）跆拳道比赛的战术种类

跆拳道比赛的战术种类是指运动员在临场复杂多变的比赛中，根据比赛的规律和各方面的情况随机应变，有判断、有目的、有预见地决定自己对付对手的策略思维活动。符合自己特点的战术容易掌握和运用，并可以达到有效使用的目的，而要切实提高战术的质量，则战术要先进，要充分了解战术本身的优点和缺点及对方的适应情况，挖掘发展潜力大的战术，不断地创造新战术。

1. 技术战术

利用技术全面、熟练、有效果的特点，变化运用各种技术，发挥自己的得意技术，掌握比赛的主动权，抑制对手，达到取胜对手的目的。

2. 假动作或假象战术

用逼真的假动作或假象欺骗对手，引其上当，分散其注意力，使其露出破绽，利用这个机会猛烈攻击而得分。

3. 心理战术

比赛开始前，利用情绪、动作和表情等威慑对手，比赛中用气势压倒对手，或利用规则允许和基本允许的各种手段，干扰对方情绪，给对方造成心理负担，使对手技能战术发挥失常，挫伤对方的锐气，发挥自己的优势，在气势上战胜对方。

4. 破坏战术

使用黑招、重招使对手先受伤，失去正常比赛的能力，或用技术破坏对手技术，控制其动作发挥，使对方进攻无效并且消耗体力，丧失信心，导致比赛的失败。

5. 防守反击战术

利用防守好的特点，在防守的基础上利用反击技术打击对方。

6. 体力战术

对于耐力好的运动员来说，要充分发挥体力比对方要好的优势，让对手和自己一直处于运动之中，与对方比拼体力，耗掉对方的体力而战胜对手。

7. 规则战术

在竞赛中，有对攻击部位和攻击方法的限制，但也有规则限制模糊的地方，可以利用规则允许或基本允许使用的各种的制胜办法攻击对手，也可以利用规则的漏洞。

8. 步法战术

利用自己步法灵活和动作敏捷的优势，围绕对手游斗，引对手上当或扰乱其情绪；待对方反击时又迅速撤退或靠近对手，扰乱对手的情绪和攻防意图，破坏对手进攻而战胜对手。

9. 优势战术

在比赛平分的情况下，利用规则上允许的技术，靠主动进攻次数或使用高难技术而取胜。规则中规定，在比赛平分的情况下，裁判员根据双方主动进攻的次数和使用高难技术的多少进行判定，进攻次数或使用高难技术多的一方为胜方。

10. 特长发挥战术

利用自己的特长、优势技术不断得分的战术。

11. 空间战术

充分利用赛场的空间，攻击对手不同的得分部位或同一部位，或故意露出某一部位引诱对手进攻，实行反击。

12. 语言战术

教练员和运动员达成默契的配合，用语言引诱对手上当受骗；但要注意语言的隐蔽性和合理性，既能够使对方上当，又不要触犯规则。

第四节　跆拳道运动基本竞赛规则

一、比赛场地

比赛场地是12m×12m水平的、无障碍物、正方形场地。比赛场地应有弹性的垫子，必要时比赛场地可根据实际情况高出地面50～60cm，为了安全，比赛台的支撑装置与地面的夹角要小于30°。比赛区域的划分：

(1)12m×12m的比赛场地，中央8m×8m的区域为比赛区，其余部分为警戒区。

(2)比赛区与警戒区的表面用两种不同颜色划分，同色时要用5cm宽的白线区分。

(3)划分比赛区和警戒区的线称为警戒线，比赛场地最外边的线称为边界线。

二、运动员

(1)参加比赛的运动员必须戴中国跆协认可的道服和保护用具。

(2)比赛选手应戴好护身、头盔、护裆、护臂、护腿后进入比赛区，护裆、护臂、护腿应戴在道服里面。

三、体重级别

奥运会体重级别如表 12－4－1 所示：

表 12－4－1　奥运会体重级别对照表

男子		女子	
58kg 以下	蝇量级	49kg 以下	蝇量级
58～68kg	鳍量级	49～57kg	鳍量级
68～80kg	中量级	57～67kg	中量级
80kg 以上	重量级	67kg 以上	重量级

四、比赛时间

每场比赛分 3 局，每局比赛的时间为 3 min，局间休息 1 min。青年锦标赛每场比赛为 3 局，每局比赛为 2 min，局间休息 1 min。

五、称重体重

（1）参加当日比赛的运动员在首场比赛开始前 lh 必须称重完毕。

（2）称重时，男运动员着内裤，女运动员着内裤、胸罩，如运动员要求，也允许裸体称重。

（3）第一次称重不合格时，在规定称重时间内，可以再给一次称重机会。

（4）为了避免称重不合格，组委会要准备一个与正式体重秤相同的体重秤，放在运动员驻地或附近供测试。

六、允许的技术和攻击的部位

（一）允许的技术

（1）拳的技术使用：拳的技术必须紧握拳，用拳正面的食指和中指部分击打。

（2）脚的技术使用：脚的技术必须用踝关节以下脚的前部击打。

（二）允许攻击的部位

（1）躯干。可用拳或脚的技术攻击髋骨以上至锁骨以下及两肋部，但背部没有被护具保护的部位禁止攻击。

（2）面部。从两耳向前的头颈的前部，只允许用脚的技术攻击。

（三）有效得分

（1）联单有效得分部位。①躯干。包括腹部和两肋部。②面部。面部允许被攻击的部位。

（2）得分是使用允许的技术，准确有力地击中有效得分部位。但使用允许的技术，攻击被保护的非有效得分部位，击倒对方时，按得分计。

（3）得分一次累加 1 分（＋1）。

（4）比分为三局比赛得分总计。

(5)下列情况不计分：

①攻击后故意倒地。

②攻击后有犯规行为。

③使用任何犯规动作进攻。

七、犯规行为

(1)任何犯规行为将由主裁判判罚。

(2)如属于多重犯规时，选择最严重的一项处罚。

(3)处罚分为警告和扣分。

(4)警告两次扣1分(-1)，警告次数为奇数时，最后一次不计。

(5)扣分一次扣1分(-1)。

(6)判罚警告的犯规行为：

①接触行为：抓住对手、搂抱对手、推对手、用躯干贴靠对手。

②消极行为：故意越出警戒线、转身背向对手逃避进攻、故意倒地、伪装受伤。

③攻击行为：用膝部顶撞对手、故意攻击对手裆部、故意蹬踏对手的腿部和脚、用掌或拳击打对手面部。

④不当行为：教练员或运动员示意得分或扣分；教练员或运动员有不文明语言或不得体行为；比赛中教练员离开规定位置。

(7)判罚扣分的犯规行为：

①接触行为：攻击倒地的对手、抓住对手进攻的脚故意将其摔倒。

②消极行为：越出边界线、故意拖延比赛时间。

③攻击行为：攻击倒地的对手、故意击打对手后脑或后背、用手重击对手面部。

④不当行为：教练员或运动员有严重的过激表示或行为。

(8)运动员违背竞赛规则和故意不服从裁判员时，主裁判有权直接判其“犯规败”。

(9)犯规累计扣3分(-3)者，判其“犯规败”。

(10)警告和扣分按3局累计。

八、优势判定

(1)因扣分造成同分时，3局中得分多者获胜。

(2)除第一种情况外出现同分，即双方得分和(或)扣分相同时，主裁判根据3局的比赛情况判定占优者获胜。

(3)比赛中表现出的积极主动行为是优势判定的依据。

九、获胜方式

(1)击倒胜(KO胜)。

(2)主裁判终止比赛胜(胜)。

(3)比分或优势胜(判定胜)。

(4)对方弃权胜(弃权胜)。

(5)对方失去资格胜(失格胜)。

(6)主裁判判罚犯规胜(犯规胜)。

十、击倒

(1)被攻击后,除脚以外的身体任何部位着地。

(2)身体重心晃动,丧失继续比赛的能力或意识。

(3)主裁判判定其受到强烈击打而不能继续比赛时。

十一、击倒后的处理程序

运动员受到合法攻击被击倒时,主裁判将采取以下处理程序:

(1)主裁判发出“Kal - yeo”(分开)口令暂停比赛,并将进攻者置于远处。

(2)裁判大声向被击倒的运动员从“1”到“10”读秒,每间隔一秒读一次,同时用手势显示。

(3)即使运动员在读秒过程中表示再战,主裁判也必须读到“8”,使运动员获得休息,并确认运动员是否恢复,如已恢复就发出“Key—sok”(继续)口令继续比赛。

(4)主裁判读到“9”时,被击倒的运动员仍无再战表示,则宣布另一方“KO 胜”。即使一局或整场比赛时间到,主裁判也要继续读秒。

(5)双方运动员同时被击倒,如有任何一方尚未恢复,主裁判将继续读秒。

(6)双方运动员同时被击倒,主裁判读到“10”后双方都不能再战,应按当时得分情况判定胜负。

(7)主裁判判定被击倒的一方不能继续比赛,可以不读秒或在读秒过程中直接判另一方获胜。

十二、比赛结束后的处理

因被击中头部 KO 的运动员在 30 天内不得参加比赛。30 天后须经有资格的医生证明其已恢复参赛能力,方可参赛。

十三、比赛中断的处理程序

在一方或双方选手受伤时,主裁判可中断比赛,并采取以下处理程序:

(1)主裁判发出“Kal - yeo”(分开)口令暂停比赛并发出“Kye - shi”(计时)口令,令计时员暂停比赛时间。

(2)允许运动员在 1min 内进行治疗。

(3)即使只受轻伤,1min 后仍不示意再战,就判其负。

(4)由扣分犯规行为造成另一方受伤,1min 后不能恢复比赛,判犯规者负。

(5)双方同时被击倒受伤,1min 后都不能进行比赛时,按受伤前双方得分情况判定胜负。

(6)裁判判定一方明显神志不清并处于危险状态时,应立即中断比赛,安排急救。如果受伤害事故是由扣分犯规行为造成的,就判犯规者负;如果不是扣分犯规行为造成的,按当时双方犯规情况判定胜负。

第十三章　中国民族传统体育

中国民族传统体育历史悠久,源远流长,是我国宝贵的民族文化遗产之一。它包含着许多极为精湛的实践和理论,几千年来,曾为中华民族的繁衍和昌盛做出过突出贡献。中国民族传统体育对中华民族的整个思想文化,包括哲学思想、政治思想、军事思想、文学思想、宗教思想,乃至身心修养、中医理论等,都有着深刻影响。中国民族传统体育是我国劳动人民在与疾病作斗争和适应自然环境的漫长岁月中,创造发明的强身健体,防病治病,延年益寿,陶冶身心健康的积极有效的锻炼方法。它强调"动静结合","内练一口气,外练筋骨皮"。如武术、太极拳、散手、导引、健身功法等为主的民族传统体育,不受场地、时间、气候、环境、器材、年龄、性别等限制,易学易练,侧重对生命的整体调节和对大脑潜能的开发,采用外动内静,动中求静,先动后静,静中求动,静极生动等动静结合的方法,真正揭示了科学体育本质的规律和法则,是对现代体育的补充。

中国武术按其运动形式可分为套路和搏击运动两大类。套路运动是以技击动作为素材,以攻守进退,动静疾徐,刚柔虚实等运动的变化规律编成的整套练习形式。套路运动按练习形式又可分为单练、对练和集体演练三种类型。单练包括徒手的拳术与器械,对练包括徒手的对练,器械对练、徒手与器械对练。集体演练分徒手拳术、器械和徒手与器械。武术的基本定义概括为:武术是以技击为主要内容,以套路和搏斗为运动形式,注重内外兼修的中国传统体育项目。

本章介绍了初级长拳(第三路),简化太极拳(二十四式),太极剑(三十二式)八段锦、易筋经、散手。

第一节　初级长拳(第三路)

长拳是一种拳术流派的总称,在我国民间流传广泛开展的有查、华、炮、洪、少林拳等拳种,根据其风格特点,综合整理创编了长拳。长拳特点姿势舒展、动作灵活、快速有力、节奏鲜明,并多起伏转折、蹿蹦跳跃,跌扑滚翻动作和技术。

经常练习长拳,对提高学生速度、力量、灵敏、耐力、柔韧、协调等身体素质作用明显,结合调整行气和意念活动,对调节内环境的平衡,调节气息,改善人体机能,健体强身十分有益。

动作说明

预备势

两脚并步站立,两臂垂于体侧(图 13－1－1)。

一、虚步亮掌

1. 右脚向右后方撤步，成左弓步；同时，右掌经右向前上方砍掌；左掌提至腰侧(图 13－1－2)。

2. 重心移至右腿，右腿屈膝下蹲，成左虚步；同时，右掌经腰侧向右后、向上划弧，在头前上方抖腕成亮掌，左掌经胸前从右臂上向前穿出伸直，然后内旋向左后划弧成勾手，勾尖向上；眼视左方(图 13－1－3)。

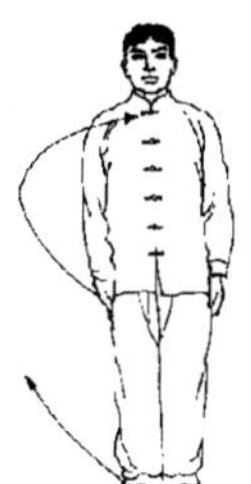

图 13－1－1

图 13－1－2

图 13－1－3

学练要点：整个动作要求连贯，上体应随右手的变化向左、向右转动。

二、并步对拳

1. 右腿蹬直，左腿提膝，脚尖向里扣(图 13－1－4)。

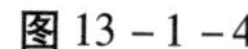

图 13－1－4

图 13－1－5

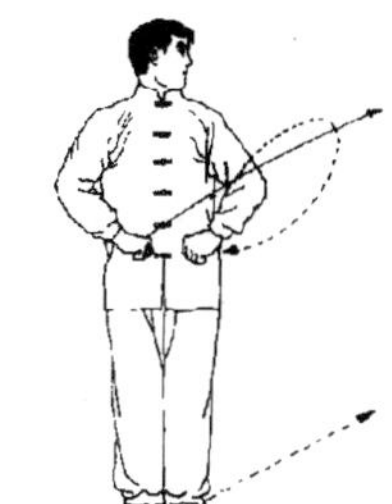

图 13－1－6

2. 左脚向前落步，重心前移；左手勾变掌，经左腰侧向前穿出；同时，右臂外旋下落于左掌旁，两掌同高，掌心向上(图 13－1－5)。

3. 右脚向前一大步，左脚向右脚并步。两臂下落，再向外、向上经胸前屈肘下按，两掌变拳，停于小腹前；眼视左侧(图 13－1－6)。

学练要点：提膝独立时大腿高于水平，对拳、并步、转头同时完成。

第一段

一、弓步冲拳

左腿向左侧上一步，成左弓步；左臂向上、向左格打，收至腰侧，右拳向前冲出，高与肩平，成立拳；眼视右拳(图 13－1－7)。

学练要点：冲拳时尽量转腰顺肩。

二、弹腿冲拳

重心移至左腿，右腿屈膝提起，脚面绷直，猛力向前弹出伸直；州时，左拳向前冲出，右拳收至腰侧；眼视前方(图 13－1－8)。

学练要点：弹腿、冲拳同时进行，弹腿要用爆发力，力达脚面。

三、马步冲拳

右脚向前落步，脚尖里扣，上体左转，左拳收至腰侧，两脚下蹲成上 5 步；右拳向前冲出；眼视右拳(图 13－1－9)。

图 13－1－7　　图 13－1－8　　图 13－1－9

学练要点：马步时，大腿成水平，脚跟外蹬，挺胸塌腰。冲拳与转体相合一致。

四、弓步冲拳

上体右体转 90°，右脚外撇，左腿蹬直，成右弓步；右臂屈肘向右格打，收至腰侧，左拳向前冲出；眼视左拳(图 13－1－10) 。

学练要点：与本段的弓步冲拳相同，惟左右腿相反。

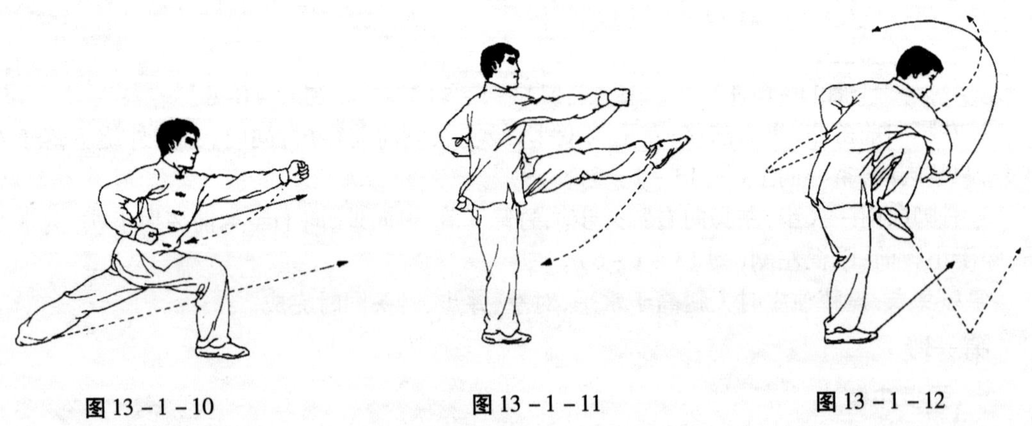

图 13－1－10　　图 13－1－11　　图 13－1－12

五、弹腿冲拳

重心前移至右腿，左脚屈膝提起，脚面绷直，猛力向前弹出伸直；左拳收至腰侧，右拳向前冲出；眼视前方(图 13－1－11)。

学练要点：弹腿与冲拳同时进行。

六、大跃步前穿

1. 左腿屈膝；右拳变掌内旋，以手背向下挂至左膝外侧，上体前倾；眼视右手(图 13－1－12)。

2. 左拳变掌，向后向下伸直，左脚向前落步；右腿屈膝向前摆起，左腿猛力蹬地向上向前跃起；同时，两掌向前、向上划弧摆起，与两腿形成腾空(图 13－1－13)。

3. 右脚落地全蹲，左脚随即落地向前铲出成左仆步；右掌变拳抱于腰侧，左掌由上向右下按成立掌，停于右胸前；眼视左脚(图 13－1－14)。

学练要点：跃步要远，两手要积极上摆，落地轻，落地后立即接做下一个动作。

七、弓步击掌

右脚猛力蹬直，成左弓步；左掌经左脚面向后划弧至身后成勾手，臂伸直勾尖向上，右拳变掌，由腰侧向前推出，掌指向上；眼视右掌(图 13－1－15)。

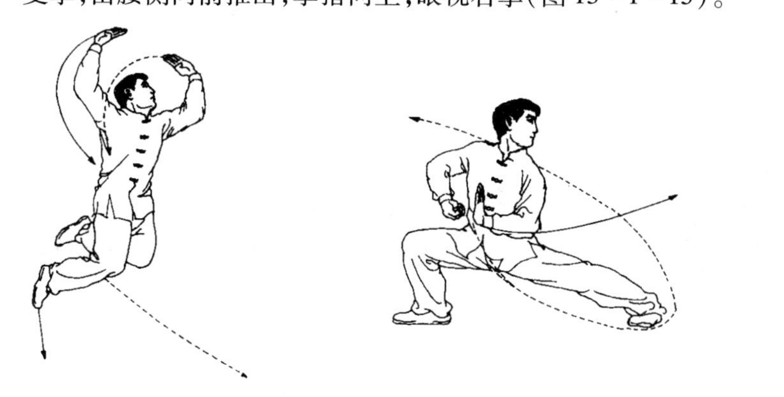

图 13－1－13　　图 13－1－14

图 13－1－15

学练要点：推掌速度要快，手臂伸直。

八、马步架掌

右脚外撇，左脚尖里扣，重心移至两腿之间，上体右转成马步；同时，左勾手变掌，由后经左腰侧，从右臂内侧向前上穿出至左上方屈肘抖腕，亮掌于头左上方，掌心向前，右臂屈肘，立掌于左胸前；眼转视右方(图 13－1－16)。

学练要点：马步、亮掌、转头要同时完成。

第二段

一、虚步栽拳

重心左移，右脚蹬地，屈膝提起；左腿伸直，以前脚掌为轴，向右后转体 180°；右脚下落，重心移至右腿，下蹲成左虚步；右掌变勾手由左胸前向下经右腿外侧向后划弧，再勾手变拳，屈肘向上架于头右上方，左掌变拳外旋下落于左膝上，拳眼向里，拳心向后；眼视左方（图 13－1－17）。

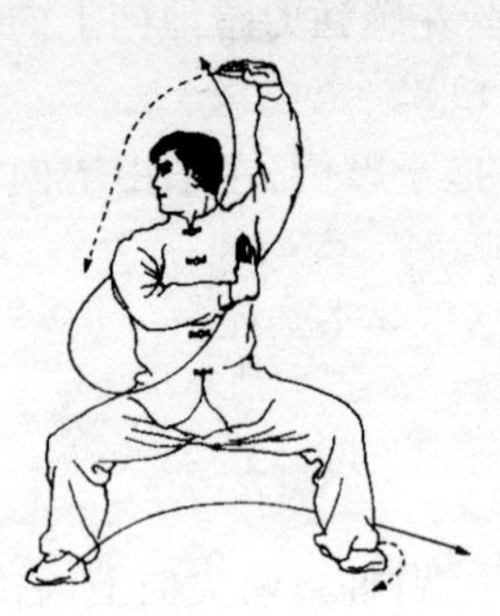

图 13－1－16

图 13－1－17

图 13－1－18

学练要点：转体、提膝、勾手划弧、眼法变化要协调一致。

二、提膝穿掌

右腿蹬直，左腿屈膝提起，脚尖里扣；右拳变掌收至腰侧，左拳变掌向右上划弧盖压左掌，右掌经左臂内向前上方穿出，掌心向上，收至右胸前成立掌；眼视右掌（图 13－1－18）。

学练要点：支撑腿与右臂充分伸直。

三、仆步穿掌

右腿全蹲，左腿向左后方铲出成左仆步；左掌由右胸前向下，经右腿内侧，向左脚面穿出；眼随左掌转视（图 13－1－19）。

学练要点：仆步与穿掌同时完成。

四、虚步挑掌

右腿蹬直，重心前移至左腿，成左弓步；然后，右腿向左前上方上步成右虚步，左掌随重心前移向前上挑，再向上后划弧成立掌；同时，右掌由上至下，跟随右脚上步向前上挑起成立掌，指尖与眼平；眼视右掌（图 13－1－20）。

学练要点：上步要快，虚步要稳，左手高于右手。

五、马步击掌

1. 右脚落实，脚尖外撇，重心右移；左掌变拳收至腰侧，右掌俯掌向外掳手（图 13－1－21）。

图 13－1－19

图 13－1－20

图 13－1－21

2. 左脚向前一步，右脚为轴向右后转体 180°，下蹲成马步；左拳变掌从右臂上立掌向左侧击出，右掌变拳收至腰侧；眼视左掌（图 13－1－22）。

学练要点：右手收拳和左手击掌要同时进行。

六、叉步双摆掌

重心稍向右移后，右脚向左腿后插步；同时，右拳变掌，两掌向下、向右，再向上、向左摆，停于身体左侧，均成立掌；眼随双掌转视（图 13－1－23）。

学练要点：两臂抡摆划立圆，幅度要大，摆掌与后插步配合一致。

七、弓步击掌

左腿后撤一步，成右弓步；左掌收至腰侧，立掌向前推出；同时，右掌向上向右、向下、向后划弧，成反臂勾手，勾尖向上；眼视左掌（图 13－1－24）。

学练要点：右手划弧成立圆，撤步、推掌同时进行。

图 13－1－22

图 13－1－23

图 13－1－24

八、转身踢腿马步盘肘

1. 两脚以前脚掌为轴向左后转体 180°；同时，左臂向上、向前、向后划立圆，右臂勾变掌向下、向后、向上、向前划立圆（图 13－1－25）。

2. 上动不停，右臂向下成反臂勾手，勾尖向上；左臂向上成亮掌，掌心向前上方；右腿正踢腿（图 13－1－26）。

3. 右腿向前落地，脚尖里扣，上体左转 90°，两腿下蹲成马步；同时，左臂下落至胸前，掌

图 13－1－25

图 13－1－26

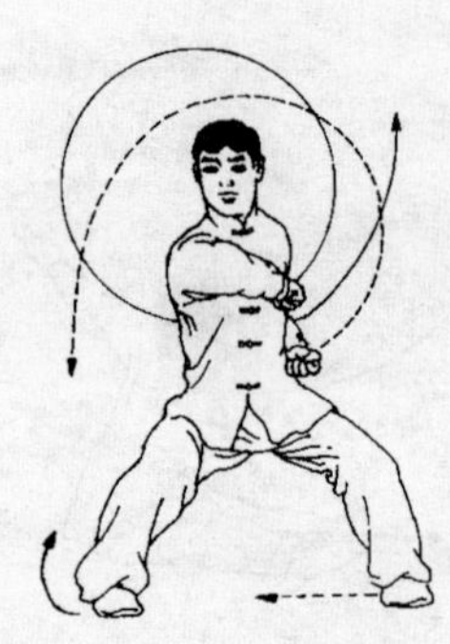

图 13－1－27

向前、向左平捋变拳收至腰侧，右臂伸直，由体后向左、向前平摆，至体前屈肘，肘尖向前，高与肩平，拳心向下；眼视肘尖(图 13－1－27)。

学练要点：两臂抡动要划立圆，动作连贯；盘肘时要快速有力。

第三段

一、歇步抡砸拳

重心稍升高，右脚外撇；两脚以前脚掌为轴，向右后转体 180°，两腿全蹲成歇步；右臂抡直向上、向右、向下、向后、向上举起，左拳向下、向左，随身体转动向上、向前、向下平砸，拳心向上，臂部微屈(图 13－1－28)。

学练要点：抡肩要连贯，划成立圆。

二、仆步亮掌

1. 左脚由右脚后抽出上前一步，左腿蹬直，脚尖里扣，右腿半蹲，成右弓步；上体微向右转，左拳收至腰侧，同时，右拳变掌向下经胸前向右横击掌；眼视右掌(图 13－1－29)。

图 13－1－28　　图 13－1－29　　图 13－1－30

2. 右脚蹬地屈膝提起，上体右转；左拳变掌从右掌上向前穿出，掌心向上，右掌平收至左肘下(图 13－1－30)。

3. 右脚向右落步，屈膝全蹲，左腿伸直成左仆步；右掌向右、向上划弧微屈，抖腕成亮掌；左手掌向下、向后划弧成勾手，勾尖向上；眼视左方(图 13－1－31)。

学练要点：整个动作要连贯，右脚下蹲要完全，两脚脚掌全部着地。

三、弓步劈拳

1. 右腿蹬地立起，左腿收回并向左前方上步；右掌变拳收至腰侧，左勾手变掌由下向前经胸前，向左搂手（图 13－1－32）。

2. 右腿经左腿前方向左绕上一步，左腿蹬直成右弓步；左手向左平搂后，向前挥摆虎口朝前；同时，右拳向后平摆，再向前、向上做抡劈拳，拳与耳平，拳心向上，左掌外旋接扶右前臂；眼视右拳（图 13－1－33）。

学练要点：左右脚上步稍带弧形。

图 13－1－31　　图 13－1－32　　图 13－1－33

四、换跳步弓步冲拳

1. 重心后移，右脚稍向前移动，前脚掌着地；右拳变掌内旋以掌背向下划弧挂至右膝内侧，左掌背靠贴右肘外侧，掌指向前；眼随右掌（图 13－1－34）。

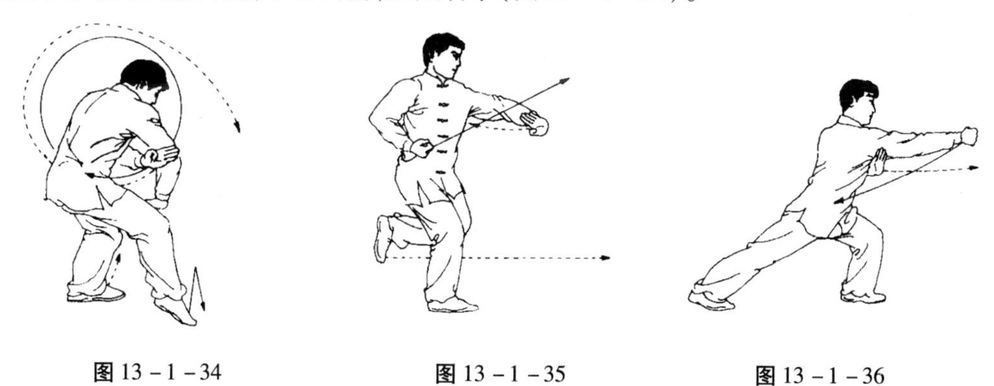

图 13－1－34　　图 13－1－35　　图 13－1－36

2. 右腿上抬，全脚掌用力向下震脚，左脚急速离地抬起；上体稍向左转，再向右转；右掌挂至体左侧向上、向前搂盖后变拳收至腰侧，左掌经右腋，伸直向下、向上、向前屈肘下按，掌心向下；眼视左掌（图 13－1－35）。

3. 左脚向前落步，右腿蹬直成左弓步；右拳向前冲出，高与肩平，左掌收回藏于右腋下，掌背贴靠腋窝；眼视右拳（图 13－1－36）。

学练要点：换跳步动作要连贯、协调；震脚时腿要弯曲，左脚离地不要过高。

五、马步冲拳

上体右转 90°，重心移至两腿中间，成马步；右拳收至腰侧，左掌变立拳向左冲出；眼视左拳（图 13－1－37）。

学练要点：马步要求同前。

六、弓步下冲拳

右脚蹬直，左腿弯曲，上体稍向左转，成左弓步；左拳变掌向下经体前向上架于头左上方，掌心向上，右拳自腰侧向左前斜下方冲出；眼视右拳（图 13－1－38）。

学练要点：冲拳不能高于肩。

图 13－1－37　　图 13－1－38　　图 13－1－39

七、叉步亮掌侧踹腿

1. 上体稍右转；左掌由头上下落于右手腕上，右拳变掌，两手交叉成十字；眼视双手（图 13－1－39）。

2. 右脚蹬地并向左腿后插步，前脚掌着地；右掌由前向右、向上划弧抖腕亮掌；同时，左掌由体前向下、向后划弧成勾手，勾尖向上；眼视左侧（图 13－1－40）。

图 13－1－40　　图 13－1－41　　图 13－1－42

3. 重心移至右腿，左腿屈膝提起，向左上方猛力蹬出；上肢姿势不变；眼视左侧（图 13－1－41）。

学练要点：插步时腿、臂动作一致；侧踹高度不能低于腰，大腿内旋，力达脚跟。

八、虚步挑拳

1. 左脚在左侧落地；右掌变拳稍后移，左勾手变拳由体后向左上挑，拳背向上（图 13－1－42）。

2. 上体左转 180°，右腿提起向左前方上步，脚尖点地，重心落于左脚，左腿下蹲成右虚步；右拳向下、向前划弧，经右膝外侧，再向前屈臂挑起，拳眼斜向上，高与肩平；左拳向上、向后划弧收至腰侧，拳心向上；眼视右拳（图 13－1－43）。

学练要点：整个动作要连贯，左脚落地挑左拳，右脚上步挑右拳。

第四段

一、弓步顶肘

1. 重心升高，右脚踏实；右臂内旋向下直臂划弧以拳背下挂至右膝内侧（图 13－1－44）。

2. 左脚蹬地起跳，右腿屈膝上抬，身体腾空；同时，两臂向前、向上划弧至头上方（图 13－1－45）。

3. 右脚先落地屈膝，左脚向前落步，前脚掌着地；同时两臂向右、向下屈肘停于右胸前，右拳变掌，左掌变拳，右掌心贴靠左拳面；眼视右方（图 13－1－46）。

图 13－1－43　　图 13－1－44　　图 13－1－45　　图 13－1－46

4. 左脚向左上一步，成左弓步；右掌推左拳，以左肘尖向左顶出，高于肩平；眼转视肘前方（图 13－1－47）。

学练要点：交换步时不要过高，但要快，两臂抡摆时成立圆，眼随左肘顶出时迅速左转。

二、转身左拍脚

1. 以两脚前脚掌为轴向右后转体 180°；随转体，右臂向上、向右、向后下划弧抡摆；同时，左拳变掌向下、向后、向前上抡摆（图 13－1－48）。

2. 左腿伸直向前踢起，脚面绷平；左掌变拳收至腰侧，右掌由体后向上、向前拍击左脚面（图 13－1－49）。

学练要点：转体拍脚动作连贯，右掌拍脚时手掌稍横过来，拍脚要准而响亮。

三、右拍脚

1. 左脚向前落地，左拳变掌向下、向后摆，右掌变拳收至腰侧(图 13－1－50)。

图 13－1－47　　图 13－1－48　　图 13－1－49　　图 13－1－50

2. 右腿伸直向上踢起，脚面绷平，左掌由后向上、向前拍右脚面(图 13－1－51)。

学练要点：左右拍脚动作连贯。

图 13－1－51

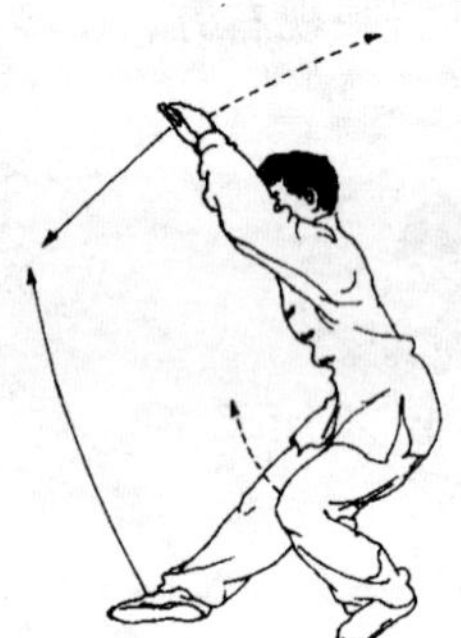

图 13－1－52

图 13－1－53

四、腾空飞脚

1. 右脚落地，右拳变掌由下向前、向上摆起，左掌先上摆后下降拍击右掌背(图 13－1－52)。

2. 左脚向前摆起，右脚猛力蹬地跳起上摆，脚面绷平，形成腾空；右手拍击右脚面，左掌由体前向后上举(图 13－1－53)。

学练要点：腾空要高，击响要在腾空时完成。

五、歇步下冲拳

1. 左右脚先后相继落地；左掌变拳收至右腰侧(图 13－1－54)。

2. 身体右转 90°，两腿全蹲成歇步；右掌抓握外旋变拳收至腰侧，左拳向前下方平拳冲出，拳心向下；眼视左拳(图 13－1－55)。

学练要点：落地时要稳健，冲拳时要顺肩。

六、仆步抡劈拳

1. 重心升高，右脚前脚掌为轴，左腿屈膝提起，上体左转270°；同时，右臂向体后伸直，再向下、向前、向上划弧至头上方，左臂随身体重心升高，由下至上划立圆一周（图13－1－56）。

图13－1－54　图13－1－55　图13－1－56

2. 上动不停。左腿向后落一步屈膝全蹲，右腿伸直，成右仆步；右拳由上向下抡劈，拳眼向上，左拳向上举，拳眼向上；眼视右拳（图13－1－57）。

学练要点：整个动作连贯完成，抡臂时要划立圆。

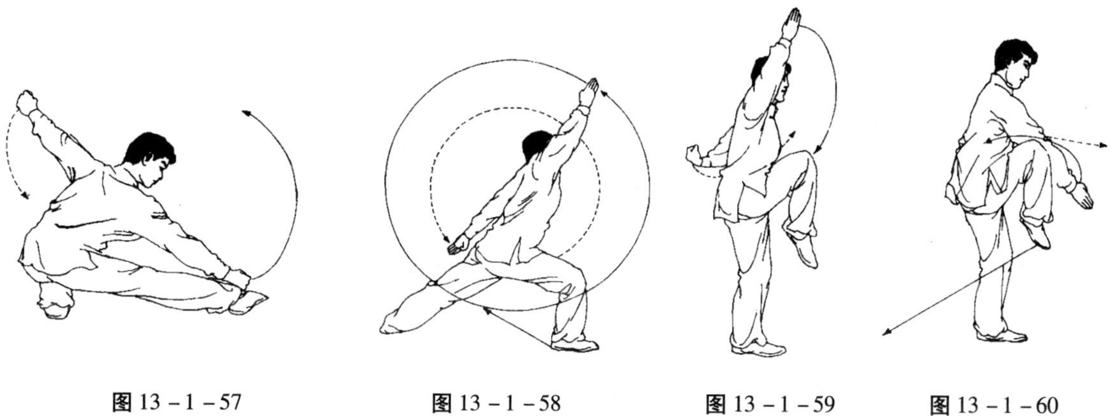

图13－1－57　图13－1－58　图13－1－59　图13－1－60

七、提膝挑掌

1. 重心前移，成右弓步；右拳变掌由下向上抡摆，左拳变掌稍下落，右掌心向左，左掌心向右（图13－1－58）。

2. 左右臂在垂直面上，由前向后各划立圆一周，右臂伸直停于头上，掌指向上，左臂伸直停于身后成反勾手；同时重心上移，右腿屈膝提起，左腿膝伸直；眼视前方（图13－1－59）。

学练要点：抡臂时要划立圆，右腿尽量抬起。

八、提膝劈掌弓步冲拳

1. 下肢不动；右掌由上向下猛劈，停于右小腿内侧，左勾手变掌，屈臂向前停于右手上臂内侧，掌心向左；眼视右掌（图 13－1－60）。

2. 右脚向右后落地，身体右转 90°；同时，左掌变拳收至腰侧，右臂内旋向右划弧劈掌，抓握变拳收至腰侧，左拳再由腰侧向左前方冲出；眼视左拳（图 13－1－61）。

学练要点：弓步与冲拳方向约成直角。

结束动作

一、虚步亮掌

1. 右腿扣于左膝后；两拳变掌，两臂右上、左下屈肘交叉于体前，掌心向下；眼视右掌（图 13－1－62）。

2. 右脚向右后落步，重心后移，右腿下蹲，上体稍右转；同时，右掌向上、向右、向下划弧停于左腋下，左掌向左、向上划弧停于右臂上与胸前，两臂左上右下屈肘交于体前，左掌心向下，右掌心向上；眼视左掌（图 13－1－63）。

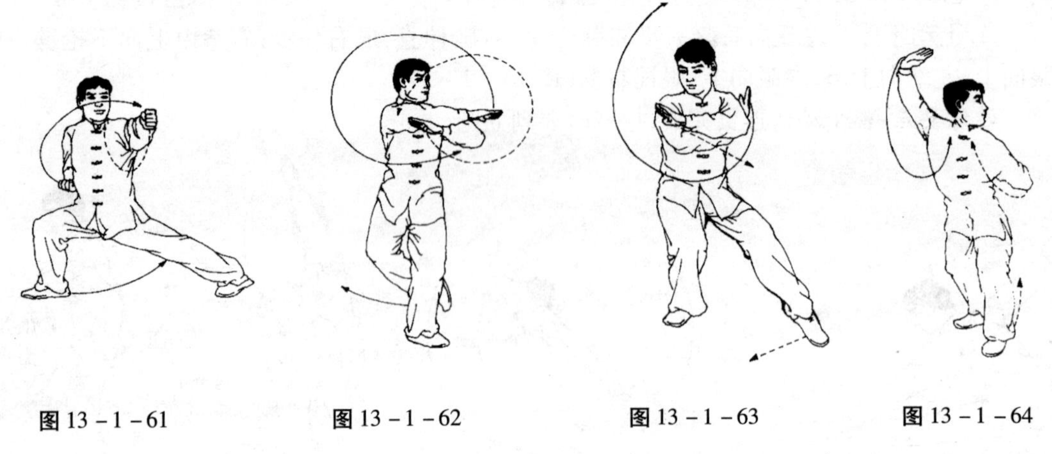

图 13－1－61　　图 13－1－62　　图 13－1－63　　图 13－1－64

第二节　简化太极拳（二十四式）

简化太极拳保留了传统杨式太极拳的主要技术内容及基本规格要求，体现了由易到难的原则进行改编，整理而成。经过多年科学实践证明，太极拳既是一种合乎生理和体育原理的健康运动，又是一种治疗疾病的有效手段之一。太极拳是意识、动作、呼吸三者同时协调的运动，深受广大青少年的喜爱。

动作说明

预备势

身体自然站立，两脚并拢，两手垂于大腿外侧；头项正直，口闭齿扣，胸腹放松；眼平视前方（图 13－2－1）。

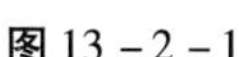
图 13－2－1

图 13－2－2

图 13－2－3

图 13－2－4

一、起势

1. 左脚开立：左脚向左分开，两脚平行同肩宽（图 13－2－2）。

2. 两臂前举：两臂慢慢向前平举，自然伸直，两手心向下（图 13－2－3）。

3. 屈腿按掌：两腿慢慢屈膝半蹲，同时两掌轻轻下按至腹前（图 13－2－4）。

学练要点：起脚时先提脚跟，高不过足踝，落脚时前脚掌先着地，要做到点起点落、轻起轻落。上举两臂时，不可耸肩，不要出现指尖朝下的“折腕”。屈膝时松腰敛臀，上体保持正直，两掌下按时沉肩垂肘。

二、左右野马分鬃

（一）左野马分鬃

1. 抱球收脚：上体稍右转，右臂屈抱于右胸前，左臂屈抱于腹前，成右抱球；左脚收至右脚内侧成丁步（图 13－2－5）。

2. 弓步分手：上体左转，左脚向左前方迈出一步，成左弓步；同时两掌前后分开，左手心斜向上，右手按至右胯旁，两臂微屈（图 13－2－6）。

（二）右野马分鬃

1. 抱球收脚：重心稍向后移，左脚尖翘起外撇；上体稍左转，左手翻转在左胸前屈抱，右手翻转前摆，在腹前屈抱，成左抱球；重心移至左腿，右脚收至左脚内侧成丁步（图 13－2－7）。

2. 弓步分手：同前弓步分手，惟左右相反（图 13－2－8）。

图 13－2－5

图 13－2－6

图 13－2－7

图 13－2－8

（三）左野马分鬃：同前左野马分鬃（图13－2－9、图13－2－10）。

学练要点：弓步时，不可将重心过早前移，造成脚掌沉猛落地，后脚应有蹬碾动作。分手与弓步要协调同步。转体撇脚时，先屈后腿，腰后坐，同时两臂自旋。

三、白鹤亮翅

（一）跟步抱球：上体稍左转，右脚向前跟步，落于左脚后；同时两手在胸前屈臂抱球（图13－2－11）。

（二）虚步分手：上体后坐并向右转体，左脚稍向前移动，成左虚步；同时右手分至右额前，掌心向内，左手按至左腿旁，上体转正；眼平视前方（图13－2－12）。

学练要点：抱球与跟步要同时，转身时身体侧转不超过45°，左脚前移与分手同时完成。

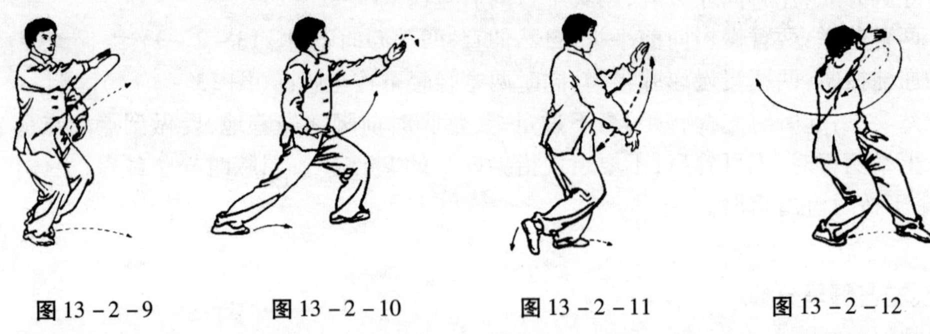

图13－2－9　图13－2－10　图13－2－11　图13－2－12

四、左右搂膝拗步

（一）左搂膝拗步

1. 收脚托掌：上体右转，右手至头前下落，经右胯侧向后方上举，与头同高，手心向上，左手上摆，向右划弧落至右肩前；左脚收至右脚内侧成丁步；眼视右手（图13－2－13）。

2. 弓步搂推：上体左转，左脚向左前方迈出一步成左弓步；左手经膝前上方搂过，停于左腿外侧，掌心向下，指尖向前，右手经肩上，向前推出，右臂自然伸直（图13－2－14）。

（二）右搂膝拗步

1. 收脚托掌：重心稍后移，左脚尖翘起外撇，上体左转，右脚收至左脚内侧成丁步；右手经头前划弧摆至左前肩，掌心向下，左手向左上方划弧上举，与头同高，掌心向上；眼视左手（图13－2－15）。

2. 弓步搂推：同前弓步搂推，惟左右相反（图13－2－16）。

图13－2－13　图13－2－14　图13－2－15　图13－2－16

（三）左搂膝拗步

动作与右搂膝拗步相同，惟左右相反（图 13－2－17、图 13－2－18）。

学练要点：两手划弧时要以腰带动；推掌时要沉肩垂肘，坐腕舒掌。搂推协调，转身蹬地推掌。

五、手挥琵琶

1. 跟步展臂：右脚向前收拢半步落于左脚后；右臂稍向前伸展（图 13－2－19）。

2. 虚步合手：上体稍向左回转，左脚稍前移，脚跟着地，成左虚步；两臂屈肘合抱，右手与左肘相对，掌心向左（图 13－2－20）。

学练要点：两手摆掌时有上挑并向里合之意。合臂时腰下沉，两臂前伸，腋下虚空。

图 13－2－17　图 13－2－18　图 13－2－19　图 13－2－20

六、左右倒卷肱

（一）右倒卷肱

1. 退步卷肱：上体稍右转，两手翻转向上，右手随转体向后上方划弧上举至肩上耳侧，左手停于体前；上体稍左转；左脚提起向后退一步，脚前掌轻轻落地；眼视左手（图 13－2－21）。

2. 虚步推掌：上体继续左转，重心后移，成右虚步；右手推至体前，左手向后、向下划弧，收至左腰侧，手心向上；眼视右手（图 13－2－22）。

（二）左倒卷肱

1. 退步卷肱：同前退步卷肱，惟左右相反（图 13－2－23）。

2. 虚步推掌：同前虚步推掌，惟左右相反（图 13－2－24）。

图 13－2－21　图 13－2－22　图 13－2－23　图 13－2－24

（三）右倒卷肱

同前右倒卷肱（图 13－2－25、图 13－2－26）。

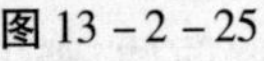

图 13－2－25　　图 13－2－26　　图 13－2－27

（四）左倒卷肱

同前左倒卷肱（图 13－2－27、图 13－2－28）。

学练要点：转身时用腰带手后撤，走斜弧形路线。提膝屈肘和左掌翻手都要同步完成。推掌走弧形且坐腕、展掌、舒指。

七、左揽雀尾

1. 抱球收脚：上体右转，右手向侧后上方划弧，左手在体前下落，两手呈右抱球状；左脚收成丁步（图 13－2－29）。

2. 弓步棚臂：上体左转，左脚向左前方迈成左弓步；两手前后分开，左臂半屈向体前棚架，右手向下划弧按于左胯旁，五指向前；眼视左手（图 13－2－30）。

图 13－2－28　　图 13－2－29　　图 13－2－30

3. 转体摆臂：上体稍向左转，左手向左前方伸出，同时右臂外旋，向上、向前伸至左臂内侧，掌心向上（图 13－2－31）。

图 13－2－31　　图 13－2－32　　图 13－2－33　　图 13－2－34

4. 转体后捋：上体右转，身体后坐，两手同时向下经腹前向右后方划弧后捋，右手举于身体侧后方，掌心向外，左臂平屈于胸前，掌心向内；眼视右手（图 13－2－32）。

5. 弓步前挤：重心前移成左弓步；右手推送左前臂向体前挤出，两臂撑圆（图 13－2－33）。

6. 后坐引手：上体后坐，左脚尖翘起；左手翻转向下，右手经左腕上方向前伸出，掌心转向下，两手左右分开与肩同宽，两臂屈收后引，收至腹前，手心斜向下（图 13－2－34）。

7. 弓步前按：重心前移成左弓步；两手沿弧线推至体前（图 13－2－35）。

学练要点：捋时要转腰带手，不可直臂、折腕。挤时松腰、弓腿一致。按时两手沿弧线向上、向前推按。

八、右揽雀尾

（一）转体分手：重心后移，上体右转，左脚尖内扣；右手划弧右摆，两手平举于身体两侧；头随右手移转（图 13－2－36）。

（二）抱球收脚：左腿屈膝，重心左移，右脚收成丁步；两手呈左抱球状（图 13－2－37）。

图 13－2－35

图 13－2－36

图 13－2－37

（三）弓步棚臂：同前弓步棚臂，惟左右相反（图 13－2－38）。

（四）转体摆臂：同前转体摆臂，惟左右相反（图 13－2－39）。

（五）转体后捋：同前转体后捋，惟左右相反（图 13－2－40）。

图 13－2－38

图 13－2－39

图 13－2－40

（六）弓步前挤：同前弓步前挤，惟左右相反（图 13－2－41）。

（七）后坐引手：同前后坐引手，惟左右相反（图 13－2－42）。

（八）弓步前按：同前弓步前按，惟左右相反（图 13－2－43）。

学练要点：由左势向右势转化时，左脚尽量里扣。右手随身体右转平行向右划弧时，左手不可随着向右摆动。重心移动变化时，上体保持正直，随腰转动。

九、单鞭

1. 转体运臂：上体左转，左腿屈膝，右脚尖内扣；左手向左划弧，掌心向外，右手向左划弧至左肘前，掌心转向上；视线随左手运转（图 13－2－44）。

图 13－2－41

图 13－2－42

图 13－2－43

图 13－2－44

2. 勾手收脚：上体右转，右腿屈膝，左脚收成丁步；右手向上向左划弧，至身体右前方变成勾手，腕高与肩平，左手向下、向右划弧至右肩前，掌心转向内；眼视勾手（图 13－2－45）。

3. 弓步推掌：上体左转，左脚向左前方迈出成左弓步；左手经面前翻掌向前推出（图 13－2－46）。

学练要点：重心移动平稳，两腿要虚实分明。做勾手时右臂不要过直。推掌时随上体转动，弓腿，翻掌前推。

十、云手

1. 转体松勾：上体右转，左脚尖内扣；左手向下、向右划弧至右肩前，掌心向内，右勾手松开变掌（图 13－2－47）。

图 13－2－45

图 13－2－46

图 13－2－47

2. 左云收步：上体左转，重心左移，右脚向左脚收拢，两腿屈膝半蹲，两脚平行向前成小开立步；左手经头前向左划弧运转，掌心渐渐向外翻转，右手向下、向左划弧运转，掌心渐渐转向内；视线随左手运转（图 13－2－48、图 13－2－49）。

3. 右云开步：上体右转，重心右移，左脚向左横开一步，脚尖向前；右手经头前向右划弧运转，掌心逐渐由内转向外，左手向下、向右划弧，停于右肩前，掌心渐渐翻转向内；视线随右手运转（图 13－2－50）。

4. 左云收步：同前左云收步（图 13－2－51、图 13－2－52）。

5. 右云开步：同前右云开步（图 13－2－53）。

6. 左云收步：同前左云收步（图 13－2－54、图 13－2－55）。

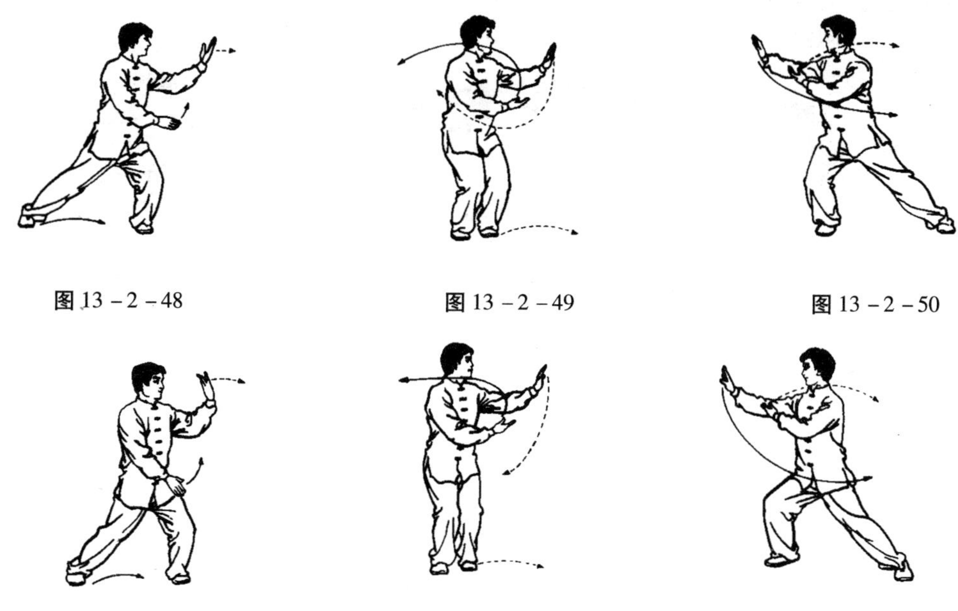

图 13－2－48　图 13－2－49　图 13－2－50

图 13－2－51　图 13－2－52　图 13－2－53

学练要点:以腰为轴,转腰带手交叉划圆。上下肢要协调一致不可脱节。身体平移,不可起伏。

图 13－2－54　图 13－2－55　图 13－2－56

十一、单鞭

1. 转体勾手:上体右转,重心右移,左脚跟提起;右手向左划弧,至右前方掌心翻转变勾手;左手向下向右划弧至右肩前,掌心转向内;眼视勾手(图 13－2－56)。

2. 弓步推掌:同前弓步推掌(图 13－2－57)。

学练要点:同前单鞭。

十二、高探马

1. 跟步翻手:后脚向前收拢半步;右手勾手松开,两手翻转向上,肘关节微屈(图 13－2－58)。

2. 虚步推掌:上体稍右转,重心后移,左脚稍向前移成左虚步;上体左转,右手经头侧向前推出；左臂屈收至腹前，掌心向上（图 13－2－59）。

学练要点：跟步时上体正直，不可起伏。推手与成虚步同时。

图 13－2－57

图 13－2－58

图 13－2－59

十三、右蹬脚

1. 穿手上步：上体稍左转，左脚提收向左前方迈出，脚跟着地；右手稍向后收，左手经右手背上方向前穿出，两手交叉，左掌心斜向上，右掌心斜向下（图 13－2－60）。

2. 分手弓步：重心前移成左弓步；上体稍右转，两手向两侧划弧分开，掌心皆向外；眼视右手（图 13－2－61）。

3. 抱手收脚：右脚收成丁步；两手向腹前划弧相交合抱，举至胸前，右手在外，两掌心皆转向内（图 13－2－62）。

图 13－2－60

图 13－2－61

图 13－2－62

4. 分手蹬脚：两手手心向外撑开，两臂展于身体两侧，肘关节微屈，腕与肩平；左腿支撑，右腿屈膝上提，脚跟用力慢慢向前上方蹬出，脚尖上勾，膝关节伸直，右腿与右臂上下相对，方向为右前方约 30°；眼视右手（图 13－2－63）。

图 13－2－63

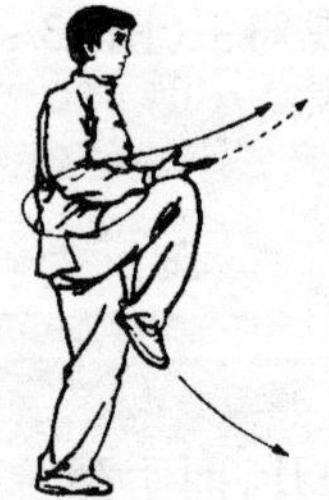
图 13－2－64

图 13－2－65

图 13－2－66

学练要点：两手交叉距离胸部 20 厘米，身体左转 45°。蹬脚过腰，两手高不过头。分手撑掌与蹬脚同时完成。

十四、双峰贯耳

1. 屈膝并手：右小腿屈膝回收，左手向体前划弧，与右手并行落于右膝上方，掌心皆翻转向上（图 13－2－64）。

2. 弓步贯拳：右脚下落向右前方上步成右弓步；两手握拳经两腰侧向上、向前划弧摆至头前，两臂半屈成钳形，两拳相对，同头宽，拳眼斜向下（图 13－2－65）。

学练要点：弓步的方向与右蹬脚的方向一致。弓步贯拳时肘关节下垂，上体正直。

十五、转身左蹬脚

1. 转体分手：重心后移，左腿屈坐，上体左转，右脚尖内扣；两拳松开，左手向左划弧，两手平举于身体两侧，掌心向外；眼视左手（图 13－2－66）。

2. 抱手收脚：重心右移，右腿屈膝后坐，左脚收至右脚内侧成丁步；两手向下划弧交叉合抱，举至胸前，左手在外，两手心皆向内（图 13－2－67）。

3. 分手蹬脚：同右蹬脚，惟左右相反（图 13－2－68）。

学练要点：转身时，应充分坐腿扣脚，上体保持正直，不可低头弯腰。左蹬脚与右蹬脚的方向要对称。

图 13－2－67

图 13－2－68

图 13－2－69

十六、左下势独立

1. 收脚勾手：左腿屈收于右小腿内侧；上体右转，右臂稍内合，右手变勾手，左手划弧摆至右肩前，掌心向右；眼视勾手（图 13－2－69）。

2. 仆步穿掌：上体左转，右腿屈膝，左腿向右前方伸出成左仆步；左手经右肋沿左腿内侧向左穿出，掌心向前，指尖向左；眼视左手（图 13－2－70）。

3. 弓腿起身：重心移向左腿成左弓步；左手前穿并向上挑起，右勾手内旋，置于身后（图 13－2－71）。

4. 独立挑掌：上体左转，重心前移，右腿屈膝提起成左独立步；左手下落按于左胯旁，右勾手下落变掌，向体前挑起，掌心向左，高于眼平，右臂半屈成弧（图 13－2－72）。

学练要点：仆步穿掌时上体不可前倾。由仆步转换独立步时，一定要充分做好两脚的外撇和内扣。独立挑掌时前手肘与膝相对。

图 13－2－70

图 13－2－71

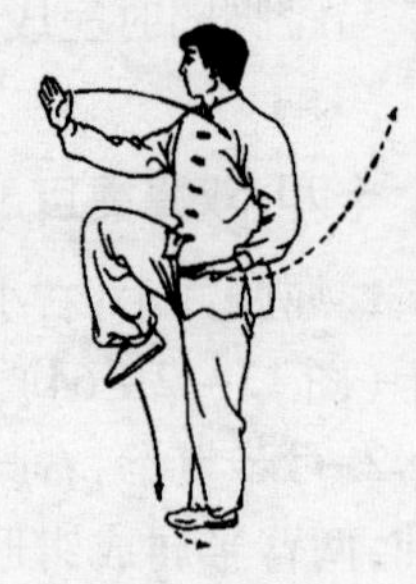
图 13－2－72

十七、右下势独立

1. 落脚勾手：右脚落于左脚右前方，脚前掌着地，上体左转，左脚以脚掌为轴随之扭转；左手变勾手向上提举于身体左侧，高与肩平，右手划弧摆至左肩前，掌心向左；眼视勾手（图 13－2－73）。

2. 仆步穿掌：同前仆步穿掌，惟左右相反（图 13－2－74）。

3. 弓步起身：同前弓步起身，惟左右相反（图 13－2－75）。

图 13－2－73

图 13－2－74

图 13－2－75

4. 独立挑掌：同前独立挑掌，唯左右相反（图 13－2－76）。

学练要点：右脚前掌应落在左脚右前方 20 厘米处。仆步穿掌时，应先把右脚提起后再伸出。

十八、左右穿梭

（一）*右穿梭*

1. 落脚抱球：左脚向左前方落步，脚尖外撇，上体左转；两手呈左抱球状（图 13－2－77）。

2. 弓步架推：上体右转，右脚向右前方上步成右弓步；右手向前上方划弧，翻转上举，架于右额前上方，左手向后下方划弧，经肋前推至体前，高与鼻平；眼视左手（图 13－2－78）。

（二）*左穿梭*

1. 抱球收脚：重心稍后移，右脚尖外撇，左脚收成丁步；上体右转，两手在右肋前上下相抱（图 13－2－79）。

2. 弓步架推：同前弓步架推，惟左右相反（图 13－2－80）。

图 13－2－76

图 13－2－77

图 13－2－78

学练要点：做弓步架推时，手脚方向一致，两掌要有滚动上架与前推。

十九、海底针

1. 跟步提手：右脚向前收拢半步，随之重心后移，右腿屈坐；上体右转，右手下落屈臂提抽至耳侧，掌心向左，指尖向前，左手向右划弧下落至腹前，掌心向下，指尖斜向右（图 13－2－81）。

2. 虚步插掌：上体左转向前俯身，左脚稍前移成左虚步；右手向前下方斜插，左手经膝前划弧搂过，按至左大腿侧；眼视右手（图 13－2－82）。

学练要点：右手随转体在体侧划一立圆提于右耳侧。插掌时不可因前俯而弯腰驼背。上下肢动作必须协调同步。

图 13－2－79

图 13－2－80

图 13－2－81

图 13－2－82

二十、闪通臂

1. 提手收脚：上体右转，恢复正直；右手提至胸前，左手屈臂收举，指尖贴近右腕内侧；左脚收至右脚内侧（图 13－2－83）。

2. 弓步推掌：左脚向前上步成左弓步；左手推至体前，右手撑于头侧上方，掌心斜向上，两手分展；眼视左手（图 13－2－84）。

学练要点：两手先上提后分开。右手上撑向后引拉。前手、前腿上下相对。

二十一、转身搬拦拳

1. 转体扣脚：重心后移，右腿屈坐，左脚尖内扣；身体右转，右手摆至体右侧，左手摆至头左侧，掌心均向外；眼视右手（图 13－2－85）。

图 13－2－83

图 13－2－84

图 13－2－85

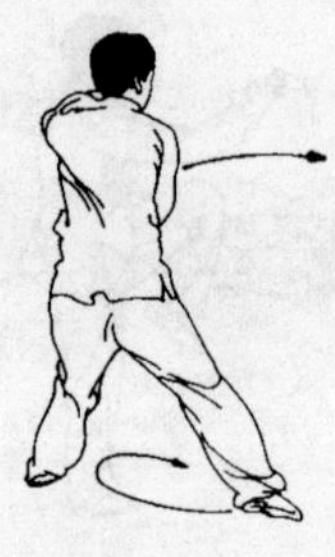
图 13－2－86

2. 坐腿握拳:重心左移,左腿屈坐,右腿自然伸直;右手握拳向下、向左划弧停于左肋前,拳心向下,左手举于左额前;眼向前平视(图 13－2－86)。

3. 踩脚搬拳:右脚提收至左脚内侧,再向前迈出,脚跟着地,脚尖外撇;右拳经胸前向前搬压,拳心向上,高与胸平,肘部微屈,左手经右前臂外侧下落,按于左胯旁;眼视右拳(图 13－2－87)。

4. 转体收拳:上体右转,重心前移,右拳向右划弧至体侧,拳心向下,左臂外旋,向体前划弧,掌心斜向上(图 13－2－88)。

5. 上步拦掌:左脚向前上步,脚跟着地;左掌拦至体前,掌心向右,右拳翻转收至腰间,拳心向上;眼视左掌(图 13－2－89)。

图 13－2－87

图 13－2－88

图 13－2－89

6. 弓步打拳:上体左转,重心前移成左弓步;右拳向前打出,肘微屈,拳眼向上,左手微收,掌指附于右前臂内侧,掌心向右(图 3－2－90)。

学练要点:身体右转时,左脚尽力内扣。垫步时勿抬脚过高,迈出时脚尖外撇。

图 13－2－90

图 13－2－91

图 13－2－92

二十二、如封似闭

1. 穿手翻掌:左手翻转向上,从右前臂下向前穿出;同时右拳变掌,也翻转向上,两手交叉举于体前(图 13-2-91)。

2. 后坐收掌:重心后移,两臂屈收后引,两手分开收至胸前,与胸同宽,掌心斜相对;眼视前方(图 13-2-92)。

3. 弓步按掌:重心前移成左弓步;两掌经胸前弧线向前推出,高与肩平,宽与肩同(图 13-2-93)。

学练要点:后坐收掌时避免上体后仰。弓步按掌时两掌由下向上、向前推按。

二十三、十字手

1. 转体扣脚:上体右转,重心右移,右腿屈坐,左脚尖内扣;右手向右摆至头前,两手心皆向外;眼视右手(图 13-2-94)。

图 13-2-93

图 13-2-94

图 13-2-95

2. 弓腿分手:上体继续右转,右脚尖外撇侧弓,右手继续划弧至身体右侧,两臂侧平举,手心皆向外;眼视右手(图 13-2-95)。

3. 交叉搭手:上体左转,重心左移,左腿屈膝侧弓,右脚尖内扣;两手划弧下落,交叉上举成斜十字形,右手在外,手心皆向内(图 13-2-96)。

4. 收脚合抱:上体转正,右脚提起收拢半步,两腿慢慢直立;两手交叉合抱于胸前(图 13-2-97)。

学练要点:转体扣脚与弓步分手要连贯衔接。两手划弧下落时不可弯腰低头。

图 13-2-96

图 13-2-97

图 13-2-98

图 13-2-99

二十四、收势

1. 翻掌分手：两臂内旋，两手翻转向下分开，两臂慢慢下落停于身体两侧；眼视前方（图13－2－98）。

2. 并脚还原：左脚轻轻收回，恢复成预备姿势（图13－2－99）。

学练要点：翻掌分手时，左手在上，腕关节不要曲折挽花。垂臂落手与起身一致。

第三节　太极剑（三十二式）

太极剑属于太极拳派系中的一种剑术套路，它具有太极拳和剑术的运动特点及健身价值，主要动作中包括抽、带、擦、刺、击、挂、点、劈、截、托、扫、拦、抹等主要剑法和各种身法、步法、步型。通过练习，既可以增强体质、预防疾病，又能为练习其他剑术套路打下基础。

动作说明

准备动作

一、预备势

两脚开立，身体正直；两臂自然垂于身体两侧，左手持剑，剑尖向上，右手握成剑指，手心向内；眼平视前方（13－3－1）。

图13－3－1

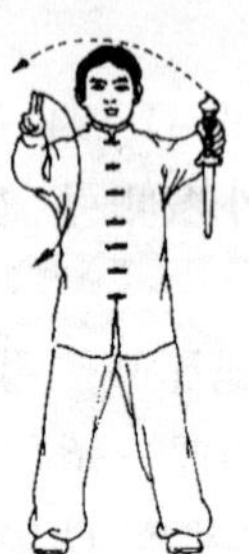

图13－3－2

图13－3－3

学练要点：头正身直，含胸拔背，两肩松沉，两肘微屈。剑身贴左前臂后侧，不要使剑刃触及身体。

二、起势

1. 两臂前举：两臂慢慢向前平举，高与肩平，手心向下（图13－3－2）。

2. 转体摆臂：上体略向右转，重心移于右腿，屈膝下蹲，随之左腿提起向右腿内侧收拢（左脚尖不点地）；同时右剑指边翻转边由体前下落，经腹前向上举，手心向上，左手持剑经面前屈肘落于右肩前，手心向下，剑平置胸前；眼视剑指（图13－3－3）。

3. 弓步前指：身体左转，左脚向前迈出，成左弓步；同时左手持剑经体前向左下搂至左胯旁，剑直立于左前臂后，剑尖向上，右臂屈肘，剑指经耳旁随转体向前指出，指尖自然向上，高与眼平；眼视剑指(图 13－3－4)。

4. 盖步穿剑：身体右转，左臂屈肘上提，左手持剑，手心向下经胸前从右手上穿出，剑指翻转(手心向上)，两臂左右平展；同时右腿提起向前横落，脚尖外撇，两腿交叉，两膝关节前后相低，左脚跟提起，重心稍下降，成交叉半坐姿势；眼视剑指(图 13－3－5)。

5. 弓步接剑：左手持剑稍外旋，手心转下，剑尖略下垂；左脚上步成左弓步；同时身体左转，右剑指经头右上方向前落于剑把上，准备接剑；眼平视前方(图 13－3－6)。

学练要点：两臂前举，肩宜松沉，不能耸起。转体、迈步和两臂动作协调柔和，弓步横向距离约 30 厘米。上体自然正直，重心移动平稳。

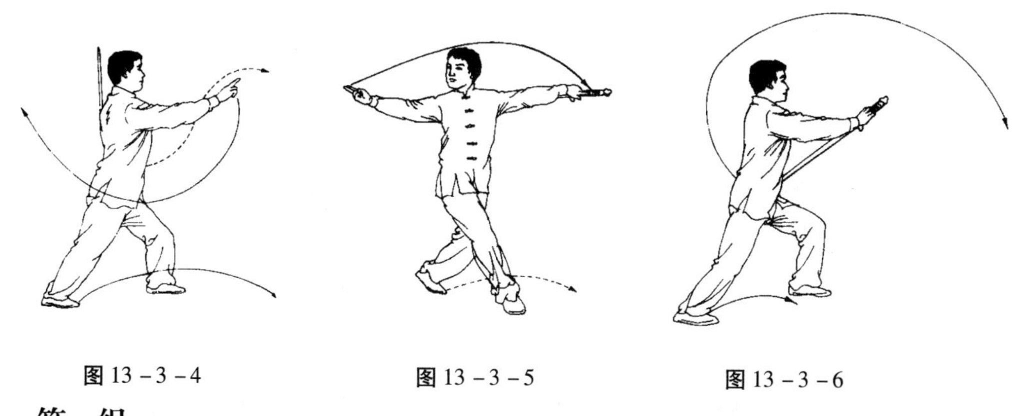

图 13－3－4　　图 13－3－5　　图 13－3－6

第一组

一、并步前点

右手松开剑指，虎口对着护手，握住剑把，然后腕关节绕环，使剑在身体左侧划一立圆，向前点出，力达剑尖，左手握成剑指，附于右腕部；同时右脚向左脚靠拢成并步，身体半蹲；眼视剑尖(图 13－3－7)。

学练要点：剑身立圆向前环绕时，两臂不可上举。点剑时，持剑要松活，主要用腕部的环绕将剑向前下点出。并步时，两脚不宜并紧，两脚掌要全部着地，身体略下蹲，身体保持正直。

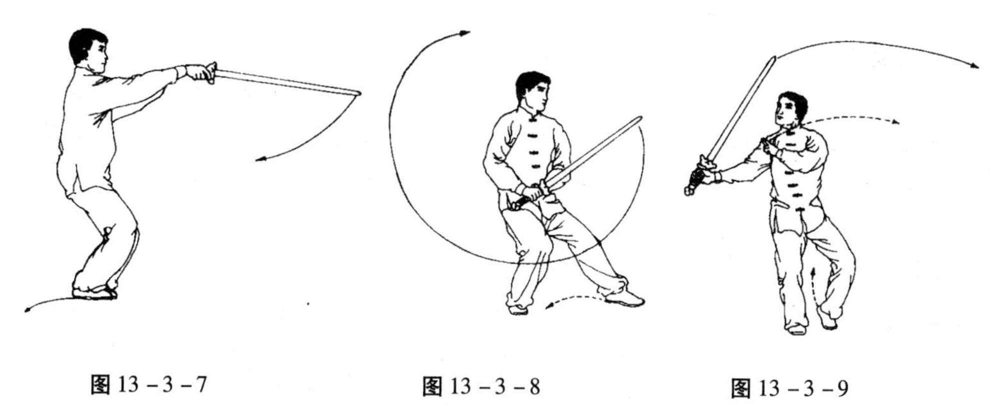

图 13－3－7　　图 13－3－8　　图 13－3－9

二、独立反刺

1. 撤步抽剑：右脚向后方撤步；同时身体重心后移，右手持剑撤至腹前，剑尖略高，左剑指附于右腕随剑后撤(图 13－3－8)。

2. 收脚挑剑:身体右后转,随之左脚收至右脚内侧,脚尖点地;同时,右手持剑继续反手抽撩至右后方,然后右臂外旋,右腕下沉,剑尖上挑,剑身斜立于身体右侧,左手剑指随剑撤于右上臂内侧;眼视剑尖(图 13－3－9)。

3. 提膝反刺:上体左转,左膝提起成独立步;同时右手持剑上举,使剑经头右侧上方向前反手立剑刺出,手心向外,力注剑尖,左剑指经额下向前指出,指尖自然向上,高与眼平;眼视剑指(图 13－3－10)。

图 13－3－10

图 13－3－11

学练要点:提膝时,右腿自然直立,左脚面展平,小腿和脚掌微向里扣护裆,左膝要正向现方,与左肘上下相对,不要偏向右侧,独立稳定。刺剑是使剑通过伸臂刺出,力贯剑尖,注意避免将剑身由下向上托起的错位做法。

三、扑步横扫

1. 撤步劈剑:上体右后转,剑随转体向右后方劈下,右臂与剑平直,左剑指落于右腕部;在转体的同时,右腿屈膝,左腿向左后方撤步,膝部伸直;眼视剑尖(图 13－3－11)。

2. 扑步横扫:身体左转,左剑指经体前顺左肋向后反插,并向左上方划弧举起,手心斜向上,右手持剑,手心转向上,使剑由下、向左前方划弧平扫,高与胸平;右膝弯曲下蹲成半仆步,随着重心逐渐左移,左脚尖外撇,左腿屈膝,成左弓步;眼视剑尖(图 13－3－12)。

学练要点:劈剑与扫剑转换过程中步型应为半蹲仆步,也可做成全蹲仆步,身体应保持正直。扫剑时,持剑要平稳,有一个由高到低(与膝或与踝同高)再到高的弧线,力在剑刃,不要做成拦腰平扫。定势时,右手停在左额前,剑尖置于体前中线,高与胸平。

四、向右平带

右脚提起收至左脚内侧(脚尖不点地);同时右手持剑稍向内收引,左剑指落于腕部;右脚向右前方迈出一步,脚跟着地;同时右手持剑略向前引伸,左剑指仍附于右腕部;重心前移,右脚踏实成右弓步;右手持剑,手心翻转向下,向右后方斜带,剑指仍附于右腕;眼视剑尖(图 13－3－13)。

学练要点:带剑时,剑应边翻转边斜带,剑把左右摆动的幅度要大,而剑尖则始终控制在体前中线附近,力在剑刃,不要过多左右摆动;剑的回带和弓步要协调一致;带剑时应注意由前向后带,不要横向右推或做成扫剑。

图 13－3－12　　图 13－3－13　　图 13－3－14

五、向左平带

右手持剑屈臂后收;同时左脚提起收至右脚内侧(脚尖不点地),再向左前方上步,脚跟着地,成左弓步;右手持剑向前伸展,再翻掌将剑向左后方弧线平剑回带,握剑手带至左肋前方,力在剑刃,同时左剑指翻转收至腰间,再继续向左上方划弧举至额左上方,手心斜向上;眼视剑尖(图 13－3－14)。

学练要点:同向右平带,惟左右相反。

六、独立抡劈

1. 转体抡剑:右脚收至左脚内侧,脚尖着地;身体左转,右手持剑由前向下、向后划弧立剑斜置于身体左下方,左剑指下落,两手交叉于腹前;眼视左后方(图 13－3－15、图 13－3－16)。

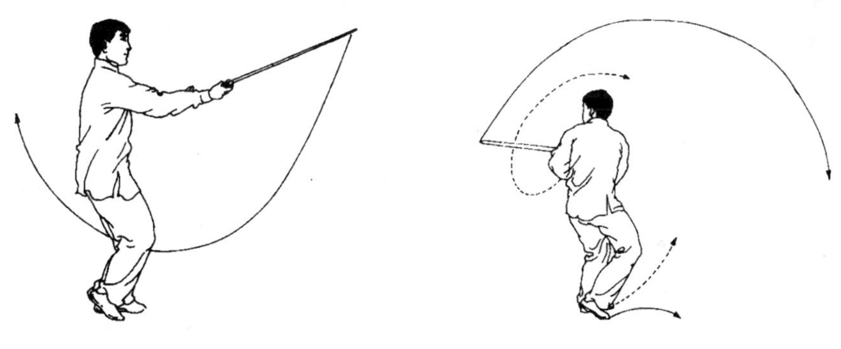

图 13－3－15　　图 13－3－16

2. 独立劈剑:右脚向前上步踏实,左腿屈膝上提,成右独立步;同时右手内旋上举,持剑划弧举于头上方,再向前下方立剑劈下,力在剑刃,右臂与剑成一条斜线,左手剑指向后、向上划弧举至左上方,掌心斜向上;眼视前下方(图 13－3－17)。

学练要点:抡剑、举剑、劈剑应连贯轮绕立圆,并与转腰、旋臂、独立配合一致,连贯不停。左手的运动要和持剑的右手相互配合,当右手持剑向前下方劈出时,左剑指由后向上划弧至头侧上方,两手一上一下、一前一后地对称交叉划立圆。

七、退步回抽

左脚向后落下，右手持剑外旋上提，再持剑回抽，剑把收于左肋旁，手心向内，剑尖斜向上，左剑指落于剑把上；同时重心后移，右脚随之撤回半步，成右虚步；眼视剑尖（图 13－3－18）。

学练要点：抽剑是立剑由前向后划弧抽回，力点沿剑刃滑动，右手手心先翻转向上将剑略向上提，随后由体前向后划弧收至右肋旁，避免将剑直线抽回。左脚后落的步幅不要过小，重心前后移动要充分，两腿虚实要分明。定式时，两臂撑圆合抱，上体左转，剑尖斜向右上方，两肩要松沉，不可紧贴身体。

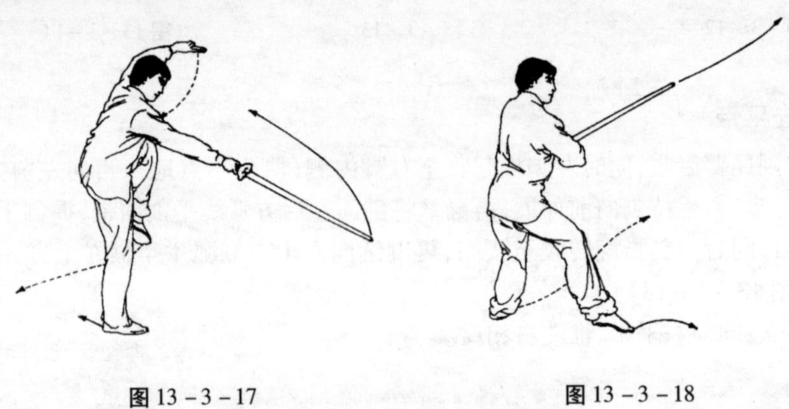

图 13－3－17　　图 13－3－18

八、独立上刺

身体微向右转，面向前方，右脚稍向前上步踏实，左腿屈膝提起；同时，右手持剑向前上方刺出（手心向上），力贯剑尖，高与头平，左剑指附在右腕部；眼视剑尖（图 13－3－19）。

学练要点：上步步幅不超过一脚长，上刺剑时，手与肩同高，两臂微屈。乘上刺之势，上体可微向前倾，不要耸肩、驼背。

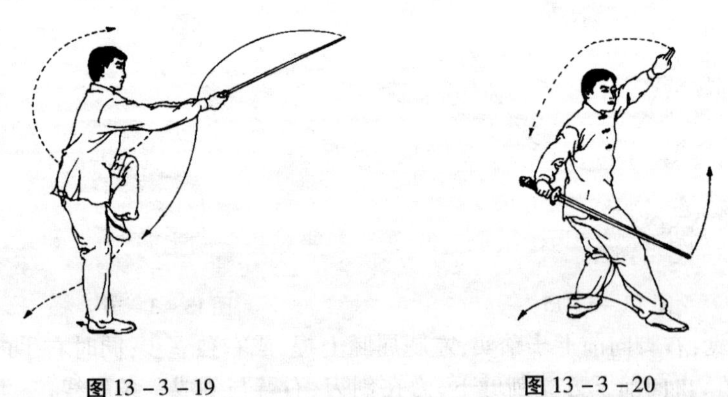

图 13－3－19　　图 13－3－20

第二组

九、虚步下截

左脚向左后方落步，右脚随即微向后收，脚尖点地，成右虚步；同时右手持剑随转体向左平摆，再随身体右转经体前向右、向下截按，剑尖略下垂，高与膝平，左剑指向左、向上绕举于头左上方（掌心斜向上）；眼平视右前方（图 13－3－20）。

学练要点：下截剑时，主要用转体挥臂来带动剑向右下方截出，身、剑、手、脚要协调一致，剑身置于身体右侧。右虚步的方向左偏约 30°，转头目视的方向是右偏 45°。

十、左弓步刺

1. 退步提剑：右脚向后退一步，重心右移，身体右转；同时，右手持剑向体前提起，高与胸平，剑尖指向左前方约 30°，再经头前后抽，手心翻转向外，左剑指附于右腕随剑一起回撤；眼视剑尖（图 13－3－21）。

2. 弓步平刺：身体左转，左脚收至右脚内侧（脚尖不点地），再向左前方迈出，脚跟着地，前移成左弓步；同时上体左转，右手持剑收于右腰间，再向左前方刺出，手心向上，力注剑尖，左剑指向下、向左、向上绕至左上方，手心斜向上，臂要撑圆；眼视剑尖（图 13－3－22）。

学练要点：右手持剑向下卷收时，前臂外旋，使手心转向上；同时仍要控制住剑身，使剑尖指向将要刺出的方向。全过程要在转腰的带动下，做得圆活、连贯、自然。

十一、转身斜带

1. 扣脚收剑：重心后移，左脚尖内扣，上体右转；同时右手持剑屈臂后收，横置胸前，手心向上，左剑指落在腕部；提脚转体，重心再移至左腿上；右脚提起，贴在左小腿内侧；剑向左前方伸送；眼视剑尖（图 13－3－23）。

图 13－3－21　　图 13－3－22　　图 13－3－23

2. 弓步右带：身体右后转，右脚向右前方迈出，成右弓步；同时右手持剑内旋翻转，手心向下，向右平带（剑尖略高），力在剑刃，左剑指仍附于右腕部；眼视剑尖（图 13－3－24）。

学练要点：弓步的方向为中线偏右约 30°，斜带是指剑的走向。

十二、缩身斜带

左脚提起后再向原位置落下，身体重心移向左腿，右脚随之收到左脚内侧，脚尖点地成丁步；同时，右手持剑向前微送，再右手翻转，手心向上，将剑向左平带（剑尖略高），力在剑刃，左剑指屈腕经左肋反插，向身后穿出，再向上、向前绕行划弧落于右腕部；眼视剑尖（图 13－3－25）。

学练要点：收剑时上体正直，稍向右转。上体略向前探，送剑方向与弓步方向相同。收脚带剑时,身体向左转,重心落于左腿;要保持上体正直,松腰松胯,臀部不外凸。

十三、提膝捧剑

1. 虚步分剑:右脚后退一步,重心后移,左脚微后撤,脚尖搂地成虚步;同时两手向前伸送,再向两侧分开,手心都向下,剑斜置于体右侧,剑尖向前(图 13－3－26)。

图 13－3－24　　图 13－3－25　　图 13－3－26

2. 提膝捧剑:左脚略向前垫步,右膝向前提起成独立步;同时右手持剑翻转向体前划弧摆送,左剑指变掌也摆向体前,捧托在右手背下面,两臂微屈,剑身直向前方,剑尖略高;眼视前方(图 13－3－27)。

图 13－3－27　　图 13－3－28　　图 13－3－29

学练要点:右脚退步要略偏向右后方,上体转向前方。两手向体前摆送要走弧线,先微向外,再向内在胸前相合。捧剑时,两臂微屈,剑把与胸部同高。

十四、跳步平刺

1. 捧剑前刺:右脚向前落下,重心前移,左脚离地;同时两手捧剑微向下、向后收至腹前,再两手捧剑向前伸刺(图 13－3－28)。

2. 跳步分剑:右脚蹬地,左脚随即前跨一步踏实,右脚在左脚将落地时迅速向左小腿内侧收拢;同时两手分撤至身体两侧,手心都向下,左手变剑指(图 13－3－29)。

3. 弓步平刺:右脚向前上步,重心前移成右弓步;同时,右手持剑向前平刺(手心向上),左剑指绕举至额左上方,手心斜向上;眼视剑尖(图 13－3－30)。

学练要点:向前跳步,动作轻灵、柔和。刺剑、分剑、再刺剑,动作连贯,上下肢配合协调一致。

十五、左虚步撩

1. 收脚绕剑：重心后移，上体左转，右脚收至左脚前，脚尖点地；同时，右手持剑随转体向上、向后画弧，剑把落至左腰间，剑尖斜向上，左剑指落于右腕部（图 13－3－31）。

2. 上步左撩：上体微右转，右脚向前垫步，脚尖外撇，上体继续右转，重心前移至右腿，左脚进步，成左虚步；同时，右手持剑随身体转动，立剑向下、向前撩出，手心向外，停于右额前，剑尖略低，左剑指仍附于右腕部；眼视剑尖（图 13－3－32）。

学练要点：剑运行的路线，一要贴身，二要立圆，同时右前臂内旋，右手心转向外，虎口朝下，活握剑把力达剑的前端。整个撩剑的动作要在身体左旋右转的带动下完成，要协调完整、连贯圆活，不要做成举剑拦架的动作。

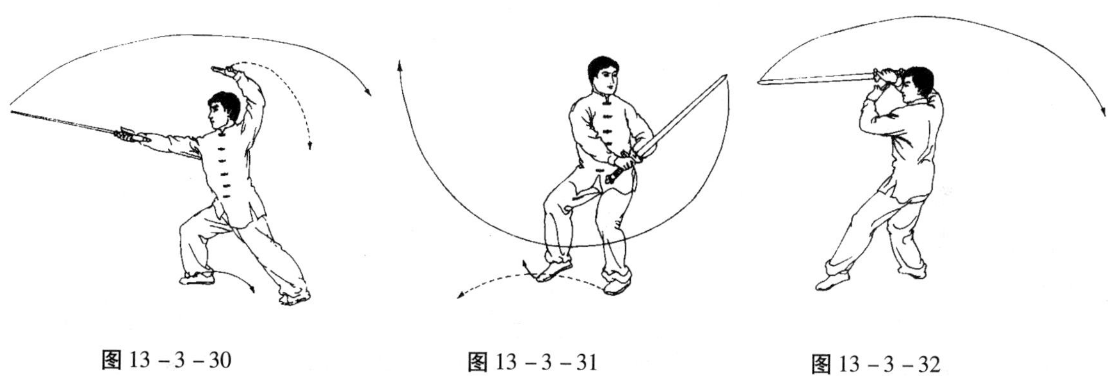

图 13－3－30　　图 13－3－31　　图 13－3－32

十六、右弓步撩

1. 转体绕剑：身体右转，同时右手持剑向后画圆回绕，剑身竖立在身体右侧，手心向外，左剑指随剑绕行收于右肩前（图图 13－3－33）。

2_上步右撩：身体微左转，左脚向前垫步，脚尖外撇，右脚前进一步，重心前移成右弓步；同时右手持剑由下向前反手立剑撩出，手心向外，高与肩平，剑尖略低，左剑指经腹前再向上绕至额左上方，手心斜向上；眼视前方（图 13－3－34）。

学练要点：持剑手要活握把，剑尖不要触地，整个动作要连贯圆活。

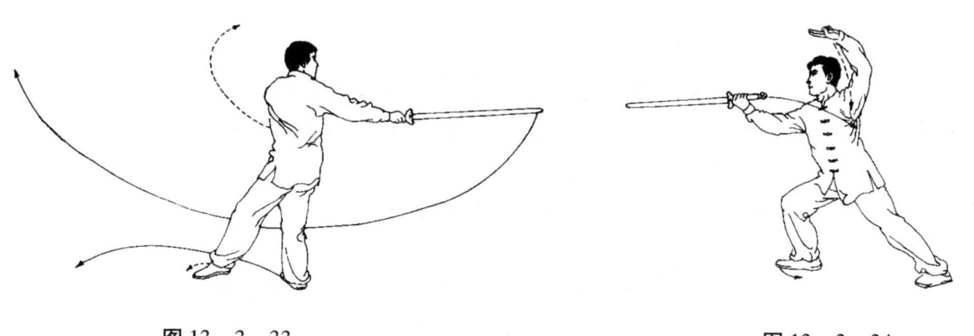

图 13－3－33　　图 13－3－34

第三组

十七、转身回抽

1. 转体收剑:身体左转,左腿屈膝,重心左移,右脚尖稍内扣;同时右臂屈肘将剑收到体前,与肩同高,剑身平直,剑尖向右,左剑指落于右腕上;眼视剑尖(图 13-3-35)。

图 13-3-35　　图 13-3-36　　图 13-3-37

2. 弓步劈剑:身体继续左转,左脚尖外撇,右腿自然蹬直成左弓步;同时右手持剑向左下方劈下;眼视剑尖(图 13-3-36)。

3. 虚步前指:重心移向右腿,右膝弯曲,上体稍向左转,左脚撤半步,成左虚步;同时右手持剑抽至右胯后,剑斜置于身体右侧,剑尖略低,左剑指随右手后收,后坐抽剑,再向前指出,高与眼齐;眼视剑指(图 13-3-37)。

学练要点:剑指向前指出,左脚点地成虚步,上体向左回转,三者要一致协调。虚步的方向和剑指所指的方向为中线偏右约 30°。下抽剑时,要立剑向下、向后走弧线抽回,下剑刃着力。

十八、并步平刺

左脚略向左移,身体左转,右脚向左脚并步;同时左剑指内旋并向左画弧,右手持剑外旋翻转,经腰间向前平刺,左剑指收经腰间翻转变掌捧托在右手下,手心均向上;眼视前方(图 13-3-38)。

学练要点:刺剑和并步要协调一致,方向正中;剑刺出后两臂要微屈,两肩要松沉。

十九、左弓步拦

1. 转体绕剑:右脚尖外撇,左脚跟外展,身体右转,两腿屈蹲;右手持剑,手心转朝外,随转体由前向上、向右绕转,左手变剑指附于右腕部,随右手绕转(图 13-3-39)。

2. 上步拦剑:左脚向左前方上步,脚跟着地,身体左转,重心前移,成左弓步;右手持剑由右向下、向左前方拦架,力在剑刃,剑与头平,剑尖略低,右臂外旋,手心斜向内,同时左剑指向下、向左上绕举于额左上方;眼视剑尖(图 13-3-40)。

学练要点:绕剑时以剑把领先,转腰挥臂,剑贴近身体左立圆。拦剑是反手用剑下刃由下向前上方拦架,力在剑刃。拦剑时,剑要在体右侧随身体右旋左转,贴身绕一完整的立圆,右手位于左额前方,剑尖位于中线附近。

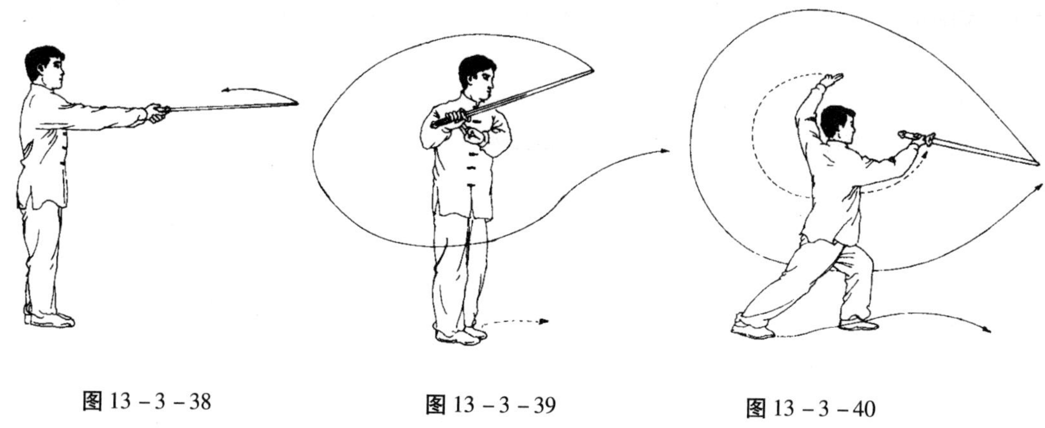

图 13－3－38　　图 13－3－39　　图 13－3－40

二十、右弓步拦

重心略后移，左脚尖外撇，身体先微左转再右转，右脚经左脚内侧向右前方迈出一步，成右弓步；同时右手持剑在身体左侧划一整圆，向右前托起拦出，手心向外，高与头平，剑尖略低，剑身斜向内，左剑指附于右腕部；眼视前方（图 13－3－41）。

学练要点：与左弓步拦相同，只是左右相反，弓步方向为中线偏右约 30°，眼随剑移动。

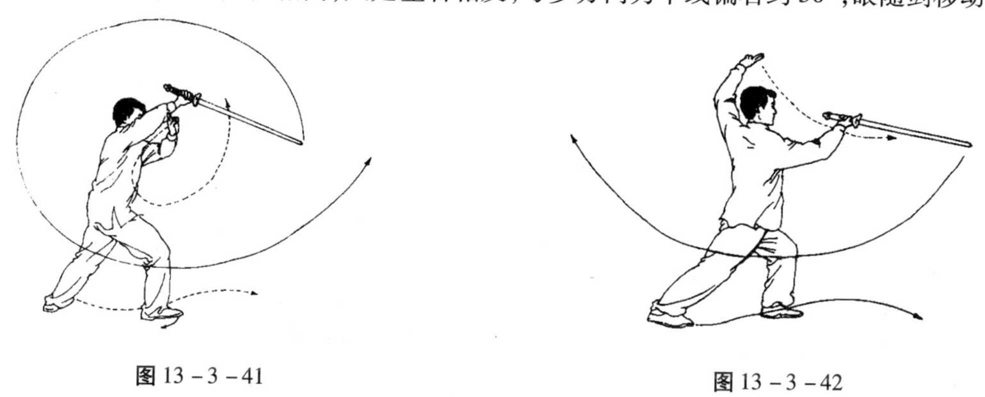

图 13－3－41　　图 13－3－42

二十一、左弓步拦

重心略后移，右脚尖外撇，其余动作与右弓步拦相同，惟左右相反。右手剑拦出时，右臂外旋，手心斜向内（图 13－3－42）。

学练要点：参看左弓步拦。

二十二、进步反刺

1. 转体后刺：右脚向前上步，脚尖外撇，上体微右转；同时，右手向下屈腕收剑，剑把落在胸前，剑尖转向下，左剑指也落在右腕部；身体继续右转，两腿交叉屈膝半蹲，左脚跟离地，成半坐盘姿势；右手持剑向后立剑平刺手心向前（起势方向），左剑指向前指出，手心向下，两臂伸平；眼视剑尖（图 13－3－43）。

2. 弓步反刺：剑尖上挑，上体左转，左脚前进一步成左弓步；同时右臂屈收，经头侧向前反手立剑刺出，手心向外，与头同高，剑尖略低，左剑指收于右腕部；眼视剑尖（图 13－3－44）。

学练要点：反刺剑时，右臂、肘、腕皆先屈后伸，使剑由后向前刺出，力达剑尖。右手位于头前稍偏右，剑尖位于中线，与面部同高。松腰松胯，上体正直，不可做成侧弓步。

图 13－3－43　　图 13－3－44

二十三、反身回劈

右腿屈膝，左脚尖内扣，上体右转，重心再移至左腿，右脚提起收至左小腿内侧，向右前方迈步，重心前移成右弓步；同时右手持剑上举，随转体向右前方劈下，左剑指下落至腹，再向上绕至额左上方，手心斜向上；眼视剑尖（图 13－3－45）。

学练要点：左脚尖要尽量内扣，右脚提收后不要做成独立步。剑要劈平，剑身与臂成一条线，力在剑尖中段。劈剑和弓步要协调一致，同时完成。

二十四、虚步点剑

上体左转，左脚提起向起势方向上步，脚尖外撇，随即右脚上步落在左脚前，脚尖点地，成右虚步；同时右臂外旋，划弧上举向前下方点出，展臂提腕，力注剑尖，左剑指下落经体左侧向上绕行，在体前与右手相合，附于腕部；眼视剑尖（图 13－3－46）。

学练要点：举剑时，右手略高于头，剑身斜向后下方，剑刃不要触身。虚步和点剑的方向与起势方向相同。点剑时要活握剑把，腕部上提。点剑时右臂先向下沉落，再伸臂提腕，高于肩平；点剑与右脚落地协调一致，同时完成；身体保持正直。

第四组

二十五、独立平托

右脚向左脚后插步，脚前掌着地，两腿屈膝半蹲，以两脚掌为轴，向右转至面向正西，随之左膝提起成右独立步；同时右手持剑在体前由右向上、向左绕环，绕经体前向上托架，剑身平，稍高于头，左剑指附于右腕随右手环绕；眼视前方（图 13－3－47）。

学练要点：绕剑要与向左插步同时进行；上体保持正直，并微向左转。托剑是剑下刃着力，剑由下向上托架。平托剑时，右手要活把握剑，手心向外，举于头侧上方；剑身放平，剑尖朝前。

图 13－3－45　图 13－3－46　图 13－3－47

二十六、弓步挂劈

1. 转体挂剑：左脚向前横落，身体左转，两腿交叉成半坐盘势，右脚跟离地；同时右手持剑经体左侧向后挂，剑尖向后；左剑指附于右腕部（图 13－3－48）。

2. 弓步劈剑：身体右转，右脚前进一步，重心前移成右弓步；同时，右手持剑翻腕上举向前劈下，剑身要平，与肩同高；左剑指经左后方绕至头左上方；眼视前方（图 13－3－49）。

学练要点：挂剑时，腕部先屈，使剑尖转向下，随转体，右臂向下、向后摆动，虎口向后，剑尖领先，剑身贴近身体左侧向后挂，剑的运行路线成立圆。视线随剑移动。

图 13－3－48　图 13－3－49　图 13－3－50

二十七、虚步抡劈

1. 转体抡剑：身体右转，右脚尖外撇，右腿屈弓，左脚跟离地成叉步；同时右手持剑经右向下、向后反抡摆，左剑指落于右肩前，手心向下；眼视剑尖（图 13－3－50）。

2. 虚步劈剑：身体左转，左脚向前上步，脚尖外撇，右脚上步，脚尖着地成右虚步；同时右手持剑翻劈抡举至头侧上方，再向前下抡劈，剑尖与膝同高，剑与右臂成一条斜线，左剑指落经腹前翻转划弧侧举向上画圆再落于右前臂内侧；眼视前下方（图 13－3－51）。

学练要点：抡劈剑时，剑先沿身体右侧抡绕一个立圆，再顺势向前下劈剑，力点仍为剑刃中部。整个动作完整连贯。下劈剑时剑身与右臂保持一条直线，不要做成点剑。

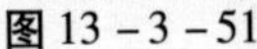

图 13 -3 -51

图 13 -3 -52

二十八、撤步反击

上体右转，右脚提起向右方撤一步，随之重心右移，左脚跟外展，左腿自然蹬直成右侧弓步（横裆步）；同时右臂外旋，手心斜向上，同左剑指一起略向回收，再向后上方反击，力在剑刃前端，剑尖斜向上，高与头平，左剑指向左下方分开，高与腰平，手心向下；眼视剑尖（图 13 -3 -52）。

学练要点：撤步时，右脚掌先向后撇，再蹬左腿。反击时，要在向右转体的带动下，将剑向右上方击打，右臂、肘、腕先屈后伸，力达剑前端。分手、弓腿、转体动作一致。

二十九、进步反刺

1. 提脚横剑：身体先微向左转，再向右转，左脚提起收于右小腿内侧；同时右手持剑先向左摆，再翻掌向右领带，将剑横置于右胸前，剑尖向左，左剑指向上绕经面前落在右肩前，手心向下（图 13 -3 -53）。

2. 弓步平刺：身体左转，左脚向前落步，脚尖外撇，右脚上步，重心前移成右弓步；同时右手持剑向下卷裹，收于腰侧，再向前刺出，高与胸平，手心向上，左剑指经体前顺左肋反插，向后再向左上绕至头侧上方；眼视剑尖（图 13 -3 -54）。

学练要点：以腰带臂，以臂领剑，剑走平弧；剑卷落时，右臂外旋，手心转向上，剑尖指向正前方。刺剑时转腰顺肩，上体正直，剑与右臂成直线。刺剑、弓腿和剑指动作要协调一致。

图 13 -3 -53　　图 13 -3 -54　　图 13 -3 -55

三十、丁步回抽

重心后移，右脚撤至左脚内侧，脚尖点地成右丁步；同时，右手持剑屈肘回抽，手心向内，置于左腹旁，剑身侧立，剑尖斜向上，左剑指落于剑把之上；眼视剑尖（图 13－3－55）。

学练要点：抽剑时，右手先外旋，将剑把略向上提，随即向后，向下收至腹旁，剑走弧线抽回。

三十一、旋转平抹

1. 摆步横剑：右脚向前落步，脚尖外摆，上体稍右转；同时右手翻掌向下，剑身横置胸前；左剑指附于右腕部（图 13－3－56）。

2. 扣步抹剑：上体继续右转，左脚向右脚前扣步，两脚尖相对成八字形；同时右手持剑随转体由左向右平抹，剑指仍附于右腕处（图 13－3－57）。

图 13－3－56

图 13－3－57

图 13－3－58

3. 虚步分剑：以左脚掌为轴向后转身，右脚随转体后撤一步，重心后移，左脚脚尖点地成左虚步；右手持剑在转体撤步时继续平抹，左剑指仍附于右腕部；在变虚步时，两手左右分开，置于胯旁，手心都向下，剑身斜置于身体右侧，剑尖位于体前；身体转向起势方向；眼视前方（图 13－3－58）。

学练要点：身体向右旋转近一周，转身要求平稳连贯、速度均匀；上体保持正直。摆步和扣步的脚都应落在中线附近，步幅不超过肩宽。特别是扣步时，不可扫腿远落，也不要跨越中线过多，致使收势回不到原位。撤步要借身体向右旋转之势，以左脚掌先着地，摆步时脚跟先着地，扣步时脚掌先着地，撤步也是右脚掌先着地。

三十二、弓步直刺

左脚提起向前落步，重心前移成左弓步；同时右手持剑收经腰间，立剑向前刺出，高与胸平；左剑指附在右腕部；眼视前方（图 13－3－59）。

学练要点：左脚提起收至右脚内侧后再向前迈出。左剑指先收至腰间，再附于右腕一齐将剑刺出。

收势

1. 后坐接剑：重心后移，上体右转；同时右手持剑屈臂后引至右侧，手心向内，左剑指随右手屈臂回收,并变掌附于剑柄,准备接剑;眼视剑柄(图 13－3－60)。

2. 跟步收势:身体左转,重心前移,右脚向前跟步,与左脚平行成开立步;同时左手接剑上举,经体前垂落于身体左侧,右手变成剑指向下、向后划弧上举,再向前、向下落于身体右侧;眼视前方。还原成预备姿势(图 13－3－61)。

学练要点:接剑时,左掌心向外,拇指向下,与右手向对;两肘与肩同高,两肩注意松沉。换握剑后,左手持剑划弧下落与重心前移要协调一致,右剑指划弧下落与右脚跟进半步要协调一致。

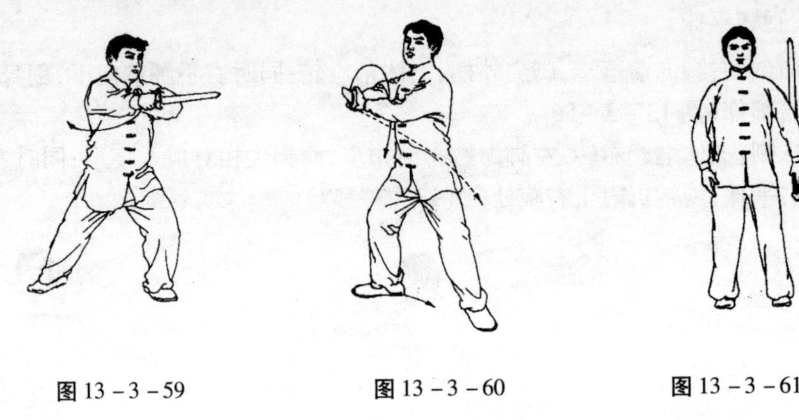

图 13－3－59　　图 13－3－60　　图 13－3－61

第四节　八段锦

八段锦是我国古代导引术中的一个重要组成部分,这是一套针对一定脏腑病症而设计的练功功法。

八段锦由八节动作组成,简便易学、深受大学生的喜爱,被比喻成“锦”,故名八段锦。

动作说明

预备动作

两脚并拢,自然站立;肩臂松垂于体侧;头项正直,用意轻轻上顶,下颚微内收,眼向前平视;用鼻自然呼吸,精神集中,意守丹田(图 13－4－1)。

一、两手托天理三焦

1. 左脚向左平跨一步,与肩同宽;两手交叉于腹前,沿身体中线上举至头上方;眼随两手。配合吸气(图 13－4－2)。

2. 两手向体侧分开下落,侧平时,上体前俯,两手在头下方十指交叉互握。配合呼气(图 13－4－3)。

3. 上体抬起,两手沿身体中线上提,至胸前时,翻掌上托至头上方,两臂伸直,提踵、抬头;眼视手背。配合吸气(图 13－4－4)。

4. 两手左右分开,下落至体侧;脚跟下落着地;眼平视前方。配合呼气。

图 13－4－1

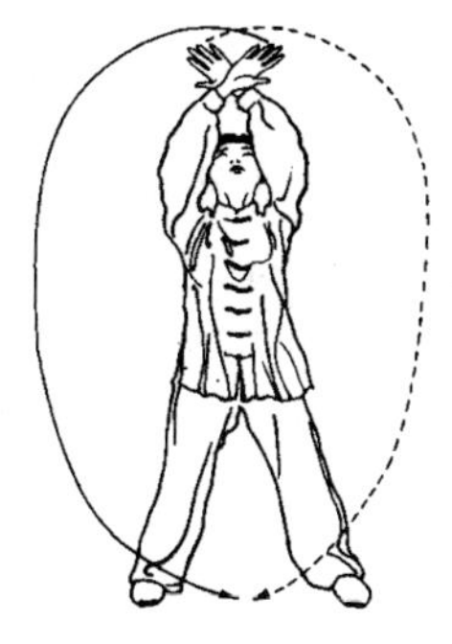
图 13－4－2

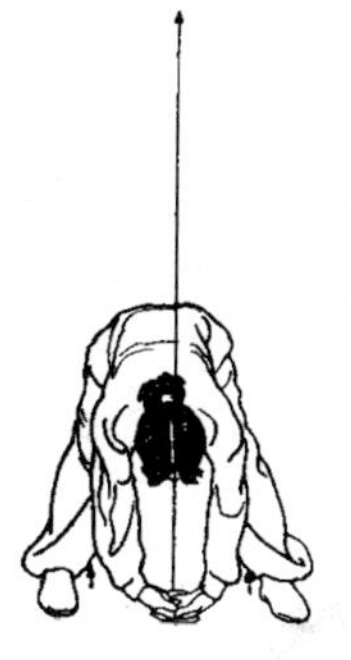
图 13－4－3

图 13－4－4

学练要点：两手上托，掌根用力上顶，腰背充分伸展。脚跟上提时，两膝用力伸直内夹，可以加强身体平衡。

健身作用：三焦有主持诸气，总司人体气化的功能。吸气时，两手上托，充分拔长机体，拉长胸腹部，使胸腔和腹腔容积增大，头部后仰，更加扩张了胸部，具有升举气机、梳理三焦的作用；呼气时，两手分开从体侧徐徐落下，有利于气机的下降。一升一降，气机运动平衡。对脊柱和腰背肌肉群也有良好的作用，有助于矫正两肩内收和圆背、驼背等不良姿势。

二、左右开弓似射雕

1. 左脚向左平跨一步，屈膝下蹲，成马步；两手体前交叉提起至胸前，右臂在外，两掌心均向里。配合呼气（图 13－4－5）。

2. 右手握拳，拳眼向上，屈肘向右平拉；同时，左手食指上翘，拇指伸直外展，两指成八字撑开，左臂伸肘，向左缓缓用力推出，高于肩平，掌心向左；展臂扩胸，两臂成拉弓状；眼视左手。配合吸气（图 14－4－6）。

3. 两手变掌，右手向右侧伸展，两手同时下落，再向上交叉于胸前，做右式，动作同图 14－4－5、图图 14－4－6，惟左右相反。

学练要点：两臂平拉，用力要均匀，尽量展臂扩胸，头项仍保持正直。马步时，挺胸塌腰，上体不能前俯，两脚跟外蹬。

健身作用：本节动作主要是扩张胸部作用于上焦。吸气时，双手似开弓式，左右尽力拉开，加大胸廓横径，能吸进更多的新鲜空气；呼气时，双手下落，然后向胸前合拢，帮助挤压胸廓，吐尽残余的浊气；由于两肺的舒张与收缩，对心脏也起到了直接的挤压和按摩作用，加强了心肺功能。在马步过程中完成动作，腿部肌肉力量得到锻炼。

图 13－4－5

图 13－4－6

图 13－4－7

图 13－4－8

三、调理脾胃须单举

1. 上动至图 13 -4 -7 时,上体左转由马步变左弓步;左手握拳收至腰间,右手握拳随体转屈肘向下、向前举至头前;眼视右拳。配合吸气(图 13 -4 -8)。

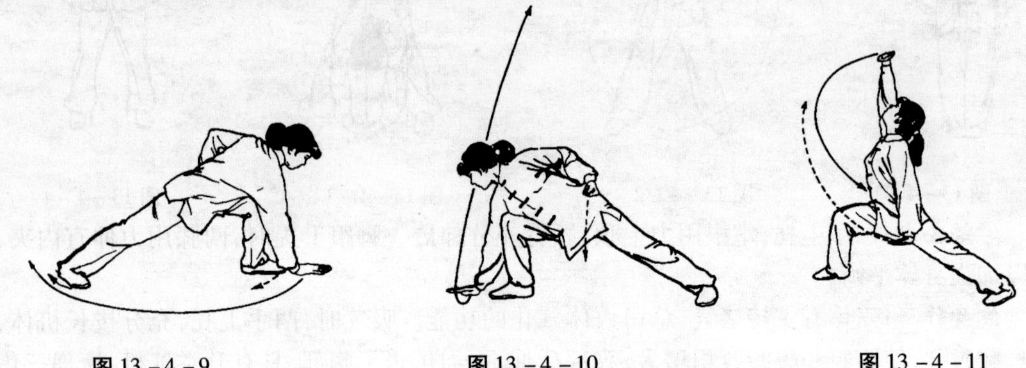

图 13 -4 -9　　图 13 -4 -10　　图 13 -4 -11

2. 上体前俯;右拳变掌下按至左脚尖前。配合呼气(图 13 -4 -9)。

3. 上体右转,使左弓步过渡到右仆步再变为右弓步;右手随重心移动贴地划弧至右脚尖前;眼随右手。继续呼气(图 13 -4 -10)。

4. 右手翻掌上举,臂伸直,掌心向上,左手变掌下按,掌心向下;抬头,眼视右手背。配合吸气(图 13 -4 -11)。

5. 右掌变拳,向前下落收到腰间,左手握拳,屈肘前举到头前,做右式,动作同图 13 -4 -8、图 13 -4 -9、图 13 -4 -10、图 13 -4 -11 ,惟左右相反。最后,左脚收回,并步,两拳抱于腰间。

学练要点:弓、仆步变换,动作连贯匀速。两掌上撑下按,手臂伸直,挺胸直腰,拔长脊柱。

健身作用:仆步转换成弓步,两手上撑下按对拉拔长,均具有压缩腹腔和舒展腰腹,对腹腔脏器进行按摩的功能,特别是对脾胃消化系统,能增强胃肠蠕动,提高消化吸收功能。

四、五劳七伤往后瞧

1. 左脚向前跨一步,成左弓步;同时,两拳变掌向后,经体侧再向前平举,手心向下。配合吸气(图 13 -4 -12 侧)。

2. 重心后移,前脚尖外转;两臂屈肘翻掌交叉于胸前,右手在外,两掌心向里。配合呼气(图 13 -4 -13 侧)。

3. 重心前移,上体左转,左脚外展踏实,右脚跟提起;两手翻掌右前左后撑开,指尖朝前;眼视后方。配合吸气(图 13 -4 -14 侧)。

4. 上体向右转正,左脚向后收回,两臂向前平举下落,配合呼气。再做右式,动作同图 13 -4 -12 侧、图 13 -4 -13 侧、图 13 -4 -14 侧,惟左右相反。

学练要点:两臂起落开合要与呼吸配合一致。转头时,头平项直,眼尽量向后注视。

健身作用:本节动作是整个脊柱尽量拧曲旋转,眼望后注视,主要调整中枢神经系统功能,能活络颈椎,松弛颈肌,改善脑部供血供氧,从而提高大脑功能,发挥大脑对全身五脏六

图 13－4－12 侧

图 13－4－13 侧

图 13－4－14 侧

腑的指挥功能；胸部拧转有益于心肺两脏；腰部拧转有强腰健肾、调理脾胃作用。因此，有防止“五劳七伤”之说。

五、摇头摆尾去心火

1. 接上式。左脚向左平跨一大步，屈膝下蹲，成马步；两手经体侧上举，在头前交叉下落按于膝上，虎口向里；眼视正前方（图 13－4－15）。

2. 上体向右前方深俯，重心落向右腿，头尽量向前顶伸。配合吸气（图 13－4－16）。

3. 上体深俯，最大幅度向左摇转，右腿蹬伸，重心移至左腿，臀部向右摆动，拧腰切胯；眼视右下方。配合呼气（图 13－4－17）。

图 13－4－15

图 13－4－16

图 13－4－17

4. 上体再向右摇转，做右式，同图 13－4－16、图 13－4－17，惟左右相反。最后，两手落于体侧，左脚收回，并步站立。

学练要点：上体左右摆动，手、眼、身、步、呼吸配合要一致，头部和臀部的相对运动，对拉拔长，要有韧劲。两手不离膝，两脚不离地。

健身作用：心火被中医认为是情志之火内发或六气郁而化火出现的一些症状。摇头摆臀、拧转腰胯的中脉运动，牵动全身，降低中枢神经系统兴奋性，起到清心泻火、宁心安神的功效。同时，下肢弓马步变化，对腰酸膝软等下肢疾患有作用。

六、双手攀足固肾腰

1. 接上式。两手体前上举至头顶，掌心向前；上体后仰，抬头。配合吸气（图 13－4－18 侧）。

2. 两手随上体前俯至脚尖，手指攀握脚尖，两膝伸直。配合呼气（图 13－4－19 侧）。

3. 上体抬起，两手沿脚外侧划弧至脚跟，沿腿后上行至腰部，按压肾俞穴；上体后仰，抬头。配合吸气（图 13－4－20 侧）。

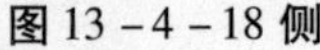
图 13－4－18 侧

图 13－4－19 侧

图 13－4－20 侧

4. 两手自然下落，成站立式，配合呼气。

学练要点：身体前屈和背伸，主要是腰部活动，因此，两膝始终伸直，前俯后仰，速度缓慢均匀，运动幅度应由小到大。

健身作用：腰部的前俯后仰，可以充分伸展腰腹肌群；双手攀足，可以牵拉腿部后群肌肉，本节动作能提高腰腿柔韧性，防止腰肌劳伤和坐骨神经痛等病状。腰部保护着重要的内脏器官、神经、血管，压缩、舒展脏器，具有内按摩功效，“腰为肾之府”，所以，腰强健则肾固秘。

七、攒拳怒目增气力

1. 左脚向左平跨一大步，屈膝下蹲，成马步；两手握拳于腰间（图 13－4－21）。

2. 左拳向前冲出，拳心向下；两眼瞪大，怒视左拳。用鼻快速呼气（图 13－4－22）。

3. 左拳收回，配合吸气。右拳向前冲出，两眼瞪大，怒视右拳。用鼻快速呼气（图 13－4－23）。

图 13－4－21

图 13－4－22

图 13－4－23

4. 右拳收回，配合吸气。上体左转，成左弓步；同时两拳体前交叉配合呼气，再向上举起，配合吸气，再两拳分开，右前左后向下劈拳，拳眼向上配合呼气；眼视右拳（图 13－4－24）。

5. 上体右转 180°，成右弓步，再做劈拳（图 13－4－25），动作同图 13－4－24，惟左右相反。

6. 上体左转，成马步；两拳于体前交叉，配合吸气（图 13－4－26）。再向两侧崩弹拳，眼平视，配合呼气（图 13－4－27）。

图 13-4-24

图 13-4-25

图 13-4-26

7. 左脚收回，两手置于体侧，成站立式。

学练要点：出拳由慢到快，做好拧腰，瞬间急旋前臂动作，体现“寸劲”。脚趾抓地，挺胸塌腰，并与呼气、瞪眼、怒目配合一致；收拳宜缓慢、轻柔，蓄气、蓄力待发。一张一弛，刚柔相济。

健身作用：主要锻炼肝的功能，肝血丰盈，则经脉得以涵养，以至筋骨强健，久练攒拳，则气力倍增；怒目体现了肝的疏泄功能，因“肝开窍于目”，因此，怒目可以疏泄肝气，从而调和气血，保证了肝的正常生理功能。

八、背后七颠百病消

1. 脚跟上提，两臂屈肘，两手背后上行至脊柱两侧，按压于肾俞穴上；脚跟离地，身体上下抖动七次，再尽量提踵，头向上顶，配合吸气（图 13-4-28 侧）。

2. 脚跟轻轻着地，同时两手随之下落于体侧，配合呼气。

学练要点：身体抖动应放松。最后，脚跟上提时，百会上顶；脚跟着地时振动宜轻，意念下引至涌泉，全身放松。

健身作用：这是全套动作的结束，连续上下抖动使肌肉、内脏、脊柱松动，再做脚跟轻微着地震动，使上述器官、系统整合复位，起到整理运动作用。随着动作的落下，气血疏通，意将病气、浊气从身上全部抖落，从而取得“百病皆消”的功效。

图 13-4-27

图 13-4-28 侧

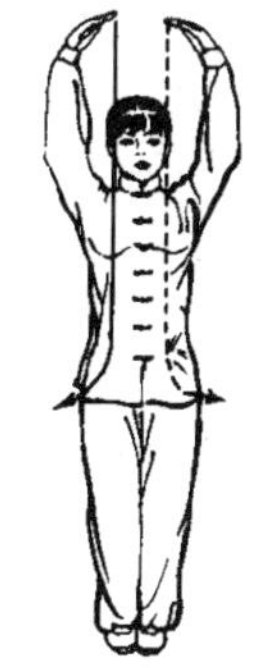

图 13-4-29

结束动作

两手经体侧，上举于头顶上方，配合吸气（图 13-4-29）；再经体前徐徐下按至腹前，配合呼气。重复多次后，立正还原。

第五节　易筋经

易筋经是一种内外兼练的导引强身功法，练内名洗髓，练外名易筋，是一套医疗保健养身功法。

动作说明

一、拱手环抱

1. 两脚并步直立，身体端正，两臂自然下垂，两膝保持直而滑利不僵的状态，两眼平视前方一固定目标(图 13-5-1)。

2. 左脚向左分开，与肩同宽；两臂向前、向上划弧，屈肘内收，两手距胸约 20 厘米，掌心向里，指尖相对，手对膻中穴。平心静气，神态安详，呼吸自然(图 13-5-2)。

学练要点：宽胸实腹，气沉丹田，脊背舒展，沉肩垂肘，上虚下实。

健身作用：定心涤虑，排除杂念。神态安静和祥，外静而内有无限生机，气血调和，这样可消除内心焦虑，稳定不安情绪，使心平气和，心肾相交，阴阳平衡，精神内收，遍体舒畅。

二、两臂横担

1. 两手缓缓前伸至两臂伸直，与肩同宽，掌心向上。

2. 两臂向身体两侧分开成侧平举，两臂平直，掌心向上，两手稍高于肩，有向两侧伸展意。肩关节有意识向下松沉，舒胸。两眼平视前方，眼神延伸极远；百会虚领上起，躯干有向上伸展意；松腰，臀部自然向下松垂，两脚有向地心伸展意(图 13-5-3)。

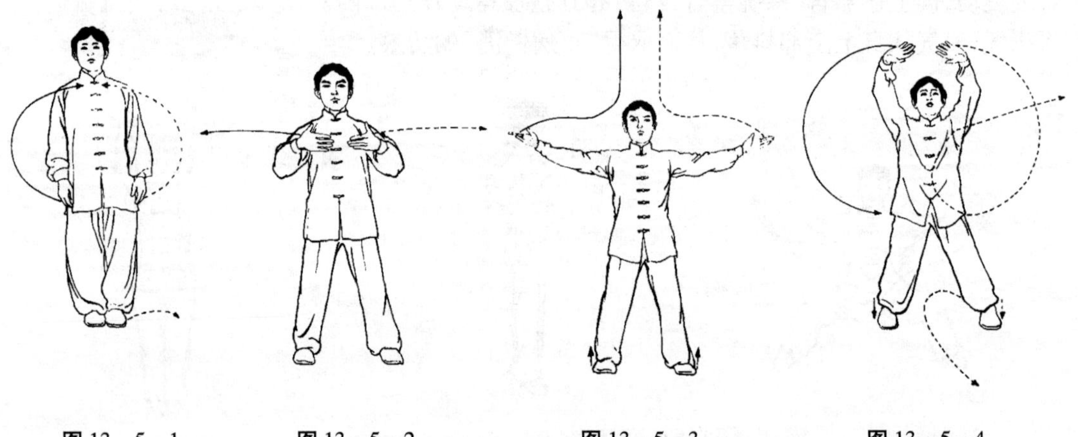

图 13-5-1　　图 13-5-2　　图 13-5-3　　图 13-5-4

学练要点：以腰为轴，使其他部位劲力内收，展中寓合，合中寓展。

健身作用：舒胸理气，健肺纳气。展臂舒体，矫正腰背畸形，伸肱理气，贯注百脉。《内经》有“五脏六腑之气，皆贯注于肺”及“肺朝百脉”之述，故此式有助改善心肺功能，对肺气肿、肺心病及心肌缺血有一定疗效。

三、掌托天门

1. 两臂屈肘,两掌心向内、向耳旁合拢。

2. 提踵,同时两手反掌上托,举至头顶前上方,掌心斜向上,两手指尖相对,两臂展直,有向上伸展意。也可轻闭双眼,“仰面观天”,似遥望天之极处。配合吸气(图 13－5－4)。

3. 两手向身体两侧下落,掌心逐渐翻转向下,两足跟随之缓缓下落。配合呼气。

学练要点:身体和上肢动作舒松,但松而不懈,要有内劲;提踵时,两膝伸直内夹,可以提高动作的稳定性。

健身作用:治腰痛、肩臂痛。两臂上举抻长肢体和脊柱,有调理三焦的作用。三焦,大部分人认为“上焦主纳,中焦主化,下焦主泄”,《难经》中亦有“三焦者元气之别使也”的人体生命之气说,故通过调理三焦,激发五脏六腑之气,起到防治内脏诸病的作用,对心肺疾病、脾胃虚弱及妇科病等疾患有一定疗效。

四、摘星换斗

1. 重心移向右腿,左脚提起,两手上提至腰侧,配合吸气。再上体左转,左脚向左前方跨出,屈膝半蹲,成左弓步;同时,右手向后,掌背附于腰后命门穴处,左手向左前方伸出,高与头平,掌心向上,意念延及天边;眼视左手。配合呼气(图 13－5－5)。

2. 重心后移,上体右转,右脚屈膝,左腿伸直,脚尖上翘;同时,左手随转体向右平摆;眼随左手。配合吸气(图 13－5－6)。

3. 上体左转,左脚稍收回,脚尖着地,成左虚步;同时,左手随体右摆,变勾手举于头前上方,屈肘拧臂,勾尖对眉中成摘星状;眼视勾手并延伸极远。配合呼气(图 13－5－7)。

4. 左脚收回,右脚向右前方伸出,成右弓步;左勾手变掌下落至背后,右手向右前上方伸出,做右式,动作同图 13－5－5、图 13－5－6、图 13－5－7, 惟左右相反。

图 13－5－5

图 13－5－6

图 13－5－7

5. 两手下落于体侧,右脚收回,并步直立。

学练要点:整个动作变化,均应用腰来带动,体现协调柔和;屈臂勾手内旋,应做到尽力。意念上,手的摆动好似空中摘星揽月,最后神归天目。

健身作用:此式主要作用于中焦,肢体伸展宜柔宜缓,上体转动幅度要大,交替牵拉,使肝、胆、脾、胃等脏器受到了柔和的自我按摩,促进了胃肠蠕动,增强了消化功能,故有调理脾胃、治疗胃脘胀痛及排浊留清的作用,并通过肢体运动,治疗颈、肩、腰诸关节的疼痛,提高下肢肌肉力量。

五、出爪亮翅

1. 两掌变拳,上提至胸两侧,拳心向上。同时配合吸气(图 13-5-8)。

2. 提踵。同时两拳变掌缓缓向前推出,随前推掌心逐渐翻转向下,至终点时,坐腕、展指、掌心向前,两手高与肩平,同肩宽,两臂伸直;眼平视指端,眼神延伸极远。同时配合深长呼气(图 13-5-9 正、图 13-5-9 侧)。

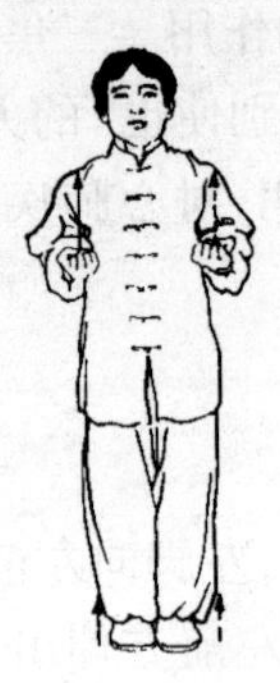

图 13-5-8

图 13-5-9 正

图 13-5-9 侧

3. 落踵,两臂外旋握拳收回至胸前,再下落于体侧,成直立式。

学练要点:推掌亮翅时,脚趾拄地,力由下而上,并腿伸膝,两胁用力,力达指端,同时要鼻息调匀,咬牙怒目,内外相合。

健身作用:此式主要运动四肢,可疏泄肝气,舒畅气机;能培养肾气,增强肺气,有利于气血运行,对老年性肺气肿、肺心病有效。另有增强全身筋骨和肌肉的作用,可灵活肩、肘、腕、指诸关节。

六、倒拽九牛尾

1. 左脚向左横跨一步,相距约三脚宽;两臂由体侧上举至头两侧,两臂伸直,两掌心相对,指尖向上。配合吸气(图 13-5-10)。

2. 两腿屈膝下蹲,成马步;两掌变拳,由头上向体前下落至两腿之间,两臂伸直,拳背相对。配合呼气(图 13-5-11)。

3. 两拳由下上提至胸前,拳心向下,配合吸气。再由胸前向两侧撑开,两拳逐渐变掌,坐腕、展指,掌心向两侧,指尖向上,两臂撑直,有向两侧推撑之意。配合呼气(图 13-5-12)。

4. 身体重心移向右腿,左脚尖外展 90°,之后身体重心再向左腿移动,成左弓步;同时两掌逐渐变拳,左手向下、向腹前、再向上划弧摆至脸前,拳心对脸,上臂与前臂成直角,右手经向头部右侧上,向前、再向身体右侧后摆动,拳心向后,右臂内旋充分后摆;眼看左拳。两拳有前拉后拽之意。配合自然呼吸(图 13-5-13)。

5. 上体前俯至胸部靠近大腿,弓步姿势不变,左拳与脸的距离不变,右拳与身体的距离不变。同时配以呼气(图 13-5-14)。

6. 上体后仰,左拳与脸的距离不变,右拳与身体的距离不变,眼看左拳,配以吸气(图 13

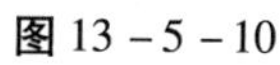

图 13－5－10

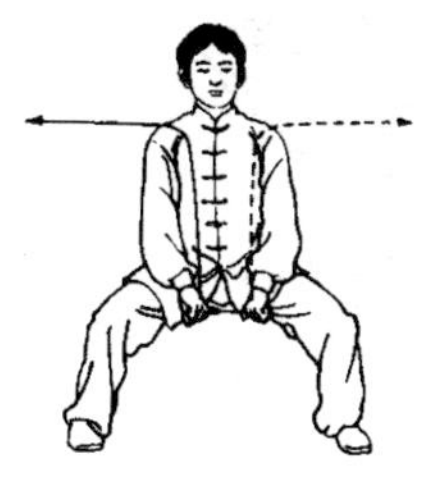

图 13－5－11

图 13－5－12

－5－15）。

7. 上体伸直右转，再做右式，动作同图 13－5－10、图 13－5－11、图 13－5－12、图 13－5－13、图 13－5－14、图 13－5－15，惟左右相反。

图 13－5－13　　图 13－5－14　　图 13－5－15

8. 重心移向左腿，右脚内扣，左脚收回，并步直立；两臂由侧平举下落至体侧，成直立式。

学练要点：成弓步做上体前俯后仰，力注前臂。前俯时，意念拳握九牛尾，由身后向前倒拽；后仰时，意念拳握马缰，拉动八匹马，以体现内劲用意。

健身作用：此式通过用意引导牵拉动作的模仿，可增进两膀气力，防治肩、背、腰、腿酸痛。两眼观拳，注精凝神，对眼进行弛张锻炼，可以改善眼部的血液循环。

七、九鬼拔马刀

1. 左脚向左横跨一步，两脚平行开立，与肩同宽；两手向腹前交叉，左手在前，由体前上举至头前上方，两臂伸直。配合吸气（图 13－5－16）。

2. 两手由头上，向身体两侧下落至体侧。配合呼气。

3. 左手由体侧向前上举至头上，之后左臂屈肘，左手落至头后食指点按风池穴，右手背至腰后，掌背向内，附于命门穴。配合吸气（图 13－5－17 正、图 13－5－17 背）。

4. 身体充分向右拧转，眼向后看（图 13－5－18）。身体转正，之后再充分向左拧转，眼

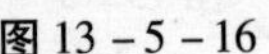

图 13－5－16

图 13－5－17 正

图 13－5－17 背

向后看(图 13－5－19)。同时配合缓缓的深长呼吸。

5. 身体转正(图 13－5－20),两臂呈侧平举再下落至体侧,两手在腹前交叉,再做右式,动作同图 13－5－16、图 13－5－17 正、图 13－5－17 背、图 13－5－18、图 13－5－19、图 13－5－20,惟左右相反。

图 13－5－18

图 13－5－19

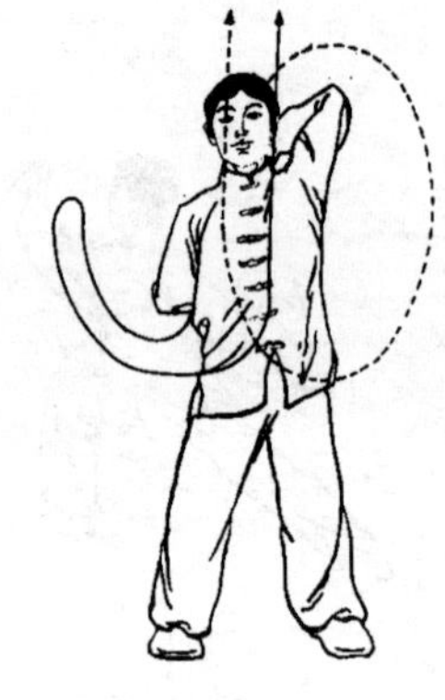

图 13－5－20

6. 身体转正,之后两臂呈侧平举,再下落至体侧,左脚收回,成直立式。

学练要点:上体左右拧转,保持中轴正直,两臂前举后收要充分。

健身作用:此式主要锻炼腰、腹、胸、背等部肌肉,并通过对脊柱诸关节的拧转,增强脊柱及肋骨各关节的活动范围,促进胸壁的柔软性及弹性,对防治老年性肺气肿有效。头颈部的拧转运动,能加强颈部肌肉的伸缩能力,改善头部的血液循环,有助于解除中枢神经系统的疲劳,对防治颈椎病、高血压、眼病和增强眼肌有一定效果。全身极力拧转包括下肢,能改善静脉血的回流。

八、三盘落地

1. 左脚向左横跨一步,两脚平行开立,相距三脚宽;两臂由身体两侧向体前上举,两臂伸直,与肩同高,同宽,掌心向上。配合吸气(图 13－5－21)。

2. 两掌心翻转向下,下落至两膝外侧,两手拇指朝里相对;同时屈膝下蹲,成马步。配合呼气(图 13－5－22)。

3. 两腿缓缓伸直；同时两掌心翻转向上托起至两肩前侧（两臂夹角约成 90°）。配合吸气（图 13－5－23）。

图 13－5－21

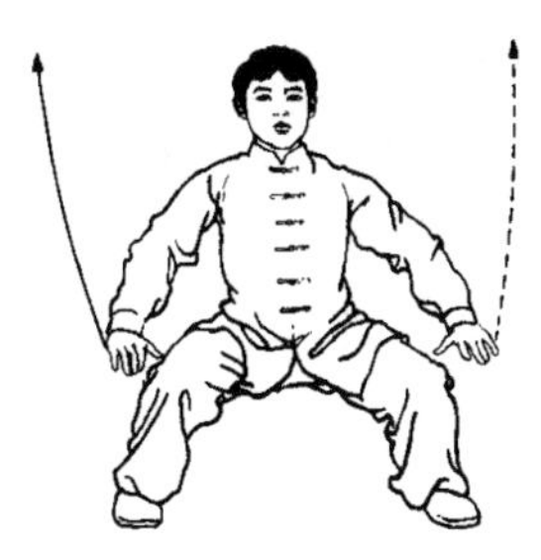
图 13－5－22

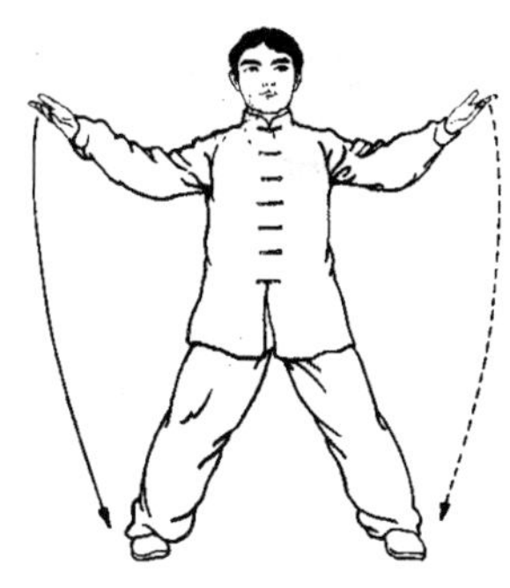
图 13－5－23

4. 两腿屈膝深蹲；同时两掌心翻转向下按至两大腿外侧，指尖指向左右两侧。配合呼气（图 13－5－24）。

5. 两腿缓缓伸直；同时两掌心翻转上托至两肩侧（两臂约成一字形）。配合吸气（图 13－5－25）。

6. 两腿屈膝下蹲，成马步；同时两掌心翻转向下落至两膝外侧，两手拇指朝里相对。配合呼气（图 13－5－26）。

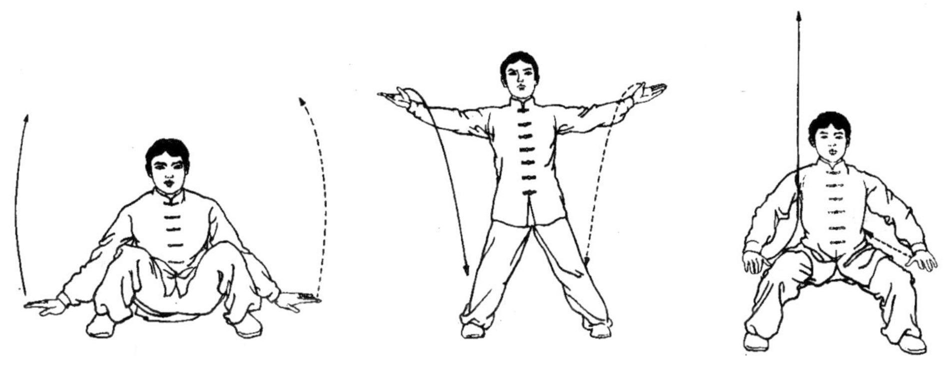
图 13－5－24　　图 13－5－25　　图 13－5－26

学练要点：两手向上，如托千斤；两手下落，如按水中浮球，意贯内力。

健身作用：此式活动肩、膝等关节，配合深蹲练习，能增强腿部力量，对蹲起机能的维持有良好效果，促进大腿和腹腔静脉血的回流，特别是对盆腔的瘀血消除有较好的作用。

九、青龙探爪

1. 两腿缓缓伸直；同时两掌变拳收至腰前侧，拳面抵住章门穴，拳心向上，右拳变掌举至头上，掌心向左，右臂靠近头部。配合吸气（图 13－5－27）。

2. 向左侧弯腰，右腰充分伸展，面部向前，右臂靠近头部，充分伸直，右手掌心向下。配合呼气（图 13－5－28）。

3. 向左转体至面部向下，上体充分向左前俯，右手充分向左探伸，眼看右手。配合吸气。

图 13－5－27

图 13－5－28

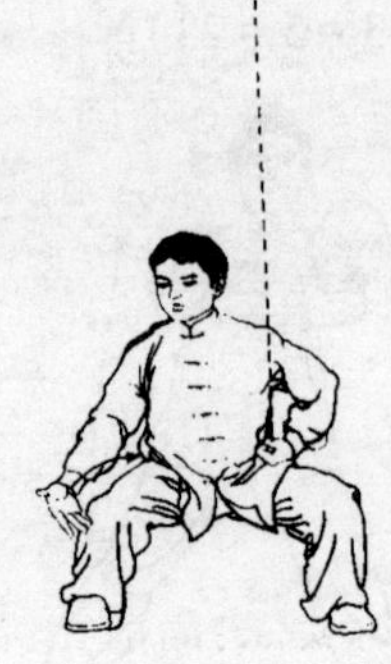
图 13－5－29

4. 屈膝下蹲，两大腿与地面平行，同时身体逐渐转正，右臂随转体由身体左侧经两小腿前划弧至右腿外侧，掌心向上。配合呼气（图 13－5－29）。

5. 两腿缓缓伸直，再做右式，动作同图 13－5－27、图 13－5－28、图 13－5－29，惟左右相反。

6. 两腿缓缓伸直，同时两手收至腰间握拳；左脚收回，并步直立（图 13－5－30）。

学练要点：手臂充分侧伸，上体由侧屈转为向前，由吸气转为呼气协调配合，以气带动，方能使动作连贯圆活。

健身作用：此式对腰、腿软组织劳损，转腰不便，脊柱侧弯，腿及肩臂酸痛、麻木及屈伸不利有效。通过侧弯腰及拧腰前探对肋间肌抻拉，胸廓相对增大，使肺的通气量加大，肺泡的张力增强，从而可治疗老年性的肺气肿及肺不张。通过对章门穴的按压，可达到协调五脏气机、调理脾胃的作用。

十、卧虎扑食

1. 向左转体 90°，左脚向左迈出一大步，成左弓步；两手由腰侧做向前扑伸动作，手高与肩平，同肩宽，掌心向前，坐腕，两手呈虎爪状。配合呼气（图 13－5－31）。

2. 上体前俯至胸部贴大腿，两手掌心向下贴地，继续呼气。之后，抬头眼看前方，瞪眼。配合吸气（图 13－5－32）。

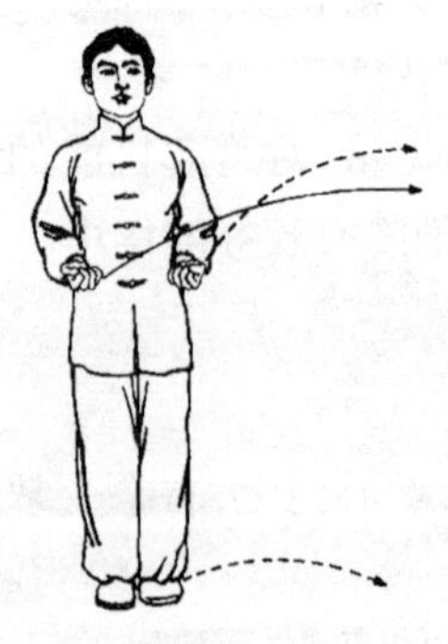
图 13－5－30

图 13－5－31

图 13－5－32

3. 上体抬起，直立，身体重心充分向右腿移动，右腿屈膝，左腿蹬直；同时两手沿左腿两侧,经腰侧,提至胸前,两手呈虎爪状。同时配以深吸气(图13－5－33)。

4.右腿蹬地,身体重心前移,成左弓步;同时两手向前做扑伸动作,两臂伸直,两手呈虎爪状。配合深呼气,也可发声,以声催力(图13－5－34)。

5.两臂外旋,掌心向上,握拳收至腰侧;身体重心移至左腿,右脚收至左脚内侧,再向右转体180°,右脚向右迈出一大步,成右弓步,再做右式,动作同图13－5－31、图13－5－32、图13－5－33、图13－5－34,惟左右相反。

6.两臂外旋,两掌心翻转向上,两掌变拳,之后收至腰两侧。身体转正,左脚收至右脚内侧,两脚并拢,同时两手下落,两臂自然下垂于体侧,成直立式。

学练要点:向前扑伸,注意发力顺序,起于根,顺于中,达于梢,腿腰臂三节贯通,力达虎爪。

健身作用:此式神威并重,势不可挡,有强腰壮肾、健骨生髓之效。

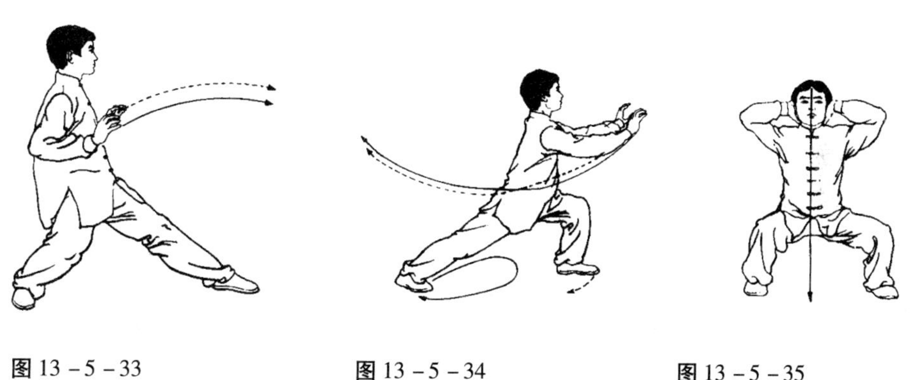

图13－5－33　　图13－5－34　　图13－5－35

十一、打躬势

1.左脚向左横跨一步,两脚平行开立,屈膝下蹲,成马步;同时两臂由体侧上举至头上,两掌心相对,之后两掌下落,屈肘抱于脑后,掌心紧按两耳,两肘向两侧打开与身体在一平面上(图13－3－35)。

2.上体前俯,胸贴近大腿,低头,两腿由屈变伸,充分伸直;两肘内合,两手以食指、中指、无名指交替在脑后轻弹数次,做“鸣天鼓”。配合自然呼吸(图13－5－36)。

3.身体直立,两腿屈蹲,成马步;两手抱于脑后(后同13－5－35)。

学练要点:上体正直时,两肘打开;上体前俯时,两肘用力夹抱后脑,咬牙,舌抵上腭,鼻息调匀。

健身作用:此式躬身轻击头的后脑部,可促使血液充分流注于脑,改善脑部血液循环,有醒脑、明目、美颜的效果,并能消除脊背紧张,使其柔韧有力。

十二、掉尾势

1.接上式。两腿缓缓伸直;同时两手向头上撑起,掌心向上,指尖相对,两臂充分伸直,靠近头部。配合吸气(图13－5－37)。

2.上体左转90°,再前俯,两膝伸直,两手靠近左脚外侧,两掌心贴地,两指尖相对。配合

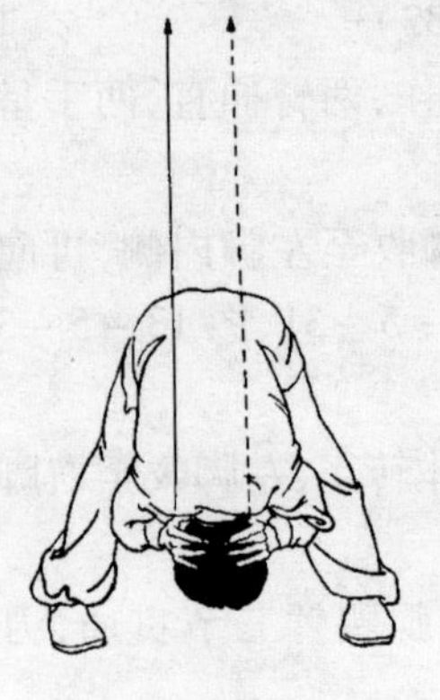
图 13-5-36

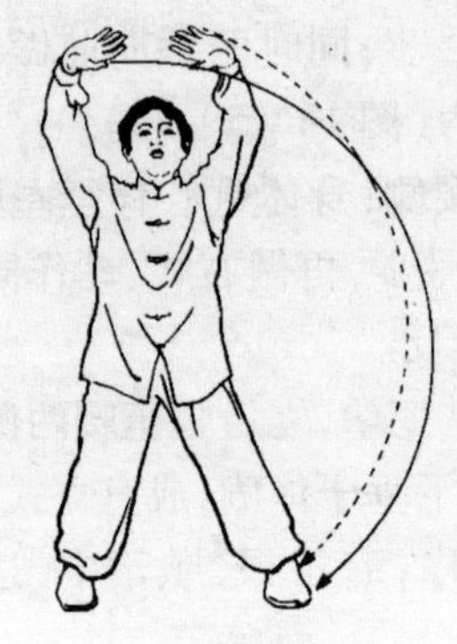
图 13-5-37

图 13-5-38

呼气。再抬头(图 13-5-38)。

3. 上体直立,身体转正。配合吸气。上体右转 90°,再前俯,两膝伸直,两手靠近右脚外侧,两掌心贴地,两指尖相对。配合呼气。再抬头(图 13-5-39)。

4. 上体直立,身体转正,两手仍在头上撑起,掌心向上,指尖相对,两臂充分伸直靠近头部。配合吸气(图 13-5-40)。

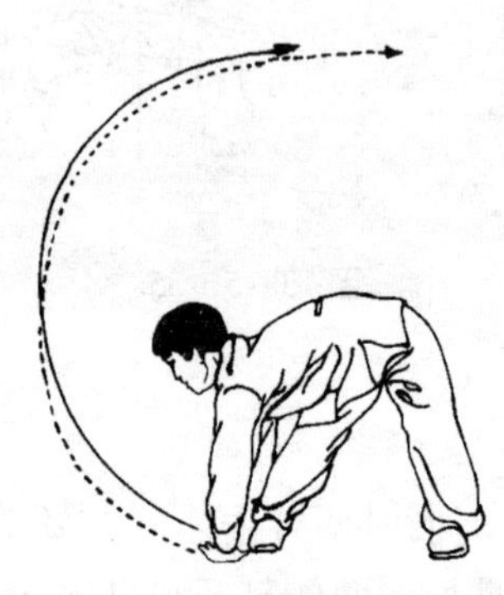
图 13-5-39

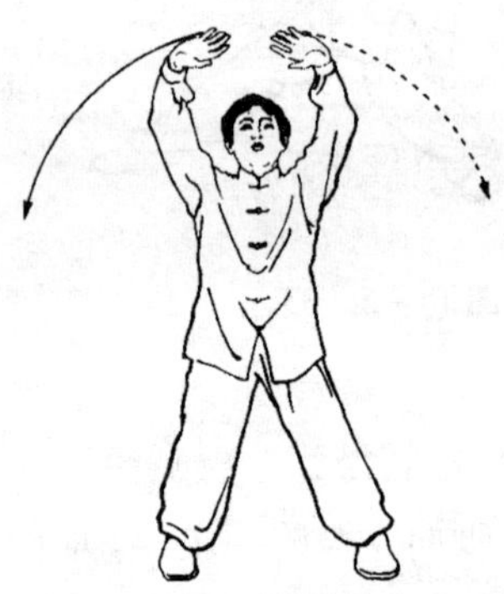
图 13-5-40

5. 上体后仰,约与地面平行,同时两手由头上向肩两侧分开,掌心向上,指尖向两侧。继续吸气(图 13-5-41)。

图 13-5-41

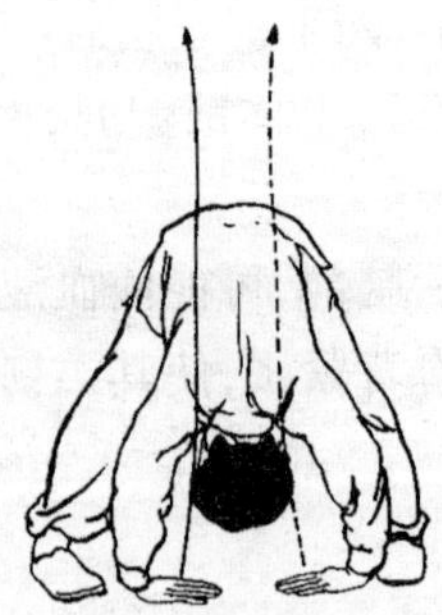
图 13-5-42

图 13-5-43

6. 上体前俯,两臂由体侧向前摆至两肩前,两掌心向上,两臂充分伸直,抬头眼向前看。

之后身体前俯，两手内旋，掌心向下，指尖相对，下按至两脚内侧，两手贴地，胸部靠近大腿。配合呼气（图 13－5－42）。

7. 上体直立，同时两臂前平举，两掌心翻转向上，配合吸气（图 13－5－43）。之后两掌心翻转向下，俯掌下按收至身体两侧；左脚收至右脚内侧，两脚并拢，呈直立式。配合呼气（同图 13－5－1）。

学练要点：上体向左、右、前、后四个方位俯仰运动，两膝必须伸直，充分伸展拔长相关肌群和韧带，运动幅度因人而异，由小至大，循序渐进。

健身作用：此式抻筋拔骨、转骨拧筋、扭转脊柱及全身各个关节，充分活动全身及最大限度地活动脊柱，对脊柱及脊柱周围的神经丛有良好刺激作用，长期锻炼有一定的抗衰老作用，故有“动诸关节以求难老”之说。

第六节　散　　手

散手是武术的重要组成部分，是一项斗智、较技的对抗性竞赛项目。散手以不伤害对方为原则，其竞赛规则严格规定了后脑、颈部、裆部等为禁击部位。散手具有增强体质、健体防身、磨炼意志、培养品德的作用。

一、基本技术

（一）手型、实战姿势和拳法技术

1. 手型

拳：五指内屈握紧，拇指第一指骨压在食指和中指的第二指骨上，拳心朝下为平拳，拳眼朝上为立拳。

2. 实战姿势

准备姿势是以尽量缩小被打击面积，有利于灵活快速的出击为基本原则。

基本实战姿势为，两脚前后开立，略比肩宽，两脚尖内扣，两膝微屈，重心在两腿之间，前、后脚开立角度约 45°（一般正架左脚在前，反架右脚在前，可根据个人习惯选择）；两手握拳，左前右后，拳眼朝上，左手臂弯曲，肘关节夹角在 90°～120°之间，左拳与鼻同高，右手臂弯曲，肘关节夹角要小；含胸拔背，收腹，双肘保护两软肋部，方向向下，身体站立，下颌微收，闭嘴含齿，面向对手，两脚尽量脚前掌着地，便于移动。

图 13－6－1　实战姿势

3. 拳法

(1) 冲拳

①左冲拳实战姿势(一般为正架,左手在前),左脚微蹬地,左膝微向内转动,带动胯、腰直至肩部将转动力变为向前的推力,传达到大臂至小臂,最后力达拳面。左冲拳的路线是一条向前的直线,然后迅速还原成实战姿势。

要领:姿势灵活放松,不可僵化,以便于随时移动变化;重心不可太低,膝关节不得小于90°,两手紧护躯体,暴露给对手打击的有效部位尽量小;冲拳时,上体不可前倾,胸略向右侧平转,出拳路线要直,快出快收,迅速回到准备姿势。

左冲拳的用法:击打对手头部;重心下降击打对手腹部。

②右冲拳实战姿势,右脚蹬地并向内扣转动,脚带动胯部、腰部将力传送至肩,顺肩推动大臂、小臂,最后力达拳面。右冲拳的路线是一条直线。此时,左拳变掌回收到右肩内侧,保护头部。

要领:出拳时要将自脚至身体之力,经过发力过程顺利到达拳面,所以动作要协调。

右冲拳的用法:在双方对峙时,左冲拳刺开对方破绽,右冲拳充分利用蹬腿、转腰的力量加大冲拳力度,直击对方要害部位,如头部;当对手左掼拳向头部攻击时,俯身下躲,同时右冲拳击对手中盘腹部;当对手右冲拳进攻中盘时,先以左手拍压其拳,继而右冲拳反击其头部。(图 13 – 5 – 2)

图 13 – 6 – 2　右冲拳

(2)掼拳

①左掼拳:由实战姿势开始,上体微向右转,幅度不能过大,带动肩部、臂部直至拳面。

左掼拳是一种横向型进攻动作。出拳时,肘部微翻至水平面,横向用力,肘的角度约120°;左拳向前、向里横掼,拳心向下,力达拳面,右拳护于右腮。

左掼拳的用法:双方对峙时,对方出左冲拳,突然向右闪,左掼拳反击其头部;对方右掼拳时,俯身不躲闪,向左侧倾,立身反击对手右侧下腮部;对手左抄拳向胸腹部进攻时,左掩肘防守后,左掼拳反击其头部。

②右掼拳:右掼拳的特点是能充分借助右脚蹬地转腰的力量,力度较大,但因进攻路线长,动作幅度大,一般在连击或防守反击时较多用。由实战姿势开始,右脚蹬地向内扣转,合胯向左转腰,顺肩,肘部微屈;由下至水平抬起,右拳再由外至里横掼,弧度不能太大,力达拳面;左拳变掌,屈臂回收至左腮前做保护。

要领:右掼拳从发力时肋部动作跟上,由下至水平面快速出拳,当收拳时,肘部要随身体迅速回收保护软肋部。

右掼拳的用法:双方对峙时,俯身以左拳虚晃,佯攻其腹部,继而起身右掼拳攻其头部;对手右掼拳进攻腹部,左手向里掩肘防守,右掼拳反击其头部;双方相峙时,突然左向上步。

攻对方左肋处。(图 13 -6 -3)

图 13 -6 -3　右掼拳

(3)抄拳

抄拳属于上下进攻型动作,由于击打距离短,适用于近距离实战。双方接触时,正面攻击对手的胸、腹或下颏。由实战姿势开始,重心下沉。脚蹬地拧转,左、右转动腰,再由腰带动大臂、小臂,两臂的肘部屈 90° ~110°角。拳心朝里,由下向前上方勾起,力达拳面。动作要连贯、顺达,用力由下至上。抄拳时,臂应微内旋,拳呈螺旋形运行。

要领:抄拳要借助脚蹬地、扣膝、合胯、转腰的力量,发力由下至上,协调顺达,重心下沉是为了更好地利用脚蹬地拧转的反作用力,加大抄拳力量。

抄拳的用法:对手左抄拳进攻胸部、腹部时,沉身做转右掩肘后,以左抄拳反击躯干部位;对手右掼拳进攻上盘右侧时,左手挂挡右抄拳反击其躯干以上正面部位。(图 13 -6 -4)

图 13 -6 -4　抄拳

(二)散手中的基本步法与腿法技术

1. 步法

步法是散手技术中的重要内容。实战时,双方保持着一定的距离,只有通过步法的移动才能抢占有利的位置、发动进攻或转换防守。距离不合适,有效的进攻和防守就是一句空话。武术谚语云:“步慢则拳脚慢,手到步到方之为动。”步法的总体要求是“疾、准、活”。“疾”是指步法移动要迅速;“准”是指移动的步幅要准确;“活”是指步法移动要灵活多变,不僵不滞,富有弹性。散手实战中表现出来的步法要综合使用,其中基本步法包括进步、退步、撤步、插步、跨步、闪步、换步、盖步、纵步、垫步、跃步等。下面简单介绍几种步法。

(1)进步

由实战姿势开始,前脚(左脚)先向前进半步,后脚再跟进半步,进步步幅不宜过大,后脚跟进后的身体姿势不变,衔接进步与跟步时越快越好。

(2)退步

后脚先后退半步,前脚再退回半步。

(3)插步

后脚向左横移一步,脚跟离地,两脚略呈交叉。插步时身体不要转动,左侧面仍与对手相对。插步后要及时还原成实战姿势。

(4)跨步

左脚(右脚)向左(向右)侧跨半步,右脚略向左脚靠近,两膝弯曲。同时右拳向斜下方伸出,左拳收至左胯旁。此步法主要用于侧闪防守,跨步后身体重心下降,以利于反击。两腿要一虚一实,两臂分别防守上、下,形成较大防守面。

(5)闪步

左(右)脚向左(右)侧移半步,右(左)脚随之向左(右)滑步,同时身体转动90°,步法轻盈,转体闪躲灵活、敏捷。

(6)换步

左脚与右脚同时蹬地并前后交换,同时两拳也前后交换成反架姿势。转换时要以髋关节带动两腿,身体不能明显向上腾空。

2. 腿法

腿法是散手技术中非常重要的一项技术。古谚道:“手是两扇门,全靠腿打人”。

(1)蹬腿

①左蹬腿实战姿势站立,面向对手,右腿直立或稍屈,左腿提膝抬起。勾脚,先向前蹬出,力达脚跟;也可送髋,脚掌下压,力达脚前掌。

②右蹬腿实战姿势,身体重心前移,左腿直立或稍屈支撑身体,右腿提膝前抬。勾脚,出脚时应稍送髋,身体轻微前压,以脚跟领先向前蹬出,力达脚跟,脚掌下压,力达脚前掌。(图13-6-5)

要领:支撑直立或稍屈,另一脚由屈到伸,脚尖勾起用脚跟猛力蹬出,快速连贯,高不过胸,低不过腰,出腿时一定要注意蹬腿的路线是直线,不要做成弹腿。

图13-6-5　蹬腿

用法:散手中的蹬腿,除与套路中的要求相同外,还吸取了前点腿的优点,力达脚跟。当击中对方时,脚踝发力,前脚掌下压,这样击后容易将对方蹬开或使其倒地。例如,当双方移动,与对手正面相对时,蹬腿击其躯干,是为主动蹬腿;当与对手距离较远时,垫步接近对方,同时蹬腿击其躯干,是为垫步蹬腿;当对方上步,用拳法进攻时,迎面抢先用蹬腿击其躯干,是为迎面蹬腿。

(2)踹腿

①左踹腿实战姿势，右腿直立或稍屈支撑；左腿屈膝抬起，小腿外摆，脚尖勾起，脚掌正对攻击目标，展胯、挺膝向前踹出，力达脚掌，上体也可倾斜。

②右踹腿左腿直立或稍屈支撑，身体向左转 180°，同时右腿屈膝前抬，小腿外摆，脚尖勾起，脚掌正对攻击目标，用力向前踹出，力达脚掌。（图 13－6－6）

图 13－6－6　踹腿

实战范例：以左侧踢踹腿，假装攻击对方下肢，随即用右踹腿实攻对方上肢；左侧弹腿假装攻对方下肢，然后转身踹腿攻击对方上肢。

用法：踹腿是比赛中使用频率较高的腿法之一，配合步法运用，变化多，宜于在不同距离上使用。例如，当对方向前进步时，退步，左踹腿反击对方下肢，是为退步踹腿；当对方进步时先用踹腿击其下肢，若对方提膝躲闪，可当其落地时，二次踹腿击其胸部，是为连续踹腿；先用前踹腿击对方，对方后撤躲闪，前腿落地，继续以后腿踹击对方头部，是为转换踹腿。

（3）横摆踢腿

①左横摆踢腿上体稍左转并侧倾，同时带动左腿收髋、扣膝，直腿向右上方横摆打腿，踝关节屈紧，力达脚背至小腿下端。

②右横摆踢腿实战姿势开始，左膝外展，上体左转，收腹，带动右腿收髋、扣膝，直腿向左上方横摆打腿，踝关节屈紧，力达脚背至小腿下端。

用法：以身带腿，速度快，力量大，运用得好能起到重创对手的作用；但因其弧形横摆，路线长，幅度大，较易被对手察觉和防守，实战中应注意动作快速及把握好时机。

（4）转身横扫腿

①左转身横扫腿右脚向左脚前上步，微屈独立支撑，左后转身 360°；随转体上体稍侧倾，左腿经左后向前横扫，脚面绷平，力达脚掌；目视左脚。

②右转身横扫腿身体右后转 360°，随转体右腿直腿由后向前横扫，脚背绷紧，力达脚掌；目视右脚。

实战范例：当对方用右侧弹腿攻击上肢时，拍挡防守后随即用右后横扫腿攻击敌上肢。

用法：横扫腿是横向型的进攻动作，虽动作路线长，但在直线动作难以进攻时，突然改变路线，亦能使对手防不胜防。运用时往往以假动作做掩护，动作要果断、敏捷、快速。此动作适合提高班学习。

（5）后扫腿

左腿屈膝全蹲，脚前掌为轴；两手扶地向右后方弧线擦地，直腿后扫，脚掌内扣前勾紧，力达脚后跟至小腿下端背面。

实战范例：当对方以左弹腿攻击我上肢时，拍挡防守后，随即用后扫腿攻击对方支撑腿。

用法:交战中,突然下蹲,没有经验的对手都会产生瞬间的迟疑,容易被扫倒。此动作适合提高班学习。

(三)摔法技术

1. 夹颈过背

双方由实战姿势开始,甲以左直拳击乙头部,乙用前臂挡甲臂,左臂由甲左肩上穿过后,屈肩夹甲颈部,同时两腿屈膝,身体右转,以左侧髋部紧贴甲前身,继而两脚蹬伸,向下弓腰、低头,将甲背起,向后摔倒。(图13-6-7)

图13-6-7

2. 抱腿过胸

甲用右冲拳击乙头部,乙立即上右步,屈膝,弓腰,两手抱甲双腿,随即向前上右步,蹬腿,挺身将甲抱起后,向后弓腰,仰头,后倒。

要点:上步下潜快,抱腿紧,仰头后倒大胆,空中翻身及时。

3. 抱腿前顶

甲出拳击乙头部时,乙上左步,下潜躲闪,两手抱甲腿,屈肘,两手用力回拉,同时用左肩前顶甲大腿或腹部,将甲摔倒。

4. 接腿勾腿摔

当对方用右侧弹腿踢击时,左手抄抱其小腿,右手由对方右肩上穿过,下压其颈部,同时左手上抬,右脚向前上方踢其支撑腿将对方摔倒。

5. 接腿侧摔

当对方用右侧弹腿踢击时,双手抓握对方右脚,并向左拉,随即向下、向右上方成弧形摆荡将其摔出。

6. 接腿上托摔

当对方用右正蹬腿踢击时,两手抓握其小腿下端,随即屈臂上抬,两手挟托其脚后,同时上右步,向前上方推展将其摔倒。

(四)防守技术

拳经说"功中能守守不丢,守中善攻练家愁,严守只为攻必进,能攻才能好防守"。防守是积极主动的,其目的是为了更好地进攻。防守方法有以下几种。

(1)拍挡正架预备姿势开始,左手(右手)以拳心或掌心为力点向里横向拍挡。

要点:前臂尽量呈垂直状,拍挡幅度小,用力短促。切勿向前迎拨,否则幅度过大。

(2)拍压左手(右手)变掌,掌心或掌根的力点由上向前拍压。

要点:臂要弯曲,手腕和掌指要紧张用力,臂内旋,虎口、指尖均朝右(左)。

(3)阻挡两脚蹬地,身体前移,以肩部或手心阻挡对方直线拳法的进攻,以臂部阻挡对方直线的进攻。

要点:身体紧张,含缩,闭气,尽量缩小被击面,两手保护要严密。

(4)挂挡左手屈臂向同侧头部或肩部挂挡。

要点:大小臂叠紧并贴于头侧,要含胸侧身,暴露面小。

(5)外抄左手臂外旋弯曲,上臂紧贴肋部,前臂水平,手心朝上,同时右手屈臂紧贴腹部,立掌,手心朝外,手指朝上。

要点:上臂紧护躯干,两手成钳子状,抱脚时两手相合锁扣。

(6)里抄左臂外旋,微屈,紧贴腹前,手心朝上,同时右手臂紧贴胸前,虎口朝上,掌心朝外。

要点:与外抄相同。

(7)撤步前脚由前向后收步,接近后脚时脚前掌着地,重心落于后腿。

要点:前脚回收迅速,虚点地面,上体正直,支撑要稳。

(8)提膝后膝微屈独立支撑,前腿屈膝提起。

要点:重心后移,提腿迅速,根据对方腿法进攻的路线、方位,膝盖分别有里合、外摆或垂直向外的变化。

二、基本战术

散手的战术方式是指为了完成战术意图而由各种动作组成的具体方法。散手以它丰富的技术内容和相生相克、互相制约、相互转换的技术规律,为散手多彩多姿的战术形式提供了先决条件。散手的战术方式有以下三种。

(一)直攻战术

直攻战术是指在没有虚晃假动作的掩护下,所使用的攻击对方的方法。运用直攻战术须具备以下条件:

(1)当对方的反应速度、动作速度、位移速度没有自己快时;

(2)当对方的攻防动作不够熟练时;

(3)当对方的体力不足时;

(4)当对方的防守姿势出现空隙时;

(5)当与对方的距离能有效地使用进攻动作时。

(二)强攻战术

强攻战术是指硬性突破对方的防守后发出的攻击。运用强攻战术须具备以下条件:

(1)力量、速度、耐力素质比较好,但技术不如对方时;

(2)身体素质好,技术比较全面,但比赛经验不如对方时;

(3)对方的近战能力比较差时;

(4)对方的耐力比较差时;

(5)对方的心理素质比较差时。

采用强攻战术,以扰乱和破坏对手的心理平衡、战术准备和距离感,从而乱中取胜。猛冲猛打并不是盲目蛮干,而是通过强攻这一战术手段,扬己所长,实现打击对方的目的。

（三）佯攻战术

佯攻战术是有目的地造成对方的错觉，把对方引入歧途，实现真实进攻。在散打比赛中，佯攻是最为常见的战术形式之一。随着战术水平的普遍提高，特别是当对手反应快、防范能力强时，直接进攻容易被防守、截击或反击。采用左右、前后、上下虚晃动作，和指上打下、指下打上、指左打右、指右打左等假动作，可以转移对方的注意力，促使对方对自己的虚假动作产生某种反应，而改变正确的防守姿势，然后加以利用，使自己的进攻机会得以出现，可以提高进攻效率。

三、综合练习

（一）绝对力量的练习

发展运动员的绝对力量基本采用本人最大力量60%～70%的负荷重量来练习，重复次数为8～12次，组数以不降低重复次数为原则，组间间歇时间为2～5分钟。

训练中，经常采用的具体方法如下：

（1）杠铃屈臂两脚左、右开立，两手反握杠铃，提杠铃至腹前，以肘关节为轴做两臂屈伸动作。

（2）仰卧在长凳上，做卧推杠铃动作。

（3）负重仰卧起坐，将两脚固定，或请同伴扶按两脚，两手持杠铃片置于脑后，做仰卧起坐动作。

（4）负重仰卧体后屈俯卧，两脚固定，两手持杠铃片置于脑后，做身体抬起动作。

（5）负重深蹲肩负杠铃，深蹲起。

（二）速度力量的练习

发展运动员的速度力量应采用小重量的负荷或不加外负荷，练习时动作速度要快而连贯。训练中，经常与基本动作结合，主要方法有下面几种。

（1）马步推砖（哑铃）两脚并立，屈膝半蹲成马步；两手持砖（哑铃），屈肘置于胸前，手心向内，然后左右手依次向前推出。推砖时，借助腰力，转腰顺肩，旋臂伸肘，爆发用力。

（2）蹲跳冲拳半蹲或全蹲，两手握拳，屈肘抱于胸前，当右脚上步时，冲左拳；左脚上步时，冲右拳，并收回左拳。

（3）腿负重练习腿系沙袋做蹬、踹、弹等各种腿法练习。

（三）力量耐力的训练

在散手训练中的力量，首先是爆发力，其次是力量耐力。发展运动员的力量耐力多采用小重量负荷，重复次数多，直至极限的重复次数。采用的动作方法如下。

（1）推小车同伴帮助将两腿抬起，做两臂支撑向前爬行动作。

（2）肋木举腿背靠肋木，两手抓握横木（或能支撑一定重量的横杆）悬垂，做收腹举腿动作。

（3）蹲步换跳一腿屈膝全蹲，另一腿前伸，跳步交换。

（4）匀速跑、越野跑心率控制在150次/分钟左右，负荷时间保持在30分钟以上。

（5）打沙包进行拳法或腿法以及组合动作的计时练习，一般3～5分钟，练习3组，每组间休息1～3分钟。要求以最快速度完成，全力使用力量。

（四）柔韧素质训练

武术对柔韧素质有着较高的要求，特别是腿部的柔韧练习。其方法如下。

（1）压腿分正压腿、侧压腿、后压腿。

（2）“吻靴”并步站立，右腿屈膝略蹲，左腿伸向身前，膝部挺直，脚尖翘起，脚跟着地；上身前俯，右手握住左脚内侧，左手握在脚尖外侧，两臂屈肘，两手用劲向后拉，上身前俯用下额触及脚尖。略停片刻，上身直起，两臂伸直，接着做下一次。

（3）仆步压腿两脚左右开立，右腿屈膝全蹲，全脚着地，左脚挺膝伸直，脚尖里扣；然后两手分别抓握两脚外侧，成左仆步。练习时，左右仆步交替进行。

思考题：

1. 你学会了哪两套武术基本套路？有何亲身体会？
2. 中国武术分为哪两大类？武术的基本定义是什么？
3. 谈谈练习八段锦、易筋经的体会？
4. 通过散手练习，如何正确理解防身健康的感受？

图书在版编目(CIP)数据

阳光体育教程 / 杨松涛，陈阳，陈建萍主编. --南昌：江西科学技术出版社，2014.7(2021.7 重印)
ISBN 978-7-5390-5159-8

Ⅰ.①阳… Ⅱ.①杨… ②陈… ③陈… Ⅲ.①体育-高等学校-教材 Ⅳ.①G807.4
中国版本图书馆 CIP 数据核字(2014)第 170896 号

国际互联网(Internet)地址：
http://www.jxkjcbs.com
选题序号：**ZK**2014175
图书代码：**X**14003-107

阳光体育教程 杨松涛 陈阳 陈建萍 主编

出版发行	江西科学技术出版社
社址	南昌市蓼洲街 2 号附 1 号 邮编:330009 电话:(0791)86623491 86639342(传真)
印刷	江西千叶彩印有限公司
经销	各地新华书店
开本	787mm×1092mm 1/16
字数	450 千字
印张	19.75
版次	2014 年 8 月第 1 版 2021 年 7 月第 7 次印刷
书号	ISBN 978-7-5390-5159-8
定价	26.00 元

赣版权登字-03-2014-222